SOMMAIRE GÉNÉRAL

▶ Vidéo

Ce logo placé en haut des fiches et dans le sommaire vous indique qu'une vidéo de professeur ou un schéma animé vous est proposé dans la version numérique gratuite de ce titre.
Reportez-vous au début de l'ouvrage pour connaitre les modalités de téléchargement.

défiBREVET

FICHES de révision

LE BREVET 3e

Thomas Gargallo
Agrégé de lettres modernes

Martine Lassus
Certifiée d'histoire-géographie

Cécile Terrien
Agrégée d'histoire-géographie

Yann Gélébart
(texte et vidéos)
Certifié de mathématiques

Paul Lienhard
Certifié de physique-chimie

Rachid El-Farsi
Certifié de physique-chimie

Agnès Rivière
Agrégée de SVT

Éloïse Mallard-Robert
Certifiée de SVT

www.defibac.fr

Bordas

Mise en pages : Graph'im 64
Adaptation de maquette : Josiane Sayaphoum
Infographie : Hervé Prévost
Cartographie : Légende Cartographie

 – ISBN : 978-2-04-735640-1

FRANÇAIS

SOMMAIRE Français

L'ÉPREUVE DE FRANÇAIS AU BREVET : MÉTHODE ET CONSEILS

ORTHOGRAPHE

Les homophones

Les accords et les autres difficultés

LE VERBE

Les principales conjugaisons

Les valeurs des temps

VOCABULAIRE

GRAMMAIRE

Les classes et les fonctions des mots

L'analyse de la phrase

COMPRÉHENSION ET RÉDACTION

Le récit

L'argumentation

CULTURE ET LITTÉRATURE

Avertissement : cet ouvrage applique les rectifications orthographiques proposées en 1990 par le Rapport du Conseil supérieur de la langue française, approuvées par l'Académie française.

L'analyse et la compréhension de documents : texte, image et questions

L'épreuve du nouveau brevet évalue la capacité des candidats à comprendre, analyser et interpréter des documents et des œuvres.

I COMMENT ORGANISER VOTRE TEMPS ?

1. La découverte des documents (5 minutes)

- **Lisez le texte** sans regarder les questions pour comprendre son sens.
- **Relisez et repérez les éléments importants** : auteur, narrateur, personnages, lieux, époque, actions principales, thème et genre du texte.
- **Observez l'image** et **repérez** décor, époque, personnages, technique artistique, support de publication et genre, mais surtout son **thème** et le **rapport** qu'elle a avec le texte.

2. La découverte des questions (5 minutes)

- **Lisez toutes les questions** pour éviter les répétitions.
- **Différenciez deux types** de question : question précise d'ordre lexical ou grammatical appelant une réponse courte, ou question d'analyse ou de justification d'un point de vue par un développement plus long.

3. La rédaction des réponses (50 minutes)

- **Répondez dans l'ordre** en indiquant le numéro de la question. **Laissez** un espace si vous sautez une consigne, pour y revenir plus tard.
- **Soignez l'écriture**, espacez les réponses et écrivez une ligne sur deux.
- **Répondez par phrases complètes**, citez le texte entre guillemets et en indiquant la ligne précise.
- **Relisez-vous** : l'orthographe et la syntaxe font partie du barème d'évaluation.

II QUE DEMANDE-T-ON FRÉQUEMMENT ?

- **Grammaire :** modes, temps et valeurs des verbes, nature et fonction des mots, organisation de la phrase (syntaxe), indices du narrateur.
- **Vocabulaire :** sens inconnu ou rare d'un mot, formation et famille d'un mot, niveau de langue, champs lexicaux, figures de style.
- **Écriture et style :** émotions du narrateur, genre narratif, effets de style, sentiments du personnage, effets sur le lecteur...

- **Lecture de l'image :** rapport avec le texte, genre, but, époque, décor, impressions (voir méthode fiche 45).

III COMMENT RÉPONDRE AUX QUESTIONS ?

- Si la réponse se trouve **dans le texte**, il suffit de faire un **repérage précis** (de mots ou d'expressions). Verbes : *relever, indiquer, trouver, repérer, préciser*, etc.

Ex. : Pour répondre à « Précisez l'identité d'un personnage », il faut l'identifier clairement (nom, portrait physique, caractère) en citant le texte.

- Parfois, la réponse demande de se **rappeler certains cours** et fait appel à des **connaissances**. Verbes : *expliquer, justifier, donner, identifier*, etc.

Ex. : Pour répondre à « Expliquez l'emploi de ce temps verbal », il faut utiliser les connaissances sur les valeurs des temps.

- Si la réponse demande une **réflexion approfondie** sur le texte, on doit **argumenter**. Verbes : *déduire, conclure, montrer, expliquer l'effet produit* et la majorité des consignes sous forme de questions.

Ex. : Pour répondre à « Le narrateur est-il sûr de ses propos ? », il ne faut pas commencer la réponse par « oui » ou « non ». Reprenez les mots de la question puis poursuivez par une justification introduite par « car », « parce que », « en effet ».

IV COMMENT RÉDIGER VOS RÉPONSES ?

- **Utilisez une structure de réponse** bien nette en faisant une phrase complète :

Ex. : Reprise des mots de la consigne + réponse + justification.

- **Justifiez en citant** le texte ou en utilisant des **connecteurs logiques** comme *car, ainsi, en effet* ou des **expressions** telles que *comme l'indique le texte à la ligne..., comme l'auteur le montre ligne...*

- **Citez le texte** sans erreur et en utilisant les guillemets. La citation seule ne suffit pas : il faut l'introduire et, au besoin, l'expliquer.

- **Bannissez** les abréviations, les listes et énumérations sans aucune explication, le pronom *je* et l'expression *il y a*.

La réécriture
La dictée

I COMMENT S'ORGANISER EN RÉÉCRITURE ? (10 MINUTES)

1. La lecture de la consigne (3 minutes)

- **Identifiez le type de transformation** demandé : temps verbaux, énonciation, personnes, genre (masculin/féminin) ou nombre (singulier/pluriel). Le premier changement entrainera une chaine de modifications sur tout l'extrait.
- **Entourez les cinq ou dix formes** qu'il faudra modifier, puis faites l'exercice mentalement.

2. La transformation (5 minutes)

- **Modifiez le texte** en faisant les changements nécessaires.
- **Attachez-vous** surtout aux terminaisons verbales et aux accords.

3. La relecture (2 minutes)

- **Vérifiez chaque mot :** les erreurs de pure copie sont également sanctionnées (– 0,25 point).

II COMMENT RÉPONDRE EN RÉÉCRITURE ?

1. Changement de pronom

- On modifie les pronoms personnels, les déterminants possessifs, les éventuels pronoms possessifs et surtout les verbes (conjugaisons).

Ex. : Réécrivez les deux phrases en remplaçant «je» par «nous» et en procédant aux changements nécessaires.

« Je n'étais rien qu'un mortel égaré entre du sable et des étoiles, conscient de la seule douceur de respirer... Et cependant, je me découvris plein de songes. » (Saint-Exupéry, *Terre des hommes*, sujet 2015.)

→ « **Nous** n'**étions** rien que **des mortels égarés** [...] **conscients** de la seule douceur de respirer. Et cependant, **nous nous découvrîmes pleins** de songes. »

2. Changement de temps verbal

- On modifie les temps et les terminaisons. Pour transposer un texte du présent au passé, on respecte la concordance des temps :

– présent → passé simple ou imparfait
– passé composé → plus-que-parfait
– futur simple → conditionnel présent

Ex. : Réécrivez le passage suivant en mettant le nom « village » au pluriel et en le transposant à l'imparfait de l'indicatif.

« Et si la caravane aborde un vrai village qui fait semblant de vivre encore, elle en épuise, dès le premier soir, toute la substance. Elle le nettoie comme les vers nettoient un os. » (Saint-Exupéry, *Pilote de guerre*, sujet 2014)

→ Et si la caravane **abordait de vrais villages** qui **faisaient** semblant de vivre encore, elle en **épuisait** [...] toute la substance. Elle **les nettoyait** comme les vers **nettoyaient** un os.

Astuce : la consigne peut combiner deux changements, comme passage au pluriel + temps. Pour éviter les oublis, procédez en deux étapes (les accords puis les conjugaisons).

3. Changement de genre (féminin / masculin) et de nombre (singulier / pluriel)

- On modifie les déterminants, les adjectifs, les pronoms, les participes passés (règles d'accord) et les verbes en suivant les règles d'accord.

Ex. : Réécrivez ces deux phrases en remplaçant « tu » par la troisième personne du pluriel, au féminin.

« Je sais que tu es brave, je sais que tu sauras vivre sans moi. Il faut que tu vives, toi. » C. Delbo, *Une scène jouée dans la mémoire*, sujet 2014)

→ Je sais qu'**elles sont braves**, je sais qu'**elles sauront** vivre sans moi. Il faut qu'**elles vivent, elles.** »

III COMMENT RÉUSSIR EN DICTÉE ? (20 minutes)

1. La première lecture par le surveillant (1 minute)

- **Écoutez** sans écrire : repérez le sens, les temps verbaux, les pronoms, les chaînes d'accord au féminin et au pluriel et les mots difficiles.

2. La dictée (15 minutes)

- **Écrivez** très lisiblement et une ligne sur deux.
- **Ne paniquez pas** : le surveillant relira plusieurs fois chaque phrase.
- **Concentrez-vous** sur les accords, les conjugaisons et les homophones.

3. La relecture finale (4 minutes)

- **Faites une relecture** rapide pour chaque type d'erreur : accords, puis conjugaisons et enfin homophones.
- **N'oubliez aucun mot** : chaque oubli est sanctionné comme une erreur.

La rédaction

I QUE DEMANDE-T-ON ?

- **Deux sujets au choix** sont proposés :

– un sujet de **réflexion** (argumentation et défense développée d'une opinion) ;

Ex. : « Pourquoi peut-on avoir besoin de moments de solitude ? Vous présenterez votre réflexion dans un développement argumenté et organisé. Votre texte fera au moins deux pages. » (sujet 2015)

– un sujet d'**invention** (récit, article, lettre, etc.).

Ex. : « Ses souvenirs ont redonné courage au narrateur : que décide-t-il de faire ? Racontez la suite du texte. Votre texte fera au moins deux pages. » (sujet 2015)

- Les sujets sont en relation avec la **thématique du programme** rencontrée durant la première partie de l'épreuve. Il faut produire un texte d'une longueur de **deux pages au moins** (environ **trois cents mots**). Le **dictionnaire** est autorisé, l'**orthographe** et la **syntaxe** sont évaluées.

II COMMENT S'ORGANISER ?

1. Le choix et l'analyse du sujet (10 minutes)

- **Lisez** calmement les deux sujets, **vérifiez** éventuellement le sens des mots à l'aide du dictionnaire puis **choisissez** le sujet.
- **Entourez les indications et les critères de rédaction** donnés : thème, genre du texte, temps verbaux, narrateur, personnages et lieux, etc.
- **Faites une rapide liste de critères de réussite** pour ne rien négliger : éléments à combiner (narration, description, explication, dialogue, etc.), situation de communication (type de narrateur, lieu et moment de l'énonciation, etc.).

2. Le brouillon (45 minutes)

- **Mobilisez vos connaissances sur la thématique** en rapport avec le sujet : éléments littéraires, artistiques, historiques, qui enrichiront votre propos.
- **Créez une banque de mots** à utiliser selon le thème proposé.
- **Faites un plan chronologique ou une structure argumentative.**
- **Rédigez** ensuite en utilisant ces divers éléments et vos critères de réussite.
- **Séparez votre texte en paragraphes**, marquant les différentes étapes de votre schéma narratif ou argumentatif.

3. La vérification de votre texte (15 minutes)

- **Relisez et vérifiez vos critères :** si un critère n'est pas rempli, ajoutez des éléments en marge ou après votre texte.

- **Étoffez** votre texte, notamment grâce à des descriptions et des actions pour l'invention ou des exemples historiques et artistiques pour l'argumentation.
- **Reformulez** si nécessaire certaines phrases peu élégantes.

4. La mise au propre sur la copie (20 minutes)

- **Soignez votre écriture,** sautez des lignes pour que votre copie soit agréable à lire et à corriger.
- **Relisez-vous** pour corriger les erreurs d'orthographe (la notation en tient compte).

III COMMENT BIEN RÉDIGER ?

- **Soignez l'emploi des temps verbaux** : conjugaisons et concordances.
- **Respectez les caractéristiques formelles données en consigne** : narrateur, genre littéraire (article, lettre, narration, etc.), lieux et personnages.
- **Évitez les répétitions** : pour cela, utilisez des pronoms et des synonymes.
- **N'utilisez pas d'expressions vagues** : *il y a, quelque chose, on, et après*.
- **Ponctuez correctement votre texte** : ne faites pas de phrases trop longues.
- **Utilisez des connecteurs logiques et temporels** pour organiser vos phrases et rendre vos enchainements plus clairs.
- **Structurez votre texte en paragraphes** bien nets.

IV UN EXEMPLE DE CRITÈRES DE RÉUSSITE EN RÉDACTION

Ex. : Selon vous, la vie au sein d'une ville moderne est-elle source de bonheur et d'épanouissement ? Vous répondrez à cette question dans un développement argumenté en vous appuyant sur votre expérience, sur vos lectures, votre culture personnelle et les connaissances acquises dans l'ensemble des disciplines. Votre rédaction sera d'une longueur minimale d'une soixantaine de lignes. (sujet « annales zéro » 2017)

– Le texte est argumentatif et donne une opinion. (2 points)

– Il développe une thèse claire, en rapport avec le sujet. (2 points)

– La réflexion est organisée : introduction, développement, conclusion. (3 points)

– Il y a au moins trois paragraphes qui sont des arguments développés. (6 points)

– Les exemples sont systématiquement donnés en illustration (historiques, sociétaux, littéraires, artistiques ou personnels). (2 points)

– Le lexique, l'orthographe et la syntaxe sont corrects (5 points)

Les homophones grammaticaux

I L'ESSENTIEL DU COURS

1. Ce / se

Ex. : Ce garçon ne **se** lave jamais.

- *Ce* est un déterminant démonstratif masculin singulier qui fait partie du groupe nominal (GN).
- *Se* est un pronom placé avant le verbe pronominal à l'infinitif et à la 3e personne.

Astuce : si le mot qui suit est un nom, on écrit *ce* ; si c'est un verbe, *se*.

2. Ces / ses / c'est / s'est

Ex. : Ces deux-là, ce sont **ses** amis. Il **s'est** vite intégré, **c'est** bien !

- *Ces* est un déterminant démonstratif pluriel.
- *Ses* est un déterminant possessif pluriel.
- *C'est* est un présentatif, suivi d'un GN ou d'un adjectif.
- *S'est* fait partie d'un verbe pronominal au passé composé.

Astuces :
– Si on peut remplacer par *les siens / les siennes*, on écrit *ses*.
– Si on peut remplacer par *cela est* on écrit *c'est*.

3. Ça / sa

Ex. : Ça va très mal chez lui : **sa** mère est alitée.

- *Ça* est un pronom démonstratif.
- *Sa* est un déterminant possessif précédant un nom féminin singulier.

Astuce : si on peut remplacer par *ma* ou *ta*, on écrit *sa*.

4. Ni / n'y

Ex. : Il **n'y** avait **ni** viande **ni** poisson.

- *Ni* est une conjonction de coordination double (*ni… ni)*.
- *N'y* est la contraction de *ne y* (négation + pronom adverbial).

Astuces :
– Si le mot qui suit est un verbe, on écrit *n'y*.
– *Ni* est toujours doublé.

5. Si / s'y

Ex. : Si l'eau est bonne, elle **s'y** plongera avec plaisir.

- *Si* est un adverbe ou une conjonction de subordination.
- *S'y* est la contraction de *se y* (pronoms).

Astuce : si l'on peut remplacer par *m'y* ou *t'y*, on écrit *s'y*.

6. Sans / s'en / sens / sent

Ex. : Sans déodorant, il **sent** très mauvais mais ne **s'en** rend pas compte.

- *Sans* est une préposition ayant un sens négatif.
- *S'en* est la contraction de *se en*, qui précède un verbe.
- *Sens* et *sent* sont des formes de *sentir* au présent de l'indicatif.

Astuces :
– Si on peut remplacer par *sentais* ou *sentait*, on écrit *sens* ou *sent*.
– Si c'est un verbe conjugué qui suit, on écrit *s'en*.

7. Quand / quant / qu'en

Ex. : Quand puis-je venir ? Demain, **qu'en** dis-tu ? **Quant** à ma sœur, elle arrive lundi.

- *Qu'en* est la contraction de *que en*.
- *Quand* est une conjonction de subordination ou un adverbe.
- *Quant* est une préposition suivie de *à* et d'un GN ou d'un pronom.

Astuce : si on peut remplacer par *en ce qui concerne*, on écrit *quant*.

MÉMO : pour différencier deux homonymes, outre le remplacement, observez ce qui les précède ou les suit.

II VERS LE BREVET

« Je m'intègre vite dans ce nouvel environnement. »

Transformez cette phrase en utilisant le passé composé et la 3e personne du singulier.

En réécriture, des erreurs sur les homophones peuvent survenir avec les verbes pronominaux, quand on demande un changement à la 3e personne (*se*) ou un changement au passé composé. Ici, la phrase donnera : *Il s'est vite intégré* [...].

Les accords sujet-verbe

I L'ESSENTIEL DU COURS

Le verbe s'accorde **en personne et en nombre** avec son sujet. Il y a toutefois quelques difficultés.

Astuce : retrouvez le sujet en posant la question « Qui est-ce qui ? » ou « Qu'est-ce qui ? » devant le verbe.

1. Le verbe est au singulier quand...

- Son sujet est au singulier.

Ex : Le hérisson **sera** bientôt menacé.

- Le sujet est un pronom indéfini : *on*, *chacun*, *quelqu'un*, *tout*, *aucun*, etc.

Ex. : Personne ne **soupçonne** la terrible vérité.

- Le sujet contient *plus d'un*.

Ex. : Plus d'un Français sur deux **a** déjà fréquenté les hôpitaux.

- Les sujets sont repris par un pronom collectif : *tout*, *rien*, *personne*.

Ex. : Les éclairs, le tonnerre, la pluie, tout **était** effrayant pour l'enfant.

- Le sujet est le sujet grammatical *il* dans la tournure impersonnelle.

Ex. : Il **existe** des poissons bleus.

2. Le verbe est au pluriel quand...

- Son sujet est pluriel.

Ex. : Les remords l'**accablent**.

- Plusieurs sujets singuliers sont liés par une conjonction de coordination ou par une virgule.

Ex. : La vanité, la lâcheté, le refus de communiquer **sont** des défauts.

- Le sujet contient un déterminant ou un pronom de quantité suivi ou non d'un pluriel : *peu de*, *beaucoup*, *combien*, *la plupart*...

Ex. : Beaucoup (de gens) ne **sont** pas d'accord.

- Le sujet contient *moins de deux*.

Ex. : Moins de deux personnes sur dix **vont** aux sports d'hiver.

3. Le verbe peut être au singulier ou au pluriel quand...

- Des sujets au singulier sont coordonnés par *ni*, *ou*, *ainsi que*, *comme*, etc. Le verbe est généralement au pluriel, sauf quand un seul des sujets peut faire l'action.

Ex. : Ni Sarah ni Virginie **n'est (ne sont) venue(s)**.

- Le sujet est *l'un ou l'autre*.

Ex. : L'un ou l'autre **provoque(nt)** bien des drames.

- Le sujet est un pourcentage : l'accord suit le nombre du complément.

Ex. : 60 % de la population **refuse** cette réforme.
60 % des Français **refusent** cette réforme.

- Le sujet est un nom collectif (*foule, majorité, centaine, moitié, troupe*...) suivi d'un complément d'un nom au pluriel.

Ex. : Une centaine de badauds **observe(nt)** la scène.

4. Cas difficiles

- Le sujet est inversé (placé après le verbe).

Ex. : Après une dispute **surgissent** toujours des larmes.

- Les sujets sont des personnes différentes : la 1re personne l'emporte sur les autres (*nous*), la 2e l'emporte sur la 3e (*vous*).

Ex. : Toi et moi nous **sommes** bien amusés. Olivier et toi **êtes** très sportifs.

- Le sujet est le pronom relatif *qui, lequel, laquelle*, etc. : il faut chercher l'antécédent et faire l'accord avec lui.

Ex. : C'est toi qui **as** eu le dernier mot. Moi, qui **suis** le chef...

- Le sujet contient l'expression *C'est* ou *C'était* : si elle est suivie d'un nom ou d'un pronom au pluriel, le verbe se conjugue aussi au pluriel.

Ex. : C'**est** une horreur. Ce **sont** les mêmes qui gagnent toujours.
C'**étaient** des fleurs merveilleuses.

MÉMO : posez la question «qui est-ce qui ?» pour repérer le sujet et pour éliminer tout doute sur un accord.

II VERS LE BREVET

« Pierre ne dit rien. Pierre n'est pas là. Il est resté accroché au grillage qui limite l'aire du Muguet. Il est heureux. Il sourit aux anges qui planent invisibles et présents dans le ciel pur. » (M. Tournier, *L'Aire du Muguet*.)

Réécrivez ce passage en remplaçant « Pierre » par « Ils ».

En réécriture, les changements de personne sont souvent demandés. Ici, cela entraine quelques modifications d'accord sur les verbes : *Ils ne disent rien. Ils ne sont pas là*. Dans l'exemple, seul le passage *Il est resté accroché* peut poser problème si l'on oublie l'accord du participe passé après l'auxiliaire être et l'accord de l'attribut du sujet : *Ils sont restés accrochés*.

Les accords du participe passé

I L'ESSENTIEL DU COURS

L'accord du participe passé avec le sujet peut être délicat. Ainsi, dans la phrase : *Il a oubli... les chaussures que je lui avais prêt...*, doit-on accorder ou non ? Pour ne pas se tromper, il faut bien analyser **la place du participe passé** dans la phrase et l'éventuel **auxiliaire** avec lequel il est employé.

1. Le participe passé employé seul

● Le participe passé se comporte comme un adjectif : il s'accorde **en genre et en nombre** avec le nom qu'il complète.

Ex. : Dans le grenier, je retrouve les photos oubli**ées**, les souvenirs perd**us**, les jouets néglig**és**, les photos jaun**ies**.

2. Le participe passé employé avec l'auxiliaire *avoir*

● Le participe passé employé à une forme composée avec *avoir* ne s'accorde **jamais** avec le sujet.

Ex. : Elles **ont** oubli**é** leurs affaires, qui **avaient** traîn**é** des heures durant.

● Quand le COD est placé **après le verbe**, le participe passé est **invariable**.

Ex. : Ils ont cass**é** une tasse.

● Mais quand le COD est placé **avant** la forme verbale, le participe passé s'accorde avec lui. Cette fonction peut être occupée par :

– un pronom personnel : *le, la, me, te, nous, vous, les.*

Ex. : Leurs parents les ont oubli**és** (*oubli**ées*** si *les* renvoie à un GN féminin).

– un pronom relatif : *que* ou *qui.*

Ex. : Les objets qu'on avait perd**us**, les images qu'on avait néglig**ées** (on accorde avec l'antécédent, c'est-à-dire le nom repris par *que* ou *qui*).

– un pronom interrogatif (*qui, que, lequel, laquelle, lesquels, lesquelles*) ou un GN contenant un déterminant interrogatif ou exclamatif (*quel, quelle, quels, quelles*).

Ex. : Lesquelles de ces robes as-tu chois**ies** ? Que de soucis elle m'a caus**és** ! Quelles boissons as-tu appréci**ées** ?

⚠ **Attention :** les participes passés **fait** et **laissé** sont invariables quand ils sont suivis d'un **infinitif** : *Elle s'est fait agresser. Cette jupe, je l'ai fait coudre. Elles se sont laissé maigrir. Je les ai laissé filer.*

3. Le participe passé employé avec l'auxiliaire *être*

- Le participe passé employé avec l'auxiliaire *être* s'accorde **avec le sujet** du verbe.

Ex. : La vie indienne est rythm**ée** par la mousson.

Astuce : on remplace le verbe par le signe « = ». Si la phrase fonctionne (*vie indienne = rythm**ée***), on accorde le participe.

- Dans le cas d'**un verbe pronominal**, il y a quatre possibilités :

– quand le verbe n'existe pas sans pronom réfléchi (*se, me, te*...), on accorde.

Ex. : Ma sœur s'est évanou**ie**. Vous vous êtes enfu**is**.

– quand le verbe est à la voix passive (voir fiche 25), on accorde.

Ex. : Cette maison s'est vend**ue** très cher.

– si le pronom réfléchi est COD, on accorde.

Ex. : Elle s'est observ**ée** dans le miroir. (Elle a observé qui ? Elle-même : *se* est donc COD.)

Astuce : pour trouver le COD, on pose la question « Qui / quoi ? » (Ils *se sont habillés.* → Qui ont-ils habillé ? Eux-mêmes : *se* est COD). De même, pour trouver le COI, on pose la question « À qui / à quoi ? ».

– si le pronom réfléchi n'est pas COD, on n'accorde pas.

Ex. : Les jours se sont succéd**é**. (Les jours ont succédé à qui ? À eux : *se* n'est pas COD mais COI, comme l'indique la préposition *à*.)

MÉMO : avant de faire l'accord, repérez l'auxiliaire avec lequel est employé le participe passé (pas d'auxiliaire ? avoir ? être ?).

II VERS LE BREVET

« Le soldat s'est préparé du café. Jamais il ne s'est plaint. »

Transformez cette phrase en mettant « le soldat » au pluriel.

Cette réécriture entraine des accords du participe passé employé avec *être* et concerne deux verbes pronominaux (*se préparer, se plaindre*). Il faut donc retrouver les COD et les différencier des COI en posant la question « Qui / quoi ? » :

– *Ils se sont ... du café.* → À qui ont-ils préparé du café ? À eux-mêmes : *se* est COI, il ne faut donc pas accorder le participe passé (*Ils se sont préparé du café*).

– *Jamais ils ne se sont ...* → Qui ont-ils plaint ? Eux-mêmes : *se* est COD, il faut accorder le participe passé (*Jamais ils ne se sont plaints*).

Le son « é » en fin de mot

I L'ESSENTIEL DU COURS

1. *-er* ou *-é* ?

- À la fin du verbe, faut-il écrire -**er** ou -**é** ? Pour les verbes en *-er* (1er groupe), on n'entend pas la différence entre, par exemple, *mangé* (participe passé) et *manger* (infinitif).

- *-é* est la terminaison du **participe passé** :

– il suit les auxiliaires *avoir* ou *être* ;

Ex. : Le portrait est **rongé** par la rouille.

– il est employé comme adjectif près d'un nom.

Ex. : Le travail **achevé**, il se repose.

Attention : le participe passé s'accorde en genre et en nombre avec le nom ou le pronom dont il est l'attribut ou l'épithète (*les arbres brûlés ; la vitre cassée ; elles sont rongées par la culpabilité*).

- *-er* est la terminaison de **l'infinitif** :

– il est souvent précédé d'une préposition ;

Ex. : machine à **laver**, pour **rédiger**, avant de **frapper**...

– il suit souvent un autre verbe (autre qu'*avoir* ou *être*).

Ex. : Il ne va pas **voler** un vélo ! Il est parti **l'acheter**.

Astuce : on peut remplacer par un verbe du 3e groupe comme *faire* ou *prendre* pour lesquels on entend la différence :
Je voudrais ***manger*** *une mangue. > Je voudrais* ***prendre*** *une mangue.*
Le verbe est donc à l'infinitif.

- *-ez* est la terminaison habituelle de la **2e personne du pluriel**.

Ex. : Vous **achevez** votre déjeuner. Vous **mangez** une mangue.

Astuce : repérez le pronom personnel sujet *vous* ou les déterminants possessifs *vos, votre* : *Stéphanie et Julie,* ***avez****-vous préparé vos valises ?*

2. *-ais, -ait, -ai* ?

- *-ai* est la terminaison du **passé simple** à la 1re personne des verbes du 1er groupe.

Ex. : Je rêvais aux vacances quand, soudain, je me **rappelai** mon évaluation du lendemain.

Astuce : si le verbe est lié à une précision de temps telle que *tout à coup, soudain, un jour,* ou si on peut la rajouter facilement, c'est un passé simple.

● *-ais* et *-ait* sont les terminaisons de **l'imparfait de l'indicatif** aux 1re, 2e et 3e personnes du singulier.

Ex. : Je **mangeais**, tu **mangeais**, il **mangeait**.

MÉMO : pour déterminer la bonne orthographe du son « é », observez les éléments alentour (prépositions, autres verbes, pronoms, etc.).

II VERS LE BREVET

« Après avoir termin... mes révisions, je vais répar... mon vélo : j'ai envie d'all... me promen..., cela me changera les idées. »

En cas de doute en rédaction ou en dictée, on observe ce qui se trouve **avant ou après** l'élément difficile :

– *termin...* est précédé par un **auxiliaire** (*avoir*) : c'est donc un participe passé qu'on écrit *terminé* ;

– *répar...* est précédé par un **autre verbe non auxiliaire** (*aller*) : c'est donc un infinitif : *réparer* ;

– *all...* est précédé par la **préposition** *de*, c'est donc un infinitif : *aller* ;

– *me promen...* est précédé d'un **autre verbe non auxiliaire** (*aller*) : c'est donc un infinitif (*promener*).

« Soudain je me rappel... que j'habit... au Japon. »

En rédaction ou en dictée, pour trouver la bonne terminaison, on peut utiliser deux **astuces** :

– transformer à la **3e personne**, où l'on entend la différence ;

– associer chaque temps à une **valeur** (action soudaine et brève au passé simple, durée à l'imparfait).

Ici, on écrira *je me rappelai* (action soudaine, remplaçable par *il se rappela*) et *j'habitais* (durée, remplaçable par *il habitait*). Il est à noter que certaines régions, en France métropolitaine, font encore la différence en prononçant ces deux temps.

Les difficultés orthographiques

I L'ESSENTIEL DU COURS

1. Les adjectifs de couleur

- Un adjectif de couleur s'accorde normalement avec le nom qu'il qualifie.
- Il existe deux **exceptions** :

– si l'adjectif de couleur **provient d'un nom commun**, il reste invariable sauf *rose, fauve, mauve, pourpre, écarlate* ;

Ex. : Des voitures **orange**, des chaussettes **marron**,
des pulls **roses**, des pantalons **mauves**.

– si l'adjectif de couleur est **modifié et suivi par un autre adjectif**, tous deux restent invariables.

Ex. : Une voiture **bleue** ≠ une voiture **bleu foncé** ou **gris clair**.

2. Les déterminants numéraux cardinaux

- Ils sont **invariables**.

Ex. : quatre personnes, **cinq mille** habitants.

- Seuls **vingt** et **cent** prennent **un -*s* quand ils sont multipliés**, pour indiquer les vingtaines et les centaines. Mais ils ne prennent **pas de -*s* quand ils sont suivis d'une unité**.

Ex. : quatre-**vingts**, deux-**cents**, quatre-**vingt**-trois, trois-**cent**-dix.

- Les numéraux composés sont systématiquement reliés par **un trait d'union**, y compris quand ils comportent la conjonction *et*.

Ex. : trente-et-un, quatre-cents, un-million-deux, quarante-et-unième.

3. *Tout* ou *tous* ?

- *Tout* est un **déterminant indéfini variable** avant un **GN**.

Ex. : Tout **l'orchestre**, toute **la musique**, tous **les musiciens**.

- *Tout* est un **pronom indéfini variable** avant ou après un **verbe**.

Ex. : Tout **est** fini. Tous en **veulent** encore. Je les **connais** tous.

- *Tout* est un **adverbe invariable** avant un **adjectif** ou un **adverbe**.

Ex. : Ils sont tout **étonnés**. La salle est tout **étonnée**.

Astuce : pour retrouver cet emploi invariable, on remplace par *tout à fait* (*tout à fait étonnés*). À ne pas confondre avec *tous* (chacun d'eux).

- Dans cet emploi, *tout* s'accorde **devant les adjectifs féminins commençant par une consonne ou un *h* aspiré**, pour rendre la prononciation plus agréable.

Ex. : La nuit est **toute f**roide. Elle était **toute h**onteuse.

4. Les adverbes en *-ment*

- Ils sont formés à partir du **féminin de l'adjectif** et du **suffixe** *-ment*.

Ex. : brutal → brutale → brutalement ; confus → confuse → confusément.

- Mais les **adjectifs terminés par une voyelle** (*résolu, poli, vrai, joli...*) forment généralement l'adverbe sur le **masculin**.

Ex. : hardi → hardiment ; absolu → absolument ; vrai → vraiment.

- Les adverbes formés sur **les adjectifs en *-ent* et *-ant*** (*violent, savant, fréquent, courant...*) s'écrivent en ***-emment*** et ***-amment***.

Ex. : récent → récemment ; courant → couramment.

5. *-ants* ou *-ant* ?

- L'**adjectif verbal**, terminé par *-ant*, **s'accorde** avec le nom qu'il complète.

Ex. : Je mange des biscuits **croustillants**. Ces biscuits sont **croustillants**.

Astuce : si on peut mettre la forme en *-ant* au féminin, il s'agit d'un adjectif verbal que l'on peut accorder. *On acclame l'entrée des joueurs remplaçants* p *des joueuses remplaçantes* : le féminin fonctionne, il faut donc accorder l'adjectif verbal (*remplaçants*).

- Le **participe présent**, toujours **invariable**, est terminé lui aussi par *-ant* et parfois précédé de *en* (on l'appelle alors le **gérondif**).

Ex. : **Envahissant** le pays, ils déclenchèrent la guerre.
C'est en **forgeant** qu'on devient forgeron.

MÉMO : vérifiez l'accord de *vingt* et de *cent* et n'oubliez pas les traits d'union. On écrit *tout* ou *tous* selon la nature de l'élément qui suit. On n'oublie pas le double *-m* sur certains adverbes (*savamment*).

II VERS LE BREVET

« Il ne resterait que 3 200 tigres en liberté dans le monde entier. »

En dictée et en rédaction, il faut écrire les chiffres en toutes lettres, soit ici *trois-mille-deux-cents tigres*. Il faudra faire particulièrement attention à *vingt* et à *cent* (*quatre-vingts* mais *quatre-vingt-quatre* ; *trois-cents* mais *trois-cent-cinq*).

Le verbe

I L'ESSENTIEL DU COURS

Quand on analyse un verbe, on doit observer son **groupe**, son **mode**, son **temps** (simple ou composé) et ses **caractéristiques** propres.

1. Les groupes et les auxiliaires

- Le **1er groupe** rassemble les verbes dont l'infinitif se termine par ***-er***.
- Le **2e groupe** rassemble certains verbes en ***-ir***.
- Le **3e groupe** rassemble les autres verbes en ***-ir***, ***-oir(e)***, ***-re***.
- Les **auxiliaires**, ***avoir*** et ***être***, pour construire les temps composés.

Astuce : pour savoir si un verbe en *-ir* est du 2e ou du 3e groupe, on le conjugue au participe présent ou au présent de l'indicatif :
– *partir* donne *partant* ou *nous partons* : il est donc du 3e groupe ;
– *finir* donne *finissant* ou *nous finissons* : il est donc du 2e groupe.

2. Les modes

- Les modes regroupent des temps ayant les mêmes caractéristiques.
- Les **modes personnels** varient :

– l'**indicatif** : fait réels ou faits considérés comme réalisables ;
– le **subjonctif** : faits considérés comme possibles ou souhaités ;
– le **conditionnel** : faits soumis à une condition ;
– l'**impératif** : expression de l'ordre et ou du conseil.

- Les **modes impersonnels** ne varient pas :

– l'**infinitif** (*oublier*) ;
– le **participe passé** (*oublié*) ;
– le **participe présent** (*-ant* comme dans *oubliant*) ;
– le **gérondif** (*en* + participe présent : *en oubliant*).

3. Les tournures

- La tournure est **pronominale** quand le verbe est précédé d'un **pronom** : *se lever, se souvenir, se laver...*

Attention : le sujet et le pronom COD doivent être à la même personne :
– *Je me lave* (*Je* et *me* sont tous deux à la 1re personne, le verbe est pronominal) ;
– *Je le lave* (*Je* et *le* ne sont pas à la même personne, le verbe n'est pas pronominal).

- La tournure est **impersonnelle** quand le sujet du verbe est un **sujet grammatical** vide de sens représenté par les **pronoms** *il* ou *ça*.

Attention : « Il tombe une pluie glacée. » Dans cette phrase, *une pluie glacée* effectue réellement l'action : c'est le **sujet logique**.

4. Les temps

- Un **temps simple** ne comporte **qu'une seule forme** verbale.

Ex. : J'oublie, je perdrais.

- Un **temps composé** comporte **plusieurs formes** verbales dont la première est un **auxiliaire**.

Ex. : J'ai oublié, j'avais répondu.

- Chaque temps composé « correspond » à un temps simple. À l'indicatif :

temps simple	temps composé
présent j'oublie	passé composé j'ai oublié (auxiliaire au présent + participe passé)
imparfait j'oubliais	plus-que-parfait j'avais oublié (auxiliaire à l'imparfait + P. P.)
passé simple j'oubliai	passé antérieur j'eus oublié (auxiliaire au passé simple + P. P.)
futur simple j'oublierai	futur antérieur j'aurai oublié (auxiliaire au futur simple + P. P.)

MÉMO : pour analyser un **verbe**, utilisez les notions de **groupe**, **mode**, **temps** et **tournure**.

II VERS LE BREVET

« Un jour, seize années auparavant, lorsque madame Raquin était encore mercière, son frère, le capitaine Degans, lui apporta une petite fille dans ses bras. Il arrivait d'Algérie. » (É. Zola, *Thérèse Raquin*.)

Quel est le temps dominant dans ce texte ?

Les questions sur le temps dominant demandent d'observer le texte pour trouver le temps le plus employé. Ici, c'est l'imparfait de l'indicatif.

« Je serais sans excuse. »

À quels temps et mode est conjugué ce verbe ?

Soyez précis(e) dans votre réponse. Il serait incomplet de ne répondre que « au conditionnel », car il existe un présent et un passé pour ce mode, ou « au présent », car il existe un présent pour chaque mode. La réponse complète est : le verbe *être* est conjugué au conditionnel présent.

Les confusions de conjugaison

I L'ESSENTIEL DU COURS

Beaucoup d'erreurs proviennent de **conjugaisons homophones** (que l'on entend de la même manière). Elles sont évitables par des astuces.

1. -*ai* ou -*ais* ?

Ex. : Tous les soirs, j'écout... la radio.

- On distingue mal **le passé simple et l'imparfait de l'indicatif** pour les verbes du 1er groupe à la 1re personne.

- Des **indices de temps** peuvent les différencier. Ainsi, *tous les soirs* indique la répétition, toujours marquée par l'imparfait. Au contraire, *un jour* ou *tout à coup* seront suivis du passé simple.

Astuce : on remplace par la 2e personne. *Tous les soirs, j'écout... la radio* → *Tous les soirs, tu **écoutais** la radio* et non *tu écoutas* : le verbe est donc à l'imparfait et s'écrit *j'écout**ais***.

2. -*rai* ou -*rais* ?

Ex. : J'aime... qu'il fasse beau.

- On distingue mal **le futur simple et le conditionnel présent** à la 1re personne du singulier.

- *J'aimerais* est la formulation d'un **souhait**, souvent exprimé par le conditionnel présent. Au contraire, le futur est le temps des évènements qui **vont se produire** quoi qu'il arrive.

Astuce : on remplace par la 2e personne. *J'aime... qu'il fasse beau* → *Tu **aimerais** qu'il fasse beau* et non *tu aimeras* : le verbe est donc au conditionnel présent et s'écrit *j'aime**rais***.

3. -*s* ou -*e* ? -*e* ou -*t* ?

Ex. : Il faut que je le voi... demain.

- On distingue mal **les présents de l'indicatif et du subjonctif**.

- Seul le subjonctif indique une action qui ne s'est **pas encore réalisée** : *Il faut que je le voie* (on ne l'a pas encore vu).

Astuce : on remplace par *pouvoir* ou *faire*. *Il faut que je le voi...* → *Il faut que je le **fasse** / **puisse*** : le verbe est donc au subjonctif et s'écrit *voi**e***.

4. *est* ou *ait* ?

Ex. : Pour son anniversaire, je veux qu'il ... un beau cadeau.

- On distingue mal *ait*, **verbe *avoir*** à la 3e personne du singulier du présent du subjonctif, et *est*, **verbe *être*** à la 3e personne du singulier du présent de l'indicatif.
- Le subjonctif *ait* est souvent introduit par *que* et employé avec un verbe exprimant le sentiment, le doute, la volonté, la crainte...

Astuce : on met la phrase au pluriel. *Je veux qu'il... → Je veux que **nous ayons** un beau cadeau* : le verbe est donc *avoir* au présent du subjonctif et s'écrit ***ait***.

5. -*i*, -*is*, -*it* ? -*u*, -*us*, -*ut* ?

Ex. : Il a beaucoup r... Je reç... un colis.

- On distingue mal **la forme conjuguée du verbe et son participe passé**.
- Le participe passé est utilisé par les temps composés et **suit un auxiliaire**. Les formes conjuguées aux temps simples fonctionnent **seules** (présent, passé simple, etc.).

Astuce : on remplace le verbe par *vendre* ou *mordre*. *Il a beaucoup r... → Il a beaucoup **vendu / mordu*** : c'est le participe passé qui convient, la forme est donc ***ri***.

MÉMO : en cas d'hésitation entre deux orthographes, remplacez la forme verbale par une autre (autre temps, autre personne, autre verbe...).

II VERS LE BREVET

« Je pus distinguer aussi qu'il souriait... Il m'aperçut, et, avant que personne eût pu lui demander une explication : "Viens-tu dans la cour ?" dit-il. J'hésitai une seconde. Puis, comme Millie ne me retenait pas, je pris ma casquette et j'allai vers lui. » (Alain-Fournier, *Le Grand Meaulnes*.)

Réécrivez le passage suivant en remplaçant les passés simples par des passés composés.

En réécriture et en dictée, les participes passés peuvent poser problème : ici, *j'ai pu, je me suis aperçu, j'ai pris*.

Attention aux participes passés en -*i*, très divers : *j'ai ri, j'ai pris, j'ai dit*. Pour savoir quelle terminaison utiliser, on les passe au **féminin**, où l'on entend **la lettre finale** : *pris / prise, mis / mise, dit / dite, construit / construite, fini / finie, parti / partie*.

La concordance des temps

I L'ESSENTIEL DU COURS

L'emploi d'un temps dépend souvent d'un autre. Il obéit à des « règles d'accord » que l'on appelle la **concordance des temps**.

1. Les subordonnées à l'indicatif

temps de la principale	temps de la subordonnée		
	se déroulant avant	**se déroulant en même temps**	**se déroulant après**
présent ou futur je dis / je dirai	passé composé ou imparfait qu'il a oublié qu'il oubliait	présent qu'il oublie	futur simple qu'il oubliera
temps du passé je disais / j'ai dit	plus-que-parfait qu'il avait oublié	imparfait qu'il oubliait	conditionnel présent qu'il oublierait

Astuce : appuyez-vous sur les indices de temps : *Elle me **confessa** que, la veille, elle **avait perdu** mon bracelet, qu'elle **était** en train de le chercher et qu'au pire, elle m'en **rachèterait** un autre le lendemain.*

2. Les subordonnées au subjonctif

temps de la principale	temps de la subordonnée		
	se déroulant avant	**se déroulant en même temps**	**se déroulant après**
présent ou futur il faut / il faudra	subjonctif passé qu'il l'ait fait	subjonctif présent qu'il le fasse	subjonctif présent qu'il le fasse
temps du passé ou conditionnel il fallait / il faudrait	subj. passé ou plus-que-parfait qu'il l'ait fait qu'il l'eût fait	subj. présent ou imparfait qu'il le fasse qu'il le fît	subj. présent ou imparfait qu'il le fasse qu'il le fît

Attention : le subjonctif imparfait dans la subordonnée procède d'un **langage soutenu** : *Je tenais à ce qu'il le **vît**.* Même s'il ne respecte pas la concordance, le subjonctif présent reste **courant** : *Je tenais à ce qu'il le **voie**.*

3. L'expression de l'hypothèse

temps de la subordonnée	temps de la principale	exemple	nom du système	type d'action
si + présent	futur simple	Si j'en **reçois** l'ordre, je le **ferai**.	potentiel	va se réaliser si la condition est remplie
si + imparfait	conditionnel présent	Si je le **pouvais**, je **partirais**.	potentiel	possible, envisageable dans le futur
si + imparfait	conditionnel présent	Si j'en **avais** le pouvoir, **je remonterais** le temps.	irréel du présent	difficile à réaliser ou contredite par la réalité
si + plus-que-parfait	conditionnel passé	Si j'**avais su**, je l'**aurais appelée**.	irréel du passé	ne pourra jamais se réaliser

MÉMO : retenez les règles du choix du temps après *que* et *si* pour éviter les erreurs de syntaxe.

II VERS LE BREVET

« On se promit le plus grand secret sur l'aventure : ce fut là la première pensée de ma mère, qui craignait que ma valeur, une fois connue, ne vînt à tenter la cupidité de méchantes gens. » (A. Daudet, *L'Homme à la cervelle d'or.*)

Réécrivez cet ensemble au présent de l'indicatif.

Les réécritures demandant une modification temporelle comportent souvent une **concordance** à effectuer. Ici, attention au passage au subjonctif présent : *qui* ***craint*** *que ma valeur* [...] *ne* ***vienne*** *à tenter.*

« Elle savait que je partirais et qu'elle ne pourrait pas empêcher mon départ, que rien ne pourrait l'empêcher ; sans doute l'avait-elle compris dès que nous étions venus à elle. » (C. Laye, *L'Enfant noir.*)

Réécrivez ce passage dans un système au présent.

Dans ce système au passé, le conditionnel a une valeur temporelle de « futur dans le passé » (voir fiche 13). Il faut donc le remplacer par son équivalent, le futur simple : *Elle* ***sait*** *que je* ***partirai*** *et qu'elle ne* ***pourra*** *pas empêcher mon départ, que rien ne* ***pourra*** *l'empêcher ; sans doute l'****a****-t-elle* ***compris*** *dès que nous* ***sommes venus*** *à elle.*

Les valeurs du présent de l'indicatif

I L'ESSENTIEL DU COURS

La **valeur d'un temps** est la façon dont il présente le déroulement d'un évènement.

1. Le présent d'énonciation

- Il indique des faits qui se passent au moment où l'on parle ou on écrit.

Ex. : En ce moment, nous **étudions** d'arrache-pied pour le brevet.

2. Le présent de narration

- Il renvoie à des faits passés que l'on raconte au présent pour leur donner plus de vivacité et d'importance dans le récit.

Ex. : Il s'emporta et partit. Mais soudain, le voilà qui **revient** !

3. Le présent de vérité générale

- Il indique des faits vrais, scientifiques, vérifiés de tout temps.

Ex. : Le tigre **est** un grand félin.

⚠ **Attention :** dans un récit au passé, on peut trouver du **présent d'énonciation** quand l'auteur évoque ce qu'il ressent au moment de l'écriture ; du **présent de vérité générale** dans un court passage explicatif ; du **présent d'énonciation** dans les dialogues rapportés au style direct ; du **présent de narration**, pour rendre plus vif le récit d'un évènement important.

4. Le présent d'habitude

- Il s'emploie pour des faits qui se répètent dans le présent.

Ex. : Tous les matins, je **fais** un peu d'exercice.

5. Le futur proche

- Il s'emploie pour des faits qui vont bientôt se produire.

Ex. : Je termine au plus vite et je te **rejoins** juste après.

6. Le passé proche

- Il indique des faits qui viennent de se produire.

Ex. : Elle **sort** à l'instant de chez moi !

MÉMO : le présent de l'indicatif ne renvoie pas toujours… au présent ! Il a d'autres valeurs : demandez-vous toujours à quelle époque il renvoie.

II VERS LE BREVET

« Les livres pour enfants, je ne les aime plus tellement. Ils nous prennent pour des bébés. Et puis, ce n'est pas comme dans la vie : ça se termine toujours bien. […] Et pourtant, dans la vraie vie, celle qui n'est pas du cinéma, ce n'est pas du tout pareil. » (T. Lenain, *Un pacte avec le diable*.)

Relevez un présent d'énonciation et un présent de vérité générale.

Ces consignes sont très courantes. Dans *je ne les aime plus*, on trouve un présent d'énonciation qui renvoie à ce que ressent la narratrice **au moment où elle écrit** : on peut ajouter *en ce moment*. Dans *ce n'est pas du tout pareil*, on a un présent de vérité générale (quelque chose qui **ne varie jamais** dans la vie selon la narratrice).

« Mon premier amour a les dents jaunes. Il entre dans mes yeux de deux ans […]. Il y est encore à l'heure où je vous parle. » (C. Bobin, *La Folle Allure*.)

Justifiez l'emploi des divers présents.

Justifier l'emploi d'un temps, c'est donner sa **valeur**. Ici, *a* et *entre* sont des présents de narration car ils **renvoient** à l'enfance de l'héroïne (*deux ans*). Comme l'indique bien la phrase, *est* et *parle* sont des présents d'énonciation qui renvoient au temps de l'écriture (*où je vous parle*).

« Et puis j'ai dit que je m'intéresse aux chiens parce qu'ils sont fidèles et francs et qu'il y en a qui sont plus attachants que certaines personnes. » (M. Haddon, *Le Bizarre Incident du chien pendant la nuit*.)

Justifiez l'emploi du présent dans l'expression « ils sont fidèles ».

La réponse doit être **justifiée** et peut être rédigée ainsi : « Le verbe *être* est ici utilisé au présent de vérité générale **car** le narrateur énonce une vérité qu'il considère comme juste et éternelle, celle de la légendaire fidélité des chiens. »

Quelques années plus tard, le héros prend la plume et raconte la suite de ses aventures…

En rédaction, certains sujets proposent d'inventer une autobiographie. Trois valeurs du présent seront alors utilisables :
- le présent **d'énonciation** (au moment où la personne écrit) ;
- le présent **de vérité générale** (dictons, proverbes, faits historiques…) ;
- le présent **de narration** (pour un récit plus vivant).

Les valeurs des autres temps de l'indicatif et du conditionnel présent

I L'ESSENTIEL DU COURS

1. Le futur simple

nom	valeur et type d'action	exemple
temporel	actions à venir	Très bientôt, nous **aurons** notre brevet.
injonctif	expression d'un ordre ou d'un conseil	Tu **viendras** me voir à la fin du cours.

2. Le passé simple

nom	valeur et type d'action	exemple
de premier plan	fait passé ponctuel, unique et souvent bref, qui fait avancer le récit	Par un bel après-midi d'août, je **pris** la décision de partir.

Attention : le **passé composé** remplace souvent, surtout à l'oral, le passé simple, dont il prend alors les valeurs.

3. L'imparfait

nom	valeur et type d'action	exemple
de second plan	action secondaire ou en cours, fait passé sans durée précise, cadre dans lequel se déroule l'action (paysage, atmosphère, sentiments)	**J'avais** froid et me **tenais** près de la porte lorsque celle-ci s'ouvrit.
de description	fait passé qui dure et qui sert à décrire un être, un objet, un lieu	Ma mère **était** jolie.
d'hypothèse	condition pour qu'un fait puisse se réaliser, employé après *si* (voir fiche 11)	Si **j'avais** de l'argent, j'achète-rais un bateau.
d'habitude ou de répétition	faits répétés plusieurs fois dans le passé	Avec elle, je me **sentais** bien.

4. Les temps composés

● Ils expriment une **antériorité** par rapport au temps simple qui leur correspond.

nom	valeur et type d'action	exemple
passé composé	fait antérieur à un évènement au présent	Je sais que je t'**ai vu**.
plus-que-parfait	fait antérieur au moment de l'action dans un récit au passé	La veille, il **avait cassé** un vase.
passé antérieur	fait antérieur à un évènement exprimé au passé simple	Dès qu'il **eut terminé** son repas, il partit.
futur antérieur	fait qui se situe juste avant un évènement à venir	Tu reviendras dès que tu **auras terminé**.

5. Le conditionnel présent

nom	valeur et type d'action	exemple
temporel	fait postérieur au moment de l'histoire dans un récit au passé (futur dans le passé)	J'étais sûr que le lendemain, il ne **serait** pas au rendez-vous.
modal	fait qui peut arriver mais incertain, soumis à une condition (voir fiche 15)	Si vous me donniez à manger, je vous **indiquerais** le chemin.
de politesse	atténuation d'une demande ou conseil	Je **voudrais** une baguette pas trop cuite.

MÉMO : retenez que la valeur exprime la manière dont un fait se produit et sa place par rapport aux autres évènements.

II VERS LE BREVET

« Pierre lisait le journal au petit déjeuner. C'était peut-être pour ça que Sophie regardait si souvent par la fenêtre. » (F. Vargas, *Debout les morts*.)

Quel est le temps verbal qui domine ? Quelle est sa valeur ?

Il ne faut pas dire que l'imparfait a une « valeur passée » : c'est évident ! Il a ici une valeur d'**habitude** : il exprime des faits répétés dans le passé.

Les emplois du subjonctif

I L'ESSENTIEL DU COURS

Le subjonctif se retrouve surtout dans les **subordonnées** et souvent après ***que***. Si l'indicatif exprime des faits qui se sont produits, se produisent ou se produiront, ce n'est pas le cas du subjonctif.

1. Le subjonctif employé seul

- Il exprime le **commandement** ou le **souhait**.

Ex. : Qu'on en **finisse** ! Ainsi **soit**-il. **Vive** la reine. Que Dieu vous **bénisse**.

- Il peut également exprimer l'**indignation** ou l'**étonnement.**

Ex. : Moi, que je **fasse** / que j'**aie fait** une chose pareille ? Jamais !

2. Le subjonctif dans les subordonnées relatives

- Il est fréquent quand la relative exprime une **idée non concrétisée**.

Ex : Nous cherchons un responsable qui **soit** compétent.

- C'est notamment le cas quand :

– la relative dépend d'une **principale négative ou interrogative** ;

Ex. : Il n'a vu personne qui **puisse** l'aider.

– la principale contient ***le seul***, ***l'unique***, ***le premier***, ***le dernier*** ;

Ex. : Il est le seul qui **sache** nous aider.

– la relative se construit avec **le superlatif relatif *le plus / le moins que***.

Ex. : C'est le meilleur moyen que nous **puissions** trouver.

3. Le subjonctif dans les subordonnées complétives

- On emploie l'indicatif quand l'action est présentée comme certaine ou probable. On utilise le subjonctif quand **l'action est présentée comme possible**, **improbable**, **impossible**.

Ex. : Je suis sûr qu'il **a** raison (action certaine, indicatif).
Je doute qu'il **ait** raison (action improbable, subjonctif).

- On emploie le subjonctif avec une **principale négative ou interrogative**.

Ex. : Je ne crois pas qu'elle **vienne**. Penses-tu qu'ils **soient** là ?

- On l'emploie avec les verbes exprimant **le sentiment**, **le doute**, **la volonté**, **la crainte** ou **le regret**.

Ex. : Je souhaite qu'il en **finisse**. Nous déplorons qu'elle **soit** absente.

4. Le subjonctif dans les subordonnées circonstancielles

● On l'emploie pour présenter une situation qui n'est **pas encore réalisée**, notamment dans les circonstancielles exprimant :

– le **temps**, quand l'action se produit après celle de la principale (postériorité exprimée par *avant que, jusqu'à ce que, en attendant que*) ;

Ex. : Avant qu'elle s'en **aille**, donne-lui dix euros.

– le **but** (*pour que, afin que, de peur que, de crainte que, de façon que...*) et la **concession** (*sans que, bien que, quoique...*) ;

Ex. : Pour que nous **puissions** rentrer, il faut que la mer baisse.

– la **condition** et l'**hypothèse** (*à condition que, à moins que, pourvu que, à supposer que*).

Ex. : Nous sortirons à condition qu'il ne **pleuve** pas.

MÉMO : le subjonctif est le mode de l'action dont la réalisation est incertaine : souhaitée, rejetée, mise en doute, probable, pas encore arrivée...

II VERS LE BREVET

« Tombe sur moi le ciel pourvu que je me venge ! » (P. Corneille, *Rodogune*.)

Identifiez le mode verbal utilisé et justifiez son emploi.

Pour différencier le présent du subjonctif (utilisé ici) du présent de l'indicatif, il faut s'attacher à la **valeur** du mode, et non à sa conjugaison : *tombe* est employé dans la principale et exprime le souhait ; *me venge* est employé dans une subordonnée circonstancielle exprimant la condition (*pourvu que*) et donc un fait à la réalisation encore improbable. Pour ce mode, il est nécessaire de toujours apporter **deux précisions** : d'abord le type de proposition dans laquelle il est utilisé, puis la raison pour laquelle on l'utilise.

« Je tiens à ce que tu voi... mon nouveau tableau. »

En rédaction ou en dictée, on peut avoir tendance à négliger le subjonctif, ce qui crée des **erreurs de syntaxe**. Ainsi, on n'écrira (ni ne dira) pas : *Je veux qu'il vient* mais *qu'il vienne*. De même, il ne faut pas confondre sa **terminaison** avec celle de l'indicatif (voir fiche 10) : *Je tiens à ce que tu voies mon nouveau tableau.*

La formation des mots

I L'ESSENTIEL DU COURS

La formation d'un mot est sa construction, la manière dont il a été créé. Avant tout, il faut repérer son **radical**, la racine qui permet de construire le mot. Pour former un mot, il y a **trois possibilités**.

1. La dérivation

- Les mots **dérivés** sont créés en **ajoutant des éléments** (un préfixe et/ou un suffixe) à un **radical**. Les mots ayant le même radical appartiennent à la **même famille**.

Ex. : dent, dentition, dentiste, dentaire, édenté.

- Les **préfixes précèdent** le radical. Chaque préfixe a un sens précis.

préfixe	sens	exemple	préfixe	sens	exemple
anti-	contre	antibruit	**in-**	privé de	instable
co-	avec	coéquipier	**mal-**	privé de	maladroit
ex- / é-	extérieur	épiler	**re- / r-**	à nouveau	rentrer
in-, en-	intérieur	enfermer	**trans-**	à travers	transpercer

Astuce : pour savoir s'il faut mettre deux -*n*, deux -*l* ou deux -*r*, on décompose le mot : *irrespectueux* (*ir* + *respectueux*) ; *inodore* (*in* + *odore*).

- Les **suffixes suivent** le radical. Ils forment des mots de **classe grammaticale différente** (*rouge* > *rougi**r***) ou apportent une **nuance de sens** (*gris**âtre***, *jeun**ot***).

suffixe	sens	exemple	suffixe	sens	exemple
-age	action	pilotage	**-al**	relatif à	régional
-ette	diminutif	tablette	**-ible / -able**	qualité	lisible
-iste	métier	dentiste	**-ir**	changement	faiblir
-té	qualité	propreté	**-oter**	diminutif	siffloter

- Un radical peut **varier** avec l'ajout d'un suffixe (*vert* → *verdâtre*). En outre, il peut être différent si la famille comporte à la fois des mots construits **à partir du mot français d'origine latine** (formation populaire) et des mots créés **à partir de la racine latine** (formation savante).

Ex. : *febris* → fièvre → fiévreux, enfiévrer (formation populaire).
→ fébrile, fébrifuge (formation savante).

2. La composition

- On obtient un **mot composé** en associant **deux mots** existant déjà.

Ex. : portefeuille (porte + feuille), lave-linge (lave + linge).

- On peut également combiner **plusieurs éléments latins ou grecs**.

Ex. : télescope (*tele* [loin, en grec] + *scope* [vision, en grec])
omnivore (*omni* [tout, en latin] + *vore* [manger, en latin])

3. L'emprunt

- Certains mots sont **empruntés** aux **langues anciennes ou étrangères**.

Ex. : forum (latin), foot (anglais), algèbre (arabe), banque (italien).

MÉMO : un mot est construit à partir de plusieurs racines existantes (composition) ou en ajoutant préfixes et suffixes à un radical (dérivation).

II VERS LE BREVET

Décomposez le mot « innombrables » en nommant chacun de ses éléments.

La grande majorité des sujets contiennent une question de ce type. Elle a des variantes : « expliquer précisément », « faire apparaitre ses parties », « identifier chaque élément du mot », « donner sa formation », « expliquer sa construction ». Dans tous les cas, il s'agit d'identifier clairement le ou les **préfixes**, le **radical** ainsi que le ou les **suffixes** présents.

Décomposez le mot « incrédulité » en identifiant chaque élément. Expliquez ce mot.

Cette consigne double est classique. La décomposition du mot facilite son explication et la présentation de la réponse peut s'appuyer sur les **constituants** du mot : « L'incrédulité est le fait (suffixe *-ité*) de ne pas (préfixe *in-*) croire en quelque chose (radical *crédul-*). »

Le mot « spectateur » peut désigner l'homme assis devant sa télévision : trouvez un mot de la même famille.

Il y a **trois méthodes** pour trouver un mot de la même famille :
– ajouter au mot un préfixe ou un suffixe (*téléspectateur*) ;
– au contraire, les enlever pour parvenir au radical (*spectacle*) ;
– après avoir trouvé le radical, changer le préfixe ou le suffixe (*spectaculaire*).

Décomposez le mot « somnambule » en deux radicaux différents et citez un mot de la famille de chacun des radicaux.

Un mot peut avoir **plusieurs radicaux** : *somnambule* est un mot composé des radicaux latins *somn-* (le sommeil, comme dans *somnoler*) et *ambul-* (marcher, avancer, comme dans *ambulance*).

Le sens des mots

I L'ESSENTIEL DU COURS

Choisir un mot plutôt qu'un autre, c'est définir ce que l'on veut dire mais aussi l'**effet** que l'on veut produire. Pour comprendre le sens d'un mot, il faut donc observer ce qui l'entoure (le **contexte**) et les **intentions** de l'auteur.

1. La polysémie

- Un mot a souvent **plusieurs sens** : on dit alors qu'il est **polysémique**.

Ex. : Ce colis est d'autant plus **lourd** qu'il fait **lourd** et chaud.
Il révise les **tables** de 8 et de 9 sur la **table** du salon.
Son **corps** affaibli a été examiné par le **corps** médical.

⚠ **Attention :** on trouve parfois le terme de « champ sémantique » pour désigner les divers sens d'un mot.

2. Le sens propre et le sens figuré

- Le **sens propre** renvoie au premier sens du mot, souvent concret.

- Le ou les **sens figurés** sont plus imagés, plus abstraits, souvent issus de métaphores.

Ex. : la **flambée** de la cheminée (*propre*) / la **flambée** des prix (*figuré*)
la **paralysie** des jambes (*propre*) / la **paralysie** du trafic (*figuré*)
la **racine** du légume (*propre*) / la **racine** du mal (*figuré*)

3. La dénotation et les connotations

- Le **sens principal** d'un mot, donné par sa définition dans le dictionnaire, est sa **dénotation**.

Ex. : Ile (n.f.) : masse de terre entourée d'eau.

- Ce qu'un mot **évoque** ou **suggère** de manière subjective sont ses **connotations**.

Ex. : Le mot *ile* peut évoquer, selon les personnes et les textes :
– le voyage, l'exotisme, le dépaysement et les tropiques ;
– l'isolement et la solitude ;
– des œuvres littéraires classiques comme *Robinson Crusoé* ou *Le Comte de Monte-Cristo*.

- La connotation d'un mot peut être **péjorative** (négative) ou **méliorative** (positive). Elle dépend du locuteur et de ses **références culturelles** (son pays, son époque, etc.).

Ex. : La couleur rouge peut connoter l'interdiction, la colère, le sang, la passion, le communisme (en Occident de nos jours), la malédiction (Égypte ancienne), le mariage (Inde moderne), etc.

MÉMO : un mot peut avoir un ou plusieurs sens, un sens propre et sens figuré, ainsi que des connotations (ce qu'il évoque).

II VERS LE BREVET

« Il fait à peine jour, ils sont déjà bien las. » (V. Hugo, *Les Contemplations*.)

Quel est le sens du mot « las » dans ce vers ?

Pour trouver le sens d'un mot, la première méthode consiste à **chercher des mots de** la même famille : ici, las rappelle lassé, lassitude et signifie fatigué.

« Elle trousse jupe et culotte pour descendre à l'eau, aussi haut qu'elle peut, avec une sérénité de petit garçon. » (Colette, *Le Blé en herbe*.)

Expliquez l'expression : « avec une sérénité de petit garçon ».

La deuxième méthode est de **retrouver le radical** du mot : *sérénité* vient de *serein* (calme, tranquille). On replace ensuite le mot dans son **contexte** : elle relève ses jupes, car elle n'a pas de problème avec sa nudité.

« Je lorgnais le régime de fruits mûrs accrochés à la poutre. » (H. Lopes, *Le Chercheur d'Afriques*.)

a. Trouvez un synonyme pour le verbe « lorgner ».
b. Expliquez le choix de ce verbe par le narrateur.

La troisième méthode est donnée : on observe le **contexte** et on trouve un **synonyme**. Ici, *lorgner* signifie *regarder du coin de l'œil*. Expliquer le choix d'un mot, c'est aussi comprendre ses **connotations** : ici, *lorgner* a une connotation négative et renvoie à une idée de discrétion que les verbes *regarder* ou *observer* n'auraient pas donnée.

« Je me souviens encore du singulier effet que me produisit cette menace. Elle me donna un courage énorme. » (É. Zola, *Le Grand Michu*.)

Donnez le sens de « singulier » dans le contexte de la phrase.

La question porte sur le **sens plus rare, plus inhabituel** d'un mot, ce qui peut entrainer des contre-sens. Ici, *singulier* n'est pas le contraire de *pluriel* mais un synonyme d'*insolite* : il est en effet surprenant qu'une menace donne du courage.

Synonymes, antonymes, homonymes, paronymes

I L'ESSENTIEL DU COURS

1. Les synonymes

- Deux mots sont synonymes quand :
– ils ont le **même sens** ou des sens très proches ;
– ils appartiennent à la **même classe** grammaticale.
Ex. : réfléchir / cogiter (verbes) ; goût / saveur (noms)

- Le choix d'un mot plutôt qu'un autre dépend :
– du **niveau de langue** utilisé ;
Ex. : voiture (courant) / bagnole (familier)
– du **degré de précision** apporté ;
Ex. : voiture (sens large) / break (plus précis)
– de la **connotation** donnée ;
Ex. : voiture (neutre) / tacot (péjoratif)
– des mots déjà utilisés (afin d'éviter les **répétitions** inélégantes).

2. Les antonymes

- Deux mots sont antonymes quand :
– ils sont le **contraire** l'un de l'autre ;
– ils appartiennent à la **même classe** grammaticale.
Ex. : méchanceté / gentillesse (noms) ; agité / calme (adjectifs)

- On peut former un antonyme en ajoutant un **préfixe négatif** au mot.
Ex. : agréable / **dés**agréable ; justice / **in**justice ; entente / **més**entente

- Ils permettent de créer l'**antithèse**, figure de style qui rapproche dans une phrase deux mots opposés afin de créer un contraste.
Ex. : « *Es-tu si las de **vivre** ? // As-tu peur de **mourir** ?* » (P. Corneille)

3. Les homonymes

- Ce sont des mots de **sens différent** mais qui ont la **même prononciation**.

- On parle d'**homophones** quand ils ont seulement la même prononciation.
Ex. : vingt / vint / vin / vain ; un compte / un conte / un comte

- On parle d'**homographes** quand ils ont également la même orthographe.
Ex. : une voile / un voile ; la mousse / le mousse

4. Les paronymes

- Ce sont des mots qui **se ressemblent beaucoup** par leur prononciation ou leur orthographe mais qui ont des **sens différents**.

- Ils sont souvent des sources de **confusion**.

Ex. : le **sceptre** du roi / le **spectre** de la lumière
des insectes **infestent** le pays / des microbes **infectent** la plaie
la **tente** de camping / la **tonte** du mouton / la **teinte** d'un tissu
un homme **importun** (gênant) / un moment **opportun** (parfait)

- Ils permettent, en poésie, de créer des **effets d'écho** mais également de construire des **paronomases**, figure de style qui consiste à rapprocher volontairement deux paronymes.

Ex. : « *Je m'instruis mieux par* ***fuite*** *que par* ***suite****.* » (M. de Montaigne)

MÉMO : deux synonymes ont le même sens, des antonymes sont des contraires, les homonymes se prononcent pareil, deux paronymes ont presque la même prononciation.

II VERS LE BREVET

Qu'est-ce qu'une personne « égoïste » ?
Donnez un antonyme de ce mot.

Si la consigne demande un synonyme ou un antonyme, on devra donner un mot **de même classe grammaticale** : ici, on peut citer les adjectifs *altruiste* ou *généreux*.

Dans l'expression « je marche sans répit », remplacez le mot « répit » par un mot de même nature qui ne change pas le sens de l'expression.

Il s'agit de trouver un synonyme grâce au **contexte** qui entoure le mot : je marche *sans repos*, *sans pause*. Prenez garde à ne pas proposer un verbe, ce qui changerait la classe grammaticale.

Trouvez un synonyme de « comme pétrifié » et de « cohorte ».

Dans ce cas, on peut s'aider du **radical** (« comme pétrifié » = *comme changé en pierre*), des connaissances ou du contexte (« cohorte » = *troupe*).

Donnez un synonyme de l'adjectif dans l'expression : « un repas succulent ».

Il faut donner un mot du **même niveau de langue** : ne pas proposer *super bon*, trop familier, mais simplement *savoureux* ou *très bon*.

Le champ lexical

I L'ESSENTIEL DU COURS

1. Repérer un champ lexical

- Un champ lexical est l'ensemble de mots et d'expressions qui se rapportent au **même thème** (sujet, idée, domaine) mais dont les natures grammaticales sont variées.

Ex. : « *Je ne la* ***voyais*** *alors que de profil* [...]. *Jamais, je crois, je n'en avais* ***vu*** *de plus pur et de plus altier. Quant à ses* ***yeux****, je n'en pouvais juger,* ***fixés*** *qu'ils étaient sur la panthère.* » (Barbey d'Aurevilly, *Les Diaboliques*.)

Ici, *voyais*, *vu*, *yeux* et *fixés* appartiennent au champ lexical du **regard**.

Attention : un mot peut appartenir à plusieurs champs lexicaux.

2. Interpréter un champ lexical

- Le repérage du champ lexical permet de **dégager un des thèmes** d'un texte ou de **comprendre le sens d'un mot inconnu**.

Ex. : *Marée, bateau, vague, tempête, houle, tanguer, déferler* appartiennent au champ lexical de la **mer**. Ce sera le thème dominant du texte dans lequel on les rencontrera.

- Les champs lexicaux peuvent indiquer le **genre littéraire** du texte.

Ex. : *déportation, camps, Résistance, nazis, rafles* renvoient à un **roman historique** ou à une **autobiographie sur la Seconde Guerre mondiale**.

- Si un champ lexical est très développé ou s'il est présent alors qu'*a priori* le thème du texte ne s'y prête pas, c'est que l'auteur veut créer un **effet** ou une **impression** sur le lecteur.

- Le champ lexical peut définir la **visée**, l'**intention** du texte : des termes **péjoratifs** permettent une critique ; des termes **mélioratifs** mettent en valeur des qualités.

Ex. : « *Ses yeux paraissaient couverts d'une taie transparente ; vous eussiez dit de la nacre sale dont les reflets bleuâtres chatoyaient à la lueur des bougies. Le visage pâle, livide et en lame de couteau* [...] *semblait mort.* » (H. de Balzac, *Le Colonel Chabert*.)

Dans cet extrait, le champ lexical de la **couleur** et de la **lumière** (*reflets bleuâtres, lueur, pâle, livide*) est souvent constitué de termes **péjoratifs**, et certains de ces termes peuvent appartenir au champ lexical de la **mort** (*pâle, livide, mort*). Le portrait du personnage donne une impression morbide : on veut le faire ressembler à un cadavre.

MÉMO : relevez tous les termes qui se rapportent au même thème (champ lexical) pour analyser un texte et les intentions d'un auteur.

II VERS LE BREVET

Relevez les mots et expressions qui expriment la destruction du lagon.

Ce type de consigne est courant. Relever les « mots qui expriment / indiquent / montrent », c'est rechercher un **champ lexical**. La consigne précise souvent le nom de celui-ci : ici, c'est celui de la destruction.

Quel champ lexical est présent dans les premières lignes ? Relevez au moins cinq des termes qui le composent.

Cette consigne est plus complexe : le nom du champ lexical n'est pas indiqué. Il faut donc relire le texte pour créer des **réseaux de mots** ou rechercher un **domaine commun**. Il faut également noter qu'un champ lexical est composé d'**au moins quatre mots et expressions**.

La nature vous semble-t-elle accueillante ?
Expliquez votre réponse en citant le texte.

C'est une consigne fréquente : la question sur le texte est suivie d'une demande de justification. Tout d'abord, **on repère le thème** à chercher (ici, la nature). Ensuite, **on relit rapidement** le texte en effectuant un relevé des mots appartenant à ce champ lexical. Enfin, **on analyse le sens** ou les connotations des mots relevés pour répondre à la question.

Après cette scène, Marius décide de partir pour les îles Sous Le Vent. Rédigez une lettre qu'il envoie à Fanny dans laquelle il raconte son voyage puis son arrivée.

En rédaction, il faut utiliser les champs lexicaux adéquats pour rendre son texte **cohérent**. Au brouillon, avant toute rédaction, on prépare une **liste de termes** qui évoquent les **thèmes dominants indiqués par le sujet** : ici, on utilisera les champs lexicaux du voyage, de la mer, de l'exotisme.

Les figures de style

I L'ESSENTIEL DU COURS

Une **figure de style** est un procédé qui modifie le sens d'un mot ou la structure d'une phrase. Elle cherche à émouvoir, frapper, insister, etc.

1. Figures de ressemblance

- **La comparaison** rapproche deux éléments grâce à un outil de comparaison (*comme, tel que, pareil à, semblable à*...).

Ex. : « *Le fleuve est pareil à ma peine.* » (G. Apollinaire)

- **La métaphore** rapproche deux éléments sans outil de comparaison.

Ex. : le manteau de neige, les perles de rosée, un tapis de fleurs...

- **La personnification** attribue une pensée ou un comportement humain à un objet, un lieu, un phénomène.

Ex. : « *Le mistral était en colère.* » (A. Daudet)

- **L'allégorie** représente une idée abstraite sous forme humaine.

Ex. : le Vieillard du Temps, la Faucheuse (la mort)

- **La métonymie** remplace un terme par un autre, logiquement associé : le concret par l'abstrait, le contenu par le contenant, la partie pour le tout, etc.

Ex. : recevoir les lauriers (= la gloire), finir son verre (= sa boisson)

- **La périphrase** remplace un terme par une expression de même sens.

Ex. : le plancher des vaches (= la Terre), le Toit du monde (= le Tibet)

2. Figures d'opposition

- **L'antithèse** oppose dans une phrase deux mots ou deux notions contraires.

Ex. : « *Paris est tout **petit**, c'est là sa vraie **grandeur**.* » (J. Prévert)

- **L'oxymore** associe dans la même expression deux mots de sens opposé.

Ex. : « *Cette **obscure clarté** qui tombe des étoiles.* » (P. Corneille)

- **Le chiasme** inverse symétriquement l'ordre de deux expressions (schéma AB-BA).

Ex : « *Il faut **manger pour vivre** et non **vivre pour manger**.* » (Molière)

3. Figures d'exagération

- **L'hyperbole** consiste à exagérer la réalité pour frapper l'imagination.

Ex. : Je suis **mort** ! (= je suis fatigué)

- **La gradation** est une énumération croissante ou décroissante.

Ex. : « *Je me **meurs**, je suis **mort**, je suis **enterré** !* » (Molière)

4. Figures d'atténuation

- **L'euphémisme** atténue l'aspect désagréable d'une idée.

Ex. : « *Hippolyte n'est plus.* » (J. Racine) = Hippolyte est mort.

- **La litote** atténue une idée pour mieux la renforcer.

Ex. : « *Va, je ne te hais point.* » (P. Corneille) = je t'aime.

5. Figures de répétition

- **L'anaphore** est la répétition d'un même mot à la même place.

Ex. : « ***Marcher*** *à jeun,* ***marcher*** *vaincu,* ***marcher*** *malade.* » (V. Hugo)

- **L'allitération** est la répétition d'un même son consonne dans une phrase ou un vers.

Ex. : « *Pour qui **s**ont **c**es **s**erpents qui **s**ifflent **s**ur vos têtes ?* » (J. Racine)

- **L'assonance** est la répétition d'un même son voyelle dans une phrase ou un vers.

Ex. : « *Tout m'affl**i**ge et me nu**i**t et consp**i**re à me nu**i**re.* » (J. Racine)

MÉMO : pour retrouver une figure de style, repérez l'écart par rapport à la norme, c'est-à-dire la différence avec le langage habituel.

II VERS LE BREVET

« Je devrais déjà apercevoir le village. À moins qu'il n'ait reculé. Oui, il a dû sentir ma venue et a reculé jusque dans la mer. » (L. Gaudé, *Le Soleil des Scorta*.)

Quelle est la figure de style utilisée pour évoquer le village dans ces lignes ?

La majorité des sujets comportent une question de ce type. Il faut toujours justifier sa réponse en rappelant brièvement la définition de la figure : ici, c'est une **personnification**, puisqu'on prête au village des capacités humaines ou animales (*sentir* et *reculer*).

« Elle n'avait qu'à faire un geste et dix visages se précipitaient. » (G. Bouillier, *Rapport sur moi*.)

Expliquez pourquoi l'emploi du mot « visage » est une métonymie dans cette phrase. Quel effet produit cette figure ?

Les questions sur les figures sont souvent suivies d'une question sur l'effet. On entend par « effet » **l'émotion** que la figure veut provoquer, **l'impact** qu'elle a sur le ton ou le rythme, ou son **but**. Ici, *visages*, une partie, représente des hommes, le tout : c'est une métonymie qui a pour effet de déshumaniser les hommes.

Le vocabulaire de l'argumentation et du raisonnement

I L'ESSENTIEL DU COURS

Tout texte argumentatif doit être construit. Ses divers éléments peuvent être annoncés à l'aide de **connecteurs** et de **locutions verbales**.

1. Commencer ou terminer un raisonnement

- Pour **introduire un propos**, on emploie les **connecteurs** : *en premier lieu, (tout) d'abord, pour commencer, débutons par, au préalable, avant tout...*

- Pour **conclure**, on utilise : *enfin, finalement, en définitive, en guise de conclusion, pour terminer, pour conclure, en un mot, en somme...*

Ex. : C'est **en définitive** tout ce que je crois.

2. Ajouter une idée

- Pour ajouter une idée ou un évènement, on utilise :

– des **connecteurs** : *puis, ensuite, par ailleurs, d'autre part, de surcroît, de plus, en outre, en second lieu, mieux encore, non seulement... mais encore, d'ailleurs, de même, du reste, même* ;

– des **locutions verbales** : *qui plus est, pour continuer, poursuivons par, il ne faut pas oublier, ajoutons également...*

Ex. : Cette souris est ergonomique. **De surcroît**, son coût est modéré.

3. Introduire un exemple

- Pour introduire un exemple qui va illustrer le propos que l'on vient de tenir, on emploie :

– des **connecteurs** : *ainsi, par exemple, notamment, entre autres, pour preuve, en effet...*

– des **locutions verbales** : *prenons le cas de, tel est le cas de, on peut citer, citons, nous pouvons mentionner, comme le confirme / démontre / montre, la preuve en est, ainsi que l'indique / en témoigne / le rappelle...*

Ex. : De nombreuses espèces de prédateurs sont actuellement en danger. **On peut citer le cas** des tigres, des lions ou des requins.

4. Effectuer une transition entre deux idées

- On peut **établir un parallèle entre deux idées** grâce :

– aux **connecteurs** : *de même que, à l'instar de, à l'image de, de manière identique / similaire* ;

– aux **locutions verbales** : *il en va de même, il existe des ressemblances avec, on peut constater une similitude entre...*

Ex. : Le rugby, **à l'instar du** football, est devenu professionnel.

- On peut aussi **créer un contraste entre deux faits** avec : *au contraire, en revanche, à l'opposé, toutefois, cependant, pourtant.*

Ex. : Le Brésil connait une forte croissance économique. **En revanche**, les inégalités sociales y restent très fortes.

- Enfin, on peut **changer de sujet** avec : *par ailleurs, sur un autre plan, dans un autre domaine, en ce qui concerne, pour ce qui est de...*

Ex. : J'ignore ce qu'il est devenu. **Pour ce qui est de** sa sœur, je sais qu'elle est avocate.

MÉMO : l'argumentation se fonde en grande partie sur des connecteurs qui rythment et annoncent la nature des raisonnements.

II VERS LE BREVET

« C'est au cri de "tel père, tel fils !" qu'il avait stoppé notre razzia, saluant de surcroît notre ressemblance supposée. » (É. Fottorino, *L'Homme qui m'aimait tout bas.*)

Que signifie la locution adverbiale « de surcroît » ? Qu'exprime-t-elle ?

Toute consigne portant sur ce qu'exprime un connecteur équivaut à en demander la **raison d'emploi** : ici, il s'agit d'un **ajout** d'idée, d'un autre fait ajouté après le premier.

Rédigez un texte argumentatif au sujet des incivilités au collège. Vous y défendrez votre opinion à l'aide de quatre arguments suivis d'une conclusion.

Ce sujet de rédaction indique clairement la **structure** à suivre : quatre arguments, cela signifie quatre paragraphes, quatre connecteurs introducteurs et quatre exemples eux-mêmes bien introduits. La conclusion sera également annoncée clairement par un autre connecteur (*en définitive*, par exemple).

Au **brouillon**, pour structurer son propos, on doit donc commencer à chercher puis à placer les connecteurs, avant de « remplir » cette **construction** du contenu qui convient.

Les classes de mots

I L'ESSENTIEL DU COURS

● On appelle **classes grammaticales** (ou **natures**) les catégories dans lesquelles on range les mots. Les mots qui appartiennent à une même classe ont des points communs. Il y a dix classes grammaticales.

● On distingue :
– les **mots variables**, c'est-à-dire qui peuvent être modifiés par le genre, le nombre, les temps ;
– les **mots invariables**, c'est-à-dire qui s'écrivent toujours de la même façon, quelle que soit leur place dans la phrase.

⚠ **Attention :** quelle que soit la phrase, la nature d'un mot ne change jamais. C'est la différence avec la fonction. Dans *Le chien boit de l'eau*, le nom *chien* fait partie du sujet mais dans *J'ai dressé mon chien*, il fait partie du COD. Un mot de même nature peut occuper plusieurs fonctions.

1. Les mots variables

● **Les noms** désignent un être (*enfant, tigre*), un objet (*table, trousse*), une action (*arrivée, oubli*), une notion abstraite (*beauté, liberté*). Ils peuvent être **communs** (*poisson, pompier*) ou **propres** (*Toulouse, Rodney*).

● **Les pronoms** remplacent un nom ou un groupe.

Ex. : Maman, **j'**ai ma serviette mais Justine a perdu **la sienne**. Peux-**tu lui en** prêter une ?

● **Les déterminants** précèdent un nom et indiquent son genre et son nombre.

Ex : **le** lion, **ma** chaise, **plusieurs** personnes, **vingt** tables

● **Les verbes** sont les noyaux d'une phrase. Ils varient selon la personne et le temps.

Ex. : Je **mange** des frites, vous en **mangerez** demain.

● **Les adjectifs** expriment une qualité ou une caractéristique du nom avec lequel ils s'accordent (voir fiche 33).

Ex. : un cheval **noir**, des os **fracturés**, une **jolie** fille

2. Les mots invariables

● **Les prépositions** introduisent un mot ou un groupe de mots et ne peuvent être supprimées.

Ex. : **à** Tokyo, **vers** elle, **dans** l'espace, **pour** oublier, **avec** Rodney

- **Les conjonctions de coordination** (*mais, où, et, donc, or, ni, car*) relient deux mots ou deux propositions.

Ex. : Prends une torche **ou** une bougie **et** suis-moi.

- **Les conjonctions de subordination** (*que, quand, lorsque, depuis que, parce que, si, comme, tellement... que*, etc.) introduisent des propositions subordonnées.

Ex. : Prévenez-moi **quand** vous aurez terminé.

Astuce : la plupart des conjonctions de subordination comportent le mot *que*. Mais pas toutes, attention !

- **Les adverbes** modifient le sens d'un mot ou d'une phrase. Ils sont souvent supprimables et peuvent être :

– d'intensité : *beaucoup, tellement, si, assez, très...*
– de lieu : *ici, là, dessus, dedans, loin...*
– de temps : *aujourd'hui, hier, souvent, jadis...*
– de manière : *bien, mal, vite, doucement, gentiment...*
– de modalisation (opinion, sentiment) : *bien sûr, volontiers...*

Ex. : On est **tellement** heureux **ici** qu'on vient **très souvent**.

- **Les interjections** (*Oh ! Ouf ! Aïe ! Eh !* etc.) expriment une émotion.

Ex. : Aïe ! Quel maladroit je fais ! J'ai **hélas** cassé un autre verre.

MÉMO : la classe grammaticale est l'identité d'un mot, qui peut occuper plusieurs rôles, plusieurs fonctions différentes selon la phrase.

II VERS LE BREVET

« Je suis souvent seul. »

Donnez la nature et la fonction grammaticale de « seul ».

La nature d'un mot ne change jamais, c'est le « rayon » dans lequel on le range. Mais il peut avoir plusieurs **fonctions**, c'est-à-dire, comme un acteur, plusieurs **rôles** selon la phrase. Ici, *seul* est un adjectif qualificatif qui a pour fonction attribut du sujet *Je*.

« Il n'osait plus me raconter des histoires de son enfance. Je ne lui parlais plus de mes études. [...] Il se fâchait quand je me plaignais du travail et critiquais les cours. » (A. Ernaux, *La Place*.)

Relevez les termes qui montrent la présence de la narratrice. Quelles sont leurs catégories grammaticales ?

Les catégories grammaticales qui désignent celui ou celle qui parle ou écrit sont : pronom personnel sujet (*Je*), pronom personnel complément (*me*), déterminant possessif (*mes*).

Les compléments du verbe

I L'ESSENTIEL DU COURS

● La phrase verbale a pour **noyau** un verbe. C'est le mot le plus important, autour duquel s'organisent les groupes de la phrase.

● Le groupe verbal peut comporter un verbe et ses compléments **non supprimables** : ce sont les **compléments essentiels**.

Ex. : Les eaux **inondaient** les champs et les routes.

1. Le COD

● Quand le verbe se construit **directement**, on trouve le **complément d'objet direct (COD)**.

Ex. : Il observait **Sami et son chien**.

Astuce : pour repérer un COD, transformez la phrase en question : « Qu'observe-t-il ? Il observe qui / quoi ? » La réponse constituera le COD du verbe.

2. Le COI

● Quand le verbe est suivi d'une **préposition** (*à*, *de*...), il est construit **indirectement** et on trouve alors le **complément d'objet indirect (COI)**.

Ex. : Sami profitait ***d'*un moment de repos**. L'enfant parlait ***à* son chien**.

Attention : on peut confondre la **préposition *de*** et l'**article partitif *de* ou *du***. Dans *Je voudrais du pain*, *du pain* est COD car *vouloir* se construit directement (*vouloir quoi ?*). Dans *J'ai besoin de pain*, *de pain* est COI car *avoir besoin* se construit avec *de* (*avoir besoin* ***de*** *quoi ?*).

3. Le COS

● Quand on trouve à la fois un COD et un COI, le COI devient **complément d'objet second (COS)**. Un COS désigne souvent un **être**.

Ex. : Sami donnait des os **à son chien**.

4. La nature des compléments d'objet

nom ou GN	Tu parles de **Gaïa**. Je regarde **un bateau**.
verbe à l'infinitif	Tu veux **voyager**. Tu décides de **partir**.
proposition subordonnée	Il pense **qu'on va le croire**.
pronom	Je parle de **lui**.

⚠ **Attention :** le **pronom** peut se placer **avant le verbe** (*Je **le lui** dis.*).
Pour savoir s'il est COD ou COI, il faut poser la question :
– Je dis quoi ? *le* : sans préposition, c'est un **COD**.
– Je dis à qui ? *à lui* : avec la préposition *à*, après un COD, c'est un **COS**.

5. L'attribut du COD

- Il **suit immédiatement le COD** dont il précise une propriété ou un état.

Ex. : On a trouvé cette explication **étrange**. Il a le teint **frais**.

Astuce : l'attribut du COD n'est **pas supprimable**, ce qui le distingue d'un simple adjectif épithète. Ainsi, on ne peut pas dire : *Il a le teint.*

- Certains verbes le construisent **indirectement**.

Ex. : Il l'a traité **de chien**. On l'a choisi **comme chef**.

- On le trouve surtout avec le **verbe *avoir***, les verbes d'**opinion** (*trouver, croire*), de **perception** (*sentir, percevoir*), ou de **transformation** (*mettre, rendre*).

Ex. : Il a l'œil **fermé**. Elle l'a rendue **furieuse**. Je l'ai trouvé **parfait**.

MÉMO : posez les questions *qui / quoi ?, à qui / à quoi ?, de qui / de quoi ?* pour retrouver les compléments d'objet.

II VERS LE BREVET

« Il me l'a donnée. »

Quelle est la fonction des pronoms « me » et « l' » ?

Pour répondre, on doit poser les questions : il a donné quoi ? *l'*, qui est donc COD du verbe *donner*. Il a donné à qui ? *à me (moi)* qui est COS.

« Ce moment de minuit que nous passions ensemble depuis quelques années [...], je l'ai vécu au milieu de gens démunis de tout. » (M. Lévy, *Où es-tu ?*)

Que représente le pronom « l' » dans cette phrase ?

Beaucoup de questions comportent le verbe *représenter* : il s'agit souvent de retrouver à quoi **fait référence** un pronom COD ou COI. En observant ce qui précède, on voit que le pronom *l'* reprend *ce moment de minuit*.

« Cette vieille femme, je l'ai trouvée vraiment élégante. »

En dictée et en rédaction, le repérage des compléments d'objet permet d'éviter des **oublis d'accords** : ici, le pronom COD *l'* fait référence à une femme. Placé avant le verbe, il entraine l'accord au féminin.

Les compléments de phrase

I L'ESSENTIEL DU COURS

- Les compléments circonstanciels sont des **compléments de phrase**. Ils expriment une des **circonstances de l'action** : lieu, temps, manière, etc.
- On peut généralement les **supprimer** ou les **déplacer**, c'est un critère pour mieux les **repérer**.

⚠ **Attention :** certains compléments de temps ou de lieu ne sont ni déplaçables ni supprimables. On parle alors de **complément essentiel**.

Ex. : *Il va **au Pôle Nord**. Il fait **moins vingt degrés**.*

1. Les différents compléments circonstanciels

complément de...	exemple
lieu (où ?)	J'ai découvert une brèche **dans le labyrinthe**.
temps (quand ?)	**Trois heures plus tard**, la neige arriva.
manière (comment ?)	J'avance **péniblement**.
moyen (grâce à quoi ?)	Je dois monter ma tente **à l'aide de mes skis**.
cause (à cause de qui / quoi ?)	C'est difficile **car le sol est glacé**.
conséquence	La neige est **si** dure **que je ne peux rien y planter**.
but (pour quoi ?)	**Pour éviter d'être pris par la nuit**, je dois me dépêcher.
accompagnement (avec qui / quoi ?)	**Avec des morceaux de glace**, j'immobilise mes skis.
comparaison (comme qui / quoi ?)	Je pousse sur mes bâtons **comme un diable**.
condition	**Si je n'y arrive pas**, je suis perdu !
opposition	**Malgré tout**, j'y parviens.

Astuce : on retrouve certains compléments en posant une question après le verbe principal de la phrase.

2. Les classes grammaticales des compléments

classe	exemple
nom ou **GN** introduit ou non par une préposition	**Ce soir**, je dois monter ma tente.
pronom introduit par une préposition	**Devant moi** la brume s'éclaircit.
verbe à l'infinitif ou groupe infinitif	Je me retourne **pour vérifier mon cap**.
adverbe	**Heureusement**, le blizzard n'est pas de la partie.
gérondif	J'explore les environs **en tapant du bâton**.
proposition subordonnée	**Alors que le vent souffle**, j'arrive quand même à dormir.

MÉMO : posez des questions après le verbe pour retrouver les divers types de compléments circonstanciels.

II VERS LE BREVET

« Discrètement je me redressais. »

Indiquez la nature et la fonction du mot souligné.

La réponse sera à formuler ainsi : « *Discrètement* est un adverbe qui occupe la fonction de complément circonstanciel de manière. »

« Sans le vacarme de la ville, on pourrait entendre la plainte qui coule de sa gorge. » (P. Péju, *La Petite Chartreuse*.)

a. Remplacez le groupe nominal prépositionnel par une subordonnée de même sens.
b. Donnez la fonction grammaticale de cette subordonnée.

Certaines questions sur les compléments circonstanciels portent sur leurs transformations. Les étapes pour y parvenir sont : **repérer** le complément circonstanciel ; **analyser** ce qu'il exprime ; **le transformer** ; enfin, **vérifier** qu'il exprime toujours la même chose. Ici, le GN *Sans le vacarme de la ville* peut être remplacé par la subordonnée *Si la ville n'était pas aussi bruyante*, complément circonstanciel de condition.

Dans ce texte, où l'action se déroule-t-elle ?

Les consignes sur le lieu ou le déroulement de l'action imposent un **relevé d'éléments**. Ce seront souvent des compléments circonstanciels, qu'il faut relever intégralement (*dans la forêt* et non le seul mot *forêt*).

Les types et les formes de phrases

I L'ESSENTIEL DU COURS

Une phrase est un **message** qu'on envoie. Ce message a d'abord une intention, un **but** : c'est le **type** de phrase. Un même message peut être présenté de différentes **manières** : ce sont les **formes** de phrases.

1. Les types de phrases

	ponctuation finale	but	caractéristiques	exemple
déclarative	.	donner une information		J'ai eu une bonne note.
interrogative	?	poser une question	inversion du sujet, mot interrogatif	As-tu eu une bonne note ?
exclamative	!	exprimer une émotion, un sentiment	phrases souvent courtes, lexique des sentiments	Que c'est bien d'avoir une bonne note !
injonctive	. *ou* !	exprimer un ordre, une interdiction, un conseil	verbes à l'impératif, à l'infinitif, au futur simple ou au subjonctif, phrases courtes	Reviens avec une bonne note !

Attention : on ne parle plus de type impératif mais de type injonctif.

2. Les formes de phrases

- La **forme négative** pour nier une action ou un fait. Elle est caractérisée par des **adverbes de négation** : *ne... pas, ne... plus, ne... jamais, ne... rien, ne... guère, personne ne..., rien ne..., ni... ni.*

Ex. : Matéo a eu une bonne note. (*forme affirmative*)
Matéo **n'a jamais** eu de mauvaise note. (*forme négative*)

- La **forme impersonnelle** (voir fiche 39) pour mettre en valeur un phénomène ou un état de manière objective et plus « scientifique ».

Ex. : Théo a parfois de bonnes notes. (*forme personnelle*)
Il arrive que Théo ait des bonnes notes. (*forme impersonnelle*)

- La **forme emphatique** (voir fiche 39) pour mettre en avant ou insister plus particulièrement sur un des éléments de la phrase.

Ex. : Théo a eu une bonne note. (*forme neutre*)
C'est Théo qui a eu une bonne note. (*forme emphatique*)

- La **forme passive** (voir fiche 25) pour insister davantage sur le résultat que sur l'action.

Ex. : Léo a obtenu la seule bonne note. (*forme active*)
La seule bonne note **a été obtenue par** Léo. (*forme passive*)

MÉMO : retrouvez le type d'une phrase grâce à la ponctuation finale, et la forme d'une phrase grâce à la manière dont est placé et construit le verbe.

II VERS LE BREVET

« Tu n'as rien à faire ici. »

De quel type de phrase s'agit-il ? Quelle forme de phrase est utilisée ?

On doit répondre en parlant de phrase **déclarative** ou de type déclaratif, en justifiant par l'intention (donner une information) et la ponctuation (le point). De même, on parlera de phrase **négative** ou à la forme négative, en justifiant par sa caractéristique principale (ici, les adverbes négatifs *ne* et *rien*).

« Non ! Au contraire ! Nous descendons ! » (J. Verne, *L'Île mystérieuse*.)

Quel est le type de phrase dominant ?

On confond souvent les types injonctif et exclamatif. On définit le type de phrase en cherchant **l'intention** du locuteur : *Au contraire !* est de type exclamatif, puisque la phrase exprime l'**enthousiasme**, alors que *Nous descendons !* est de type injonctif : on donne un **ordre**.

« Est-ce l'intérêt, l'aveuglement, la barbarie ou la raison et la justice qu'il faut écouter ? » (D. Diderot, *Sur l'esclavage*.)

Attend-on une réponse ? Pourquoi cette question est-elle posée ?

Quand on pose une question dont la réponse est trop évidente pour être exprimée, on pratique la **question oratoire** (ou **rhétorique**). On affirme sans vraiment le dire, pour se protéger ou pour rendre le lecteur complice, en lui montrant qu'il n'est pas vraiment nécessaire de lui expliquer.

La voix passive

I L'ESSENTIEL DU COURS

- La **voix** est la **forme que prend le verbe** pour exprimer le rôle du sujet dans l'action.
- Dans la **voix active, le sujet fait l'action**.

Ex. : Pierre mange du pain.

- Dans la **voix passive, le sujet subit l'action**.

Ex. : Le pain est mangé par Pierre.

1. La transformation à la voix passive

- Dans la transformation au passif, le **sujet** de la voix active devient le **complément d'agent** et le **COD** devient le **sujet**.

Ex. : Le plombier	**répare**	l'évier.	>	L'évier	**est réparé**	par le plombier.
S	**V**	COD	>	S	**V**	C. d'agent

Astuce : le **schéma 1-2-3** de la voix active devient **3-2-1** à la voix passive. Il suffit d'**inverser les groupes** (sujet et complément) autour du verbe.

- La transformation passive est soumise à une **condition** : le verbe actif doit **avoir un complément d'objet direct** (être transitif direct).

Ex. : Mon père parle. > *non transformable*
Mon père parle **l'anglais**. > **L'anglais** est parlé par mon père.

2. L'emploi de l'auxiliaire *être*

- Au passif, le verbe **change** et se forme avec **l'auxiliaire *être*** conjugué au même temps que le verbe actif, suivi du **participe passé**.

Ex. : Le chat **mange** la souris. > La souris **est mangée**...
Le chat **a mangé** la souris. > La souris **a été mangée**...
Le chat **avait mangé** la souris. > La souris **avait été mangée**...

- Il ne faut pas oublier d'**accorder le participe passé** avec le nouveau sujet.

Ex. : Ce film touche les gens. > Les gens sont touché**s** par ce film.

Attention : il ne faut pas confondre un verbe au **présent passif** et un verbe au **passé composé actif**.

Dans *L'enfant est tombé*, le verbe est au passé composé actif : on peut le remplacer par un passé simple sans modifier le sens (*L'enfant tomba*).

Dans *L'enfant est lavé*, le sens serait différent si l'on remplaçait par un passé simple (*L'enfant lava*) : le verbe est donc au présent passif.

3. Le complément d'agent

- Il est généralement introduit par la **préposition *par***.

Ex. : Les falaises sont attaquées **par les marées**.

⚠ **Attention :** dans la phrase *Kevin est passé* ***par*** *des chemins détournés, par* introduit un **complément circonstanciel de lieu**.

- Avec les **verbes de sentiment** ou des **verbes de description**, on peut aussi l'introduire avec *de*.

Ex. : Maman était aimée **de tous**. (*voix active* : Tous aimaient Maman.)

- Il peut être **sous-entendu** et donc absent.

Ex. : Il a été agressé (*sous-entendu* : par quelqu'un / par un inconnu).

Astuce : quand le complément d'agent n'est pas indiqué, on repère la voix passive en ajoutant *par quelqu'un*.

MÉMO : la voix passive implique un verbe composé de deux ou trois éléments et, souvent, un complément d'agent (introduit par *par*).

II VERS LE BREVET

« J'ai été puni un jour. »

À quel temps est ce verbe ?

Certains verbes au passif ne comportent **pas de complément d'agent**. Ce verbe, composé de **trois éléments**, est au **passé composé passif**. On peut lui ajouter le complément *par quelqu'un*.

« Ce genre de détail intéressait toujours Rouletabosse. » (R. Escarpit, *Les Reportages de Rouletabosse*.)

Réécrivez à la forme passive.

En réécriture, on peut demander de transformer en voix passive. On se souvient alors du **schéma 123 / 321**, on modifie le verbe et on utilise *par* : *Rouletabosse était toujours intéressé par ce genre de détail*. Il faudra **respecter les temps utilisés**. Les choses se compliquent si le sujet est *on* : *On l'appelait Rouletabosse*, par exemple, devient simplement *Il était appelé Rouletabosse*, sans complément d'agent.

« Les villes de Pompéi et d'Herculanum ont été ensevelies par les cendres. »

Une telle phrase peut être source d'erreur en dictée si l'on oublie l'**accord** du participe passé avec le sujet (*villes / enseveli**es***). Il faut se rappeler que *a été* ou *ont été* sont des formes de l'auxiliaire *être*.

Phrase simple, phrase complexe

I L'ESSENTIEL DU COURS

Une phrase est un ensemble de mots qui commence par une **majuscule** et se termine par un **signe de ponctuation** fort (./?/!/...).

1. Phrase verbale et phrase non verbale

- En général, la phrase est construite autour d'un verbe qui est son **noyau** (son centre). On parle alors de **phrase verbale**.

Ex. : Je n'ai jamais pleuré. (*ai pleuré* = *pleurer* au passé composé)

- Parfois, une phrase ne contient pas de verbe. On parle alors de **phrase non verbale**. Son noyau est alors :

– un nom (**phrase nominale**) ;

Ex. : Quelle **histoire** ! Difficile, la **leçon**.

– un adjectif (**phrase adjectivale**) ;

Ex. : Magnifique !

– un adverbe (**phrase adverbiale**).

Ex. : Vraiment ? Eh, doucement !

Astuce : les phrases non verbales sont souvent utilisées à l'**oral** ou dans les **titres d'articles**. Utilisez-les pour **mettre en valeur une émotion**.

2. Phrase simple et phrase complexe

- Une **proposition** est un ensemble de mots qui fonctionnent autour d'un **verbe conjugué**.

- Quand la phrase contient **un seul verbe** et donc **une seule proposition**, on parle de **phrase simple.**

Ex. : De l'argent, on en **manque** toujours.

- Quand la phrase contient **plusieurs verbes** et donc **plusieurs propositions**, on parle de **phrase complexe**.

Ex. : J'**ai vu** ça, j'**étais** tout petit et j'y **pense** encore tous les jours.

3. Juxtaposition, coordination et subordination

- Dans une phrase complexe, deux propositions peuvent être :

– **juxtaposées**, c'est-à-dire séparées par un **signe de ponctuation** (,/;/:) ;

Ex. : « *Il **s'embourbait**, il le **savait** ; il se **tut**.* » (M. Tremblay)

– **coordonnées**, c'est-à-dire reliées par une **conjonction de coordination** (*mais, ou, et, donc, or, ni, car*) ;

Ex. : « *Elle ne* ***broncha*** *pas* *mais* *je* ***pouvais*** *lire la consternation dans ses yeux.* » (M. Tremblay)

Attention : on parle alors de **propositions indépendantes** : elles ne dépendent pas les unes des autres.

– **principale** et **subordonnée**, c'est-à-dire une proposition **utilisable seule** (principale) et une proposition **dépendante** (subordonnée) qui ne peut constituer une phrase à elle seule (voir fiche 27).

Ex. : Je **veux** que tu viennes. Il **est parti** avant que le soleil se couche.

MÉMO : analysez une phrase à l'aide de trois questions :
1. Y a-t-il un verbe conjugué ou pas ?
2. Combien y a-t-il de verbes conjugués ?
3. Par quel moyen ces verbes sont-ils liés ?

II VERS LE BREVET

« Elle est pour toi : tu la mérites. »

Transformez cette phrase de manière à mettre en évidence le rapport logique entre les deux propositions.

Ces questions, assez courantes, demandent de transformer la juxtaposition (par les deux-points) en **coordination** (***car*** *tu la mérites*) ou en créant une **subordination** (***parce que*** *tu la mérites*).

« On me harcèle, on me traverse, on me brise à coups de hache, // On me cherche noise, on me tourmente sans raison. » (J. Supervielle, *La Fable du monde.*)

Par quels moyens le poète donne-t-il une impression d'accumulation ?

Les questions sur la syntaxe portent souvent sur l'**effet** qu'elle produit. Ici, la multiplication des propositions juxtaposées très courtes permet d'**accélérer le rythme** du vers et de donner une **impression de nombre**, accentuée par le grand nombre de verbes.

« "La mer ! La mer !" pensait Daniel. » (J.-M. G. Le Clézio, *Celui qui n'avait jamais vu la mer.*)

Quels sont les moyens que l'auteur utilise pour traduire l'émotion de Daniel ?

Dès que l'on parle de « moyens utilisés pour... », on parle de **moyens lexicaux** (mots utilisés) et **syntaxiques** (construction des phrases). Ici, on traduit l'émotion par des phrases nominales, très brèves, de type exclamatif et qui se répètent.

Les propositions subordonnées

I L'ESSENTIEL DU COURS

On ne trouve de proposition subordonnée que dans une **phrase complexe**. La proposition **subordonnée** dépend de la **principale** et ne peut pas exister seule. Elles sont reliées par un **mot subordonnant**.

Ex. : J'**ai** un chien qui **aboie** lorsqu'il **a** faim.

J'ai un chien ne dépend d'aucune autre proposition : c'est donc la **proposition principale**. Les propositions *qui aboie* et *lorsqu'il a faim* dépendent de *J'ai un chien* : ce sont donc les **subordonnées**.

Astuce : pour délimiter la subordonnée, on repère le mot subordonnant (*J'aimerais* ***que*** *tu viennes*).

1. La subordonnée relative

- Elle est introduite par un **pronom relatif** (*qui, que, quoi, dont, où, auquel, duquel, à laquelle, de laquelle...*).

- Elle complète un **nom** ou un **pronom** (l'**antécédent**) dont elle est **complément de nom**.

Ex. : Choisis le vêtement **que tu gardes** et celui **dont tu te sépares**.

2. La subordonnée conjonctive complétive

- Elle est introduite par la **conjonction de subordination *que***.

- La plupart du temps, elle complète un **verbe** dont elle est le **complément d'objet**.

Ex. : J'ai remarqué **que cet immeuble est insalubre**.

Astuce : pour la repérer, on pose la question « Quoi ? » après le verbe (« J'ai remarqué quoi ? Que cet immeuble est insalubre »).

3. La subordonnée conjonctive interrogative

- Elle est introduite par un **mot interrogatif** : *qui, ce que, si, lequel, quel, où, quand, comment.*

- Elle complète un **verbe** dont elle est le **complément d'objet**.

Ex. : Je me demande **quand ils arriveront**.
Je ne sais pas **s'ils seront à l'heure**.

4. La subordonnée conjonctive circonstancielle

- Elle est introduite par une **conjonction de subordination** ou une **locution conjonctive** exprimant une **circonstance** de l'action : le **but** (*pour que, afin que*...), le **temps** (*quand, avant que*...), la **conséquence** (voir fiche 29), la **concession** (voir fiche 28), etc.

- Elle est un **complément circonstanciel** de la phrase.

Ex. : Quand elle sourit, son visage s'illumine. Je prie **pour qu'elle sourie**.

MÉMO : définissez le **type d'une subordonnée** en analysant le **mot subordonnant** et en retrouvant la nature de l'**élément complété**.

II VERS LE BREVET

« J'étais un objet de stupeur, et de stupeur constante car les années passaient sans apporter la moindre amélioration » (D. Pennac, *Chagrin d'école*.)

a. Identifiez les propositions de cette phrase.
b. Quel est le rapport logique qui les relie ?

Ici, « identifier » signifie **délimiter** chaque proposition : pour cela, il faut d'abord repérer et compter les **verbes conjugués** (ici, deux). Le rapport logique est la relation qui les relie : ici, *car* exprime la cause.

« Comment peut-il mener et comprendre ses camarades ? // Chacun parle un français volubile de sa façon » (J. Réda, *L'Incorrigible*.)

a. À partir des deux indépendantes, construisez une phrase complexe.
b. Quelle est la relation logique qui unit les deux propositions ?

Dans ces consignes de transformation, on analyse d'abord le **rapport logique** qui lie les deux propositions : ici, l'opposition. On choisit ensuite la proposition **principale**, puis on place un **mot subordonnant** pour introduire une subordonnée : *Comment peut-il mener et comprendre ses camarades* ***tandis que*** *chacun parle* [...] *?*

« La fumée des feux de camps montait vers le ciel et le soleil descendait déjà sur El Paso et le Texas. » (P. Bard, *La Frontière*.)

Remplacez « et » par une conjonction de subordination dont vous préciserez la valeur.

Pour la transformation de la coordination en subordination (ou l'inverse), on observe d'abord le **rapport** entre les deux phrases : ici, la simultanéité. On transforme donc l'une des deux propositions en **subordonnée circonstancielle de temps**.

Pour cela, on remplace la conjonction de coordination *et* par une conjonction de subordination : *La fumée des feux de camp montait vers le ciel* ***alors que*** *le soleil descendait déjà*...

Les rapports logiques : opposition, concession, restriction

I L'ESSENTIEL DU COURS

Le rapport logique désigne la **relation** qu'entretiennent deux faits ou deux phrases. Il est exprimé par des éléments appelés **connecteurs**.

1. L'opposition

● Cette **relation logique** intervient entre deux idées **indépendantes** qui ne se contredisent *a priori* pas. Elle souligne un **contraste**.

Ex. : Elle reste élégante. Son frère, **en revanche**, est négligé.

● Pour l'exprimer, on peut utiliser :

– une **conjonction de coordination** : *mais, or* ;

– une **conjonction de subordination** : *alors que, tandis que, autant... autant* ;

– une **préposition** : *au lieu de, à la place de, contrairement à, à l'opposé de, à l'inverse de* ;

– un **adverbe** : *au contraire, inversement, en revanche, par contre* ;

– une **locution verbale** : *avoir beau...*

Ex. : Cassandre **avait beau** dire la vérité, personne ne la croyait.

2. La concession

● Cette **relation logique** rapproche deux faits qui **se contredisent** mais qui **n'empêchent pas l'action d'avoir lieu**.

Ex. : Elle reste élégante **alors qu**'elle est très malade.

● Pour l'exprimer, on peut utiliser :

– une **préposition** : *malgré, en dépit de, sans, au risque de* ;

– un **adverbe** : *pourtant, toutefois, néanmoins, cependant, quand même, tout de même...*

– une **conjonction de subordination** suivie de l'**indicatif** : *alors que, même si, si ce n'est que* ;

– une **conjonction de subordination** suivie du **subjonctif** : *bien que, quoi que, quoique, sans que* ;

– une **conjonction de subordination** suivie du **conditionnel** : *quand bien même* ;

Ex. : Bien que je **sois** né au Maroc, je suis de nationalité française.
Quand bien même je le **saurais**, je ne dirais rien.

3. La restriction

- C'est l'ajout d'une **réserve** (limite) à ce qu'on vient de dire.

Ex. : Elle reste élégante, **quoique** son chapeau frise le ridicule.

- Pour l'exprimer, on peut utiliser :

– **avant un GN :** *sauf, hormis, excepté, à l'exception de, mis à part…*

– **avant une proposition :** *cependant, toutefois, néanmoins, encore que, du moins, si ce n'est que, quoique* (+ indicatif), *à moins que, quelque… que, bien que* (+ subjonctif).

MÉMO : l'opposition souligne un contraste (*Jean aime les sciences,* ***en revanche*** *je préfère les lettres.*) tandis que la concession rapproche deux faits contradictoires (*Je l'adore,* ***même si*** *elle m'énerve souvent.*).

II VERS LE BREVET

« Poulet devenait grand, il atteignait quinze ans […]. Mais il restait enfant d'esprit, ignorant, niais, étouffé… » (G. de Maupassant, *Une vie.*)

Quel est le rapport logique entre ces deux phrases ? Quel terme souligne ce rapport ?

Les questions de ce type sont très nombreuses. Ses variantes sont : quelle **relation logique** ces propositions entretiennent-elles ? Quel **lien logique** est ici exprimé ? Quelle est la **valeur** de la conjonction de coordination ? Ici, *Mais* exprime une opposition forte.

Que veut montrer ainsi le narrateur ?

Rédigez votre réponse sans utiliser les mots du texte.

Cette consigne, qui est la suite de la précédente, sollicite votre capacité d'analyse au sujet de la **relation logique**. En l'occurrence, le *Mais* montre un contraste entre l'âge et la taille du personnage et son caractère encore puéril : il y a donc une **opposition** entre son apparence physique et son âge mental.

« Accablée par les soucis, elle garde espoir. »

Transformez cette phrase en deux propositions de manière à faire apparaitre le lien logique.

Avant tout, on cherche **le lien logique** (ici, l'opposition). Puis on modifie en utilisant un **mot subordonnant** : *Elle garde espoir bien qu'elle soit accablée par les soucis.*

Les rapports logiques : cause, conséquence, but

I L'ESSENTIEL DU COURS

Ces trois rapports logiques sont exprimés par des **connecteurs** spécifiques.

1. La cause

● La cause est un fait qui se produit **avant un autre**, qui provoque d'autres évènements. C'est leur **origine**.

● Pour l'exprimer, on utilise :

– des **conjonctions** : *car, parce que, comme, étant donné que, vu que, du fait que, puisque, sous prétexte que, soit que... soit que* ;

– des **locutions prépositionnelles** : *du fait de, à cause de, pour, de par, en raison de, grâce à, faute de, par manque de, à force de...*

Ex. : Octave a été licencié **du fait de** ses retards répétés.

2. La conséquence

● La conséquence est un fait qui se produit **après un autre**. Elle est le **résultat**, le **produit** de faits précédents.

● Pour l'exprimer, on utilise :

– des **locutions prépositionnelles** : *au point de, assez... pour, trop... pour, jusqu'à, de manière à* ;

– des **conjonctions de subordination** : *jusqu'à ce que, au point que, de (telle) façon que, si bien que, de (telle) sorte que, de (telle) manière que, trop... pour que, si... que, tant... que, tellement... que...*

Ex. : Samir mange **tellement qu**'il s'en rend malade.

3. Le but

● Le but est l'**objectif** qu'on souhaite atteindre grâce à une action.

● Pour l'exprimer, on utilise :

– des **prépositions** : *pour, afin de, de manière à, de façon à, dans l'intention de, dans le but de, dans le dessein de, en vue de* ;

– des **conjonctions de subordination suivies du subjonctif** : *pour que, afin que, de façon que, de sorte que, de peur que.*

Ex. : J'agis **de façon à ce qu**'il ne s'aperçoive de rien.

4. Différencier conséquence et but

- Avec *de sorte que, de manière (à ce) que, de façon que, pour que*, on différencie conséquence et but grâce au **mode verbal** utilisé.

- Pour la **conséquence**, le fait est considéré comme **réalisé** : le verbe est donc à l'**indicatif**.

Ex. : J'ai pris une assurance, de sorte qu'il n'y **a** aucun problème.

- Pour le **but**, la réalisation de l'objectif est **incertaine** : le verbe est donc au **subjonctif**.

Ex. : J'ai pris une assurance de sorte qu'il n'y **ait** aucun problème.

MÉMO : la cause est l'origine d'un fait, la conséquence son résultat, et le but son résultat espéré.

II VERS LE BREVET

« C'était un homme non pas très âgé, mais usé par la vie, *pour avoir dormi dehors et avoir bu trop de vin.* » (J.-M. G. Le Clézio, *L'Enfant sous le pont.*)

a. Quel rapport logique exprime le groupe souligné ?
b. Remplacez ce groupe par une proposition subordonnée exprimant le même rapport logique.

Cette double consigne est assez courante. On doit d'abord donner **le nom** du rapport logique (ici, la cause), puis **reformuler** en respectant les consignes : ici, le mot « proposition » impose un **verbe** et « subordonnée » une **conjonction de subordination**. La cause peut donc s'exprimer par : *comme / vu que / parce que / du fait qu'il avait dormi dehors...*

« Il n'avait pas mangé depuis Marseille pour économiser son argent. Des crampes douloureuses lui serraient l'estomac. » (H. Troyat, *Étrangers sur la terre.*)

a. Quel lien logique relie ces deux phrases ?
b. Réécrivez-les en faisant apparaitre une subordination qui exprimera ce lien logique.

La question porte sur un **rapport implicite**, c'est-à-dire non exprimé. Ici, le rapport entre ces deux propositions indépendantes est la conséquence. On peut l'exprimer à l'aide de *à tel point que, si bien que, au point que...*

« *Je suis à l'auberge, j'ai faim et je reste.* » (V. Hugo, *Les Misérables.*) Quelle est la relation logique exprimée par la conjonction de coordination « et » ?

La question porte sur un rapport logique exprimé par un connecteur utilisé dans un **sens inhabituel** : ici, *et* n'indique pas l'addition mais la conséquence (*j'ai faim* **donc** *je reste*).

Dégager la structure d'un récit complexe

I L'ESSENTIEL DU COURS

1. Le schéma narratif

- Un récit se compose généralement de **cinq étapes** qui correspondent à cinq phases de l'action.
- **La situation initiale** situe le début de l'action dans un cadre ou des circonstances.
- Un **élément perturbateur** bouleverse la situation et déclenche alors l'action.
- Les **péripéties** sont des aventures lors desquelles le héros accomplit une quête, se forme, grandit, etc.
- Un **élément de résolution** est un évènement qui met fin à l'action et règle la situation, en l'améliorant ou en la détériorant.
- La **situation finale** met un terme à l'histoire.

2. Les indices de la structure d'un récit

- Pour dégager la **structure** d'un récit, on observe plusieurs éléments.
- La **mise en page** permet de comprendre que l'on passe du récit au dialogue mais aussi à un autre sujet, épisode ou lieu grâce aux sauts de ligne et aux **paragraphes**.
- Les **connecteurs** spatio-temporels ou logiques rythment la progression chronologique et l'enchaînement des situations.

Ex. : « *Nous avons ri **longtemps**, tous trois, sans raison, en croquant les fruits fermes. **Le lendemain**, Sonia avait profité d'une course à Tizi pour faire vacciner Amchiche* » (D. Daeninckx, *Le Chat de Tigali*.)

- Les changements de **pronom** sont à étudier : on peut passer du *je* du narrateur à la 3e personne qui qualifie un personnage. On peut aussi passer du singulier au pluriel, qui peut définir les **adjuvants** (ils aident le héros) ou des **opposants** (ils l'empêchent d'atteindre son but).

- L'utilisation des **temps** est significative. Ainsi, le passage du passé simple à l'imparfait peut indiquer qu'une description se met en place. Au contraire, le passage de l'imparfait au passé simple peut signaler l'apparition d'un évènement qui va modifier le cours des choses.

Ex. : « *La chaleur nous* ***accablait*** *; le vaisseau, dans un calme plat, sans voiles et trop chargé de mâts,* ***était*** *tourmenté par le roulis. Brûlé sur le pont et fatigué du mouvement, je* ***voulus*** *me baigner et* ***me jetai*** *du mât.* » (F.-R. de Chateaubriand, *Le Voyage en Amérique*.)

MÉMO : un récit complexe est composé de nombreux évènements émaillés de dialogues et de passages descriptifs.

II VERS LE BREVET

« Tout était si singulier qu'attentif au moindre bruit, je me questionnais sur l'étrangeté des lieux. Du bois sec traînait. Je le rassemblais dans le foyer, sur un lit d'herbes sèches trouvées sans peine [...]. Tout à coup un insidieux frisson me traversa, semblable à celui ressenti dehors. » (C. Seignolle, *L'Auberge du Larzac*.)

Par quel connecteur temporel l'action s'enclenche-t-elle ? Quel intérêt présentent les informations données par le narrateur jusqu'à ce moment du texte ?

Le repérage des connecteurs permet de comprendre la **structure** : ici, *Tout à coup*, accompagné du passé simple, marque l'apparition de l'action. Ce qui précède est une **description** de la pièce et permet de poser l'atmosphère et le **cadre** dans lesquels se déroule l'action.

Blessé par ce qu'il vient de vivre, Idriss décide de poursuivre son voyage vers Paris. Juste après son départ du village, il partage ses impressions avec un compagnon de route.

Ce sujet de rédaction est appelé « **suite de texte** » : on demande de continuer le texte découvert lors de la première partie de l'épreuve. Avant de rédiger, il faut indiquer sur le brouillon les différentes **étapes du récit**. Ces étapes seront résumées ou indiquées sous forme de titres : cette phase est indispensable pour **structurer** et surtout **développer** un récit. La situation initiale reprendra la situation finale du texte proposé. Enfin, on marquera bien le début de chaque étape par un **paragraphe** et un connecteur temporel.

Ordonner et rythmer un récit

I L'ESSENTIEL DU COURS

1. L'ordre du récit

- On peut présenter des évènements dans l'**ordre chronologique**, mais on peut aussi utiliser d'autres techniques.

- **Le retour en arrière (analepse ou flash-back)**

On raconte ce qui s'est passé avant, pour expliquer ou éclairer un comportement ou un évènement par des informations antérieures. Dans un récit au présent, on utilise alors les **temps du passé** et, dans un récit au passé, le **plus-que-parfait** et le **passé antérieur**.

Ex. : « *Ma patience est récompensée, car je viens de recevoir une nouvelle lettre. Je me* ***préparais*** *à aller au lit,* ***il y a quelques minutes****, quand j'****entendis****, à la porte, le même bruissement mystérieux que les deux autres fois.* » (B. Stoker, *La Dame au linceul*.)

- **L'anticipation (prolepse)**

On annonce brièvement des faits qui se déroulent plus tard, pour expliquer l'évènement en le rapprochant d'un autre ou pour créer un effet de suspense. On utilise le **futur simple** dans une narration au présent, ou le **conditionnel présent** dans une narration au passé.

Ex. : « *J'ai quelque chose de bête et de ridicule à vous dire. Je vous l'écris sottement au lieu de vous l'avoir dit [...]. J'en* ***serai*** *désolé,* ***ce soir****. Vous* ***allez*** *me rire au nez...* » (Lettre d'A. de Musset à G. Sand.)

2. Le rythme du récit

- Une histoire peut être racontée **évènement par évènement**, heure par heure, mais le rythme peut être aussi **accéléré ou ralenti**.

- **La scène** est un moment fort de l'histoire, raconté en totalité et en détail. Il comporte souvent des paroles rapportées au style direct.

- **Le sommaire** est une sorte de résumé : de nombreux évènements et un temps assez long sont racontés en quelques lignes seulement.

Ex. : « ***Des années passèrent*** *et il supportait le désœuvrement de son intelligence et l'inertie de son cœur.* » (G. Flaubert, *L'Éducation sentimentale*.)

● **La pause** interrompt le récit par un passage descriptif ou explicatif, un commentaire.

● **L'ellipse** est un saut dans le temps pour accélérer le rythme en ne racontant pas des évènements peu importants. Elle est introduite par des expressions telles que : *l'année suivante, le lendemain, des mois plus tard*.

Ex. : « *Nous pûmes apercevoir la femme* [...]. ***Cinq années plus tard****, à peu près jour pour jour, nous repassâmes par l'île où la passagère avait été abandonnée.* » (P. Mac Orlan, *À bord de l'Étoile Matutine*.)

MÉMO : diversifiez les techniques narratives pour donner du relief et du rythme à un récit, et entretenir ainsi l'intérêt du lecteur (analepse, prolepse, pause, ellipse, scène, sommaire).

II VERS LE BREVET

« Le tableau ornait le consulat de France du Caire depuis trois ans. Il avait été exécuté dans son atelier parisien. » (J.-C. Ruffin, *L'Abyssin*.)

Expliquez l'utilisation du plus-que-parfait.

Les questions sur la valeur des temps peuvent être résolues **en observant l'ordre du récit**. En effet, ici, on fait un bond dans le passé avec la fabrication du tableau décrit. C'est donc une **analepse** qui évoque un évènement antérieur et nécessite donc l'utilisation du plus-que-parfait.

« J'étais adolescent quand j'en ai pris conscience : papa avait eu une vie avant nous. Il avait vécu avec une beauté nordique blonde comme les blés, puis s'était marié avec une autre femme. » (É. Fottorino, L'H*omme qui m'aimait tout bas*.)

Relevez les verbes conjugués à partir de « papa ». À quel temps et à quel mode sont-ils conjugués ? Quelle est la valeur de ce temps et à quelle époque de la vie du père renvoie-t-il ?

Ici encore, le **plus-que-parfait** (*avait eu, avait vécu, s'était marié*) provient d'une **analepse** (retour en arrière). Il s'agit de montrer une **antériorité**. L'analepse renvoie à la vie du père avant la naissance du narrateur.

« Mme Arnoux, sur le trottoir, fit signe d'avancer à un fiacre qui passait. Elle monta dedans. La voiture disparut. Et ce fut tout. » (G. Flaubert, *L'Éducation sentimentale*.)

Faites les remarques nécessaires sur le rythme du récit.

Les « remarques nécessaires » sont d'ordre **syntaxique** : on observe la longueur et la construction des phrases. Ici, les phrases courtes et les propositions indépendantes, l'absence de propositions subordonnées complétives montrent qu'on n'entre pas dans le détail. Les évènements et les verbes se succèdent très vite : c'est un **sommaire** qui **accélère** le rythme.

Insérer une description

I L'ESSENTIEL DU COURS

- La **description** a pour fonction de décrire et de **donner à voir** au lecteur un lieu, un objet, un personnage (portrait).
- Au **début d'un récit** ou d'une scène, elle plante le décor de l'action, construit une atmosphère ou informe le lecteur.
- **Placée dans la narration**, elle présente un nouveau personnage, un nouveau lieu, un nouvel objet ou fait comprendre le caractère d'un personnage.

Attention : ne confondez pas explication et description. Une explication définit un fonctionnement, une cause et des conséquences, un mode d'emploi. Une description s'intéresse surtout à l'apparence des choses.

1. Les caractéristiques de la description

- De nombreuses **expansions du nom**, qui dépendent du regard porté : elles peuvent donc être **mélioratives** (positives) ou **péjoratives** (négatives).

Ex. : « *Elle avait un jupon rouge fort court* [...] *et des souliers mignons de maroquin rouge attachés avec des rubans couleur de feu.* » (P. Mérimée, *Carmen*.)

- Des **connecteurs de temps et de lieu** qui dépendent de la position de celui ou celle qui regarde ou du point de repère choisi.

Ex. : « *L'île avait à peu près la forme d'un bateau ; ramassée sur elle-même* ***du côté où*** *les enfants se tenaient, elle dévalait* ***derrière eux*** *vers la côte* [...]. » (W. Golding, *Sa Majesté des Mouches*.)

- Des **champs lexicaux précis** (formes, couleurs, lumière, parties du corps, paysage, etc.).
- Des **figures de style** comme la comparaison ou la métaphore qui établissent des liens entre les éléments.

2. La description dans le récit

- On introduit une description avec :

– **un verbe de perception** : *sentir, voir, contempler, écouter*, etc.

Ex. : « *Il* ***aperçut****, seule dans une loge de face* [...]*, une femme très belle, au visage pâle et aux bandeaux roux d'un reflet fauve.* » (M. Leblanc, *Victor de la Brigade mondaine*.)

– **une correspondance soudaine** entre l'état intérieur du personnage et l'élément décrit.

Ex. : « ***La passion victorieuse la dévorait****, tandis que, devant elle,* ***un soleil couchant incendiait la ville****.* » (É. Zola, *Une page d'amour*.)

– **un passage à l'imparfait**, introduit par une nécessité narrative (l'arrivée dans un nouveau lieu, qu'il faut alors décrire, etc.)

Ex. : « *Hélène* ***leva la tête****, lasse de souvenirs, heureuse de cette pureté.* ***C'était*** *un bleu limpide, très pâle* [...]. » (É. Zola, *Une page d'amour*.)

MÉMO : décrire, c'est transmettre ce qu'on peut voir ou ce qu'on veut voir au sujet d'un lieu, d'un objet, d'un personnage.

II VERS LE BREVET

« Les ravages qu'il produisit furent immenses [...]. Villes renversées, forêts déracinées, rivages dévastés par des montagnes d'eau, [...] territoires entiers nivelés par des trombes qui broyaient tout sur leur passage. » (J. Verne, *L'Île mystérieuse*.)

Quelle est la forme de discours dominante ? Justifiez votre réponse.

Repérer une forme de discours, c'est d'abord se demander **ce que cherche à faire l'auteur**, puis trouver des indices : ici, pour décrire les ravages d'un ouragan, on utilise de nombreux adjectifs et l'imparfait. C'est donc un discours **descriptif**.

« Elle était plongée dans ces pensées, sur le toit du palais, lorsque les armées de Sango Kerim descendirent des collines [...]. C'étaient de longues colonnes d'hommes qui marchaient en ordre de bataille. Ils étaient innombrables. On eût dit une eau humaine qui coulait le long des pentes. » (L. Gaudé, *La Mort du roi Tsongor*.)

a. Pourquoi un passage descriptif est-il inséré dans la narration ?
b. À quoi le reconnait-on ?

La description montre au lecteur ce qu'aperçoit le personnage et permet de décrire l'armée. Elle est marquée par le passage à **l'imparfait** (*étaient, marchaient*...), par la présence **d'adjectifs** (*longues, innombrables, humaine*) et de **subordonnées relatives** (*qui marchaient, qui coulait*) et par la **comparaison** (*on eût dit*).

Racontez comment vous avez rencontré une personne qui compte ou qui a compté particulièrement pour vous, en insérant dans votre devoir [...] une brève description des lieux.

De nombreux sujets de rédaction demandent de mêler narration et description. Ici, on doit placer un passage descriptif à l'imparfait soit **avant la narration**, pour planter le décor de la rencontre, soit **plus loin** dans le récit, **après un verbe de perception** (*j'observais, je sentais, je vis*).

Analyser le point de vue narratif

I L'ESSENTIEL DU COURS

Il y a plusieurs **façons de raconter** une histoire, selon ce que choisit de montrer l'auteur. Il y a trois techniques de **focalisation** (**point de vue**).

1. Le point de vue interne

- Le récit est pris en charge par un **personnage** : tout est vu **à travers lui**. On connait seulement ses pensées et non celles des autres personnages. Le récit est **subjectif** : on raconte selon une certaine sensibilité.

Ex. : « *Lucien leva les yeux et vit une grande maison, moins mesquine que celles devant lesquelles le régiment avait passé jusque-là ; au milieu d'un grand mur blanc, il y avait une persienne peinte en vert perroquet.* » (Stendhal, *Lucien Leuwen*.)

Attention : l'exemple montre qu'il ne faut pas confondre le point de vue interne avec la narration à la 1re personne. Ici, la narration se fait à la 3e personne mais tout est vu selon le point de vue interne de Lucien.

2. Le point de vue externe

- Le récit est pris en charge par un **narrateur extérieur**, qui n'appartient pas à l'histoire. Il s'en tient aux **apparences**. Il est **observateur** de ce qui se passe, rien de plus, sans connaitre les pensées des personnages. Le récit est plus **objectif**.

Ex. : « *À dix heures du matin, un voyageur débarqua de l'autocar* [...]. *On le remarqua d'autant plus qu'il se dirigea sans hésiter vers le Relais d'Alsace, son sac de voyage à la main, et s'assit dans un coin sans demander le moindre renseignement.* » (G. Simenon, *Le Relais d'Alsace*.)

Attention. C'est un point de vue rare : les pensées des personnages y sont remplacées par de nombreuses **références au regard**.

3. Le point de vue omniscient (ou focalisation zéro)

- Le récit est pris en charge par un **narrateur omniscient** (qui sait tout, partout) : il connait les gestes et les pensées de **tous les personnages**, leur passé et leur avenir. C'est le point de vue le plus couramment utilisé.

Ex. : « *Finalement, sans se dire un mot, ils montèrent à cheval et s'éloignèrent du célèbre fleuve, don Quichotte enseveli dans les pensées de ses amours, Sancho dans celles de sa fortune à faire, qu'il voyait plus éloignée que jamais.* » (Cervantès, *Don Quichotte*.)

⚠ **Attention :** un narrateur omniscient peut utiliser la **1re** ou la **3e** personne. À nouveau, ne confondez pas **narration** et **point de vue**.

4. Le point de vue au cinéma

- Au cinéma, le point de vue a un **sens un peu différent** et désigne l'**emplacement de la caméra par rapport à ce qui est filmé** :

– selon sa position par rapport à l'objet filmé (**plongée** ou **contre-plongée**) ;
– selon ce qui est montré ou non (le **cadre** et le **hors-champ**) ;
– selon ce qui change quand la caméra bouge (**plans**, **travelling**, etc.) ;
– si la caméra suit le regard d'un personnage (**caméra subjective**).

MÉMO : ne confondez pas le point de vue narratif avec son sens plus commun d'*opinion*, d'*idée* : ici, c'est le regard à travers lequel on observe une scène.

II VERS LE BREVET

« Dès qu'il fut au lit, il souffla sa lumière et ferma les yeux. Il avait très chaud dans ses draps, bien qu'il fît très froid dans sa chambre, mais il ne pouvait parvenir à s'assoupir. [...] Il se releva pour boire, puis une inquiétude le saisit : "Est-ce que j'aurais peur ?" » (G. de Maupassant, *Bel-Ami*.)

Qui raconte et à quelle personne est faite la narration ? Justifiez votre réponse.

Les questions sur l'identité du narrateur portent sur le **point de vue** utilisé. Observez les **indices** : on sait ce que fait le personnage (*souffla*), ce qu'il pense ou ressent (*avait très chaud*) mais pas la raison de sa peur. La focalisation est **interne**, même si c'est un narrateur extérieur qui raconte à la 3e personne.

« Il s'était assis, il passait de son frère à la belle Lisa, à la petite Pauline. Ils suaient la santé ; ils étaient superbes [...] ; ils le regardaient avec l'étonnement de gens très gras pris d'une vague inquiétude en face d'un maigre. » (É. Zola, *Le Ventre de Paris*.)

Différents points de vue se succèdent dans la phrase. Nommez chacun d'eux en précisant à chaque fois qui regarde et qui juge.

Dans cet extrait, **plusieurs points de vue internes** se succèdent, comme si le même évènement était vu **à tour de rôle** par **plusieurs personnages**. C'est un procédé très courant, qu'utilise par exemple George R.R. Martin dans sa saga *Le Trône de fer*.

Construire et ponctuer un dialogue

I L'ESSENTIEL DU COURS

Pour insérer un dialogue dans un récit, il faut respecter certaines règles.

1. Ponctuer et mettre en page

- Des **guillemets** précèdent la première réplique.
- Un **passage à la ligne** et un **tiret** signalent un changement d'interlocuteur.
- Des **guillemets** et un **passage à la ligne** suivent la dernière réplique.

2. Introduire les répliques

- Des **incises**, placées au milieu (entre virgules) ou à la fin de la réplique, précisent l'identité de celui qui parle et la manière dont il s'exprime. Elles sont indispensables pour faciliter la lecture.

Ex. : « *Levez-vous, **reprit le professeur**, et dites-moi votre nom.* » (G. Flaubert, *Madame Bovary*.)

Attention : ces incises sont au même temps que le récit qui encadre le dialogue. Ainsi, elles sont au passé simple dans un récit au passé.

- Des **verbes de parole** indiquent le ton et la manière de parler :

caractéristique	exemples
volume	s'écrier, s'exclamer, lancer, hurler, chuchoter...
articulation	bafouiller, bredouiller...
réaction, émotion	prier, regretter, se plaindre, s'étonner, se moquer...
question et réponse	demander, répondre, rétorquer, répliquer...
dialogue	ajouter, interrompre, affirmer, insister, révéler...

- Des **retours au récit** constants, entre les répliques, précisent l'attitude et le comportement des interlocuteurs.

Ex. : ***Elle le regardait d'un œil irrité, et elle déclara avec impatience :***
– Que veux-tu que je me mette sur le dos pour aller là ?
Il n'y avait pas songé ; il balbutia :
– Mais la robe avec laquelle tu vas au théâtre. Elle me semble très bien, à moi... (G. de Maupassant, *La Parure*.)

Attention : dans ces retours au récit très brefs, comme dans les incises, respectez les changements de temps et de personne.

3. Éviter quelques erreurs

- Ne répétez pas le **verbe *dire***, grâce à d'autres verbes de parole plus expressifs et surtout plus précis. On peut également préciser ce que fait le personnage en parlant ou indiquer la manière dont il s'exprime.

Ex. : dit-elle en hochant la tête / en relevant ses cheveux / d'une moue boudeuse / en fronçant les sourcils / d'un air rêveur...

- Résumez une **réponse trop longue** à l'aide d'un passage au style indirect (voir fiche 35), sauf s'il s'agit de retranscrire le long discours ou le monologue d'un personnage.

- Évitez de commencer un dialogue par une **interminable série de « Bonjour, ça va ? »**, à résumer en une seule phrase : « Ils se saluèrent. »

MÉMO : dans un dialogue, soignez la mise en page et la ponctuation, sans négliger les incises et les verbes de parole variés.

II VERS LE BREVET

Vous aussi, vous avez conservé le souvenir précis d'un évènement de votre petite enfance. Vous le racontez à un ami proche en alternant récit au passé et forme dialoguée. Vous vous efforcerez de lui faire partager les émotions que vous éprouvez en évoquant ce souvenir.

Ce type de sujet d'écriture nécessite de faire **alterner** les temps du récit (au passé) et les temps du discours, dans la situation d'énonciation (présent, etc.). Dans un dialogue au présent, il faudra donc inclure des **passages narratifs au passé**. L'ami en question pourra intervenir, par exemple, pour rythmer le texte en posant des questions.

Vous participez à un débat et vous intervenez pour expliquer quelle langue étrangère vous aimeriez apprendre ou vous avez aimé apprendre. Vous justifiez votre opinion et enrichissez vos arguments [...]. Votre dialogue sera argumentatif et inclura quelques interventions des autres participants au débat.

Dans un dialogue argumentatif, ne commencez pas par des **banalités** comme « Bonjour, ça va ? » qui n'apportent aucune information. Après avoir présenté le cadre et les interlocuteurs, le premier locuteur apporte un premier argument. Les autres locuteurs interviennent alors pour proposer un contre-argument, puis un nouvel argument, etc.

Rapporter les paroles d'un personnage

I L'ESSENTIEL DU COURS

Dans un texte, on peut **rapporter ce qu'a dit un personnage** en utilisant plusieurs méthodes, plusieurs **styles**.

Attention : on utilise encore parfois l'ancienne appellation de « discours », que l'on peut confondre avec le discours narratif, descriptif, etc.

1. Le style direct

● Le narrateur rapporte les paroles comme si elles avaient été prononcées. Elles sont signalées par :

– **les deux-points et les guillemets**, qui marquent la différence entre les paroles du narrateur et celles du personnage ;

Ex. : Il déclara : « Les femmes font d'excellents chefs d'État. »

– **un verbe de parole** (voir fiche 34) situé avant ou inséré après sous forme **d'incise** placée après une virgule, dans laquelle le sujet est inversé ;

Ex. : Les femmes font d'excellents chefs d'État, déclara-t-il.

– **un temps verbal souvent différent** du récit qui l'entoure.

2. Le style indirect

● Le narrateur intègre les paroles à son récit. Elles sont signalées par :

– la **disparition des guillemets et des deux-points** ;

– un **verbe de parole** ;

– une **subordonnée** introduite par ***que*** ou un mot interrogatif ;

– des **temps verbaux accordés** ou identiques.

Ex. : Il **déclara que** les femmes **faisaient** d'excellents chefs d'État.

3. Le style indirect libre

● C'est un style mixte :

– comme dans le style indirect, on **modifie le temps et les pronoms** mais le **verbe de parole disparait**.

– comme dans le style direct, on n'utilise **pas de subordination** et on garde les **ponctuations fortes** et le **vocabulaire** utilisé par le personnage.

Ex. : « *Oui, bien sûr, **elle avait entendu** raconter, elle savait comme l'agonie de leur grand-mère avait duré, c'est qu'elle était si forte, **pensez donc*** [...]. » (N. Sarraute, *Tropismes*.)

4. Le discours narrativisé

- C'est le **résumé** du discours d'autrui, qui comporte les **seuls verbes de parole**.

Ex. : Le maire **s'excuse** et **demande pardon** en faisant une déclaration à la presse.

MÉMO : pour définir le style de paroles rapportées, portez votre attention sur trois éléments : ponctuation, verbe de parole, temps des verbes.

II VERS LE BREVET

« L'enthousiasme des convives était tel qu'ils pressaient le calife de nommer [...] l'auteur de ce festin incomparable. Quel besoin avait-on d'une autre expérience ? » (M. Tournier, *Les Deux Banquets ou la commémoration.*)

a. Qui parle et dans quel but dans la deuxième phrase ?
b. Comment ces paroles sont-elles rapportées ?

Cette consigne sur les paroles rapportées porte sur le style (ou discours). Il s'agit d'abord d'**analyser ce qui marque les divers styles** : on reprend la question des invités sans verbe de parole et sans guillemets, mais on met malgré tout le verbe à l'imparfait pour l'accorder aux autres verbes. Ce mélange de styles montre qu'il s'agit du discours indirect libre.

« Hiro notre roi, Hiro arii, Hiro fils d'Omaï-arii, a rejoint ses ancêtres à l'heure où le soleil est au zénith. Il reposera selon sa volonté dans le cercueil-pirogue au sommet du mont Akamaru. Il y sera porté par son peuple quand l'ombre sera chassée par le soleil nouveau. » (C. Geslin, *Vanaa ou la loi des ancêtres.*)

Intégrez le discours direct au récit en commençant votre phrase par « Les tambours annonçaient que ». Vous effectuerez les changements nécessaires.

En réécriture, pour transposer le style direct en style indirect, on modifie :
– les **pronoms personnels** et les **déterminants possessifs** (des 1re et 2e personnes à la 3e personne) ;
– les **indices de temps et de lieu** (ex. : *aujourd'hui* devient *ce jour-là*) ;
– les **temps** : si le récit est au présent, on ne change rien, s'il est au passé, on modifie en appliquant les règles de concordance.

Ici, la modification sera : *Les tambours annonçaient qu'Hiro* ***leur*** *roi [...]* ***avait*** *rejoint ses ancêtres à l'heure où le soleil* ***était*** *au zénith. Il* ***reposerait*** *selon sa volonté [...]. Il y* ***serait*** *porté par son peuple quand l'ombre* ***serait*** *chassée par le soleil nouveau.*

Exprimer une émotion ou un sentiment

I L'ESSENTIEL DU COURS

1. Les procédés lexicaux

- Montrer ce qui est visible en évoquant des **réactions physiques** qui traduisent l'émotion intérieure : *rougeur, tremblements, pâleur, maux de ventre, bégaiement, mutisme...*

Ex. : « *Il se leva de nouveau, les mains humides de sueur et le sang battant aux tempes.* » (G. de Maupassant, *Bel-Ami.*)

Astuce : quand le narrateur n'est pas omniscient, évoquer la réaction physique visible d'un personnage est le seul moyen de traduire son émotion.

- Évoquer ce qui n'est pas visible avec un **vocabulaire plus abstrait** :

– verbes : *ressentir, sembler, souffrir, avoir honte, jubiler, s'enthousiasmer...*

– noms : *angoisse, émotion, choc, tourment...*

– adjectifs : *troublé, navré, ému, excité...*

Ex. : « *Une angoisse effroyable me tenaillait le cœur ; chaque minute qui s'écoulait me semblait une seconde et un siècle.* » (T. Gautier, *La Morte amoureuse.*)

- Varier les **degrés d'intensité** à l'aide de **synonymes**.

Ex. : amour : admiration, tendresse, affection, passion, adulation...
haine : colère, agressivité, exaspération, courroux...

- Employer des **comparaisons** et des **métaphores** qui évoquent une émotion ou une sensation.

Ex. : « *J'éprouvais la sensation d'un aveugle qui recouvrerait subitement la vue.* » (T. Gautier, *La Morte amoureuse.*)

2. Les procédés syntaxiques

- Utiliser des **phrases brèves et juxtaposées** (voir fiche 26).

Ex. : « *Je m'agite, je cours, languissante, abattue, //
La force m'abandonne, et le repos me tue.* » (J. Racine, *Bérénice.*)

- Utiliser des **phrases interrogatives ou exclamatives** (voir fiche 24).

Ex. : « *Sylvie [...] si vive et si fraîche, avec ses yeux noirs, son profil régulier et sa peau légèrement hâlée !* » (G. de Nerval, *Sylvie.*)

- Utiliser des **subordonnées de conséquence** (voir fiche 29).

Ex. : Elle était **si** émue **qu'**elle balbutia.

MÉMO : pour « traduire » une émotion dans une phrase, modifiez la structure de la phrase, ajoutez des précisions ou utilisez des mots plus intenses.

II VERS LE BREVET

« Ernest, déçu, s'habilla [...] comme d'habitude, mais l'habitude était visitée par une pointe d'amertume. Il avait du mal à suivre les mots de son livre, tellement son cerveau était noyé dans une brume de chagrin. » (S. Morgenstern, *Lettres d'amour de 0 à 10*.)

a. Relevez les mots qui expriment émotions et sentiments.
b. Quelle est la manifestation extérieure de l'émotion d'Ernest ?

Ce genre de consigne est assez courant : le **relevé** de mots (*déçu, amertume, chagrin*) est suivi d'une **analyse** : il est tellement déçu et chagriné qu'il n'arrive plus à lire (*du mal à suivre les mots*).

« [Gavard] poussa une porte, au fond de l'allée. Mais, lorsque Florent entendit la voix de son frère, derrière cette porte, il entra d'un bond. Quenu, qui l'adorait, se jeta à son cou. Ils s'embrassaient comme des enfants. » (É. Zola, *Le Ventre de Paris*.)

Relevez une phrase qui montre avec évidence que l'émotion éprouvée par les deux hommes semble réciproque.

Cette consigne demande de prouver ce qu'elle affirme par un **relevé** du texte. Ici, les marques d'émotion sont nombreuses : *entra d'un bond, se jeta à son cou* pour les **manifestations physiques**, le verbe *adorer* pour le **sentiment**. Mais c'est *Ils s'embrassaient* qui, réellement, montre que l'affection est réciproque.

« Ah ! saperlotte, ah ! c'est toi, balbutiait Quenu, si je m'attendais, par exemple !... Je t'ai cru mort, je le disais hier encore à Lisa. » (É. Zola, *Le Ventre de Paris*.)

Faites les remarques nécessaires sur les procédés utilisés pour traduire l'émotion du personnage.

Les consignes de ce genre sont très difficiles : elles demandent de mobiliser toutes vos connaissances grammaticales pour observer les mots utilisés (**lexique**) mais aussi la structure des phrases (**syntaxe**).

Ici, on traduit l'émotion par le verbe de parole *balbutier* : le personnage bafouille d'émotion. De plus, il multiplie les interjections (*Ah !*), un juron (*saperlotte*) et de courtes propositions juxtaposées : il est incapable de parler plus longuement. Enfin, des phrases nominales de type exclamatif (*par exemple !*) traduisent sa surprise.

Partager son accord ou son désaccord

I L'ESSENTIEL DU COURS

1. L'opinion explicite

- L'opinion est un **avis personnel suivi d'arguments**. Pour l'exprimer, on utilise :

des **locutions adverbiales**	selon / d'après moi, à mon sens / avis, pour ma part, à mon point de vue, personnellement...
des **verbes d'opinion**	estimer, penser, constater, considérer, croire, trouver...
des **locutions verbales**	je suis d'avis que, j'ai l'impression que, je reste convaincu que, il me semble...

2. L'accord ou l'opinion favorable

- Pour les exprimer, on emploie :

des **adverbes**	exactement, évidemment, absolument, effectivement...
des **locutions adverbiales**	en effet, bien sûr, tout à fait...
des **verbes**	approuver, soutenir, adhérer à, apprécier...
des **locutions verbales**	je suis pour / en faveur de, je me prononce pour, je suis favorable à, je suis de l'avis de / du côté de, je souscris aux idées de, je partage votre analyse / point de vue / propos, il est vrai que...

3. Le désaccord ou l'opinion défavorable

- Pour les exprimer, on emploie :

des **verbes**	rejeter, nier, dénier, refuser, réfuter, récuser, déplorer, condamner, désapprouver, regretter...
des **locutions verbales**	je manifeste mon désaccord, je ne suis pas d'accord avec, je m'inscris en faux face à, je ne souscris pas aux idées de, je m'élève / m'insurge contre, je m'oppose à, je suis hostile / défavorable / opposé à, nos opinions divergent...

4. Le degré d'accord et de désaccord

- Pour un accord ou un désaccord **total**, on emploie des **adverbes** immédiatement après le verbe.

Ex. : totalement, entièrement, tout à fait, parfaitement, foncièrement, absolument, radicalement, pleinement, fermement…

- Pour un accord **partiel**, on utilise des **adverbes** ou **des locutions adverbiales**.

Ex. : à peu près, partiellement, en partie, globalement, en gros…

- Pour un accord **plus nuancé et réservé** ou un désaccord se voulant **aimable et poli**, on peut débuter sa réponse par plusieurs **expressions**.

Ex. : C'est bien possible. Toutefois… ; Je (ne) suis (qu')en partie d'accord ; Admettons, mais… ; Ce n'est pas si simple. En effet… ; Certes, mais… ; Oui, mais d'après moi, c'est plutôt…

MÉMO : une opinion peut être défavorable ou favorable, un accord partiel ou total. Des verbes, des locutions, des adverbes permettent d'exprimer toutes ces nuances.

II VERS LE BREVET

Le travail des jeunes pendant les vacances : certains y sont favorables, d'autres le refusent.

Dans un développement organisé d'une vingtaine de lignes, vous exposerez les arguments des uns et des autres.

En rédaction, dans ce sujet argumentatif, il faut **varier les procédés** afin d'introduire chaque argument : les locutions (*d'après eux, selon leur point de vue*), les verbes (*certains estiment, d'autres considèrent*), les locutions verbales (*les uns sont convaincus que…*).
Afin de bien marquer les différences, on pourra également utiliser des **connecteurs** d'opposition (*en revanche, cependant, mais, au contraire, tandis que, alors que*).

Imaginez la suite du texte : L'aubergiste raconte la scène à sa femme qui cherche à lui montrer qu'il a eu tort.

Votre récit au passé inclura les arguments échangés entre les deux personnages ainsi que leurs réactions respectives.

Ce sujet de rédaction mêle **narration** et **argumentation** dans un **dialogue** argumentatif. C'est un classique du brevet. Il s'agit de bien marquer le désaccord de l'épouse après chaque argument du mari. Attention ! Afin de persuader son mari, celle-ci pourra changer de stratégie et passer de l'opposition nette (*je désapprouve totalement…*) à un faux accord pour mieux lui faire entendre raison (*Admettons que tu aies raison…*).

Exprimer la certitude ou le doute

I L'ESSENTIEL DU COURS

1. La modalisation

- Les **modalisateurs** sont les éléments utilisés pour **nuancer** son propos ou montrer qu'on n'en est **pas sûr** (**doute**, **incertitude**) ou, au contraire, pour **affirmer avec force** un propos ou montrer qu'on en est **sûr** (**certitude**, **conviction**).
- L'énoncé n'est alors plus neutre ou objectif, mais marqué par une certaine **subjectivité**.

2. Exprimer le doute ou la prudence

moyen	exemples
verbes d'opinion	je pense, crois, doute, suppose, espère, imagine, présume, soupçonne que...
tournures impersonnelles	il se peut, il (me) semble, il doit...
adjectifs	(il est) douteux, incertain, vraisemblable, probable, possible, envisageable...
adverbes	certainement, sans doute, probablement, vraisemblablement, apparemment, peut-être...

3. Exprimer la certitude ou la conviction

moyen	exemples
verbes d'opinion	je sais, t'assure, affirme, certifie...
locutions verbales	je suis convaincu / persuadé / sûr / certain que, j'ai la certitude / la conviction que...
tournures impersonnelles	il est sûr, il apparait que...
adjectifs	(il est) sûr, certain, inévitable, clair, évident...
adverbes	assurément, forcément, réellement...

4. Utiliser d'autres procédés de modalisation

- Les **temps et modes verbaux** peuvent marquer l'incertitude : le **conditionnel** et le **futur antérieur**.

Ex. : Elle **se serait cassé** un bras. Il se **sera perdu**.

- Les **types de phrases** (voir fiche 24) peuvent également marquer le doute (phrase **interrogative**) ou la certitude (phrases **exclamative** et **injonctive**).

Ex. : Peut-être devrais-je partir ? Non, je refuse de partir !

- Enfin, on peut utiliser des **expressions** variées.

Ex. : à coup sûr, sans aucun doute, de toute évidence, selon toute vraisemblance, à ce qu'on dit, selon moi / elle, d'après moi / lui, à ma connaissance...

MÉMO : les modalisateurs (verbes, adverbes, locutions, adjectifs) permettent d'indiquer qu'on est certain ou, au contraire, que l'on doute de ce que l'on dit.

II VERS LE BREVET

« Je sais que ton esprit libéral et ton cœur chaleureux ne pourraient tolérer la brutalité et que tu me diras la vérité. Le fils d'Aaron Silberman vient tout juste de rentrer de Berlin et il parait qu'il l'a échappé belle. Il raconte [...] des histoires affreuses. Ces exactions pourraient être vraies. » (K. Taylor, *Inconnu à cette adresse*.)

Relevez les mots et expressions qui expriment l'opinion et les doutes du narrateur.

Les relevés de modalisateurs ne doivent pas négliger les verbes : *pourraient*, au conditionnel présent, indique clairement que le narrateur n'est pas certain de ce qu'il avance.

« J'aurais peut-être pu m'évader si l'on m'y avait laissé [à l'infirmerie]. Ces médecins, ces sœurs de charité, semblaient prendre intérêt à moi. [...] On eût dit qu'ils me plaignaient, tant ils étaient empressés autour de mon chevet. » (V. Hugo, *Le Dernier Jour d'un condamné*.)

Dans le texte, par quels moyens le narrateur exprime-t-il le doute ?

Toute consigne comprenant le terme « moyens » attend une réponse émaillée de **termes grammaticaux et lexicaux précis**. Ici, les moyens pour exprimer le doute sont les modalisateurs suivants : l'adverbe *peut-être*, l'emploi du conditionnel passé *aurais pu*, le verbe *sembler* ainsi que la locution *On eût dit*.

Mettre en valeur une idée ou un mot

I L'ESSENTIEL DU COURS

Afin de donner plus d'**impact à un argument** ou pour rendre un **récit plus expressif**, on peut choisir de mettre en valeur une idée ou un mot.

1. La forme (ou tournure) emphatique

- Elle modifie l'ordre classique des mots dans la phrase et place l'élément mis en valeur en début de phrase grâce à trois procédés :

– **l'emploi d'un présentatif** : *il y a, c'est, voilà, voici, quant à...*

Ex. : Voici venu l'hiver. (*forme neutre :* L'hiver est venu.)

– **l'emploi de la tournure** *C'est... qui, C'est... que.*

Ex. : C'est moi **qui** ai sonné ! *(forme neutre :* J'ai sonné.*)*

Attention : il faut accorder le verbe au pluriel : ***Ce sont ses chevaux***.

– **le détachement et la reprise** d'un mot ou d'un groupe de mots : on place celui-ci en début de phrase, précédé d'un déterminant démonstratif ou défini, puis on le reprend sous forme de pronom.

Ex. : Ce gâteau, **il** a l'air bon et je le mangerais bien.

2. Les autres formes et procédés

- **La forme passive** (voir fiche 25) met en avant le résultat ou l'objet de l'action, notamment dans les discours explicatifs.

- **La forme impersonnelle** met en avant un phénomène et efface les marques de subjectivité. On l'utilise avec :

– des verbes météorologiques (*il pleut, il neige*) ;

– des verbes d'opinion ou d'obligation (*il parait, il se dit, il faut, il est évident...*) ;

– la structure *il y a*.

- **La répétition d'un mot.**

Ex. : « *La mer, la mer, toujours recommencée.* » (P. Valéry)

- **La phrase non verbale.**

Ex. : « *Ô les belles, les sublimes ruines !* » (D. Diderot)

- **La forme exclamative.**

Ex. : « *Qu'il est joli garçon, l'assassin de papa !* » (G. Fourest)

MÉMO : une idée ou un mot sont mis en valeur par divers procédés, dont le plus courant est la forme emphatique.

II VERS LE BREVET

« Voilà not' dame qui poste sur son grand chevau ; faut qu'elle soit dérangée d'esprit pour poster comme ça. » (G. Sand, *Histoire de ma vie*.)

À quel niveau de langue appartient cette parole rapportée ?

La forme emphatique (*Voilà... qui*) permet souvent de repérer le niveau **familier**, caractéristique de l'oral. Ici, on trouve aussi des erreurs (*chevau*) et des abréviations (*not' dame* ; *faut* pour *il faut*).

« Il y avait aussi chez tante Berthe un grand dictionnaire en deux volumes. [...] De celui-là, je ne me souviens guère que d'une planche en couleurs. » (G. Perec, *W ou le souvenir d'enfance*.)

a. Quel élément est mis en valeur par « De celui-là » ?
b. Nommez le procédé utilisé ici.
c. Transformez la deuxième phrase pour mettre en valeur « une planche en couleurs ».

Ces consignes triples sont rares. *De celui-là* en début de phrase met en valeur le dictionnaire : c'est un **détachement** (par le pronom). Pour mettre en valeur l'autre GN, on aurait pu écrire : *C'est seulement d'une planche en couleurs dont je me souviens.*

« Et c'est à vous, monsieur le Président, que je la crierai, cette vérité, de toute la force de ma révolte d'honnête homme. [...] Et à qui donc dénoncerai-je la tourbe malfaisante des vrais coupables, si ce n'est à vous, le premier magistrat du pays ? » (É. Zola, « J'accuse ! »)

Comment l'auteur traduit-il sa force de conviction ?

Dans les consignes, « traduire » signifie **utiliser des procédés syntaxiques et lexicaux** pour mettre en valeur un sentiment ou une idée. Ici, pour montrer la force de son propos, Zola utilise le **présentatif** *c'est* pour s'adresser au président, la forme **emphatique** pour mettre en valeur l'expression *cette vérité*, isolée entre virgules, ainsi que la forme **interrogative**.

« La finesse, l'originalité, la richesse et la succulence des plats qui se succédèrent sur la table dépassèrent toute attente. » (M. Tournier, *Les Deux Banquets ou la commémoration*.)

Quelle figure de style est ici employée et dans quelle intention ?

Une figure de style peut mettre en valeur une idée en l'exagérant : c'est le cas de l'**hyperbole** ou, comme ici de la **gradation**. En effet, cette énumération par ordre croissant (noms de plus en plus intenses) permet d'insister sur le caractère exceptionnel du banquet.

Les genres littéraires

Un genre rassemble des **œuvres de même forme** et **même structure** et ayant les **mêmes caractéristiques**. Un genre se divise souvent en s**ous-genres**.

I L'ESSENTIEL DU COURS

1. Le roman

- Le **roman d'analyse (de mœurs ou social)** observe des personnages dans une vie quotidienne vraisemblable et un cadre précisément décrit. Le roman réaliste (et naturaliste) en fait partie.

Ex. : « Du haut en bas, les logements trop petits crevaient au-dehors, lâchaient des bouts de leur misère par toutes les fentes. » (E. Zola, *L'Assommoir*)

- Le **roman psychologique (ou du soi)** insiste sur les états d'âme, les sentiments et les remises en question des personnages.

Ex. : « J'ai eu une envie stupide de pleurer parce que j'ai senti combien j'étais détesté par tous ces gens-là. » (A. Camus, *L'Étranger*)

- Le **roman d'apprentissage** raconte l'éducation et le passage à l'âge adulte du héros. Le jeune héros y découvre souvent l'amour, la mort, la haine, l'autre.

Ex. : « Il voyagea. Il connut la mélancolie des paquebots, les froids réveils sous la tente [...]. Il revint. » (G. Flaubert, *L'Éducation sentimentale*)

- Le **roman épistolaire** prend la forme d'un échange de lettres entre plusieurs personnages. Il est centré sur leurs visions des évènements.

Ex. : « Cher vieux Max, tu as certainement entendu parler de ce qui se passe ici, et je suppose que cela t'intéresse. » (K. Taylor, *Inconnu à cette adresse*)

- Le **roman sentimental** raconte la naissance et le destin d'une passion amoureuse difficile, voire dramatique.

Ex. : « C'était elle, l'inattendue et l'attendue, aussitôt élue en ce soir de destin, élue au premier battement. » (A. Cohen, *Belle du Seigneur*)

- Le **roman de science-fiction** est un récit d'aventures situé dans un futur ou dans un monde bouleversé par des avancées techniques et scientifiques.

Ex. : « Personne ne reconnaitrait en lui le robot, né quelques jours avant à l'usine. Pour tous, il serait un homme. » (D. Santos, *Gabriel, histoire d'un robot*)

- Le **roman merveilleux** (ou **fantasy**) se déroule dans un monde d'inspiration médiévale mais dont les créatures et les lois sont différentes.

Ex. : « Le Balrog recula, et son épée vola en éclats confus. Sur le pont, le magicien chancela. » (J.R.R. Tolkien, *Le Seigneur des Anneaux*)

- Le **roman fantastique** raconte l'intrusion de faits étranges et mystérieux dans un récit réaliste. Le narrateur croit devenir fou ou rêver.

Ex. : Je tirai ma montre. [...] Elle était arrêtée. Plus rien, plus rien, plus un frisson dans la ville, pas une lueur » (G. de Maupassant, *La Nuit*)

- Le **roman d'aventures** plonge le héros dans un monde hostile où il subit des épreuves et affronte des dangers, souvent lors d'un voyage.

Ex. : « Isolé, presque à bout de vivres et de munitions, qu'allait-il devenir dans ce pays inconnu ? » (J. Verne, *L'Étoile du Sud*)

- Le **roman policier (ou polar)** est centré sur une enquête et dévoile peu à peu les éléments de l'énigme. Le héros est souvent policier ou détective.

Ex. : « La porte était fermée et la chaînette mise à l'intérieur, répéta Poirot. Ne s'agirait-il point d'un suicide ? » (A. Christie, *Le Crime de l'Orient-Express*)

- Le **roman historique** a pour cadre un évènement passé ou une période historique. C'est un récit d'aventures vraisemblable et documenté.

Ex. : « Les cuisines d'Hamilcar n'étant pas suffisantes, le Conseil leur avait envoyé des esclaves, de la vaisselle, des lits. » (G. Flaubert, *Salammbô*)

2. Les autres genres

- La **nouvelle** est une narration courte au dénouement souvent surprenant.
- Le **conte** est un court récit imaginaire (merveilleux ou philosophique).
- L'**épopée** est un récit en vers d'exploits légendaires d'un héros.
- L'**autobiographie** est le récit écrit de la vie d'un auteur (voir fiche 41).
- La **littérature d'idées** développe une opinion (voir fiche 42).
- Le **théâtre** est un texte écrit pour être représenté sur scène (voir fiche 43).
- La **poésie** est un texte en vers ou en prose rythmée (voir fiche 44).

MÉMO : au brevet, n'oubliez pas de préciser le sous-genre de l'œuvre romanesque (historique, policier, science-fiction, etc.).

II VERS LE BREVET

« Il était, quelque part, un parc chargé de sapins noirs et de tilleuls, et une vieille maison que j'aimais. » (A. de Saint-Exupéry, *Terre des hommes*)

À quel genre narratif vous fait penser cette construction grammaticale ?

Les questions sur le genre sont nombreuses. Il faut préciser son propos et donner le **sous-genre précis**. Ici, la construction « Il était » rappelle le « Il était une fois » des **contes merveilleux traditionnels.**

Le lendemain, la jeune femme revient avec son mari.

Vous raconterez la suite de cette histoire. Vous décrirez l'attitude des deux enfants devant les visiteurs.

Pour le sujet d'imagination, on demande souvent d'écrire une suite. Il faut alors **repérer le genre du texte** d'origine : pas d'extraterrestre ou d'aventures extraordinaires dans un roman de mœurs, par exemple ! On respecte aussi l'**époque** du texte : par exemple, pas d'hélicoptère dans un récit du XIXe siècle (**anachronisme**).

L'écriture de soi

Quand l'écriture devient le moyen de raconter ses propres expériences et sa vie, on parle d'**écriture de soi**. Ce genre comprend l'autobiographie.

I L'ESSENTIEL DU COURS

1. Les enjeux de l'écriture de soi

- L'**auteur, le narrateur et le personnage principal** sont une même personne : c'est un texte **autobiographique** où l'auteur écrit et raconte (*graph-* en grec) lui-même (*auto-*) sa vie (*bio-*).
- L'auteur **raconte après coup** des évènements, même infimes, qui ont marqué sa vie : c'est un **récit rétrospectif** où l'auteur analyse et observe (*spect-* en latin) en arrière, vers le passé (*rétro-*).
- L'auteur **analyse sa vie intérieure** et observe ses émotions et sentiments : c'est un **récit introspectif** où on analyse et observe (*spect-* en latin) son intériorité, son intimité (*intra-*).

Ex. : « J'avais quatre ans. J'étais un enfant hypernerveux, sujet à convulsions, un écorché imaginaire, perpétuellement en proie à des maladies. » (M. Tournier, *Le Vent Paraclet*)

- Un **pacte autobiographique** est engagé : l'auteur s'engage à être sincère et au plus près de la vérité tandis que le lecteur s'engage à y croire.

Ex. : « C'est ici un livre de bonne foi, lecteur. [...] Je veux qu'on m'y voie en ma façon simple, naturelle et ordinaire, sans contention ni artifice : car c'est moi que je peins. » (M. de Montaigne, *Essais*)

- **Les raisons de ce récit** sont diverses : laisser un témoignage, se glorifier, réhabiliter sa propre personne, se justifier d'un choix, se libérer du poids des traumatismes, mieux se connaitre soi-même, etc.

2. Les divers genres

- L'**autobiographie** est le le genre le plus courant de l'écriture de soi.
- Le **journal intime** est un récit de vie au jour le jour, de manière régulière. Le journal lui-même devient le destinataire de cet écrit (« Cher journal »).
- Les **mémoires** sont écrits par un individu ayant eu un grand rôle historique ou dont la vie est révélatrice d'un moment historique important.
- Le **roman autobiographique** reprend des éléments réels mais l'auteur transforme les noms et modifie certains évènements.
- L'**essai** est une œuvre de réflexion personnelle et subjective. L'auteur n'y prétend pas à l'objectivité mais réfléchit sur un sujet de société.
- L'**autoportrait** est la représentation artistique de soi-même en peinture, photographie ou vidéo.

3. Les indices de reconnaissance de l'écriture de soi

- Les **pronoms personnels** et **déterminants possessifs de 1re personne :** *je, moi, me ; ma, mon, mes, notre.*

Ex. : « **J**'étais en troisième [...] et à la sortie **je me** faisais taxer. Tout y passait ! **Ma** casquette, **mon** blouson. » (P. Smaïl, *Vivre me tue*)

- Le **champ lexical de la mémoire :** *se souvenir, se remémorer, revenir en mémoire, raviver, s'estomper, souvenir net ou flou, mémorable ou oublié...*

- Les **modalisations** pour montrer que l'on cherche à se souvenir d'un passé lointain : *peut-être, il me semble, je crois, sûrement...*

- Les **temps du récit au passé**, souvent le passé simple et l'imparfait, qui renvoient à l'époque du souvenir.

- Le **présent de l'indicatif** qui renvoie aux émotions ressenties pendant la rédaction du texte ou les informations apprises après coup par l'auteur.

Ex. : « Ce qu'il advint des autres, femmes, enfants, vieillards, il nous **fut** impossible **alors** de le savoir [...] **aujourd'hui** nous **savons** que ce tri rapide et sommaire avait servi à juger... » (P. Lévi, *Si c'est un homme*)

MÉMO : repérez l'autobiographie à l'identité entre auteur, narrateur et personnage, pas seulement grâce à la narration à la 1re personne.

II VERS LE BREVET

« C'est à cette époque qu'une maladie étrange fit des ravages dans mon cerveau. Je contractai la rage de lire, de tout lire, de lire matin, midi et soir. » (É. Pépin, *Coulée d'or*)

À quel genre littéraire appartient ce texte ? Justifiez votre réponse en vous aidant du texte et du paratexte.

On justifie en prenant des **indices dans le texte** : ici, la présence du passé simple, du pronom *je*, du déterminant possessif *mon* et de l'indice de temps *à cette époque* indique que l'auteur puise dans ses souvenirs et qu'il s'agit donc d'une **autobiographie.**

« Je me souviens du moindre détail de ma classe et de ce qui s'y passait. » (C. Signol, *Bonheurs d'enfance*)

Deux périodes de la vie du narrateur apparaissent dans le texte. Lesquelles ? À quelles périodes de cette vie correspondent les formes verbales « Je me souviens » et « s'y passait » ?

On répond à cette consigne par un **repérage des temps**. On trouve d'une part le **temps de l'écriture**, au présent de l'indicatif (*Je me souviens*) ; de l'autre, nous avons le **temps du récit**, qui se déroule durant l'enfance du narrateur et qui utilise donc l'imparfait de l'indicatif (*s'y passait*).

Le texte argumentatif et la littérature d'idées

L'objectif d'un texte argumentatif est de **convaincre** ou de **persuader** un destinataire, de **justifier et partager** une opinion, ou de **dénoncer les travers d'une société**.

I L'ESSENTIEL DU COURS

1. L'analyse du schéma argumentatif

- On peut **convaincre** par la raison et des arguments ou **persuader** en touchant le lecteur par ses sentiments et son affectivité.
- Le texte est souvent organisé autour d'une **thèse** (opinion), étayée par des **arguments** (preuves) eux-mêmes illustrés par des **exemples** concrets.

L'énumération des droits à la lecture devrait s'ouvrir par le droit de n'en pas user – en l'occurrence, le droit à ne pas lire.	**Thèse**
Pour commencer, la plupart des lecteurs s'octroient quotidiennement le droit de ne pas lire.	**Argument 1**
Entre un bon bouquin et un mauvais téléfilm, le second l'emporte plus souvent que nous aimerions l'avouer sur le premier.	**Exemple 1**
Et puis, nous ne lisons pas continûment.	**Argument 2**
Nos périodes de lecture alternent souvent avec des longues diètes où la seule vision d'un livre éveille les miasmes de l'indigestion.	**Exemple 2**
Adapté de D. Pennac, *Comme un roman*	

2. Les indices de reconnaissance du texte argumentatif

- Les **pronoms personnels** *je, tu* et *vous* pour impliquer le destinataire.
- Les **modalisateurs** pour indiquer un doute ou une certitude : *je pense que, j'affirme, il me semble, à mon avis, à coup sûr...* (voir fiche 38).
- Les **phrases injonctives et interrogatives** pour s'adresser directement au lecteur (voir fiche 24).
- Les **connecteurs logiques** pour lier les éléments de réflexion (voir fiches 20, 28 et 29).
- Un **vocabulaire très subjectif** impliquant un jugement de valeur sur la société ou une personne.
- Des **verbes** et des **locutions verbales d'opinion** : *j'estime, j'approuve, je suis favorable à / je m'oppose à, je réfute, je m'insurge contre...* (voir fiche 37).

Ex. : « Nous nions que le spectacle des supplices produise l'effet qu'on en attend. Loin d'édifier le peuple, il le démoralise, et ruine en lui toute sensibilité... » (Victor Hugo, *Le Dernier Jour d'un condamné*).

3. Les genres de la littérature d'idées

- Le **discours** est prononcé devant un groupe : il est structuré et s'appuie souvent sur l'émotion.
- L'**essai** est une réflexion de forme libre, marquée par sa subjectivité.
- Le **pamphlet,** court texte polémique, attaque violemment une personne ou une idée.
- La **satire** se moque d'un travers social en grossissant ou déformant ses traits jusqu'à la caricature.
- Le **conte philosophique** utilise la forme du récit court et plaisant pour transmettre une opinion.
- L'**apologue** met en scène des animaux ou des idées abstraites pour en tirer une leçon morale, comme les fables.
- L'**utopie** a pour cadre une société imaginaire que l'on décrit ou défend.

MÉMO : pour mettre en avant une opinion personnelle, utilisez des arguments, des exemples et des connecteurs.

II VERS LE BREVET

Pourquoi peut-on avoir besoin de moments de solitude ?

Vous présenterez votre réflexion dans un développement argumenté et organisé.

Les sujets de rédaction n° 2 sont dits « de **réflexion** ». Parfois, on ne donne qu'un thème mais ici, comme souvent, la **question posée est en fait la thèse** à développer : « On a besoin de moments de solitude. » Les arguments à présenter concerneront donc les diverses raisons de ce besoin.

Il vous est arrivé de rêver à partir de mots inconnus.

Vous raconterez cette expérience à un ami, puis vous lui expliquerez l'importance de la lecture en insistant sur ses diverses fonctions.

Dans ce type de sujet, on donne sans vraiment le dire de **nombreuses consignes** à suivre. Il faut donc d'abord les retrouver au brouillon :
– le texte sera narratif et à la 1re personne (« vous raconterez ») ;
– il aura une partie argumentative (« vous lui expliquerez l'importance ») ;
– le thème sera « rêver à partir de mots » et la thèse sera « l'importance de la lecture » ;
– les arguments seront à poser au brouillon, avant même la rédaction, au risque d'en oublier ou de mal structurer son écrit. Ils concerneront les « diverses fonctions » de la lecture.

Le texte théâtral

I L'ESSENTIEL DU COURS

Le texte théâtral est **écrit pour être joué** sur scène. Il comporte des **caractéristiques** facilement reconnaissables et comprend plusieurs **genres** très différents.

1. L'analyse du texte théâtral

- Le **découpage du texte** : **actes** (à chaque changement de lieu, de temps, d'action) ; **scènes** (à chaque entrée et sortie de personnages) ; **tableaux** (théâtre du XXe siècle).

- Les **types d'interventions** : **réplique** (parole du personnage) ; **tirade** (longue réplique à un personnage) ; **monologue** (long discours seul sur scène) ; **stichomythies** (répliques très courtes).

- Les **types de scènes** : **exposition** (présentation du cadre et des motivations des personnages) ; **nœud de l'intrigue** (moment de tension où l'obstacle ou le conflit apparait) ; **quiproquo** (scène comique fondée sur un malentendu) ; **péripétie** (retournement de l'action) ; **dénouement** (scène finale qui résout les problèmes).

- Les **types de personnages** : **protagoniste** (héroïne ou héros) ; **antagoniste** (opposant au héros) ; **confident** (conseiller du héros) ; **valet** (personnage souvent comique et rusé).

2. Les indices de reconnaissance du texte théâtral

- L'**absence de narrateur :** le personnage parle directement.

- La **mise en page particulière** : nom du personnage en **majuscules** avant la réplique.

- La **double énonciation :** chaque personnage s'adresse aux autres mais aussi au public, parfois seul à entendre ce qui est dit, en **aparté**.

Ex. : « ZENAÏDE, *haut* – Qui est là ? (*à part*) Pourvu que ce ne soit pas Oswald, mon fiancé ! » (J. Tardieu, *La Comédie de la comédie*)

- La **présence de didascalies :** indications entre parenthèses ou en italique, écrites par l'auteur sur le décor, le geste, l'intonation du personnage. Elles ne sont jamais prononcées.

Ex. : « JEAN, *continuant d'inspecter Bérenger.* – Vos vêtements sont tout chiffonnés, c'est lamentable [...] (*Bérenger essaye de cacher ses pieds sous la table*) » (E. Ionesco, *Rhinocéros*)

3. Les divers genres théâtraux

- La **comédie** vise à faire rire mais soulève aussi souvent des problèmes sociaux et critique les travers de personnages.
- La **farce** est une forme de comédie simple fondée sur les jeux de scène, les bons mots, les injures et les coups.
- Le **vaudeville** est une forme de comédie fondée sur une intrigue amoureuse, des rebondissements, des hasards et des quiproquos.
- La **tragédie** (antique ou classique) représente un héros légendaire qui lutte en vain contre une destinée inéluctable. Elle cherche à provoquer l'effroi face à la fragile condition humaine et la compassion pour les malheurs du héros.
- Le **drame** présente aussi un dénouement malheureux mais dans un cadre plus moderne et varié.

MÉMO : au brevet, analysez le texte théâtral en fonction du jeu en public : qui entend la réplique ? comment est-elle prononcée ? doit-on lire la didascalie ? comment réagit le personnage ?

II VERS LE BREVET

« LE FILS (*gêné*). Si c'est au sujet des... c'est pas la peine, papa... ça va bien...
LE PÈRE (*gêné*). Non, non, il ne s'agit pas de ça... d'ailleurs je considère que c'est pas le rôle d'un père d'en parler, à la rigueur, la mère peut mettre son fils en garde, mais enfin... non... » (J.-C. Grumberg, *Les Courtes*)

À quel genre appartient ce texte ? Justifiez votre réponse par au moins deux éléments.

Ce genre de consigne est systématique quand le sujet est un texte théâtral. Pour répondre, on doit mentionner la **mise en page**, le nom en **majuscules**, la présence de deux **didascalies** sur le ton du personnage (« *gêné* ») et une **écriture très réaliste**, faite pour être prononcée (« enfin... non... »).

« MARIUS. – [...] Fanny, c'est sûr qu'un jour ou l'autre je partirai ; je quitterai tout comme un imbécile... Alors je ne peux pas me charger de ton bonheur... Si je te gâche la vie ?
FANNY. – Si tu ne me veux pas, c'est déjà fait. » (M. Pagnol, *Marius*)

Expliquez la dernière réplique de Fanny.

Le verbe « expliquer » peut être ici source d'erreur. Expliquer une réplique, c'est comprendre l'**enchainement avec la réplique précédente** : pourquoi le personnage dit-il cela ? Ici, en répondant « C'est déjà fait », Fanny dit à Marius qu'il lui gâchera aussi la vie s'il décidait de renoncer à elle et de partir.

Le texte poétique

I L'ESSENTIEL DU COURS

1. Les vers

- Les vers sont regroupés en **strophes** : **distique** (deux vers), **tercet** (trois vers), **quatrain** (quatre vers), **quintil** (cinq vers), **sizain** (six vers).
- Leur nom est défini par le nombre de syllabes : **octosyllabe** (8 syllabes), **décasyllabe** (10 syllabes), **alexandrin** (12 syllabes).
- Si le poème utilise un seul type de vers, il est **isométrique** ; plusieurs types de vers, il est **hétérométrique** ; aucune structure régulière, il est en **vers libres**.
- Il y a **enjambement** quand une phrase déborde d'un vers à l'autre.

Ex. : « Quelle marche lasse le long des jours d'Europe où **parfois**
Apparaît un jazz orphelin qui sanglote, sanglote, sanglote » (L.S. Senghor)

- Il y a **rejet** quand la fin d'une phrase est placée au vers suivant.

Ex. : « Les bois noirs sur le ciel, la neige en bandes blanches
Alternent. La nature a comme dix-sept ans. » (C. Cros)

- Il y a contre-rejet quand le début d'une phrase est placé en fin de vers.

Ex. : « Après quelques moments, l'appétit vint : **l'oiseau**,
S'approchant du bord, vit sur l'eau... » (J. de La Fontaine)

2. La règle du -e muet pour compter les syllabes

- **Devant une voyelle**, il n'est **pas compté** (élision).

Ex. : Ismén(e) est auprès d'elle

- **Devant une consonne**, on le prononce comme dans le Sud, il est **compté**.

Ex. : Il dévoile son âme.

- À la **fin du vers**, il n'est **pas compté** (apocope).

Ex. : Les lions vont boir(e)

3. Les rimes

- **Masculines** (terminées par une consonne ou une voyelle prononcée) ou **féminines** (terminées par un *-e* muet).
- **Plates** (schéma AABB), **croisées** (ABAB) ou **embrassées** (ABBA).
- **Pauvres** (un seul mot en commun : *meute / mite*), **suffisantes** (deux sons en commun : *ardu / perdu*) ou **riches** (trois sons en commun : *porte / morte*).

4. Quelques procédés poétiques

- **Figures de style** (voir la fiche 19).
- Jeux sur les **répétitions de mots** (voir la fiche 19).

- Jeux sur les **répétitions de sons** : assonance (répétition de voyelles) ; allitération (répétition de consonnes)

Ex. : « Sous le ci**e**l grand ouve**r**t la **mer** **fer**me ses **ai**les » (P. Eluard)
« Pour qui **s**ont **c**es **s**erpents qui **s**ifflent **s**ur vos têtes ? » (J. Racine)

5. Les genres poétiques

- La **poésie lyrique** exprime une émotion, un état d'âme sur l'amour, la mort, le temps qui passe, etc. Le poète y dit *je* et s'adresse souvent à un être aimé ou à un élément symbolique.
- La **poésie engagée** se met au service d'une cause, d'une injustice, d'une lutte. Plus virulente, elle emprunte des éléments lyriques et dramatiques.
- La **poésie satirique** se moque d'un travers social par l'exagération et l'humour.
- Le **sonnet** est un poème à forme fixe en alexandrins, de deux quatrains suivis de deux tercets.
- Le **poème en prose** n'est pas en vers mais utilise tous les procédés poétiques (figures de style, répétitions de mots et de sons, images poétiques, etc.)

MÉMO : au brevet, analysez la poésie en vous appuyant sur vos connaissances techniques.

II VERS LE BREVET

« Dans le jardin tout encombré de briques et d'échelles,
Deux ouvriers sénégalais coupent au chalumeau
Des tiges de ferraille, et de gros bouquets d'étincelles
Montent s'épanouir jusqu'à la hauteur de mon carreau »

(J. Réda, « Le Colloque »)

À quel genre littéraire ce texte appartient-il ? Justifiez votre réponse.

Les consignes de ce type sont systématiques si le sujet porte sur un poème. « Justifier » signifie donc **relever des procédés poétiques** : les vers et les strophes, la présence de rimes. On pourra montrer ses connaissances au correcteur en parlant de rimes croisées (*-elles/-eau/-elles/-eau*) ou d'un enjambement au vers 4 (*montent s'épanouir*).

« On est n'importe qui, on vient n'importe quand. » (G Brassens, « Jeanne »).

Donnez deux éléments sur lesquels se construisent le rythme et la musicalité de ce vers.

La **musicalité** renvoie à l'idée d'un vers qu'on pourrait **chanter**. Pour l'étudier, on doit observer les répétitions (ici, *on*, *n'importe*), les pauses dans le rythme (ici, au milieu), la structure des phrases (ici, deux phrases juxtaposées) et le nombre de syllabes (six chacune, nombre égal et équilibré).

L'image et l'analyse picturale

I L'ESSENTIEL DU COURS

L'image peut décorer, raconter, émouvoir mais aussi **dénoncer ou soutenir une opinion,** sensibiliser, persuader, critiquer, faire comprendre.

1. Les divers types d'images

- **Fixe** (affiche, tableau, photographie...) ou **animée** (dessin animé, film, publicité...).
- **Figurative** (représentant le réel) ou **abstraite** (sans représentation de lieu, d'objet, de personne).
- **Narrative** (scène d'un tableau ou d'une photo, personnages), **explicative** (mode d'emploi, plan), **argumentative** (faire réagir, donner une opinion)...

2. Les images à portée argumentative

- Un **tableau** (paysage, portrait, nature morte) ou une **photographie** peut montrer une situation révoltante et faire réagir le spectateur.
- Une **caricature** exagère et déforme les traits d'un personnage pour en dénoncer un défaut ou pour le ridiculiser par le rire.
- Un **dessin de presse** illustre une actualité précise qu'il faut connaitre pour le comprendre. Il se fonde souvent sur l'humour ou l'ironie.
- Une **affiche de propagande** délivre un message politique de manière simple et très visible. Le message est souvent exagéré, voire caricatural, typique des dictatures et des temps de guerre.
- Une **affiche publicitaire** cherche à faire acheter un produit ou un service en surprenant, faisant rire, choquant, intriguant le spectateur.

3. Les éléments sur lesquels s'appuyer pour l'analyse

- Les **éléments représentés :** réels ou reconstitués, lieux ou personnages, fixes ou mobiles...
- Les **couleurs** : chaudes ou froides, contrastées ou harmonieuses...
- La **construction** : au premier plan, à l'arrière-plan, en perspective...
- La **lumière** : diffuse ou directe, vive ou pâle, naturelle ou artificielle...
- L'**angle de vue** : plongée (vue d'en haut), contreplongée (vue d'en bas), face, profil, dos...

MÉMO : au brevet, analysez l'image comme un texte : personnages, décor, genre et but (illustrative, argumentative, etc.).

II VERS LE BREVET

© Sorbis/Shutterstock

Quels sont les éléments qui rapprochent l'image et le texte ?

Dès 2017, une image pourra figurer à la fin des questions. « Rapprocher » signifie ici **comparer**, trouver des différences ou des points communs. Pour cela, on doit s'appuyer sur les **lieux** et les **personnages représentés** sur les deux supports, voire l'**action** dépeinte par l'image, qui « raconte une histoire » au spectateur.

Quelles impressions suscite en vous cette photographie ? Sont-elles comparables à celles produites par le texte ? Pourquoi ?

L'impression est **l'émotion ou l'idée que suggère une image de manière implicite** (sans le dire vraiment). Ici, la photographie peut donner une **impression d'extrême activité** et de mouvement, notamment par la multiplication des grues, la tour très moderne en fond et le nombre de personnages. Elle peut également donner une **impression d'écrasement des ouvriers** par le soleil, le travail et l'énormité des grues. Plusieurs réponses seront acceptées tant qu'elles sont **argumentées et fondées sur des éléments précis**.

HISTOIRE-GÉOGRAPHIE-EMC

SOMMAIRE Histoire-Géo-EMC

LES ÉPREUVES D'HISTOIRE-GÉO-EMC AU BREVET

HISTOIRE

L'EUROPE, UN THÉÂTRE MAJEUR DES GUERRES TOTALES (1914-1945)

LE MONDE DEPUIS 1945

FRANÇAISES ET FRANÇAIS DANS UNE RÉPUBLIQUE REPENSÉE

GÉOGRAPHIE

DYNAMIQUES TERRITORIALES DE LA FRANCE CONTEMPORAINE

POURQUOI ET COMMENT AMÉNAGER LE TERRITOIRE ?

LA FRANCE ET L'UNION EUROPÉENNE

ENSEIGNEMENT MORAL ET CIVIQUE

LA SENSIBILITÉ : SOI ET LES AUTRES

LE JUGEMENT : PENSER PAR SOI-MÊME ET AVEC LES AUTRES

L'ENGAGEMENT : AGIR INDIVIDUELLEMENT OU COLLECTIVEMENT ?

Les épreuves écrite et orale du brevet des collèges

I L'ÉPREUVE ÉCRITE D'HISTOIRE-GÉOGRAPHIE-ENSEIGNEMENT MORAL ET CIVIQUE

1. Organisation de l'épreuve écrite

• **Durée :** deux heures
La répartition du temps de travail dépend de vous, il vous reste à diviser en trois le temps dont vous disposez selon le barème par exercice.
Vous aurez à peu près **40 minutes** pour l'étude de documents et les réponses et le même temps pour la rédaction d'un développement rédigé.
Cela laisse à peu près 30 minutes pour les questions de l'EMC et le développement qui l'accompagne.
Réservez 10 minutes pour la relecture et les corrections éventuelles.

• **Notation :**
20 points sont réservés à l'étude de documents, soit en histoire soit en géographie, et **20 points** pour la rédaction d'un développement.
L'EMC est évaluée sur **10 points**.
Cela représente un total de **50 points** pour les trois épreuves.

2. L'épreuve sur documents en histoire ou géographie

- L'épreuve peut comprendre un ou deux documents, on demande au candidat de savoir identifier les documents, d'en déterminer le sens en utilisant toutes les informations.

- **En histoire**, les documents écrits sont surtout utilisés mais aussi toutes les formes de documents figurés. On peut donc demander au candidat des compétences sur les méthodes de description des images, sur la manière de confronter deux documents et une maitrise des dates.

- **En géographie**, l'étude de paysages ou l'analyse de cartes sont les principales méthodes à acquérir durant l'année. L'épreuve peut présenter un seul document ou deux documents, comme un texte et une carte ou un document statistique.

- L'exercice est guidé par trois ou quatre questions très précises, la dernière est plus synthétique et permet de rassembler vos éléments de réflexion.

3. L'épreuve de rédaction d'un développement

- Le candidat doit formuler une réponse organisée d'au moins 20 lignes sous la forme d'un **paragraphe construit et rédigé**.

- Il s'agit donc de mobiliser des connaissances acquises, d'identifier le thème central dans la question posée en sélectionnant les mots-clés puis en classant vos connaissances selon deux ou trois thèmes qui formeront les différentes parties du paragraphe. Vos idées, vos connaissances peuvent alors se reclasser logiquement dans les thèmes du paragraphe.

- N'oubliez pas également de rédiger une introduction et une conclusion.

- Cette épreuve peut aussi permettre d'évaluer votre capacité à **passer d'un langage à un autre**. Par exemple, en géographie, le développement peut s'accompagner d'un schéma sur le même sujet qui sera à remplir, montrant votre capacité à choisir des renseignements fondamentaux et à les mettre en relation selon un trajet logique. Le développement peut être associé à une carte pour construire une légende adaptée ou effectuer un repérage et une spatialisation d'éléments.

4. L'épreuve d'enseignement moral et civique

- Cette épreuve repose sur un ou deux documents associés à des **questions** et à la **rédaction d'un paragraphe**. Elle reprend les connaissances acquises au cours du cycle 4 et met en œuvre des compétences attendues à la fin de ce cycle.

- Les réponses aux questions montrent la **capacité de rédaction et de réflexion**, surtout dans la dernière question qui met l'élève en situation.

II L'ÉPREUVE ORALE DU BREVET

1. Organisation de l'épreuve orale

L'épreuve du brevet comporte la soutenance d'un projet à l'oral.

- **Durée : exposé de 5 minutes** et **entretien de 10 minutes** avec les membres du jury. Ceci peut être fait en groupe mais chaque candidat doit présenter son projet individuellement pendant 5 minutes.

2. Un entretien individuel ou collectif

- Les différents parcours qui peuvent être évalués sont le **parcours citoyen et avenir** qui vous invite en EMC à réfléchir à votre orientation future. Le **parcours d'éducation artistique et culturelle** doit vous faire découvrir des artistes, des pratiques et des œuvres dans divers domaines artistiques.

- Les différentes fiches avec des documents commentés font apparaitre des œuvres d'art sur des supports spécifiques qui peuvent aussi vous fournir un point de départ dans la construction d'un parcours annuel.

2

▶ Vidéo

La Première Guerre mondiale : 1914-1918

En 1914, l'Europe domine le monde. Elle dispose de la puissance industrielle et financière et se situe au cœur du commerce international. Les grands États européens possèdent des empires coloniaux. La guerre va ruiner cette suprématie.

I DE LA « GUERRE FRAÎCHE ET JOYEUSE » À LA GUERRE DE POSITION (carte page 111)

1. Les origines du conflit

- En Europe, des rivalités économiques et coloniales opposent la Grande-Bretagne, la France et l'Allemagne. Deux systèmes d'alliance s'affrontent : **la Triple Alliance** (l'Allemagne, l'Autriche-Hongrie, l'Italie) et **la Triple Entente** (la France, la Russie, le Royaume-Uni).

- **28 juin 1914** : François Ferdinand d'Autriche est assassiné à Sarajevo, en Serbie. L'Autriche attaque ce pays. L'Allemagne, alliée de l'Autriche, déclare la guerre à la Russie, alliée de la Serbie, et à la France, puis envahit la Belgique, neutre, provoquant l'entrée en guerre de la Grande-Bretagne. Les populations acceptent cette guerre qu'on croit courte.

- La Triple Entente dispose de la première marine du monde et d'empires coloniaux. La Triple Alliance compte sur son artillerie et sur ses troupes, mieux armées. L'Allemagne espère vaincre rapidement la France, puis se retourner contre la Russie.

2. 1914 : guerre de mouvement

- Des combats opposent d'abord les armées ennemies dans le nord de la France.

- Le général Joffre arrête les troupes allemandes lors de **la bataille de la Marne** (6-13 septembre 1914).

3. 1915-1916 : guerre de position

- Finalement, les armées ennemies s'immobilisent face à face, de la mer du Nord à la frontière suisse, et creusent **des tranchées** pour se mettre à l'abri des tirs ennemis : c'est la guerre de position.

- En 1915, l'armée russe enregistre d'énormes pertes.

- L'Allemagne lance des attaques contre **Verdun en 1916** pour épuiser les forces françaises, qui résistent et répliquent par **la bataille de la Somme**.

- Extrêmement meurtrières, ces batailles restent sans résultat décisif. Aux Alliés qui lui imposent un **blocus**, l'Allemagne répond par une guerre sous-marine, étendant le conflit à tous les océans.

- Toutes les forces sont désormais mobilisées :

– **les forces militaires** : matériel nouveau (canons, gaz, tanks, avions) ;

– **les forces économiques** : les entreprises produisent pour la guerre, les femmes travaillent ;

– **le contrôle des citoyens** : les gouvernements censurent la presse et organisent la **propagande**.

- De nouveaux pays entrent dans la guerre aux côtés :

– de l'Entente : l'Italie (1915) qui a changé de camp et la Roumanie (1916) ;

– des empires centraux : l'Empire ottoman (1914) et la Bulgarie (1915).

II DE LA CRISE DE 1917 À LA FIN DE LA GUERRE

1. 1917, une année charnière

- Dans les pays belligérants, les dures conditions de la guerre provoquent **une crise morale**. En Allemagne, le blocus entraine la disette, partout les conflits sociaux se multiplient. Des mutineries éclatent, réprimées en France par le général **Pétain** qui améliore les conditions de vie des soldats.

- Les gouvernements reprennent en main l'opinion publique (**Clemenceau** en France).

- **L'équilibre des forces change** : en avril 1917, les États-Unis entrent en guerre aux côtés de l'Entente, à cause des attaques répétées des sous-marins allemands contre les bateaux de commerce. La Russie, épuisée, signe la paix avec l'Allemagne en 1918 (traité de Brest-Litovsk). Les Allemands font porter leurs efforts sur le front occidental.

2. La fin de la guerre (carte page 16)

- **L'entrée en guerre des États-Unis** augmente les forces des Alliés. Pour gagner du temps, les Allemands lancent quatre offensives en 1918. Mais les deux dernières attaques allemandes sont enrayées et à partir du mois d'août, le maréchal Foch, commandant en chef des armées alliées, lance une contre-offensive : les Allemands évacuent la plupart des régions occupées.

- Les empires centraux et leurs alliés concluent avec l'Entente et les États-Unis des **armistices**, signés avec la Turquie, le 30 septembre, avec l'Autriche, le 3 novembre, et avec l'Allemagne, le 11 novembre.

- Des mouvements révolutionnaires se développent dans l'armée à Berlin. La guerre qui s'achève laisse **une Europe en ruine**.

La Première Guerre mondiale : vers une guerre totale

La Première Guerre mondiale a été une guerre totale : toutes les forces des pays ont été mobilisées, les combats ont touché de vastes territoires. La Première Guerre mondiale est aussi une rupture par sa violence nouvelle et son extension aux populations civiles.

I L'EXPÉRIENCE DE LA VIOLENCE DES COMBATS

1. L'expérience des soldats

- Les combattants sont soumis à **une violence de masse**. La Première Guerre mondiale est l'expérience d'une mobilisation de masse : 70 millions d'Occidentaux sont mobilisés. La guerre marque aussi les esprits par le nombre massif de morts et de disparus (10 millions) et d'invalides (8 millions).

- **Un seuil de violence est franchi** avec des pertes moyennes de l'ordre de 1 300 personnes par jour pour l'Allemagne, ces pertes sont dues à des offensives comme celles de Verdun ou de la Somme et à l'usage d'armes nouvelles – 70 à 80 % des blessures sont dues à des éclats d'obus. Les conditions des combats ont été très dures notamment dans les tranchées pendant la guerre de position.

- Cette violence de masse s'est aussi déversée sur les populations civiles.

2. L'expérience des civils

- Les civils ne sont plus épargnés par la violence des combats, ils subissent **les bombardements** des villes, **l'occupation** et **les évacuations forcées** comme en Belgique et dans le nord de la France avec leurs cortèges de pillages et de destructions.

- La Grande Guerre est donc faite de fuites et d'accueil des réfugiés mais aussi de séparations et d'attentes.

- À la fin de la guerre de 1914-1918, 3 millions de civils en Europe occidentale sont touchés par un deuil direct.

- La violence prend une dimension nouvelle dans l'Empire ottoman puisque les difficultés militaires s'accompagnent de la déportation de la minorité arménienne. Un million d'entre eux trouveront la mort au cours du premier grand **génocide** du XXe siècle.

II UNE GUERRE TOTALE

1. Une guerre économique

- Les économies des États en guerre sont transformées **en économies de guerre**. Les industries sont converties en industries d'armement. Les États dirigent plus fortement leurs économies.

- Pour pallier **le manque de main-d'œuvre**, ils ont recours aux habitants des colonies, à l'immigration étrangère et surtout à la main-d'œuvre féminine – en 1918, 2,1 millions de femmes travaillent dans l'industrie allemande.

- Ils importent également des matières premières de leurs colonies, tandis que l'Allemagne et ses alliés doivent faire face au **blocus** maritime. Les populations urbaines surtout en Europe centrale connaissent un rationnement des denrées alimentaires.

- Pour trouver les ressources nécessaires, les États en guerre augmentent **les impôts** et recourent à **l'inflation**. Toutefois, le moyen le plus employé reste **l'emprunt** souscrit auprès des populations civiles des États concernés mais aussi auprès de puissances extérieures comme les États-Unis qui confirment ainsi leur domination économique sur une Europe affaiblie.

2. Une guerre psychologique

- Au cours de cette guerre, le rôle de l'arrière apparait essentiel pour le moral des soldats. La censure s'exerce sur la presse et les lettres des soldats. Ainsi la **propagande** consolide le consensus national et une culture de la violence et de la haine contre l'ennemi se met progressivement en place. Celui-ci est diabolisé et toute la société y compris les enfants participent à cette **culture de guerre**.

- Vers 1917, les belligérants doivent faire face à une indiscipline militaire. Les soldats réclament des opérations plus efficaces et moins meurtrières. En France, l'échec des offensives entraine **quelques désertions**.

- Mais, malgré les violences subies, les mutineries et les désertions de combattants resteront limitées, même en 1917, et ne changeront pas le cours de la guerre.

Une guerre qui bouleverse États et sociétés

I UN BILAN CATASTROPHIQUE

La Première Guerre mondiale a été une guerre totale : toutes les forces des pays ont été mobilisées, les combats ont touché de vastes territoires.

1. Le bilan humain : une catastrophe démographique

- 17 millions de blessés dont beaucoup d'invalides, plus de 9 millions de morts. Le nombre de naissances a fortement diminué, ce qui entraine le phénomène de « classes creuses ». Les populations sont affaiblies. **La violence du conflit a été extrême** : **génocide** arménien, déportations de groupes entiers de population. Cette guerre inaugure une violence que l'on retrouve tout au long du XXe siècle.

2. Le bilan économique et financier

- L'Europe est sinistrée et l'économie est en ruine. Les pertes matérielles affectent surtout les régions de combats – en particulier les régions du nord de la France. Les productions agricoles et industrielles ont baissé de 30 à 40 %, le matériel est usé. Les industries d'armement doivent subir une **reconversion**.

- Les États européens ont financé **les dépenses de guerre** en puisant dans leurs réserves d'or et en empruntant. Leurs monnaies sont affaiblies par rapport au dollar. Ils doivent aussi **rembourser aux États-Unis** l'argent emprunté pendant la guerre. Les États-Unis sont les grands vainqueurs sur le plan économique : ils possèdent désormais la moitié du stock d'or mondial.

3. Le bilan social et psychologique

- Certains agriculteurs et industriels ont profité de la guerre, mais les revenus des **rentiers** et des salariés ont baissé. Les **difficultés sociales** se traduisent par des grèves. Les **syndicats** recrutent ainsi de nombreux adhérents.

- Les horreurs vécues pendant le conflit (guerre de tranchées, hécatombes) font **douter certains Européens des valeurs de leur civilisation**. Les progrès scientifiques semblent n'avoir profité qu'aux militaires. Dans les pays colonisés, face à ce déferlement de violence, la « supériorité » de la civilisation européenne commence à être contestée.

II LES TRAITÉS DE PAIX (1919-1924)

Une nouvelle carte de l'Europe

- La guerre a provoqué **l'effondrement** des empires d'Europe centrale et orientale : les Empires allemand, austro-hongrois et russe. Il faut remodeler la carte de l'Europe où apparaissent de nouveaux pays.

- **La conférence de la Paix** se tient à Paris en **1919**. Elle rassemble de nombreux pays mais ce sont surtout les États-Unis, la France, la Grande-Bretagne et l'Italie qui la dominent. Le président américain Wilson tient à fonder la paix sur les « 14 points » qu'il a publiés en janvier 1918, en particulier sur le droit des peuples à disposer d'eux-mêmes. La conférence aboutit à **la signature des traités**, contestés par certains États qui perdent des territoires (l'Allemagne) ou ne récupèrent pas ceux qu'ils avaient espéré annexer en entrant en guerre (l'Italie). Ces deux pays déçus par les traités sont peu à peu attirés par des **régimes politiques autoritaires**.

III LES TENSIONS EN EUROPE APRÈS 1919

1. Les réactions révolutionnaires

- En Russie, les **bolcheviks** prennent le pouvoir dans la nuit du 24 au 25 octobre 1917. **Lénine**, le chef de ce gouvernement communiste, met fin à la guerre en signant le traité de Brest-Litovsk avec l'Allemagne en mars 1918. La Russie perd de vastes territoires.

- Dès janvier 1919, **en Allemagne**, la défaite militaire, conjuguée à l'abdication de l'empereur en novembre, amène un groupe de révolutionnaires, les spartakistes, à déclencher une insurrection. **En Hongrie**, un communiste, Bela Kun, prend le pouvoir. Ces expériences révolutionnaires sont de courte durée, mais elles traduisent l'intérêt de certaines parties de la société pour la révolution russe.

- En mars 1919, **la IIIe Internationale** est fondée et, à la suite de cette réunion, des partis communistes se créent dans la plupart des pays.

2. Les réactions des démocraties

- Devant cette menace, les Occidentaux prennent peur : ils soutiennent les opposants au régime bolchevik et installent, dans les années suivantes, des régimes autoritaires aux portes de la Russie pour tenter de **bloquer la contagion révolutionnaire**. C'est ce qu'on appelle le « **cordon sanitaire** ».

- Les traités suscitent donc des tensions que la Société des nations (SDN) – créée par **le traité de Versailles** – ne parvient pas à régler. En 1921, seuls les communistes russes se maintiennent encore au pouvoir.

L'Europe en 1914

L'Europe des traités de paix (1920-1924)

Le régime soviétique

En 1917, deux révolutions (février 1917 et octobre 1917) amènent au pouvoir **Lénine**, le chef du parti **bolchevik**. Il impose alors le communisme en Russie qui devient en 1922 **l'URSS** (l'Union des républiques socialistes soviétiques).

I LA MISE EN PLACE DU COMMUNISME EN RUSSIE

1. 1917-1921. Une situation difficile

- Après la Première Guerre mondiale, les traités de paix enlèvent à la Russie près de 10 % de son territoire et la guerre civile qui suit entre l'Armée rouge dirigée par **Trotski** et les forces militaires alliées associées aux monarchistes se termine par la victoire en 1921 des armées révolutionnaires. Le pays en sort épuisé avec des millions de victimes et une agriculture ravagée par les réquisitions alimentaires en direction des villes.

Lénine met alors en place **la Nouvelle politique économique** (**NEP**).

2. La NEP et la succession de Lénine

- Lénine choisit de libéraliser partiellement l'économie en autorisant les paysans à vendre une partie de leurs récoltes et en dénationalisant les entreprises de moins de 20 salariés. Les résultats montrent une reprise de la croissance et l'émergence d'un groupe social qui s'enrichit : des industriels (**Nepmen**) et des paysans (**les Koulaks**).

- Lénine meurt en 1924 et la lutte s'engage entre Trotski et **Staline.** Celui-ci s'empare du pouvoir en 1928. Il accélère alors la mise en place du communisme en URSS.

- Le régime soviétique présente déjà des aspects totalitaires avec un parti unique, appuyé sur une police politique puissante et des camps de déportation pour les opposants.

II LA DICTATURE DE STALINE

1. Une économie planifiée

- Staline impose des plans de cinq ans gérés par un organisme d'État, le Gosplan. Ainsi tous les secteurs de l'économie reçoivent des normes de production. De 1928 à 1932, le premier plan prévoit la collectivisation des terres et la constitution de vastes exploitations agricoles, les **sovkhozes** et les **kolkhozes**. Le plan met aussi l'accent sur la sidérurgie, l'industrie lourde et l'électricité.

- La répression s'abat sur les **Koulaks** qui sont envoyés dans les camps de travail, les **goulags**, nombreux en Oural et en Sibérie. Toutefois, la collectivisation totale de terres se heurte à la résistance des paysans et les kolkhoziens obtiennent de conserver une petite propriété privée (maison, jardin et petit bétail) et de vendre leurs produits sur le marché libre. Beaucoup de paysans délaissent le travail collectif au profit de leur petite propriété privée ou fuient vers les villes.

- Le deuxième plan (1933-1937) tente d'améliorer le niveau de vie des populations et donne priorité aux industries d'armement. Il favorise la construction d'immenses **complexes industriels** et développe l'**industrie chimique**. Les cadences sont augmentées et certains ouvriers sont présentés comme des modèles de productivité.

2. Une dictature politique

- Staline n'admet aucune opposition, il élimine ses adversaires et après 1935 il se débarrasse des anciens amis de Lénine (procès de Moscou, 1936) qui passent publiquement des aveux qui sont ensuite récupérés par la **propagande** du régime.

- En 1939, le système pénitentiaire comprend des prisons, mais aussi une cinquantaine de camps de travail où les opposants politiques et les criminels vivent dans des conditions extrêmes.

- Le monde artistique doit se soumettre à des normes et à des thèmes pour exalter le parti communiste : c'est le **réalisme socialiste** et l'art occidental est interdit. En 1936, une Constitution confie le pouvoir législatif au **Soviet** suprême composé du Soviet de l'union et du Soviet des nationalités. Le pouvoir exécutif appartient au Conseil des commissaires du peuple et au Présidium du Soviet suprême. En réalité, le parti communiste **contrôle les institutions et la population** à tous les niveaux. Les grandes libertés – de la presse, de réunion… – sont affirmées mais ne sont plus respectées. Les élections ne permettent qu'aux candidats du parti au pouvoir de se présenter.

- En 1941, lorsqu'elle entre en guerre aux côtés des alliés, l'URSS est devenue la **troisième puissance industrielle** du monde.

- Ce **productivisme** a été réalisé grâce au travail forcé et en embrigadant la population. Les urbains représentent dorénavant plus de 33 % de la population.

- Staline a construit avec de nombreuses formes de représentations l'image d'un chef charismatique présenté comme le **guide du peuple russe**. Ce culte de la personnalité va modeler les mentalités comme en Allemagne et en Italie.

PARCOURS D'ÉDUCATION ARTISTIQUE ET CULTURELLE

L'affiche politique

Structure de l'affiche

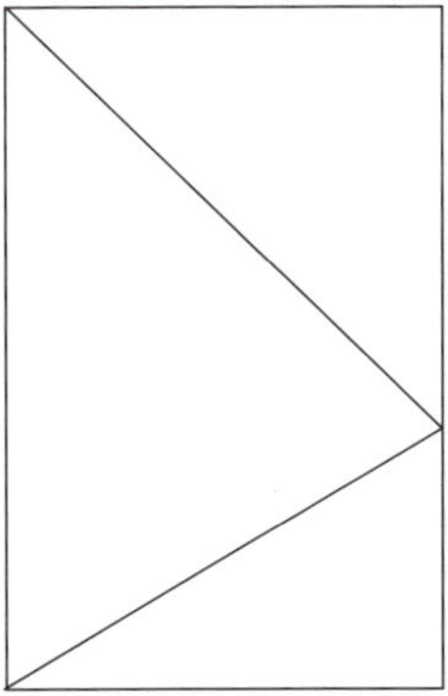

Affiche éditée en 1938, dessin et photomontage.

I LA PRÉSENTATION DE L'AFFICHE

- Cette **affiche de propagande** étonne par sa composition et son iconographie. Elle utilise très peu de couleurs et se compose surtout de visages.

- La **structure** (voir schéma) permet de distinguer trois parties qui constituent trois triangles. Le triangle supérieur représente le peuple, le triangle inférieur droit, des personnages reconnaissables et bien identifiés, et le triangle gauche, deux visages, mis en relief par leur dimension et leurs couleurs. Ces deux bustes de Lénine et Staline occupent la plus grande partie de l'espace de l'affiche.

- On peut parler de mise en scène avec le drapeau rouge comme toile de fond. Les deux personnages semblent se superposer, se confondre, mais l'un n'est qu'une ombre alors que l'autre, Staline, est bien vivant. Et la dimension de son portrait permet d'insister sur son rôle de chef, celui qui domine le pays. La particularité de cette affiche, c'est qu'elle utilise des photos réelles, fragmentées et assemblées, à des formats différents.

II LE CONTEXTE POLITIQUE

- En 1935, après l'assassinat d'un de ses proches, Staline organise de grands procès et accuse ses opposants, souvent anciens compagnons de Lénine. Les accusés sont exécutés ou envoyés en camps de détention.
- En 1938, les purges sont terminées et les nouveaux dirigeants du Parti apparaissent sur l'affiche en bas et à droite. Staline organise autour de lui un culte de la personnalité, d'où sa taille imposante.
- Après l'affaiblissement de l'armée par l'exécution de certains dirigeants et face à la montée des périls extérieurs, il a besoin de regrouper autour de lui la population.

III LA DESCRIPTION ET LA SIGNIFICATION DE L'AFFICHE

- La technique du photomontage est un assemblage de fragments divers, assemblés et recomposés. Né au XIXe siècle, il intéresse d'abord les artistes avant d'être détourné par les régimes autoritaires.
- Par leur nature photographique, les éléments du photomontage semblent véridiques, mais la vérité est amputée, déformée. Apparait alors une nouvelle vérité qui donne un certain sens au montage.
- Le peuple représenté est composé d'ouvriers et de paysans anonymes. Les nouveaux dirigeants sont individualisés et reconnaissables par les contemporains. Quant à Staline, il se présente comme le chef suprême et l'héritier de Lénine, poursuivant l'idéal de la révolution bolchévique (drapeau rouge).
- Cette affiche s'adresse directement à la masse encore en grande partie illettrée. Le dessin et les photos sont assez éloquents : il n'y a ici aucun texte.

L'Allemagne nazie

Traumatisée par la défaite, qui provoque la chute du régime impérial, et par la dureté du traité de Versailles, l'Allemagne subit, dans les années 1920, une série de crises qui favorisent l'accès de **Hitler** au pouvoir.

I LA MONTÉE DU NAZISME EN ALLEMAGNE

1. Des origines liées à la crise

- Après la guerre de 1914, l'économie allemande est d'abord déstabilisée, puis se redresse grâce, entre autres, aux capitaux américains. Le nouveau régime – une **république fédérale parlementaire** – semble accepté par l'opinion.
- Mais, à partir de 1930, la dépression née aux États-Unis gagne l'Allemagne. Les faillites se multiplient, le chômage monte en flèche. La crise affaiblit le régime. Hitler, chef du parti nazi, exploite la situation et la peur du communisme pour parvenir au pouvoir, par un système de **propagande** et de terreur.

2. La doctrine nazie

Elle développe plusieurs thèmes.

- **Le nationalisme** : Hitler veut anéantir le traité de Versailles, qu'il estime infamant pour l'Allemagne. D'autre part, il cherche à réunir en un seul État les populations de langue allemande.
- **Le racisme** : Hitler veut défendre la « **race aryenne** », jugée supérieure, représentée selon lui par les Allemands, contre les « races » dites inférieures (Juifs, Tziganes, Slaves, etc.).

3. L'arrivée des nazis au pouvoir

- L'application de cette doctrine nécessite la formation d'un **État totalitaire** dominé par un chef. Des groupes nazis, les **SA** (sections d'assaut), occupent la rue pour intimider les partis de gauche. À partir de 1930, les nazis remportent des succès électoraux. Le 30 janvier 1933, **Hitler devient chancelier** (Premier ministre).

II UNE DICTATURE TOTALITAIRE

1. Le racisme d'État

- Hitler obtient les pleins pouvoirs en mars 1933 et crée une police secrète d'État, **la Gestapo**. Le parti nazi est désormais un parti unique. Hitler chancelier devient aussi chef de l'État en 1934 (**Führer**). La population est contrôlée :

organisation des jeunesses hitlériennes, propagande, gigantesques parades pour mobiliser les foules.

- En 1935, **les lois de Nuremberg** enlèvent aux Juifs allemands leur citoyenneté. En 1938, au cours de la « Nuit de cristal », les nazis incendient des synagogues et pillent les magasins ; des milliers de Juifs sont arrêtés.
- Dès 1933 **des camps de concentration** sont ouverts, où les nazis enferment ceux qu'ils jugent « nuisibles » : opposants politiques, Juifs, Tziganes, homosexuels... Les conditions de vie y sont très dures, les prisonniers servent de main-d'œuvre gratuite. Beaucoup ne survivent pas aux mauvais traitements et à la faim.
- À partir de 1941, **des camps d'extermination** sont construits pour une mort programmée des Juifs et des Tziganes. La plupart d'entre eux sont situés en Pologne occupée.

2. La relance de l'économie

- Une politique de grands travaux permet de résorber le chômage, mais le monde ouvrier est contrôlé (grèves interdites, organisations professionnelles obligatoires). L'Allemagne doit pouvoir vivre sans contact avec l'extérieur : il faut donc augmenter la production agricole.
- L'industrie fabrique artificiellement les produits qui manquent au pays. **En 1936**, l'Allemagne dispose de la **deuxième industrie mondiale**.

3. Une politique extérieure agressive

Hitler veut anéantir le traité de Versailles.

- En 1933, l'Allemagne quitte la SDN et, en 1935, le service militaire obligatoire est rétabli. La Rhénanie est remilitarisée en 1936.
- En 1936, l'Allemagne nazie et l'Italie fasciste se rapprochent et forment **« l'Axe Rome-Berlin »**. Le Japon les rejoint (**pacte anti-Komintern**) en novembre 1936.
- En mars 1938, l'Allemagne annexe l'Autriche (Anschluss).
- En septembre 1938, Hitler revendique la région tchécoslovaque des Sudètes, peuplée d'Allemands. Par les accords de Munich, les Occidentaux lui donnent satisfaction.
- Au printemps 1939, Hitler annexe l'ouest de la Tchécoslovaquie. Cette politique agressive est à l'origine de la guerre. **Le 1er septembre 1939**, l'Allemagne attaque la Pologne. En riposte, la Grande-Bretagne et la France déclarent la guerre à l'Allemagne.

Les démocraties européennes face à la montée des périls

Les démocraties européennes sont très touchées par la **dépression** des années 1930 et l'arrivée au pouvoir des régimes totalitaires. Le Royaume-Uni comme la France doivent réagir aux provocations hitlériennes et tentent de sauver la paix.

I LA FRANCE AU LENDEMAIN DE LA GUERRE

1. Le retour au système républicain

- La IIIe République s'est imposée avant 1914 et a conduit la France à la victoire de 1918. Après guerre, le bloc national républicain surtout composé d'anciens combattants s'oppose aux partis de gauche. En 1920, au congrès de Tours, la gauche française se divise entre **communistes** et **socialistes.**

2. La France dans la crise

- La France connait des problèmes démographiques et doit faire appel à l'immigration. Dès 1927, les exportations diminuent et les prix baissent. À partir de 1931, la France est touchée par la grande dépression, les faillites et le chômage augmentent.

- La crise est aussi politique, le sentiment antiparlementaire aboutit **le 6 février 1934** à des émeutes parisiennes organisées par les **ligues** (mouvements d'extrême droite). Cette tentative de coup d'État provoque la réaction et le regroupement des partis de gauche.

II LA FRANCE DU FRONT POPULAIRE

1. Une alliance électorale

- En 1935, **les socialistes (SFIO, Section française de l'internationale ouvrière**), les communistes et les radicaux constituent une union populaire. En 1936, avec le slogan « Pain, paix, liberté », ils remportent les élections et 2 millions de salariés se mettent alors en grève pour obtenir des lois sociales.

2. Des conquêtes sociales

- **Léon Blum** organise le 7 juin 1936 **les accords Matignon** signés par le patronat et les syndicats. Des lois votées en juin accordent la semaine de 40 heures, les premiers congés payés (quinze jours par an) et les conventions collectives. Les salaires sont augmentés et les droits syndicaux étendus. Malgré tout, les problèmes restent nombreux et Blum démissionne en juin 1937 alors que les problèmes internationaux deviennent alarmants.

III LES DÉMOCRATIES ET LA MONTÉE DES PÉRILS

1. L'attitude des régimes totalitaires

- L'URSS de Staline continue d'exercer une grande fascination sur les classes ouvrières des démocraties européennes, tandis qu'Hitler multiplie les coups de force. Il veut réunir au Reich tous les Allemands vivant dans les autres pays d'Europe centrale. Il remet en cause les décisions du traité de Versailles, ainsi, en 1935, la Sarre revient au Reich par référendum, il reconstitue une armée allemande moderne, en 1936 la Rhénanie est remilitarisée. Tandis que les grandes démocraties se contentent de protestations verbales, il réalise l'**Anchluss** (réunion) avec l'Autriche en mars 1938 et poursuit son expansion territoriale.

2. La guerre civile espagnole

- Cette guerre de 1936 à 1939 annonce la Seconde Guerre mondiale avec ses luttes idéologiques et ses horreurs. Elle est le symbole de l'affrontement violent entre les républicains proches des démocraties et la dictature franquiste. Pour l'ensemble du monde cette guerre sanglante qui fait plus de 550 000 morts est le symbole de l'**affrontement entre démocratie et fascisme**. Elle sert aussi de champ de manœuvre pour les dictatures totalitaires qui y essaient leurs armes, amenant ainsi les partisans du général **Franco** à la victoire en mars 1939.

3. Les dernières crises

- L'objectif suivant d'Hitler en Europe est le démantèlement de la Tchécoslovaquie afin de récupérer une région peuplée d'Allemands : les **Sudètes**. Pour éviter la guerre, la **conférence de Munich** a lieu en septembre 1938, **Daladier et Chamberlain** cèdent et abandonnent la démocratie tchécoslovaque. La France et l'Angleterre sortent très déconsidérées de cette négociation.

- Parallèlement, Hitler poursuit sa recherche d'accords avec d'autres pays européens. Il se rapproche de Mussolini en 1936 (axe Rome-Berlin) et signe un **pacte de non-agression** avec la Russie stalinienne à la veille du déclenchement de la Seconde Guerre mondiale. Un protocole secret prévoit le partage de la Pologne, et l'Allemagne l'envahit le 1er septembre. Le 3 septembre, le **Royaume-Uni et la France déclarent la guerre** à l'Allemagne.

La Seconde Guerre mondiale

9

▶ Vidéo

En septembre 1939, l'invasion de la Pologne par les armées allemandes déclenche la Seconde Guerre mondiale. L'Allemagne et les **puissances de l'Axe** dominent, mais à partir de 1942, les alliés reprennent l'avantage.

I LES VICTOIRES DE L'AXE

1. Une guerre européenne

- Hitler veut occuper le **corridor de Dantzig** en Pologne, ce qui déclenche l'intervention de la France et du Royaume-Uni le 3 septembre 1939. Le pacte germano-soviétique d'août 1939 permet à l'Allemagne d'occuper l'ouest de la Pologne.
- L'Allemagne adopte une stratégie offensive, la « **guerre éclair** », et la France n'attaque pas, c'est « la drôle de guerre ».
- Après la Pologne, les Allemands occupent le Danemark, la Norvège, et en mai 1940, ils attaquent la Hollande, la Belgique et la France. Le 22 juin 1940, le maréchal Pétain signe l'**armistice** et l'Angleterre se retrouve seule dans la guerre. Les bombardements allemands vont durer un an contre le sud du Royaume-Uni, puis Hitler se retourne contre les pays d'Europe méditerranéenne et les occupe.

2. Un conflit mondialisé

- En juin 1941, Hitler attaque l'URSS et l'occupe jusqu'à la région de Moscou.
- En Asie, le Japon occupe la Chine et a fait la conquête depuis 1937 de vastes territoires, c'est le « Grand Japon ». En décembre 1941, l'aviation japonaise bombarde la base américaine de **Pearl Harbor** dans le Pacifique, ce qui provoque l'entrée en guerre des USA.
- En août 1941, USA et Angleterre signent la **charte de l'Atlantique**. Et après l'attaque allemande, l'URSS adhère également à cette charte.
- En Afrique du Nord, des combats opposent les troupes anglaises aux troupes allemandes et italiennes et en 1942 l'Afrikakorps du général allemand **Rommel** pénètre en Égypte.
- Désormais, l'Europe occupée vit selon l'ordre nouveau voulu par Hitler.

II LA VICTOIRE DES ALLIÉS

À partir de la fin de 1942, les alliés prennent l'avantage, les puissances de l'Axe sont alors arrêtées, refoulées, puis vaincues.

1. Le reflux des puissances de l'Axe

- **En Méditerranée :** les alliés battent l'Afrikakorps à El Alamein en Égypte en octobre 1942, et débarquent en Afrique du Nord, ce qui provoque l'occupation de la zone libre en France en novembre 1942.

- **En URSS :** les Allemands assiègent **Stalingrad** à partir de septembre 1942, la ville leur résiste, et en février 1943, les Allemands capitulent. De 1943 à 1945, les Soviétiques repoussent les Allemands vers l'ouest et libèrent l'URSS (1944) puis l'Europe orientale et centrale et arrivent les premiers à Berlin.

- **Dans le Pacifique :** à partir de 1943, les Américains ont de nouveaux moyens pour l'emporter, en particulier des porte-avions géants. Ils portent l'attaque là où l'ennemi ne les attend pas. Malgré les avions suicides japonais, les Américains livrent avec succès des batailles aéronavales qui leur permettent de se rapprocher du Japon.

2. La défaite de l'Axe

- **À l'ouest :** les troupes alliées débarquées au sud de l'Italie progressent difficilement. En France, les alliés **débarquent en Normandie** le 6 juin 1944 sous le commandement du général **Eisenhower** et le second débarquement a lieu en Provence le 15 août. Les Allemands doivent affronter les attaques des alliés et de la Résistance, ils lancent une dernière offensive dans les Ardennes. Leur échec en décembre 1944 conduit à la libération de la France du Nord et de la Belgique.

- Les alliés pénètrent en Allemagne où ils découvrent les camps de concentration et rejoignent les Soviétiques en avril 1945. Au même moment, **Mussolini** est exécuté et Hitler se suicide.
Le 8 mai 1945, l'Allemagne envahie capitule.

- **En Asie :** les USA lancent deux bombes atomiques sur les villes japonaises de **Hiroshima** (6 août) et de **Nagasaki** (8 août). Le Japon capitule à son tour le 2 septembre 1945.

- Cette guerre laisse l'Europe en ruine, et devant l'horreur des camps de concentration et la peur des armes nucléaires, les alliés organisent le procès des responsables inculpés pour **crimes contre l'humanité**, c'est le cas **à Nuremberg**, entre novembre 1945 et octobre 1946.

L'Europe à la fin de l'année 1942

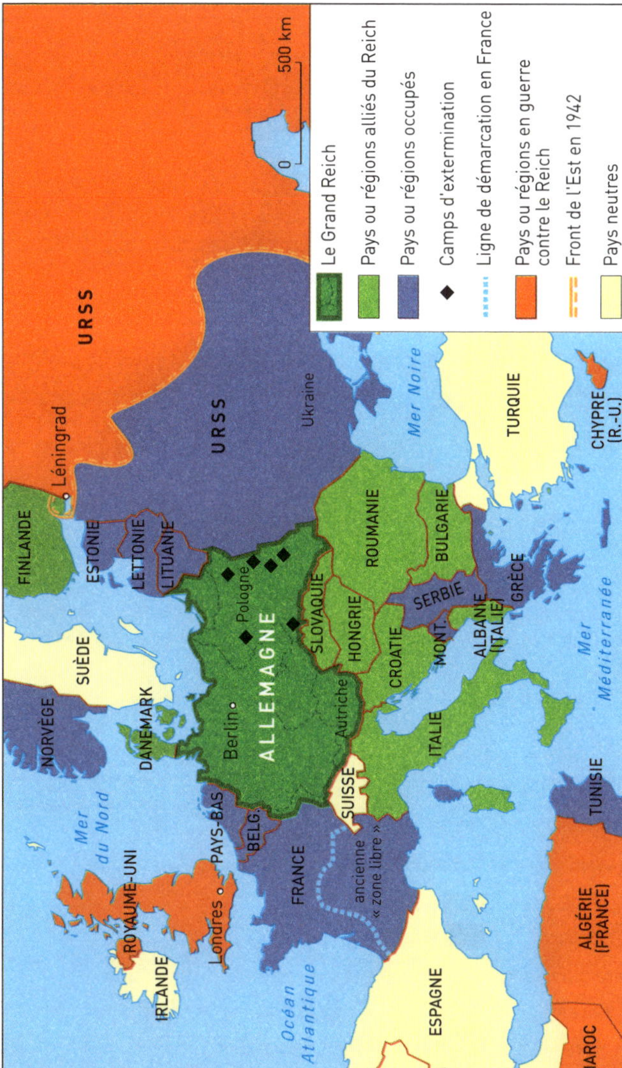

L'Europe en 1945

Frontières de 1945

Territoires annexés par les pays bénéficiaires

★ Présence militaire soviétique

Pays ayant gagné des territoires :

URSS
Yougoslavie
Pologne
Bulgarie

Zones d'occupation de l'Allemagne et de l'Autriche :

soviétique
américaine
britannique
française

Berlin et Vienne divisés en 4 zones d'occupation

Le bilan de la Seconde Guerre mondiale : une guerre d'anéantissement

Le bilan de la Seconde Guerre mondiale pèse particulièrement lourd. Il incite les Alliés à travailler à la reconstruction de l'Europe et du monde, au cours de plusieurs conférences internationales.

I 1945 : UN MONDE À RECONSTRUIRE

1. Un bilan humain et psychologique dramatique

- La guerre a fait **55 millions de morts**, la démographie est perturbée (déficit des naissances, surmortalité masculine). Les réfugiés se comptent par dizaines de millions.
- La population manque de tout. Le rationnement répartissant les denrées disponibles subsiste jusqu'en 1949.
- Le monde entier est bouleversé par la découverte des atrocités nazies. Un tribunal international juge à **Nuremberg** (1945-1946) les responsables de ces crimes. Ce tribunal définit une nouvelle notion de droit international : le « **crime contre l'humanité** ».

2. Les destructions matérielles

- Les destructions sont massives – routes, voies ferrées, usines, logements – en Europe et en Asie.
- L'utilisation de la bombe atomique par les États-Unis fait craindre la puissance de cette arme.

II LES RÈGLEMENTS DU CONFLIT

1. Les conférences de 1945 et leurs résultats

- **La conférence de Yalta en février 1945** : elle réunit les États-Unis, la Grande-Bretagne et l'URSS. **Roosevelt** obtient que l'URSS déclare la guerre au Japon. **Staline** espère annexer des territoires pour étendre l'URSS. À la suite de cette conférence est signée la « charte de l'Europe libérée » qui prévoit dans la plupart des pays l'instauration de gouvernements démocratiques élus.
- **La conférence de Potsdam en juillet-août 1945** : elle réunit les mêmes pays, mais Roosevelt, décédé, est remplacé par le président Truman. Cette conférence règle le sort de l'Allemagne : elle devra payer des réparations, être désarmée, dénazifiée.

2. Les autres règlements du conflit

- Le Japon passe sous protectorat américain, il est démilitarisé et reçoit une nouvelle Constitution préparée par les États-Unis. Il perd toutes ses conquêtes.
- L'Italie perd toutes ses colonies.

3. La création de l'ONU

- Pour maintenir la paix, les Américains et les Britanniques proposent la création d'une nouvelle organisation internationale pour remplacer la SDN : **l'Organisation des Nations unies**, qui est créée lors de la conférence de San Francisco en avril-juin 1945. Cette organisation, qui comporte une assemblée générale formée de tous les pays membres, adopte en 1948 à Paris **la « Déclaration universelle des droits de l'homme »**. Elle définit des droits nouveaux : droit à l'éducation, au travail, à la santé, à la culture...

III LES NOUVELLES FRONTIÈRES DE L'EUROPE ISSUES DES CONFÉRENCES DE 1945

- L'Allemagne est divisée en quatre zones d'occupation, ainsi que sa capitale Berlin. Les pays occupants sont les États-Unis, la Grande-Bretagne et la France à l'ouest, et l'URSS à l'est.
- La Pologne annexe des territoires allemands à l'ouest. L'URSS annexe les pays Baltes, une partie de la Finlande, de la Pologne, de la Roumanie. La Yougoslavie étend son territoire aux dépens de l'Italie.

IV UN NOUVEL ORDRE MONDIAL

1. Le système monétaire international

- En juillet 1944, à Bretton Woods, 44 pays créent un nouveau système monétaire international. Il repose sur l'or, mais aussi sur le dollar, qui devient une devise-clé. **Un Fonds monétaire international (FMI)** est aussi créé, pour stabiliser les monnaies les unes par rapport aux autres. **Une Banque internationale pour la reconstruction et le développement (BIRD)** finance la reconstruction des États-membres.

2. Un monde dominé par deux grandes puissances

- La situation des **États-Unis** explique cette **suprématie du dollar**. Ils possèdent 75 % de l'or mondial et dominent le commerce international. Ils ont fourni des marchandises à tous les pays en guerre et n'ont connu aucune destruction sur leur sol.
- L'URSS demeure une puissance militaire et politique. L'influence des partis communistes dans de nombreux pays s'est développée pendant la guerre. **Moscou reste le phare du communisme international.**

Les crimes nazis : de la persécution au génocide

Hitler applique à l'ensemble des territoires occupés par l'Allemagne durant la Seconde Guerre mondiale ses projets idéologiques pour affirmer la supériorité de la « **race aryenne** » et utiliser au profit de l'Allemagne une grande zone économique.

I LA MISE EN PLACE D'UN ORDRE NOUVEAU

1. Le projet idéologique nazi

- Reposant sur le livre d'Hitler, *Mein Kampf*, et sur la théorie de l'espace vital nécessaire à la croissance de l'Allemagne, les nazis classent les populations européennes.

- Certaines doivent disparaitre comme les Juifs ou les Tziganes, d'autres sont réduites en esclavage comme les Slaves (3 millions à l'est). Quelques groupes comme les Scandinaves peuvent être associés à la grande Allemagne.

2. L'Europe occupée

- Les premières actions ont lieu dès 1941 et en Allemagne avec l'extermination des malades mentaux, des handicapés et de groupes qualifiés d'asociaux par les nazis.

- Parallèlement, les opposants sont également traqués et déportés dans des camps, puis ce sont les prisonniers de guerre soviétiques. Ces camps, par les conditions de vie et le travail forcé imposés aux détenus, engendrent de fortes mortalités.

- Les ressources et la main-d'œuvre utilisables dans des États occupés comme la Pologne sont réquisitionnées et les **ghettos** dans les grandes villes comme Varsovie condamnent la population juive à une mort lente.

3. La solution finale (voir fiche 9)

- La stratégie globale des nazis se construit alors que la guerre d'anéantissement contre l'URSS dès juin 1941 s'accompagne le long du front est de fusillades de masse.

- Près de 1 million de Juifs sont ainsi exécutés en URSS. Mais aussi en Pologne et dans les États baltes.

- En janvier 1942, la conférence de **Wannsee** lance la « solution finale » c'est-à-dire la décision secrète d'anéantir la communauté juive d'Europe.

II CONCENTRATION ET EXTERMINATION

1. L'univers concentrationnaire

- Construits dès 1933 (Dachau) les camps de concentration sont d'abord ouverts pour les Juifs, les opposants politiques, les homosexuels ou les condamnés de droit commun. L'utilisation dès 1942 des chambres à gaz montre le passage à une extermination industrielle et des déportés arrivent par train de toute l'Europe et surtout des ghettos progressivement détruits.

- Les plus grands camps comme **Auschwitz-Birkenau** sont aussi des camps d'extermination et de travail où s'installent les grandes entreprises allemandes.

2. Les camps d'extermination

- 6 millions de Juifs et 200 000 Tziganes sont exécutés dans ces camps. Leur existence reste secrète et Himmler ordonne en 1944 de détruire les chambres à gaz et les fours crématoires pour ne pas laisser de traces. Malgré tout, de nombreux Juifs sont au courant et, en avril 1943, ils résistent, comme dans le ghetto de Varsovie, à l'annonce de la déportation des derniers habitants. De même, dans le camp de **Sobibor,** les déportés se soulèvent. Certains participent à des mouvements de résistance et à des sabotages contre l'occupant.

III LA CONDAMNATION DES CRIMES NAZIS

1. La libération des camps

- Les alliés ayant donné la priorité aux opérations militaires, ils ne tentent pas d'interrompre le **génocide** en cours. Les soldats alliés découvrent l'horreur des camps en libérant les territoires occupés et en entrant sur le territoire allemand. À l'ouest, les Américains et les Britanniques vont obliger les populations allemandes à visiter les camps ou à voir des films d'archives sur l'univers concentrationnaire, comme ce que réalise le général **Patton à Buchenwald**.

2. Le procès de Nuremberg

- Du 18 octobre 1945 au 1er octobre 1946, les alliés jugent à Nuremberg les grands dirigeants du régime nazi. Pour la première fois, les mots **de génocide et de «crime contre l'humanité»** sont utilisés. Les trois grandes puissances affirment également la responsabilité du peuple allemand qui doit être rééduqué et dénazifié. C'est dans la zone soviétique que cette dénazification est la plus brutale.

- Toutefois, beaucoup de nazis prennent la fuite, d'autres ne sont pas poursuivis et l'intérêt des médias retombe après le procès.

- Dans un nouveau contexte de guerre froide, la réconciliation avec l'Allemagne devient prioritaire.

La France sous l'occupation et le régime de Vichy

L'**armistice** de juin 1940 consacre la défaite de la France et la fin de la IIIe République. Un régime autoritaire est mis en place et choisit de collaborer avec les Allemands.

I LA DÉFAITE ET LA FIN DE LA IIIe RÉPUBLIQUE

1. La fin de la IIIe République

- Le 10 mai 1940, l'armée allemande lance une offensive éclair contre la Belgique, la Hollande et la France. Paris est occupée dès le 14 juin tandis que 8 millions de civils partent sur les routes de France bombardées par l'aviation allemande. L'Italie à son tour déclare la guerre à la France le 10 juin.

2. La Révolution nationale

- Le gouvernement français est très divisé et le président du Conseil **Paul Reynaud** démissionne le 16 juin et fait appel à un homme providentiel, le maréchal **Pétain**, héros de la bataille de Verdun en 1916. Les députés désorientés donnent les pleins pouvoirs au Maréchal pour faire une nouvelle Constitution.
- Pétain juge la situation militaire irréversible et décide de demander l'armistice qui est signé le 22 juin 1940 et coupe le pays en deux par une **ligne de démarcation**. La zone nord est occupée, l'Alsace-Lorraine est annexée par l'Allemagne. Au sud, s'organise « l'État français », dirigé par le maréchal Pétain et installé en zone libre à Vichy.
- En ce qui concerne la place de la France dans la guerre, deux visions s'opposent, celle de Pétain et celle du général **de Gaulle** qui s'adresse aux Français par le discours du 18 juin 1940 et les incite à poursuivre le combat. Il répond ainsi depuis Londres au discours de Pétain qui prépare les Français à la collaboration avec l'Allemagne.

II LE RÉGIME DE VICHY

1. La mise en place du régime

- Le 10 juillet 1940, Pétain met fin à la IIIe République et pose le lendemain les bases d'un nouveau régime. Le chef de l'État concentre le pouvoir exécutif et législatif, les assemblées doivent être convoquées par Pétain. Il s'agit donc d'un régime autoritaire qui rompt avec la démocratie et la république.

2. Le régime politique de la France de Vichy

- La devise du nouveau régime est « Travail, famille, patrie » et la défaite est largement attribuée au déclin des valeurs traditionnelles de la France et à la IIIe République. Le maréchal Pétain apparait comme un sauveur et un culte de la personnalité se construit autour de lui. La **propagande** du régime dénonce les Juifs, les immigrés et les communistes.

3. Réaction et exclusion

- La réaction se réalise d'abord contre les partis politiques traditionnels et contre les syndicats, le droit de grève disparait, et en 1942, des hommes de premier plan de la IIIe République sont traduits en justice comme **Blum** et **Daladier**. Ils sont jugés responsables de la défaite.

Deux statuts des Juifs sont adoptés en 1940 et 1941. La politique de collaboration du régime va les livrer aux Allemands.

III LA COLLABORATION DU RÉGIME DE VICHY

1. La France soumise à l'Allemagne

- Dans la France occupée au nord de la ligne de démarcation, les Allemands mutiplient les arrestations, traquent les Juifs et les résistants. Partout, les réquisitions allemandes et la limitation des échanges rendent le ravitaillement difficile et les Français souffrent de la pénurie alimentaire. Le **marché noir** (commerce clandestin) se développe.

- La collaboration commence le 24 octobre 1940 lorsque Pétain rencontre **Hitler** à Montoire. Les autorités françaises vont être poussées à des concessions de plus en plus nombreuses, espérant obtenir un allègement des conditions difficiles imposées par l'occupant et une libération des prisonniers de guerre.

2. L'évolution de la politique de collaboration

- La collaboration se présente d'abord comme une collaboration d'État, ainsi les rafles du 16 et 17 juillet 1942, qui conduisent 13 000 personnes au **Vél'd'Hiv** (Vélodrome d'hiver), sont encadrées par la police française. Au total, 75 000 Juifs sont déportés depuis la France.

- La collaboration est aussi l'œuvre de Français proches idéologiquement des nazis. La **milice** française torture et assassine les résistants, d'autres iront combattre avec l'armée allemande.

- Toutefois, cette collaboration connait un tournant le 11 novembre 1942 avec l'**invasion de la zone libre** qui enlève au gouvernement de Vichy l'argument du maintien d'une souveraineté nationale française dans la zone sud.

La Résistance et la libération de la France

L'appel du 18 juin 1940 du général **de Gaulle** invitant à poursuivre le combat est l'acte fondateur de la Résistance face à la collaboration annoncée le 17 juin 1940 par le maréchal **Pétain**.

I LA NAISSANCE DE LA RÉSISTANCE

1. Le rôle de de Gaulle

- Le général de Gaulle, ex-sous-secrétaire d'État à la Guerre, semble bien seul lorsqu'il invite depuis Londres les Français à le rejoindre. Il obtient cependant la reconnaissance et l'aide financière du gouvernement britannique. La France libre compte alors 7 000 hommes.

2. Les Forces françaises libres (FFL)

- Les **FFL** forment une armée autonome qui se différencie de l'armée britannique et qui va combattre aux côtés des alliés, notamment en Afrique du Nord. Cette France libre continue de communiquer avec la métropole par ses émissions de radio et ses premiers réseaux de renseignements clandestins. D'autre part, de Gaulle a rallié à sa cause une partie de l'empire colonial français (l'AEF ou Afrique-Équatoriale française).

3. La Résistance intérieure

- Les débuts de cette Résistance sont marqués par des initiatives spontanées et une faible organisation. En zone occupée, la Résistance apparait plus tôt qu'en zone libre où beaucoup soutiennent encore le régime de Vichy. Progressivement, des groupes se constituent et utilisent **les tracts et journaux** pour **mobiliser l'opinion française**. Ils constituent aussi des filières de départ vers la zone libre ou l'Angleterre pour les Juifs ou des aviateurs anglais.
- Il faut attendre mai-juin 1941 et l'attaque de l'URSS par l'Allemagne pour que les communistes s'engagent dans la Résistance.

II L'UNIFICATION DE LA RÉSISTANCE

1. De nouveaux résistants

- L'arrivée des communistes apporte à la Résistance des militants capables d'organiser des sabotages et des attentats contre l'occupant. Début 1943, les travailleurs qui refusent de partir **au STO (service travail obligatoire)** rejoignent les **maquis**.

2. Un autre gouvernement français

- Le général de Gaulle a obtenu le ralliement d'une partie de l'empire colonial et, dès le débarquement en Afrique du Nord, il installe le CFLN (Comité français de Libération nationale), une autorité française rivale de Vichy dont la capitale est Alger.

3. L'unité de la Résistance

- De Gaulle décide d'unifier la Résistance intérieure en envoyant **Jean Moulin** coordonner les différents groupes. Le 27 mai 1943, le Conseil national de la Résistance (CNR) est créé et en 1944 il établit un programme pour refonder la république à la Libération.

III LA LIBÉRATION DU TERRITOIRE

1. Une libération à partir de juin 1944

- Deux débarquements, celui du 6 juin 1944 en Normandie et celui de Provence en août, vont permettre de libérer la France. Paris est à son tour libéré le 24 août grâce aux résistants parisiens et à la deuxième division blindée de **Leclerc** assistée des forces américaines. La Résistance intérieure a aidé cette libération par des renseignements et des sabotages et une guérilla qui a harcelé les troupes allemandes.

2. Le gouvernement provisoire

- De Gaulle s'installe à Paris dès août 1944 et forme le Gouvernement provisoire de la République française (GPRF). Il fait ainsi de la France une puissance participante à la libération du pays et évite à la France libérée un gouvernement d'occupation dirigé par les alliés.

- La fin de la guerre pose le problème du rôle du CNR et des forces de la Résistance comme le parti communiste dans le nouveau régime politique.

- La question la plus pressante est celle des poursuites contre les responsables de la collaboration dans un pays en reconstruction et aux prises avec des destructions matérielles.

La guerre froide : 1947-1962

À partir de 1947, les États-Unis et l'URSS s'opposent, mais jamais directement : il s'ensuit une série de crises plus ou moins graves.

I LA FIN DE LA GRANDE ALLIANCE : LA RUPTURE (1947)

- Dans l'Europe de 1947, les populations vivent difficilement. Au plan politique, si les institutions libres ont été recréées à l'Ouest, des gouvernements communistes s'installent à l'Est.

- Les Américains proposent, en juin 1947, **le plan Marshall**, aide matérielle et financière pour relever les pays européens. Seize pays l'acceptent, l'URSS et les pays d'Europe de l'Est le refusent. En septembre 1947, un organisme réunit les partis communistes européens (**Kominform**). Les États-Unis et leurs alliés s'opposent à l'URSS et à l'Europe de l'Est : **le monde est divisé en deux blocs rivaux**.

- Le **bloc américain** réunit les pays de démocratie libérale. Ceux qui ont accepté le plan Marshall forment l'Organisation européenne de coopération économique. Les États-Unis signent de nombreuses alliances militaires. Ils unissent les pays occidentaux dans une organisation militaire défensive : l'**OTAN**.

- Le **bloc soviétique** est constitué des pays d'Europe de l'Est prosoviétiques : les démocraties populaires. La **Tchécoslovaquie** et la Hongrie le rejoignent en 1948. Ces pays ont une économie planifiée et un parti unique, comme en URSS. Ils signent des accords militaires avec l'URSS (pacte de Varsovie) et nouent entre eux des liens économiques (CAEM : Conseil d'assistance économique mutuelle).

II DES CRISES AIGUËS (1948-1953)

Les deux blocs s'affrontent indirectement au cours de plusieurs crises.

1. En Europe

- En Tchécoslovaquie, les communistes prennent le pouvoir en 1948 : c'est le « coup de Prague ».

- À l'ouest de l'Allemagne, les Occidentaux prévoient de rétablir un État indépendant. **Staline** proteste : il bloque l'accès de Berlin-Ouest qui n'est plus ravitaillé que par un pont aérien mis en place par les États-Unis (1948-1949). Le **blocus** est levé en 1949. L'Allemagne se divise en deux États : la **RFA**, démocratie libérale, à l'ouest, et la **RDA**, démocratie populaire, à l'est.

2. En Asie

- Depuis 1946, **la guerre d'Indochine** oppose la France aux révoltés indochinois soutenus par l'URSS.
- En 1949, les communistes de Mao Zedong prennent le pouvoir en Chine.
- Dès 1945, **la Corée** se coupe en deux États : le Nord, prosoviétique, et le Sud, pro-occidental. En 1950, le Nord envahit le Sud. Les États-Unis interviennent et occupent le Nord. La guerre se termine en 1953 par un retour au *statu quo*.

3. Au Moyen-Orient

- Cette région est peuplée d'Arabes et de nombreuses minorités. Les Juifs installés en **Palestine** après 1919 demandent la création d'un État juif (**Israël**). L'ONU divise le pays en deux États, l'un juif, l'autre arabe (1947).
- Les pays arabes voisins, en désaccord, attaquent Israël qui a proclamé son indépendance en 1948. Après la victoire d'Israël soutenu par les États-Unis, les Palestiniens émigrent vers les pays voisins.

III UNE PÉRIODE DE DÉTENTE (1953-1962) (carte page 135)

1. La mort de Staline et ses conséquences

- Après la mort de Staline, l'URSS et les États-Unis adoptent une attitude moins agressive. Ils possèdent désormais **la bombe H** : des tensions peuvent conduire à une guerre atomique.
- En URSS, **Khrouchtchev** dénonce les crimes de Staline au XXe congrès du Parti communiste soviétique (1956). Il admet une coexistence pacifique entre les deux blocs.
- En **Pologne** et en **Hongrie**, des manifestants obtiennent le départ des dirigeants staliniens. Mais la Hongrie veut quitter le pacte de Varsovie. L'URSS refuse et écrase la révolte dans le sang. Les États-Unis protestent, mais n'interviennent pas.

2. Les dernières crises : Berlin et Cuba

- En août 1961, la RDA sépare par **un mur les deux parties de Berlin**, pour empêcher la fuite en RFA des Allemands de l'Est.
- En 1962, à Cuba, **Fidel Castro**, allié de l'URSS, accepte sur son sol des missiles nucléaires soviétiques. Le Président américain **Kennedy** proteste et contraint l'URSS à retirer ses armes.
- Moscou et Washington font alors installer une ligne Télex entre les deux capitales : **le téléphone rouge**. Un dialogue peut désormais s'instaurer.

Le monde à la fin des années 1950 : un monde bipolaire

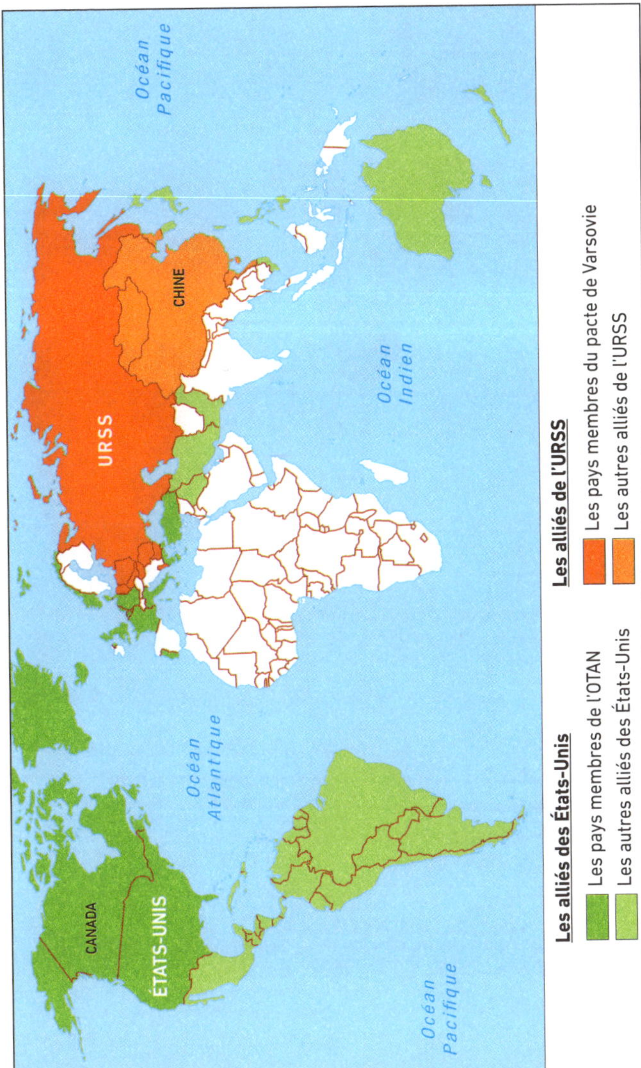

La décolonisation : l'exemple de l'Afrique

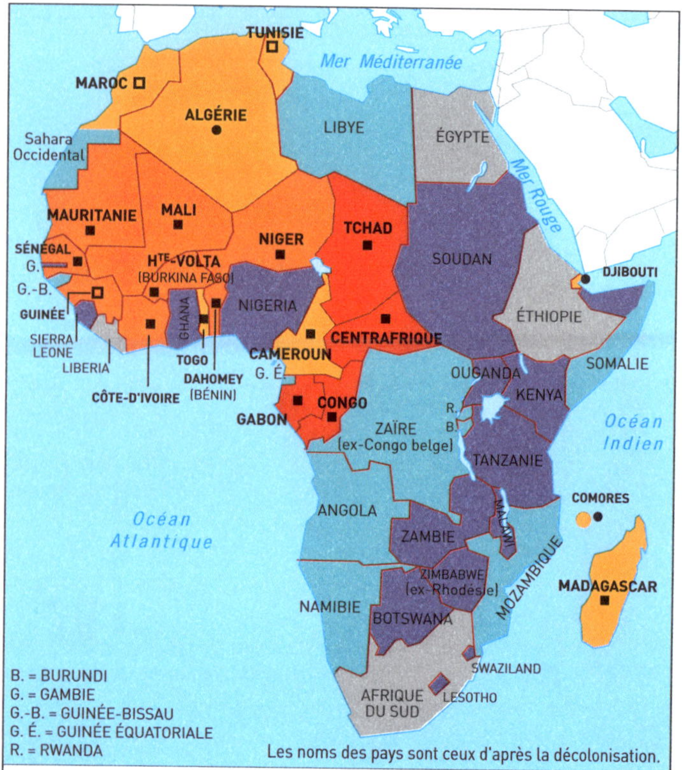

L'Afrique en 1945

Territoires français :
- Afrique-Occidentale française
- Afrique-Équatoriale française
- Protectorats
- Autres territoires

Autres puissances coloniales :
- Territoires britanniques
- Territoires des autres puissances coloniales
- Pays indépendants en 1945

La décolonisation de l'Afrique française

- □ Indépendance acquise avant 1960
- ■ Indépendance acquise en 1960
- ● Indépendance acquise après 1960
- — Frontières des États africains à la fin des années 1960

0 — 1 000 km

La décolonisation

Après la guerre de 1939-1945, les empires coloniaux s'effondrent en quelques années. Cette décolonisation s'effectue par étapes : elle débute en Asie, puis s'étend à l'Afrique.

I ORIGINES ET CHRONOLOGIE DE LA DÉCOLONISATION

1. Des causes liées à la guerre

- Les pays colonisés profitent de l'affaiblissement des Européens pour revendiquer leur **indépendance**.
- Les puissances coloniales ont été ruinées par la guerre. Elles ont fait appel à leurs colonies pour se procurer des troupes ou des matières premières. Les colonies ont donc participé à la victoire et souhaitent profiter de cet avantage.
- Les élites indigènes, classes dirigeantes à la tête des mouvements nationalistes, veulent retrouver leur culture et leur liberté, et critiquent les métropoles.
- Les États-Unis, anciennes colonies britanniques, et l'URSS, pour qui le colonialisme constitue la marque de l'impérialisme, sont partisans d'une décolonisation.
- Les organisations internationales, dont **l'ONU**, proclament l'égalité des peuples et leur droit à disposer d'eux-mêmes. Les premiers États indépendants apportent leur soutien aux pays encore colonisés.

2. La chronologie des indépendances

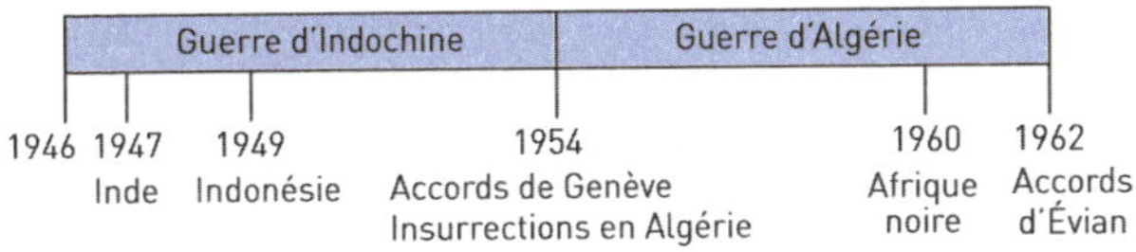

II LA FIN DES COLONIES BRITANNIQUES : L'EXEMPLE DE L'INDE

1. L'initiative britannique

- L'Inde britannique est considérée comme le « joyau de l'Empire ». Mais, dès les années 1880, apparaissent les premières manifestations nationalistes.

Après 1918, ces mouvements s'amplifient : Gandhi réclame l'autonomie de son pays, mais avec des moyens pacifiques.

- L'Inde est divisée en deux communautés : les hindous et les musulmans. Gandhi (hindouiste) est partisan du maintien de l'unité entre les deux communautés, mais les musulmans y sont opposés. En 1947, la Grande-Bretagne accorde finalement l'indépendance à l'Inde et la divise en deux États : **l'Union indienne**, hindouiste, et le **Pakistan**, musulman.

2. Les conséquences de la décolonisation

- Peu à peu, à la suite de conflits ou de négociations, les pays d'Europe accordent la liberté aux territoires asiatiques. L'Indonésie est libérée en 1949 et la guerre d'Indochine se termine en 1954. À la fin des années 1950, la décolonisation de l'Asie est pratiquement achevée.

III LA FIN DES COLONIES FRANÇAISES D'AFRIQUE (carte page 136)

La décolonisation de l'Afrique est plus tardive et revêt deux formes.

1. La décolonisation pacifique

- La **Tunisie** et le **Maroc**, protectorats français, acquièrent leur indépendance en 1956 par la négociation. La IVe République prépare l'accès à l'autonomie des territoires d'**Afrique noire** par des lois (1956) qui accordent aux différents territoires des Assemblées élues. En 1958, de Gaulle propose aux colonies de devenir autonomes au sein d'une communauté française. En 1960, ces colonies demandent et obtiennent leur indépendance.

2. La décolonisation violente

- L'**Algérie** représente trois départements français, où les 8,7 millions de musulmans n'ont pas les mêmes droits que les 984 000 Européens. Dès 1945, des émeutes éclatent. Les nationalistes du **Front de libération nationale** (FLN), qui réclament l'indépendance du pays, organisent le 1er novembre 1954 une série d'attentats : c'est le début de la guerre d'Algérie. En 1956, les militaires français sont envoyés sur place. Assassinats et tortures se multiplient.

- En 1958, de Gaulle envisage d'abord de conserver l'Algérie en France, puis, devant la détermination du FLN, il propose l'autonomie, qui est refusée. La situation semble alors bloquée. Les combats s'intensifient. En 1961, la France engage avec le FLN des négociations qui aboutissent en 1962 aux **accords d'Évian** : l'Algérie obtient son indépendance. Un million d'Européens résidant en Algérie regagnent la France.

De la détente à la fin de la guerre froide 1962-1991

À partir de 1963, les deux grands veulent limiter la course aux armements, chacun d'eux connaissant des difficultés internes. Cependant, des guerres locales se poursuivent. Entre 1989 et 1991, l'effondrement de l'URSS marque la fin de la guerre froide.

I LA COEXISTENCE PACIFIQUE

1. Désarmement et détente

- Les États-Unis et l'URSS signent **les accords SALT** (Strategic Arms Limitation Talks) à Moscou pour limiter les dépenses d'armement.
- En Europe, **les accords d'Helsinki** signés en 1975 confirment les frontières européennes nées de la Seconde Guerre mondiale et garantissent le respect des droits de l'homme.

2. Difficultés internes des deux blocs

- À l'ouest, les États-Unis se heurtent à **de Gaulle**. La France quitte l'**OTAN** en 1966.
- À l'Est, la déstalinisation est contestée par la Chine de **Mao Zedong**. L'URSS et la Chine rompent leurs relations en 1963. En Pologne et en Tchécoslovaquie (1968, le printemps de Prague), les mouvements contestataires sont réprimés par les troupes du pacte de Varsovie.

3. Persistance des conflits régionaux

- **Au Vietnam**, les États-Unis interviennent militairement contre le Nord, mais en 1973, le Président Nixon signe les accords de Paris et retire ses troupes.
- Au Moyen-Orient, **Israël** s'oppose à ses voisins arabes (guerre des Six-Jours, en 1967, et guerre du Kippour, en 1973), et **les Palestiniens** se tournent vers l'Organisation de libération de la Palestine de **Yasser Arafat** (OLP créée en 1964).

II DE NOUVELLES TENSIONS

Au milieu des années 1970, les relations se tendent de nouveau entre les deux grands.

1. L'URSS étend son influence

- **En Afrique**, l'URSS appuie politiquement et économiquement les gouvernements marxistes (l'Angola, le Mozambique et l'Éthiopie).

- **En Amérique**, elle finance des groupes révolutionnaires et intervient militairement en Afghanistan pour maintenir le régime communiste.

2. La riposte des États-Unis

- Dès 1980 et la présidence de **Reagan**, les États-Unis contre-attaquent en Afrique et en Amérique latine.

- En Europe, en réponse aux **fusées SS 20** soviétiques, les États-Unis installent en 1983 des **fusées Pershing** en Europe occidentale.

3. Les conflits du Moyen-Orient

- En Iran, **l'ayatollah Khomeiny** instaure une république islamique et l'Irak attaque l'Iran, la guerre dure près de dix ans (1980-1988). Au **Liban**, la guerre civile éclate entre chrétiens et musulmans, tandis que la Syrie occupe le nord du pays et qu'Israël fait des incursions militaires au sud.

III L'EFFONDREMENT DE L'URSS

1. Une nouvelle situation internationale

- En 1985, Mikhaïl Gorbatchev arrive au pouvoir en URSS, il envisage des réformes politiques pour démocratiser l'URSS (**glasnost**) et des réformes économiques (**perestroïka**).

- Certains conflits se terminent : les troupes soviétiques quittent l'Afghanistan (1988), l'Irak et l'Iran signent un cessez-le-feu (1988) et le Vietnam évacue le Cambodge en 1989.

2. Une crise profonde en URSS

- Les réformes économiques échouent. Les républiques proclament leur indépendance. En 1991, Gorbatchev démissionne et l'URSS laisse place à **la CEI (Communauté des États indépendants)** dont les membres ne sont unis que par des liens économiques.

3. La chute des régimes communistes de l'Europe de l'Est

- **Le mur de Berlin** est ouvert en novembre 1989 et l'Allemagne est réunifiée en 1990.

- **Le pacte de Varsovie est dissous.** À partir de 1990, les anciennes démocraties populaires souhaitent adopter des économies libérales. Le CAEM qui unissait économiquement ces pays à l'URSS est supprimé en 1991 mais les difficultés économiques restent importantes.

- Des **conflits ethniques** réapparaissent, en Yougoslavie, les Serbes majoritaires s'opposent à partir de 1991 aux diverses républiques qui composaient le pays, entrainant plusieurs conflits armés. Six États sont issus de cette division.

Le monde depuis les années 1990

En décembre 1991, l'effondrement de l'URSS fait des États-Unis une superpuissance qui organise un nouvel ordre mondial mais, en moins de dix ans, les réalités internationales vont mener à un véritable désordre mondial.

I UN NOUVEL ORDRE MONDIAL

1. La fin de l'URSS

- À la fin de **1991**, les ex-démocraties populaires rejettent la tutelle soviétique. L'URSS disparait et onze républiques forment la Communauté des États indépendants (CEI). L'islamisme gagne chez les populations musulmanes de Russie.

- En 1991, la Russie réprime la tentative d'indépendance des Tchétchènes. **La Russie** n'est plus alors qu'**une puissance régionale** mais elle conserve un important arsenal nucléaire.

2. L'hyperpuissance américaine et le Moyen-Orient

- Dans les années 1990, **les États-Unis** s'imposent comme **la seule puissance**, leur supériorité est d'abord militaire mais également économique et culturelle.

- Lors de l'invasion du Koweit par l'Irak durant l'été 1990, les États-Unis interviennent avec l'accord de l'ONU à la tête d'une vaste coalition. **La guerre du Golfe** débute en janvier 1991 et mène l'Irak à la défaite. Les États-Unis interviennent aussi sur le plan diplomatique pour un rapprochement israélo-palestinien.

II UN NOUVEAU DÉSORDRE MONDIAL

1. Les guerres civiles

- Les **revendications ethniques, religieuses ou nationales** sont une source majeure d'instabilité après 1991. Les conflits se déplacent à l'intérieur des États – par exemple entre 1992 et 1995 où la fin de l'ex-Yougoslavie provoque une guerre civile et l'intervention de l'ONU, des États-Unis et de l'Union européenne. L'Afrique subsaharienne traverse de nombreuses crises, la plus importante se termine par le **génocide** de 1994 au Rwanda (800 000 morts).

2. Le terrorisme

- À la fin du XXe siècle, une nouvelle menace apparait : **le terrorisme**, utilisant des réseaux, peut frapper partout dans le monde. Des groupes islamistes ont recours à la violence armée comme **Al Qaïda**, organisation dirigée par **Oussama ben Laden**.

- Cette organisation frappe le 11 septembre 2001 le Pentagone à Washington et les tours du World Trade Center à New York. Les États-Unis découvrent alors qu'ils devront affronter la menace terroriste sur leur territoire même. Cet évènement mondial est **un tournant dans la politique extérieure américaine**. Ils s'engagent dans la lutte avec des opérations militaires en Afghanistan (octobre 2001 contre le régime islamiste des talibans) et en Irak (mars 2003 contre le régime de Saddam Hussein).

III UN MONDE INSTABLE

1. L'évolution du terrorisme

- Les guerres menées par les États-Unis n'ont pas fait disparaitre le terrorisme, des **attentats spectaculaires** ont même frappé l'Occident, comme en 2004 à Madrid ou en 2015 à Paris.

- L'État américain s'engage dans des guerres à l'issue incertaine, par exemple en Irak ou en Afghanistan. Le dialogue reste difficile avec certains États – la Corée du Nord ou l'Iran.

2. La question du Moyen-Orient

- Au Moyen-Orient, le conflit israélo-palestinien se poursuit et, à partir de 2000, reprend avec la **deuxième Intifada** et la multiplication des attentats. Cette situation amène en 2002 Israël à construire **une clôture de sécurité** le long de la Cisjordanie. La paix semble de plus en plus difficile entre Israéliens et Palestiniens.

3. Les nouvelles puissances d'un monde multipolaire

- Après 1991, l'**ONU** semble renaitre, elle multiplie les actions en faveur du désarmement et crée des tribunaux internationaux et une **Cour pénale internationale** en 1998.

- Les États-Unis doivent faire face à de nouveaux concurrents. Les **pays émergents** – par exemple la Chine, le Brésil et l'Inde – deviennent aussi des puissances incontournables. Le Japon et l'Union européenne tentent de s'imposer face aux États-Unis et se font entendre au cours du **G8** et du **G20**. On assiste donc au passage à un monde multipolaire.

La construction européenne jusqu'en 2000

Les courants idéologiques issus de la Résistance s'appuient sur l'idée ancienne d'une Europe unie. Toutefois, après 1947, cette construction se réalise dans un contexte international de guerre froide. Les principales étapes de la construction de l'Union auront lieu entre 1950 et les années 2000.

I LES DÉBUTS DE LA CONSTRUCTION EUROPÉENNE

1. Un contexte favorable

- À la fin de la Seconde Guerre mondiale, des courants issus de la Résistance, comme la démocratie chrétienne, travaillent à l'union de l'Europe, mais cette union ne s'adresse qu'aux États d'Europe occidentale.

- Cette Europe détruite par la guerre est à la recherche d'un développement économique. L'aide donnée par les Américains (**plan Marshall**, juin 1947) sera limitée dans le temps. Les États-Unis poussent d'ailleurs les pays d'Europe occidentale à s'unir (OECE).

2. Des idées différentes

- Les Européens ont des positions très différentes face à la politique américaine, certains sont favorables à une alliance avec les États-Unis et l'**OTAN** et sont inquiets devant la poussée des régimes communistes. D'autres veulent une Europe des États respectant les souverainetés nationales, cette position est incarnée par **de Gaulle**.

3. Des débuts difficiles

- En mai 1949, dix pays créent une première coopération : **le Conseil de l'Europe**. Toutefois, c'est le rapprochement franco-allemand qui permet en 1951 la création de la **Communauté européenne du charbon et de l'acier** (CECA), ainsi six pays mettent en commun leurs productions.

- Si les accords se réalisent sur des ententes économiques, ils échouent dès qu'il s'agit de s'entendre sur une armée européenne.

II LA COMMUNAUTÉ ÉCONOMIQUE EUROPÉENNE

1. Le traité de Rome

- En mars 1957, le traité de Rome crée la **Communauté économique européenne** (CEE). Les six membres de la CECA forment alors une coopération économique et abolissent les barrières douanières.

- L'ensemble est complété par une communauté européenne de l'énergie atomique.

2. Les étapes de l'élargissement

- Après 1960, de nombreux États candidats sont attirés par la croissance économique de la CEE. Dès 1973, le Royaume-Uni, l'Irlande et le Danemark adhérent, puis, après de longues années de dictature, trois pays méditerranéens : la Grèce, en 1981, l'Espagne et le Portugal, en 1986.

3. Les institutions européennes

- Dans les années 1970, les institutions européennes se transforment avec un Conseil, une Commission et un Parlement élu en 1979 au suffrage universel direct.
- En 1985, **l'accord de Schengen** permet la libre circulation des personnes au sein de la communauté.

III L'UNION EUROPÉENNE DEPUIS 1989

1. Un nouveau contexte

- **L'explosion du bloc communiste de l'Est** permet dorénavant aux États libérés de l'emprise de Moscou de se tourner vers l'Union européenne. Celle-ci est inquiète devant les mouvements nationalistes, l'agitation et les guerres civiles que connaissent ces États. D'autre part, elle cherche également à s'affirmer sur la scène internationale face à son allié américain.

2. La poursuite de l'élargissement

- Dans les années 1990, l'Allemagne se réunifie et l'ex-RDA entre dans l'Union, celle-ci poursuivant son élargissement. En 1995, elle passe à 15 États, en 2004, 10 nouveaux États sont intégrés – 8 sont d'anciennes démocraties populaires de l'Est. La Bulgarie et la Roumanie entrent dans l'Union européenne en 2007, et la Croatie, en 2012.

3. Le passage à l'Union européenne

- Le 7 février 1992, **le traité de Maastricht** transforme la CEE en **Union européenne** et crée **une citoyenneté européenne**. Il prévoit l'intégration économique des pays membres et une monnaie unique, **l'euro**, gérée par la Banque centrale. L'euro est adopté par douze États européens en 2002.

4. La réforme des institutions

- La refonte des institutions européennes apparait nécessaire pour renforcer la cohésion avec des États de plus en plus nombreux. Le projet de Constitution européenne rencontre de nombreuses oppositions. Soumis à référendum, il est rejeté par la France et les Pays-Bas en mai et juin 2005.

L'effondrement et la refondation républicaine 1940-1946

Alors que les armées allemandes envahissent une partie du pays, l'Italie déclare la guerre à la France le 10 juin 1940. Le gouvernement, présidé par le maréchal Pétain, héros de la bataille de Verdun en 1916, décide de cesser le combat. Les députés, désorientés, donnent les pleins pouvoirs au Maréchal pour établir une nouvelle Constitution.

I L'ARMISTICE ET LE RÉGIME DE VICHY

1. La défaite et l'armistice

- Pétain juge la situation militaire irréversible et décide de demander la paix à l'Allemagne. L'armistice signé **le 22 juin 1940** avec l'Allemagne coupe le pays en deux par **une ligne de démarcation** : la zone nord est occupée, l'Alsace-Lorraine annexée par l'Allemagne. Au sud s'organise l'« État français », dirigé par le maréchal Pétain, qui siège à Vichy, en zone libre.

2. L'État français

- Pétain impose la « **Révolution nationale** » et prétend revenir aux valeurs traditionnelles résumées dans la devise « **Travail, famille, patrie** ». Pour réunifier la Nation, il renforce le rôle de l'État, supprime partis politiques et syndicats, fait arrêter les anciens responsables du Front populaire. Il établit des corporations comme en Italie et fait adopter dès 1940 une **politique antisémite**.

II LA COLLABORATION ET LA RÉSISTANCE

1. La France soumise à l'Allemagne

- Les réquisitions allemandes et la limitation des échanges rendent le ravitaillement difficile. Le marché noir, commerce clandestin, se développe. En zone occupée, les Allemands multiplient les arrestations de Juifs (rafle du Vel'd'Hiv, juillet 1942) et de résistants.

- Pétain, chef de l'État, et Laval, président du Conseil, sont persuadés de la victoire de l'Allemagne. Pétain rencontre Hitler à Montoire en octobre 1940 pour lui proposer une collaboration. Dans le cadre du Service du travail obligatoire (STO), en février 1943, la France fournit à l'Allemagne de la main-d'œuvre, et la milice, formation paramilitaire, traque les résistants.

- Une partie de la population approuve cette collaboration. Certains cherchent à s'enrichir grâce au marché noir ; d'autres partagent l'idéologie des vainqueurs : ce sont **les collaborationnistes**, qui veulent une alliance véritable avec l'Allemagne. Ils contrôlent la presse en zone occupée, mais leur audience est limitée dans l'opinion.

2. La Résistance

- Les Français cherchent d'abord à survivre dans un pays occupé. Mais, dès 1940, certains d'entre eux, persuadés que la guerre sera mondiale, appellent à **la poursuite des combats** pour libérer le territoire.

- Le général **de Gaulle** refuse l'armistice, part à Londres et devient **le chef de la Résistance extérieure** (France libre). Le 18 juin 1940, de Londres, il appelle les Français à lutter aux côtés des Anglais.

- Grâce aux **Forces françaises libres** (FFL), le pays continue la guerre. Sur le territoire français, la Résistance se structure autour des Forces françaises de l'intérieur (FFI) et des Francs-tireurs et partisans (FTP), de tendance communiste. Le lien entre résistants intérieurs et extérieurs se fait d'abord par **la radio** : la France libre diffuse des émissions en langue française dans les programmes de la BBC, radio britannique.

- Des envoyés de la France libre débarquent assez rapidement en France occupée ; ils créent **des réseaux de renseignements**. La Résistance intérieure diffuse des tracts, des journaux, renseigne les armées alliées et multiplie les actions : sabotage des voies ferrées empruntées par les convois militaires allemands, par exemple. **Jean Moulin**, préfet qui a rejoint de Gaulle à Londres, revient en France en 1943, où il crée **le Conseil national de la Résistance**, pour réunir les différents groupes de résistants.

3. La libération du pays

- L'action de la Résistance s'intensifie en 1944. Elle facilite l'action des Alliés après le débarquement. Elle reconquiert certaines régions (Toulousain, Limousin). Dans leur retraite, les Allemands massacrent les populations.

- En juin 1944 est créé à **Alger le Gouvernement provisoire de la République française**, présidé par le général de Gaulle. En août, la 2e division blindée de Leclerc entre dans Paris insurgé. Le 26 août, le général de Gaulle descend les Champs-Élysées, acclamé par la foule.

La Ve République

En juin 1958, le général **de Gaulle** donne à la France des institutions assurant une stabilité politique. La Ve République va connaitre des changements de majorité et des cohabitations, des réformes importantes vont également modifier la Constitution.

I LA RÉPUBLIQUE GAULLIENNE

1. Une Constitution différente

- Le général de Gaulle présente en 1958 une nouvelle Constitution qui renforce le rôle du chef de l'État. Après un référendum victorieux (80 % des voix), il est nommé président de la République avec une majorité à l'Assemblée nationale.

- En 1962, la Constitution est modifiée et le président est élu au suffrage universel.

2. Des problèmes coloniaux en cours de règlement

- La Constitution crée une vaste communauté qui associe la France aux colonies africaines. En 1960, douze États d'Afrique deviennent indépendants et conservent des liens avec la France.

- En Algérie, de Gaulle propose aux Algériens **l'autodétermination** (droit de choisir leur avenir) en 1959. Après une tentative de coup d'État militaire en avril 1961, les partisans de l'Algérie française fondent un mouvement terroriste, **l'OAS** (Organisation de l'armée secrète) qui multiplie les attentats. Les accords d'Évian signés en 1962 prévoient un référendum sur l'indépendance de l'Algérie.

3. Une politique extérieure originale

- **De Gaulle** quitte l'**OTAN** en 1966 après avoir doté la France de **l'arme nucléaire**. Hostile à l'entrée du Royaume-Uni dans le Marché commun, il se rapproche de l'Allemagne. Il lance la coopération avec le tiers-monde et critique la politique étrangère des États-Unis.

II DE LA CRISE DE 1968 À L'APRÈS-DE GAULLE

1. La crise de Mai 1968

- La crise étudiante et la grève générale illimitée obligent le gouvernement à négocier les accords de Grenelle qui prévoient la hausse du **SMIG** (**salaire minimum interprofessionnel garanti**) et la semaine de 40 heures.

C'est aussi une crise politique et, en avril 1969, de Gaulle organise un référendum, la victoire du « non » entraine la démission du président qui mourra en 1970.

2. Une Vᵉ République consolidée

Le fonctionnement des institutions, en obligeant les forces de droite ou de gauche à se rassembler pour gagner les élections, contribue à la **bipolarisation** de la vie politique française. Le pouvoir présidentiel fort s'exprime par le recours au référendum (1958 et 1962) et l'utilisation de médias comme la télévision.

3. La Vᵉ République sans de Gaulle

Georges Pompidou (1969-1974) poursuit l'œuvre de de Gaulle et accepte l'entrée du Royaume-Uni dans la CEE. En 1974, c'est Valéry Giscard d'Estaing qui est élu, il va moderniser la législation ; lois sur l'avortement, majorité à 18 ans, mais dès 1974, la crise économique se fait sentir et l'union de la gauche conduit à l'élection de François Mitterrand en 1981.

III LA RUPTURE DE 1981 : UNE PÉRIODE NOUVELLE DANS L'HISTOIRE DE LA Vᵉ RÉPUBLIQUE

1. La présidence de F. Mitterrand (1981-1995)

Lors du premier septennat, F. Mitterrand fait adopter la semaine de 39 heures et la cinquième semaine de congés payés, l'abolition de la peine de mort et les lois de décentralisation, mais la crise persiste et en 1986 les élections mènent à une **cohabitation** entre un Premier ministre de droite, Jacques Chirac, et François Mitterrand. Le second septennat (1988-1995) connait aussi une cohabitation en 1993 avec **Édouard Balladur** comme Premier ministre.

2. La présidence de Jacques Chirac (1995-2007)

En 1995, **Jacques Chirac** est élu, mais confronté aux grèves déclenchées par sa politique de rigueur, il dissout l'Assemblée et c'est une nouvelle cohabitation entre un président de droite et une majorité de gauche. En septembre 2000, le mandat présidentiel passe à 5 ans. Réélu en 2002 face à **Jean-Marie Le Pen** avec 82 % des voix, il lance en 2003 la réforme des retraites.

3. La présidence de Nicolas Sarkozy (2007-2012) et de François Hollande depuis 2012

Élu avec 53 % des voix, Nicolas Sarkozy entame une série de réformes mais se heurte en 2008 à la crise financière et économique mondiale et perd les élections au profit **de François Hollande**. Les premières lois votées par le nouveau gouvernement sont symboliques, comme le mariage pour tous, mais la situation économique reste préoccupante et la contestation sociale s'amplifie.

Femmes et hommes dans la société française des années 1950 à 1980

Après 1945, la société française connait de profondes mutations. Sa population active se féminise, les salariés sont plus nombreux et les immigrés participent à la reconstruction.

I L'APRÈS-GUERRE : UNE POPULATION EN MUTATION

1. Mutations démographiques et professionnelles

- À la fin de la guerre, les États industriels enregistrent un **« baby-boom »**, cette reprise de la natalité amène en 1968 une jeunesse nombreuse sur le marché du travail et dans les universités.
- Durant les **« Trente Glorieuses »** (1945-1973), la structure de la population active se modifie avec la baisse du secteur agricole (2 millions d'actifs) et la croissance du secteur tertiaire.

2. L'évolution de la situation des femmes

- Longtemps considérées comme des mineures sous la tutelle de leurs pères ou de leurs maris, les femmes voient leur condition s'améliorer lentement au XIXe siècle. Dans les années 1950, **le travail féminin** se développe dans le secteur tertiaire.
- Politiquement, les femmes sont exclues du suffrage universel, certes instauré en 1848, mais réservé aux hommes. En 1944, reconnaissant leur rôle dans la Résistance, le GPRF leur accorde le **droit de vote** mais elles seront peu présentes dans la vie politique jusqu'aux années 1970.

3. L'appel à l'immigration

- La France fait appel très tôt à l'immigration (2,9 millions en 1931). Ces chiffres varient selon les besoins économiques et en 1945 les immigrants arrivent en masse d'Afrique du Nord et des pays méditerranéens constituant des **bidonvilles** en région parisienne.

II LES ANNÉES 1960-1970 : REVENDICATIONS ET MUTATIONS

1. La crise de Mai 1968

- Devenus nombreux, les étudiants et les lycéens revendiquent de nouveaux moyens pour l'éducation, ils critiquent également la **société de**

consommation. Cette révolte étudiante va être relayée par les protestations ouvrières contre les rythmes de travail. La **grève générale** va paralyser le pays en rassemblant plus de 8 millions de Français.

- Le gouvernement tente de réagir : accords de Grenelle entre patrons et syndicats qui prévoient une hausse du **SMIG** (salaire minimum interprofessionnel garanti) et une diminution du temps de travail (semaine de 40 heures).

- On assiste aussi à l'émergence d'une culture de masse et à une **démocratisation culturelle** qui se poursuivra d'André Malraux à Jack Lang.

2. Les revendications féministes

- À partir des années 1960, les combats féministes se renouvellent. D'abord axés sur la conquête des droits dans l'éducation ou le travail, les revendications passent dans l'espace public autour de la maitrise de la fécondité avec des mouvements comme le **MLF (Mouvement de libération des femmes**). Les femmes obtiennent en 1967 la légalisation de la contraception et en 1975, par **la loi Veil**, **la légalisation de l'avortement**.

III LES ANNÉES 1970-1980 : UNE NOUVELLE ORIENTATION DES LOIS SOCIALES

1. L'évolution de la législation

- Les lois montrent une société plus soucieuse des individus et notamment des aspirations de sa jeunesse. Ainsi, l'âge de la majorité passe en 1974 à 18 ans. Elles tiennent aussi compte des choix féministes et des changements à l'intérieur des familles.

- Après 1981 et l'élection de **F. Mitterrand**, l'âge de la retraite est abaissé à 60 ans, la peine de mort est abolie et les sans-papiers sont régularisés.

2. Des problèmes majeurs

- La **loi sur la parité** votée en 2000 oblige les partis politiques à présenter le même nombre de femmes et d'hommes aux élections. Malgré tout, l'émancipation reste fragile, comme en témoignent les différences de salaires et les violences conjugales.

- Un autre enjeu politique reste **l'intégration de descendants de ces immigrés** d'après guerre, et après la réduction des **flux** des années 1980, l'afflux de clandestins provoque une montée de la **xénophobie**.

Le territoire français sous influence urbaine

Le territoire français est un territoire urbanisé. Ses aires urbaines sont de plus en plus attractives et ses villes sont engagées dans la compétition mondiale.

I LA PUISSANCE DES VILLES DANS L'ESPACE FRANÇAIS

1. Le passage à une société urbaine

- La population urbaine française représente **80 % de la population globale**. Ce mouvement d'urbanisation date de la fin de la Deuxième Guerre mondiale et la société devient majoritairement urbaine après 1975.
- L'INSEE tient compte de ces mutations en créant la catégorie des **aires urbaines** comprenant les communes dépendant d'un pôle urbain où travaillent 40 % de leurs habitants. Ces espaces regroupent aujourd'hui les 4/5 de la population française.

2. Le rôle des métropoles en France

- Les métropoles françaises concentrent des fonctions de commandement économique, des établissements de formation supérieure et surtout une forte population. Ainsi, dix aires urbaines concentrent un tiers de la population française.
- Mais avec **12 millions d'habitants**, la métropole parisienne exerce une domination écrasante et constitue le deuxième pôle d'accueil des investissements étrangers en France. Derrière, les **métropoles régionales** comme Lyon, Marseille ou Toulouse dominent leurs régions tout en profitant de leurs échanges avec la capitale. Enfin, les **villes moyennes** entre 30 000 et 200 000 habitants sont des centres de services mais celles qui sont dans la diagonale de faibles densités (voir p. 159) ont moins de dynamisme.

3. Des diversités locales

- À l'échelle régionale, le **dynamisme urbain** est plus fort à l'ouest et au sud (villes littorales de Bretagne ou de la Côte d'Azur). Les villes situées en périphérie du territoire ou dans des zones frontalières disposent aussi d'**atouts de liaison** (villes des vallées alpines).
- Elles bénéficient d'activités tertiaires liées au tourisme ou de **technopoles** (exemple : Grenoble) mais aussi de l'attractivité de leur cadre de vie, notamment pour les retraités.
- Ainsi les **métropoles** régionales s'intègrent de plus en plus aux réseaux urbains européens.

II LES TRANSFORMATIONS INTERNES DES MÉTROPOLES FRANÇAISES

1. Les mutations des paysages urbains français

- Dans les centres-ville la fonction résidentielle recule face aux activités de service alors qu'elle est dominante dans **les espaces périurbains**. Ceux-ci sont constitués de pavillons et de lotissements proches des centres des communes rurales.

- Après une longue dégradation, les centres-ville connaissent des réhabilitations utilisant leur patrimoine architectural et attirent des habitants aisés (**gentrification**).

2. L'étalement spatial des aires urbaines

- Les espaces urbains s'étalent autour des aires urbaines, cela est dû à divers facteurs : prix dissuasifs de l'immobilier dans les centres, attrait de la campagne, goût pour la maison individuelle et facilités de déplacement grâce à la voiture. Cette **extension spatiale** se réalise souvent au détriment des espaces agricoles.

- Les campagnes sous **influence périurbaine** sont transformées totalement par l'arrivée de nouveaux résidents et la construction d'équipements routiers et de loisirs. Les effets de la **périurbanisation** intègrent de plus en plus les espaces agricoles aux aménagements urbains.

- Les **campagnes isolées** sont dans une situation difficile avec des peuplements inférieurs à 30 habitants par km^2 et des difficultés de liaison avec les services des centres urbains. L'agriculture y est en recul, remplacée peu à peu par des plantations forestières.

3. Les aménagements des aires urbaines françaises

- **Les rapports entre la ville et ses banlieues :** l'étalement urbain crée de fortes oppositions à l'intérieur des agglomérations, les cités de grands ensembles en banlieue ont connu des émeutes qui ont conduit dès les années 2000 à des politiques de rénovation associant des acteurs locaux et l'État.

- **Des aménagements en cours :** ces actions vont de la destruction de grandes cités à des aménagements de friches industrielles proches des centres comme les zones portuaires à Marseille ou à Nantes.

- Face aux problèmes de transport liés à la périurbanisation, les villes aménagent leurs moyens de transport, métros ou plus souvent tramways, pour une circulation plus écologique pour une ville plus durable...

Les espaces productifs français : l'évolution des espaces agricoles français

Aujourd'hui l'agriculture française se situe au 4e rang mondial pour sa production agricole et joue un rôle important grâce à ses **filières agro-industrielles**. Toutefois, beaucoup d'agriculteurs connaissent des difficultés économiques et sont confrontés au rapport difficile entre **productivisme**, compétitivité et respect de l'environnement.

I LES CARACTÉRISTIQUES DE L'AGRICULTURE FRANÇAISE

1. La puissance de la production agricole française

- L'agriculture française par sa productivité contribue à 18 % de la valeur de la production agricole de l'Union européenne et son intégration à la mondialisation a formé une **industrie agroalimentaire** puissante.

- Cette agriculture dispose d'une surface agricole utile de 28 millions d'hectares et possède une grande diversité de productions tant végétales qu'animales. La production céréalière reste dominante avec 27 % de la production de blé de l'UE. D'autres productions sont à haute valeur ajoutée comme la viticulture. L'élevage français subit durement la concurrence de ses voisins, il s'adapte difficilement aux nouvelles concurrences mondiales.

- Les filières agroalimentaires puissantes sont liées aux secteurs industriels et tertiaires. Les **firmes multinationales** y sont très présentes, par exemple Danone pour les produits laitiers ou le groupe Soufflet pour les céréales et la malterie.

2. Le passage à l'agriculture intensive

- L'agriculture française a connu une véritable révolution technique en passant à l'**agriculture intensive** : usage des engrais chimiques et des pesticides, recherches génétiques et sélection des espèces, irrigation généralisée (10 % des surfaces). L'utilisation de plus en plus répandue des serres et des **élevages hors-sol** a amélioré et modifié les régions d'arboriculture et d'élevage.

- Les exploitations se sont transformées en se regroupant grâce au **remembrement,** si bien que leur taille moyenne est en augmentation alors que les effectifs agricoles sont en baisse : 5 millions dans les années 1950, moins d'1 million en 2005. Trois agriculteurs sur quatre ont donc disparu dans ce laps de temps.

- Entre les années 1950 et aujourd'hui, on est passé de petites exploitations familiales à des entreprises agricoles.

II LES TRANSFORMATIONS DES PAYSAGES AGRICOLES FRANÇAIS

1. Des régions de plus en plus spécialisées

- Pour répondre à l'ouverture aux marchés internationaux, les agriculteurs se sont souvent spécialisés, créant des modèles comme dans les espaces agricoles du Bassin parisien autour des cultures céréalières et industrielles.

- Les paysages sont ceux de grandes exploitations employant peu de main-d'œuvre à cause de la mécanisation. Ces régions sont très productives et dépendent de la **PAC** (politique agricole commune) qui a poussé l'agriculture française vers le **productivisme** en protégeant les revenus des agriculteurs. Il s'agissait alors de lutter contre la pénurie alimentaire et de satisfaire les besoins communautaires.

2. Des régions d'élevage intensif

- La Bretagne est l'exemple même d'une zone d'élevage industriel centrée sur l'élevage des porcs et des volailles. Aujourd'hui, la crise a fragilisé toute la filière et mis en évidence les **dégâts environnementaux** qui polluent les fleuves et les espaces maritimes de toute la région.

- Dans les vallées et les plaines du Sud, la culture de fruits ou la viticulture se concentrent près des voies de communication majeures du territoire.

III LES ACTEURS DE CETTE ÉVOLUTION DE L'AGRICULTURE FRANÇAISE

1. Des enjeux à l'échelle nationale et locale

- Cette agriculture productiviste par ses excès pèse sur l'environnement, l'agriculture biologique et l'agriculture raisonnée permettent de mieux respecter les équilibres naturels. Ces modes de production sont de plus en plus encouragés par l'UE. L'agriculture se tourne aussi vers d'autres activités comme **le tourisme vert** et les périurbains sont des consommateurs de produits agricoles de qualité et de loisirs tournés vers la campagne.

2. À l'échelle nationale et de l'Union européenne

- L'État français dès les années 1960 a aidé directement les jeunes agriculteurs et encouragé leur qualification, l'UE réoriente aujourd'hui ses aides aux céréaliers en direction de productions plus fragiles comme l'élevage.

Les espaces productifs français : les transformations des espaces industriels français

Dans un contexte d'adaptation à la mondialisation, la France restructure son industrie et transforme ses implantations industrielles mais elle connait une grave crise depuis 1973 avec le premier **choc pétrolier**.

I LES MUTATIONS DE L'INDUSTRIE FRANÇAISE

1. Les crises et les concurrences

- Le secteur industriel a perdu plus de 3 millions d'emplois depuis 1980 et emploie **moins de 15 % de la population active française**. Les industries anciennes comme la sidérurgie ou le textile installées sur des sites miniers ou énergétiques ont connu un lent déclin et même les industries de biens de consommation doivent affronter une crise profonde causée par la concurrence des pays émergents.

- L'industrie se re-déploie à l'échelle mondiale et recherche les coûts salariaux les plus faibles. Ainsi, les industries textiles et l'automobile **se délocalisent** vers des pays d'Asie du Sud et de l'Est mais aussi au Maghreb et à l'est de l'Europe.

2. Des mutations technologiques

- Les transformations sont aussi technologiques, les industries françaises investissent dans **l'innovation**, **la recherche-développement** et **l'automatisation**.

- Pour résister, l'industrie française cherche à se spécialiser dans des secteurs nouveaux et performants représentés par quelques grandes firmes françaises. Les industries **de haute technologie** présentent des points forts, par exemple les industries **aéronautiques et aérospatiales** disposent de leaders mondiaux comme EADS et de projet de coopération industrielle européenne comme Airbus. **Le nucléaire** est aussi présent avec Areva et la France se distingue dans le secteur du transport avec Alstom et la technologie du ferroviaire à grande vitesse.

II UN NOUVEL ESPACE INDUSTRIEL FRANÇAIS

1. Des héritages industriels

- **L'histoire industrielle** de la France date de la première révolution industrielle, elle oppose une France agricole à l'ouest à une France plus industrielle à l'est et au nord, mais les pôles industriels anciens du Nord-Pas-de-Calais et de Lorraine ont perdu leurs activités et souffrent d'un fort chômage. L'État a organisé des relocalisations industrielles grâce aux industries comme l'automobile.

2. Une évolution spatiale

- L'entrée dans la mondialisation a redistribué les activités sur le territoire national, la **décentralisation industrielle** impulsée par l'État depuis les années 1960 a profité aux régions de l'Ouest et du Sud-Ouest mais aussi aux villes périphériques du Bassin parisien.
- La nouvelle répartition industrielle confirme le **rôle essentiel des métropoles**, l'Île-de-France reste la première région industrielle de France suivie de la région Rhône-Alpes qui diffuse son dynamisme vers les vallées alpines (Grenoble-Chambéry). Aujourd'hui, l'industrie gagne aussi des emplois dans les communes urbaines isolées dans des espaces ruraux et dans des villes petites ou moyennes.

III UN ESPACE MONDIALISÉ

- D'autre part, les territoires français développent des stratégies d'adaptation aux transformations industrielles du territoire mondial :

– à l'échelle régionale, les échangeurs routiers, les carrefours notamment autoroutiers fixent les zones industrielles aux interconnexions comme la zone Garonor près de la plateforme **multimodale** aéroportuaire de Roissy-Charles-de-Gaulle ;

– à l'échelle nationale, les métropoles développent des **technopoles** dès les années 1980, comme à Meylan près de Grenoble. Ces technopoles profitent de centres de recherches, de laboratoires et de centres universitaires mais aussi de réseaux de transport performants et des paysages naturels qui attirent des cadres très qualifiés ;

– à l'échelle européenne, les **espaces transfrontaliers** à l'est et au nord profitent des fortes densités urbaines et des réseaux de transport autour de la vallée du Rhin.

Les espaces productifs français : le secteur de services en France

Les espaces productifs français sont source d'activités et de richesses mais ils sont confrontés à l'ouverture sur l'Europe et le monde. L'économie française reste dominée par les services (**75 % de la population active et 77 % du PIB** de la France).

I LA DIVERSITÉ DU SECTEUR TERTIAIRE EN FRANCE

1. Le secteur public

- Le secteur public tertiaire assure les grandes fonctions de l'État (justice, santé, police) auprès de la population. Sa survie reste essentielle pour les habitants des milieux ruraux isolés.

2. Acteurs privés

- La mondialisation a contribué à l'insertion de **firmes transnationales** privées sur le territoire et à la croissance des investissements étrangers. Ce secteur comprend aussi bien des **géants mondiaux** comme la société Carrefour dans la distribution ou la Société générale dans le secteur bancaire, que des milliers de **PME** offrant leurs services aux industries (conseils en stratégie, en formation ou communication d'entreprise).

II LES MUTATIONS DU SECTEUR TERTIAIRE

1. L'organisation du territoire et les activités tertiaires

- Pour être compétitives à l'échelle mondiale, les entreprises françaises cherchent à s'implanter dans les territoires les plus attractifs. Le territoire a ainsi été aménagé autour de projets locaux et nationaux. Les **technopoles** associent des centres de recherche et des établissements de formation avec des entreprises privées autour de projets innovants, ainsi Sophia Antipolis près d'Antibes s'est construite autour de l'informatique et sur le modèle américain de la Silicon Valley.

- L'État a lui aussi participé à cet aménagement du territoire en créant des **pôles de compétitivité** (30 % des salariés en Île-de-France) et des **pôles d'excellence rurale** (PER).

2. L'évolution des localisations du tertiaire

- 70 % des activités tertiaires se situent dans les agglomérations. **Le tertiaire supérieur** privilégie les grandes métropoles et leurs centres-ville.

Les banlieues périphériques accueillent aussi des activités de loisirs et les centres commerciaux occupent les carrefours des périphéries.

- L'accès à ces services détermine une hiérarchie entre les villes, les grandes métropoles ont des services plus rares que les villes moyennes ou petites.

III UN SECTEUR SPÉCIFIQUE : TOURISME ET LOISIRS EN FRANCE

- Le tourisme est une activité majeure pour l'économie française, la France étant la première destination touristique mondiale avec plus **de 80 millions** de touristes étrangers par an.

1. Les atouts du tourisme français

- Ce tourisme dispose :

– d'une proximité des grands foyers émetteurs de touristes à forts revenus en Europe ;

– d'une grande longueur de littoraux s'ouvrant sur deux façades maritimes très différentes exploitées dès le XIXe siècle pour la Côte d'Azur et d'un climat méditerranéen. Cet ensemble est encore renforcé par les littoraux des départements ultramarins français. Tout cela favorise un **tourisme balnéaire de masse** ;

– d'un domaine skiable dans les Alpes du Nord et dans les Pyrénées ;

– d'un riche patrimoine culturel avec de nombreux sites classés au patrimoine de l'Unesco ;

– de groupes hôteliers puissants participant à la mondialisation touristique ;

– de formes nouvelles de tourisme avec les parcs d'attractions (Disneyland Paris, parc Astérix ou Futuroscope de Poitiers).

2. L'aménagement de l'espace touristique français

- Dès les années 1960, l'État français s'est fortement engagé dans l'aménagement des régions côtières, c'est le cas des six stations balnéaires créées sur la côte du Languedoc-Roussillon et dont le but était de profiter des **flux** touristiques vers l'Espagne. Tout ceci est complété par un aménagement de la côte aquitaine et l'équipement de stations de ski alpines. L'État est actuellement relayé par les **collectivités territoriales** qui modernisent les réseaux de transport pour garantir l'accessibilité aux équipements touristiques.

- Après 1986, l'urbanisation s'étend à l'ensemble des communes littorales des côtes de l'Atlantique et de la Méditerranée. Toutefois, dans une perspective de **développement durable,** ces activités touristiques posent des problèmes de préservation d'environnements souvent fragiles.

Les espaces de faible densité et leurs atouts

48 % du territoire français présente de faibles densités. Cependant, les situations locales de ces espaces restent très diversifiées.

I DÉMOGRAPHIE ET ÉVOLUTION DE CES ESPACES

1. La « diagonale du vide »

- Avec une densité moyenne de 113 habitants par km^2, la France a la particularité de présenter une bande de faible densité **(moins de 30 habitants par km^2)** qui s'étend des Ardennes aux Pyrénées centrales. Qualifié de **« diagonale du vide »** (expression créée par le géographe J.-F.Gravier dans son ouvrage *Paris et le désert français* en 1947) cet ensemble regroupe 4 millions d'habitants mais à l'intérieur, la densité peut descendre sous 10 habitants par km^2, on parle alors de **zones désertifiées**.

- Ces espaces se caractérisent par un **vieillissement** de leur population rurale qui est complétée par une **faible natalité**. Les activités qui restent dominantes sont l'agriculture, l'élevage ou l'exploitation des forêts. Les moyens de transport rapides sont peu nombreux et ces populations sont éloignées des grandes aires urbaines.

2. L'exode rural

- **L'exode rural** commence au XIXe siècle en France mais ce mouvement a été massif dans les régions de moyenne ou basse montagne. De même, dans les régions agricoles productivistes, le recours à la **mécanisation** et la **modernisation** des méthodes ont entrainé le départ de la main-d'œuvre et créé de faibles densités. Cette situation va de pair avec une forte prospérité économique.

- Ces zones sont aussi très éloignées des littoraux et des espaces frontaliers liés aux activités de tourisme et d'échanges.

II DES ATOUTS NOUVEAUX

1. La périurbanisation

- Ces départs et ce déclin démographique laissent des espaces vides utilisés pour la croissance **périurbaine** des grandes aires urbaines françaises. La surface agricole utile recule donc au profit de lotissements périurbains. Les espaces ruraux sont ainsi intégrés aux aires urbaines, les **« néoruraux »** utilisent leur voiture pour les migrations quotidiennes et quittent les centres-ville pour un cadre de vie plus tranquille et au coût immobilier plus réduit.

- De même, les résidences secondaires ou l'arrivée de retraités contribuent au repeuplement de ces campagnes.

2. Des activités industrielles et touristiques

- L'agriculture n'est pas la seule activité de ces régions. Les grandes implantations industrielles délocalisées, comme l'agroalimentaire, profitent d'une main-d'œuvre et de terrains bon marché, ainsi que de l'aide des collectivités locales.

- L'essor du tourisme a permis de créer des emplois. Il dépend beaucoup du patrimoine et des voies de communication, **tourisme d'hiver** dans les zones montagneuses (Alpes et Pyrénées) et **tourisme vert** des zones rurales. Le danger majeur reste celui de la fréquentation quand il s'agit d'une activité exclusive comme sur les grands sites (gorges du Tarn) ou dans les stations de haute montagne.

- Des productions agricoles de qualité appuyées sur un savoir-faire local et profitant des **AOP** (appellation d'origine protégée) renforcent encore cette attractivité touristique.

III DES LIMITES AUX ATOUTS

1. Le rôle de l'État

- La volonté de l'État de rééquilibrer le territoire national est forte dans les années 1970. Elle revient ces dernières années au centre des préoccupations et vise à répartir égalitairement les équipements et les services, ainsi sont créés en **2006 les pôles d'excellence rurale**. Ceci s'accompagne d'une redéfinition du rôle des agriculteurs dans l'entretien des paysages et la gestion de l'environnement.

2. Des conflits entre acteurs

- La pression foncière liée au tourisme en montagne gêne l'installation des **jeunes agriculteurs** et donc l'entretien des paysages. Dans les campagnes productivistes du Bassin parisien, les rapports sont difficiles entre les **néoruraux** qui supportent mal les nuisances liées aux exploitations agricoles.

- Au total, ces zones peu peuplées sont très variées, les campagnes productivistes sont prospères et leur population reste stable. Les situations restent encore difficiles dans les moyennes montagnes ou le Massif central. Les régions touristiques ou les couronnes périurbaines des grandes villes connaissent une croissance démographique.

La France sous influence urbaine

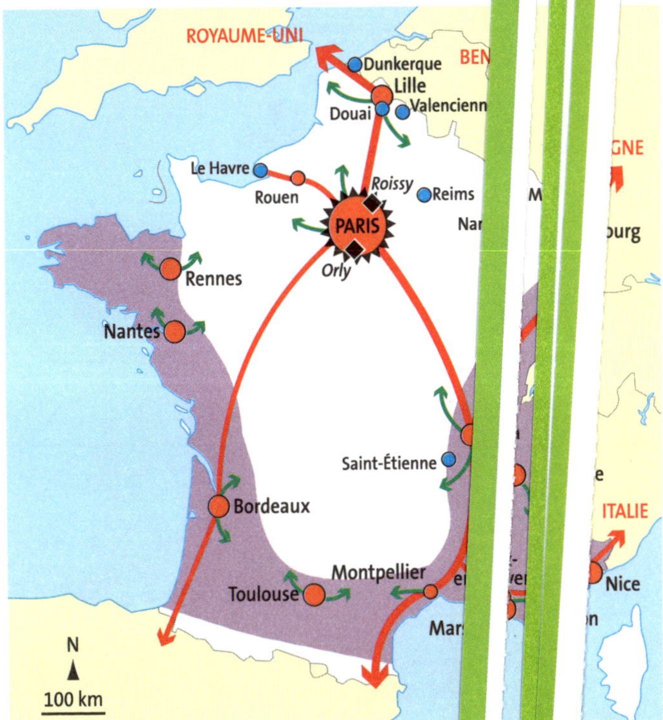

Les métropoles françaises

Population des aires urbaines

10 M

2 M

0,7

Métropole de rang mondial

Métropole régionale

Croissance annuelle

forte

nulle ou négative

Les facteurs de ... ra... urbaine

Axes ... majeu... ... es

Aérop... ... na...

Régio... tra... Solde ... at... ... itif

Dyna... es de l'é... ... rbain

Les espaces de production agricole en France

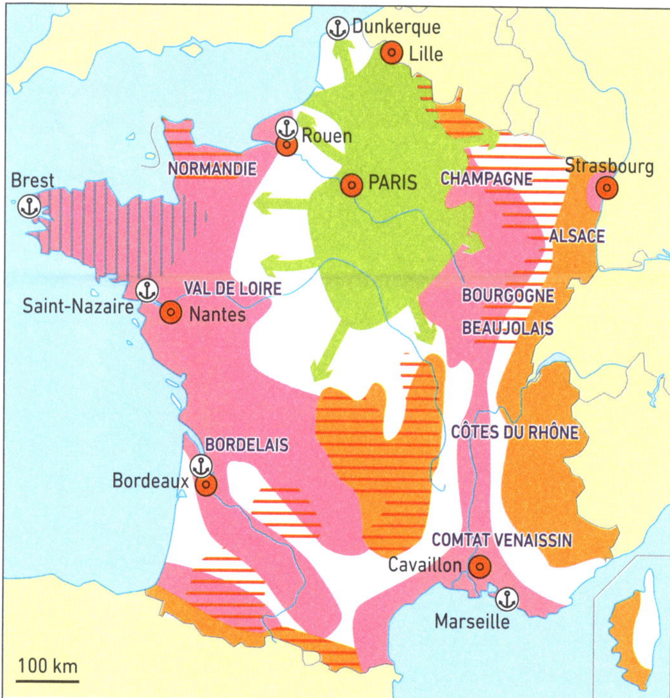

Des espaces agricoles ouverts sur la mondialisation :

- Régions majeures de l'industrie agroalimentaire
- Régions d'agriculture intensive et son expansion
- Ports exportateurs agroalimentaires
- Villes marchés de redistribution nationale ou européenne

Des espaces agricoles en difficulté :

- Région d'élevage extensif de montagne
- Espaces ruraux à faibles revenus
- Zones fortement atteintes par les pollutions agricoles

Les territoires ultramarins français

Les territoires ultramarins français représentent plus de 120 000 km^2 et près de **3 millions d'habitants**. Ils sont les témoins de l'héritage du passé colonial de la France. Leur éloignement et des contraintes particulières expliquent des difficultés d'aménagement.

I DES STATUTS ET UNE GÉOGRAPHIE PARTICULIÈRE

1. Les statuts des territoires ultramarins

- **Les départements et régions d'outre-mer** (DROM) comprennent beaucoup d'**îles** de tailles diverses, comme la Martinique et la Guadeloupe aux Antilles, mais aussi des îles de l'océan Indien, comme la Réunion et Mayotte qui a opté en 2009 pour ce statut. Elles sont donc très différentes d'un espace continental comme la Guyane (83 846 km^2). Les collectivités territoriales de ces régions ont le même rôle qu'en métropole et les lois de la République s'appliquent sur ces territoires.

- **Les COM ou collectivités d'outre-mer** peuvent être des îles polynésiennes mais aussi des territoires arctiques comme Saint-Pierre-et-Miquelon ou des terres australes comme les îles Kerguelen. La Nouvelle-Calédonie partage aussi ce statut juridique. Ces territoires ont leur propre assemblée législative et gardent un statut personnel comme le droit coutumier pour des groupes de population.

2. Une géographie originale

- L'implantation insulaire et tropicale de nombreuses îles des DROM s'explique par le choix colonial d'exploiter des cultures d'exportation vers la métropole. Cette situation géographique donne des **atouts paysagers** utiles au tourisme (mangrove ou lagon) mais expose aussi à des risques naturels.

- Le **volcanisme** et les **risques sismiques** sont majeurs, ce dont témoigne la Soufrière ou la montagne Pelée, mais ce sont les risques cycloniques qui se répètent le plus régulièrement aux Antilles, à la Réunion, en Nouvelle-Calédonie mais aussi en Polynésie.

- Ces contraintes font aujourd'hui l'objet d'aménagements avec des **réseaux d'alerte et de surveillance**. L'isolement lié à l'insularité a été largement amélioré grâce aux aéroports et leurs liaisons directes avec les grandes villes de la métropole.

II AMÉNAGEMENTS ET DÉPENDANCE ÉCONOMIQUE

1. Tourisme et aménagements

- L'État français a très tôt orienté l'outre-mer vers les **activités touristiques** et a structuré ce marché autour de cinq grands aéroports. Ces liaisons ont dirigé l'implantation de complexes hôteliers dans les Antilles, en Guyane et à la Réunion. Toutefois, le développement de cette activité souffre de la concurrence, notamment avec les voisins qui ont des coûts salariaux plus faibles.

2. La dépendance économique

- La population ultramarine connait aujourd'hui une forte croissance démographique et **s'urbanise rapidement**. Les villes principales concentrent les populations et s'étendent le long des voies de communication littorales. Ces villes sont très marquées **par la ségrégation entre quartiers riches et pauvres** et les manifestations montrent l'ampleur du malaise social (émeutes de février 2009 en Guadeloupe).

- Les secteurs productifs sont fortement déséquilibrés car les activités agricoles de plantation sont en crise, le secteur industriel a été peu développé et donc les produits alimentaires et manufacturés viennent de l'extérieur, notamment de métropole, et le coût de la vie est très élevé. Ces territoires vivent donc souvent des **aides de la métropole** mais aussi de celles de l'Union européenne et ils apparaissent comme des îlots de prospérité très attractifs pour des États voisins, ce qui entraine des **flux de migrations**.

3. Le rôle de l'Union européenne

- Pour l'Europe, les DOM sont des régions ultrapériphériques et bénéficient d'une aide financière tout en appartenant à la zone euro. Ce financement doit les aider à un développement économique plus autonome, ce qui devrait à terme renforcer la puissance de l'UE, car cette dernière dispose ainsi du **premier territoire maritime du monde**, ce qui lui permet un positionnement stratégique sur les grandes routes de la mondialisation et lui ouvre **des ressources potentielles** dans les fonds marins de ces territoires.

- Ces positions lui permettent également de développer les relations commerciales avec les États voisins.

L'organisation du territoire français

La politique d'aménagement du territoire menée par l'État français dans les années 1950-1960 a évolué car l'État est remplacé par de nouveaux acteurs comme les **collectivités territoriales**, mais il doit aussi compter avec l'influence croissante de **l'Union européenne**.

I LES GRANDES INÉGALITÉS DU TERRITOIRE FRANÇAIS

1. Le rôle des métropoles

- L'Île-de-France et **l'agglomération parisienne** exercent une domination économique écrasante sur l'espace français en concentrant 30 % du PIB, mis aussi démographique avec près de **12 millions d'habitants** rassemblés dans ce pôle de décision. Aujourd'hui, les métropoles régionales comme Lyon, Marseille ou Nice se développent, accueillant des services tertiaires et des **IDE**, mais le décalage reste important avec la capitale.

2. Des territoires perdants

- Des régions entières comme le Nord ou le Nord-Est ont connu des crises de **reconversion** après la fin d'activités industrielles comme la sidérurgie ou le textile, leurs métropoles s'orientent aujourd'hui vers des activités tertiaires. Les territoires de la « **diagonale du vide** » sont souvent mal reliés et perdent leurs services publics, et en général l'inégalité reste forte entre territoires ruraux et urbains. Ceci pose donc le problème du maintien d'une équité entre les territoires français.

II LES ACTEURS DE L'AMÉNAGEMENT DU TERRITOIRE

1. Le rôle historique de l'État français

- Dès les années 1960, l'État centralisé français mène une politique de **cohésion territoriale** qui le conduit à la création de zones **industrialo-portuaires** comme Fos-sur-Mer près de Marseille, mais il aménage aussi des littoraux touristiques et des villes nouvelles. Après 1984, **les pôles de conversion** fournissent une aide aux régions en reconversion.

2. De nouveaux acteurs

- Les lois de **décentralisation** permettent aux nouvelles collectivités territoriales comme les regroupements de municipalités, mais surtout **les régions**, de financer les aménagements locaux.

- Après 1970, un nouvel acteur s'affirme dans l'aménagement des territoires, l'Union européenne, qui tente de réduire les inégalités entre les régions à l'aide de subventions. Elle intervient également sur la protection de l'environnement.

- Enfin, les **habitants** sont de plus en plus présents dans les aménagements de leur espace proche, à travers des votes, des débats ou par l'action de leurs associations environnementales qui s'opposent à des projets qui nuisent à la préservation des milieux.

- La question de l'aménagement est donc ainsi en partie transférée **de l'État vers la société civile**.

III DES ENJEUX VARIÉS POUR L'AMÉNAGEMENT DU TERRITOIRE

1. Compétitivité dans la mondialisation

- Les grandes sociétés de transport et de télécommunication ont été privatisées dans le cadre européen et leur entrée dans la mondialisation les a amenées à sélectionner les espaces les plus performants pour s'implanter.

- Les choix des entreprises dans la mondialisation accentuent les différences entre les régions, et un des grands enjeux a donc été d'insérer les espaces productifs français dans la **compétition économique mondiale**, par exemple en créant des **pôles de compétitivité** ou en menant une politique de **développement touristique**. Mais le développement de transports rapides a un rôle majeur dans cette attractivité.

2. Les communications et l'intégration aux échelles européenne et mondiale

- La France dispose d'un réseau de transport diversifié qui privilégie la route. Aujourd'hui, les **transports à grande vitesse** et **les NTIC** (nouvelles technologies de l'information et de la communication) renforcent la mobilité à toutes les échelles et sous toutes les formes, mobilités touristiques comme **flux** d'immigration.

- Les réseaux et leurs connexions organisent le territoire autour de **quelques grands axes** comme la vallée du Rhône et favorisent les grandes villes et les **carrefours multimodaux**, par exemple l'aéroport de Roissy. Ainsi, les régions frontalières bien reliées, les ports et les aéroports ouvrent la France sur le monde.

Les transformations des espaces économiques français

Les pôles de développement de l'espace français :

- Deux grands pôles industriels français
- Grandes régions industrielles
- Technopoles majeures
- Espaces en reconversion

Aménagements industriels et tertiaires de l'espace français :

- Aménagements balnéaires des littoraux
- Régions de tourisme d'hiver
- Zones industrialo-portuaires (ZIP)

Les facteurs attractifs des localisations industrielles :

- Axes majeurs de communication
- Ouverture mondiale et européenne

L'organisation du territoire français

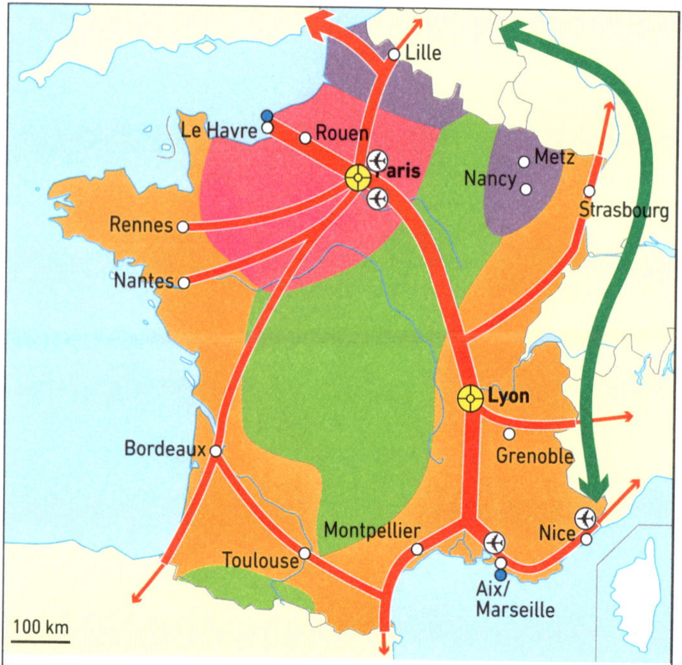

Des régions diverses :

- Un espace central aux fonctions majeures
- Des régions en reconversion
- Des périphéries à fort dynamisme
- Des régions en difficultés économique et démographique

Des villes organisant le territoire :

- Villes à fonction mondiale au centre des transports
- Deux carrefours européens
- Métropoles régionales / technopolitaines
- Grands ports

Des liaisons vers l'extérieur :

- Axes majeurs de circulation
- Aéroports internationaux majeurs
- Liaisons avec l'Union européenne
- Axe de la mégalopole européenne

L'Union européenne, un nouveau territoire d'appartenance

L'Union européenne en construction depuis 1957 a créé un espace commun et suscité un **sentiment d'appartenance** chez les populations des États partenaires. Par son implication dans l'aménagement des territoires, elle apparait aujourd'hui comme un acteur majeur.

I UN NOUVEAU TERRITOIRE D'APPARTENANCE

1. Les étapes de la construction territoriale

- Après 1945, l'Europe se reconstruit, et en 1957, la signature du **traité de Rome** entre l'Allemagne, la France, les Pays-Bas, la Belgique, le Luxembourg et l'Italie met en place la CEE (Communauté économique européenne) qui s'élargit progressivement. En 1973, elle passe à 9 pays (Royaume-Uni, Irlande et Danemark) puis à 10 et à 12. L'entrée de pays méditerranéens complète l'ensemble jusqu'en 1986, puis l'Union passe à 15 avant de se tourner en 2004 vers des pays issus de l'ex-bloc de l'Est (Estonie, Lettonie, Lituanie, République tchèque, Hongrie, Pologne et Slovaquie) mais aussi de l'ex-Yougoslavie (Slovénie) et des îles comme Chypre et Malte. En 2007, la Bulgarie et la Roumanie intègrent le dispositif et en 2013, la Croatie. Le projet européen est donc conçu sur un **processus d'élargissement** souvent difficile du fait de la diversité des États le composant. L'ouverture à de nouveaux pays comme la Turquie dont la candidature est en attente suscite de vifs débats.

2. Des principes, des symboles et des institutions

- L'Union européenne a des objectifs généraux : le maintien de la paix, la démocratie et une politique économique centrée sur la croissance et l'emploi. Naturellement, les États entrant dans l'Union doivent adopter des **critères fondamentaux** qui sont le respect des droits de l'homme et des minorités nationales ainsi que le rôle essentiel de **l'État de droit**.

- L'Union dispose également de **symboles** comme un drapeau composé de 12 étoiles, d'un hymne européen et d'une devise, enfin la journée du 9 mai permet de célébrer la construction européenne.

- Les **institutions communes** sont d'abord le **Conseil de l'Union** (ou Conseil des ministres) qui dispose du pouvoir législatif et budgétaire complété par le **Parlement européen** et la **Commission européenne**. La **Cour des comptes** contrôle les recettes et les dépenses de l'Union. La **Banque centrale** européenne gère l'euro depuis 1999 et les désaccords entre les États membres sont réglés par la **Cour de justice**.

3. L'appartenance

- La construction d'un territoire commun passe de plus en plus par des interventions de l'Union européenne à l'intérieur des États, c'est le cas pour la circulation des travailleurs mais aussi sur la question des moyens de transport et le rôle des postes frontières...

- Des programmes importants ont été mis en place, comme des **accords universitaires** (projet Erasmus), mais c'est surtout la **libre circulation** établie par l'espace Schengen en 1995 et l'établissement de **la zone euro** en 1999 qui ont modifié la vie des Européens. Des États refusent de participer à la zone euro, comme le Royaume-Uni, le Danemark et la Suède. En raison de l'afflux d'immigrants et des **flux** illicites, la liberté de circulation établie par Schengen est l'objet de nombreuses contestations. Tout ceci montre une Europe à géométrie variable.

II AMÉNAGEMENTS ET LIMITES DE L'ACTION DE L'UE

1. Transports et harmonisation des connexions de l'Union

- L'intégration de la France à l'ensemble européen comme les autres États l'a obligé à revoir l'accessibilité de ses territoires à une nouvelle échelle. Ainsi les villes du Nord et de l'Est dans des régions fragilisées par la **reconversion** utilisent leurs atouts de carrefour européen et leurs liaisons vers la **mégalopole** européenne. Les **Eurorégions** situées de part et d'autre d'anciennes frontières reçoivent des financements pour coopérer. Toutefois, quand les frontières persistent avec des États qui ne sont pas dans l'espace Schengen ou la zone euro, les populations frontalières profitent de ces différences (emplois, essence, taxes).

2. Des inégalités qui fragilisent l'appartenance

- Il existe des **inégalités économiques** entre les États du nord-ouest de l'Europe plus riches et plus développés et les PECO (pays de l'Europe centrale et orientale) qui ont connu une longue période communiste. Les États méditerranéens ont des économies fragiles et subissent fortement les crises.

- Les inégalités sont aussi **interrégionales**, comme le montre l'écart entre le Nord lombard de l'Italie et le Mezzogiorno (Midi italien) encore sous-équipé face au cœur de l'Europe.

- Ce cœur de l'Europe est constitué d'un ensemble urbanisé et bien desservi par les transports qui s'étend du bassin de Londres à l'Italie du Nord.

- Le contexte de crise économique est difficile pour des États comme la Grèce ou l'Espagne et donc l'Union reste bien fragile, la montée de l'**euroscepticisme** dans les partis et les électorats et surtout le choix britannique de quitter l'Union en 2016 sont autant de signes inquiétants sur la réalité de ce sentiment d'appartenance à l'Union européenne.

Les contrastes territoriaux en Europe (carte page 174)

L'Union européenne présente de **fortes inégalités** entre des territoires riches et intégrés dans la mondialisation et des territoires marginalisés. L'Europe doit donc choisir entre le principe de cohésion territoriale et son inscription dans la compétitivité mondiale.

I LES CONTRASTES ENTRE ÉTATS ET RÉGIONS DE L'ESPACE EUROPÉEN

1. Des inégalités à l'échelle européenne

- Les **inégalités socio-spatiales** restent fortes en Europe et peuvent se lire à différentes échelles.
- Il existe des **inégalités économiques** entre les États du nord-ouest de l'Europe plus riches et plus développés et les PECO (pays de l'Europe centrale et orientale) en transition économique à la fin d'une longue période communiste.
- Les États méditerranéens sont souvent en **situation économique intermédiaire**, mais avec des économies fragiles et des difficultés face à la crise actuelle.

2. Des inégalités inter-régionales

- À l'intérieur des États, comme le montre la situation italienne, le contraste reste fort entre des régions dominantes tournées vers la mondialisation comme le Nord lombard, associé à la **mégalopole** européenne, et le Mezzogiorno (Midi italien) encore très périphérique et sous-équipé par rapport au cœur de l'Europe.

3. Des inégalités urbaines

- Un autre contraste est aussi créé par **les villes** et **les grandes régions urbaines** qui les entourent. La concurrence est d'abord forte entre des villes mondiales, comme Paris et Londres, mais également avec les villes moyennes, très nombreuses, de l'Europe rhénane qui dynamisent des bassins autour de chaque métropole.
- L'écart est souvent important avec **les périphéries éloignées** de ces régions centrales de l'économie européenne.
- À l'échelle locale, **les quartiers défavorisés** des grandes zones urbaines sont des poches de pauvreté dans des régions urbaines favorisées.

II L'ORGANISATION DES TERRITOIRES DE L'UNION EUROPÉENNE

1. Les centres

- **Le cœur de l'Europe** concentre les pôles de commandement et les zones en croissance démographique et économique. Cet ensemble très urbanisé et bien desservi par les transports s'étend du bassin de Londres à l'Italie du Nord.

2. Des régions dynamiques

- Des espaces plus ou moins dynamiques se rattachent à cet ensemble comme **le pôle dynamique du Bassin parisien** ou **le pôle lyonnais**. On y retrouve des pôles de commandement et des fortes densités mais moins continues.

3. Des espaces périphériques

- Les **espaces périphériques de l'Europe méditerranéenne** accusent des retards de développement et reçoivent des aides de l'Union européenne. Leur endettement et le poids de leur économie souterraine contribuent à leurs difficultés dans la crise contemporaine.

- **Les pays de l'Europe centrale et orientale** les plus récemment intégrés bénéficient de **délocalisations** industrielles européennes issues de l'Europe occidentale et de subventions au nom de la politique de rééquilibrage des territoires de l'Union européenne.

III L'ACTION DE L'UNION EUROPÉENNE SUR CES TERRITOIRES

1. Les principes de l'action de l'Union européenne

- L'Union européenne présente des objectifs généraux pour les différents États adhérents : **maintien d'une paix politique** associée à l'extension des régimes favorables à **la démocratie** ; politique économique visant **la croissance**, **l'emploi** et **la solidarité** entre ses États et ses régions. Grâce à l'organisation des aides européennes, le niveau de vie de beaucoup d'États récemment entrés a fortement progressé.

2. Une politique régionale

- Datant de 1975, **le Feder** (Fonds européen de développement régional) a contribué à l'amélioration des moyens de transport afin de faciliter le désenclavement des régions les plus périphériques.

- L'Union européenne a aussi aidé des **coopérations transfrontalières** en leur donnant le statut d'Eurorégions et en finançant des infrastructures.

- Mais elle doit faire face à de **nombreuses crises** et réaffirme depuis 2010 **le principe de solidarité** à propos de la Grèce et de son déficit budgétaire.

Les étapes de l'élargissement de l'Union européenne

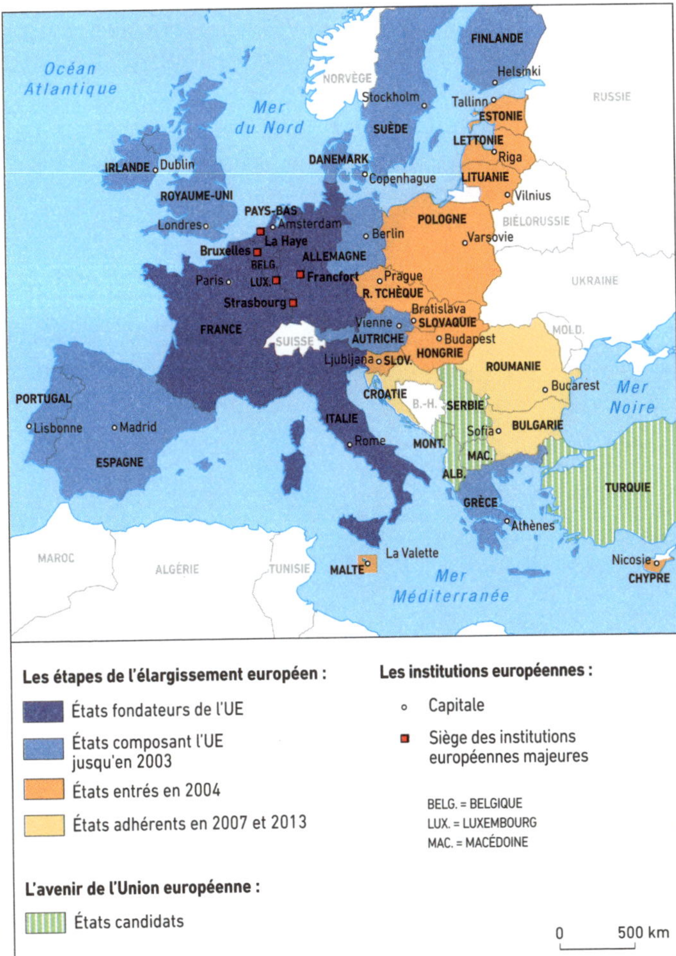

L'organisation de l'espace européen

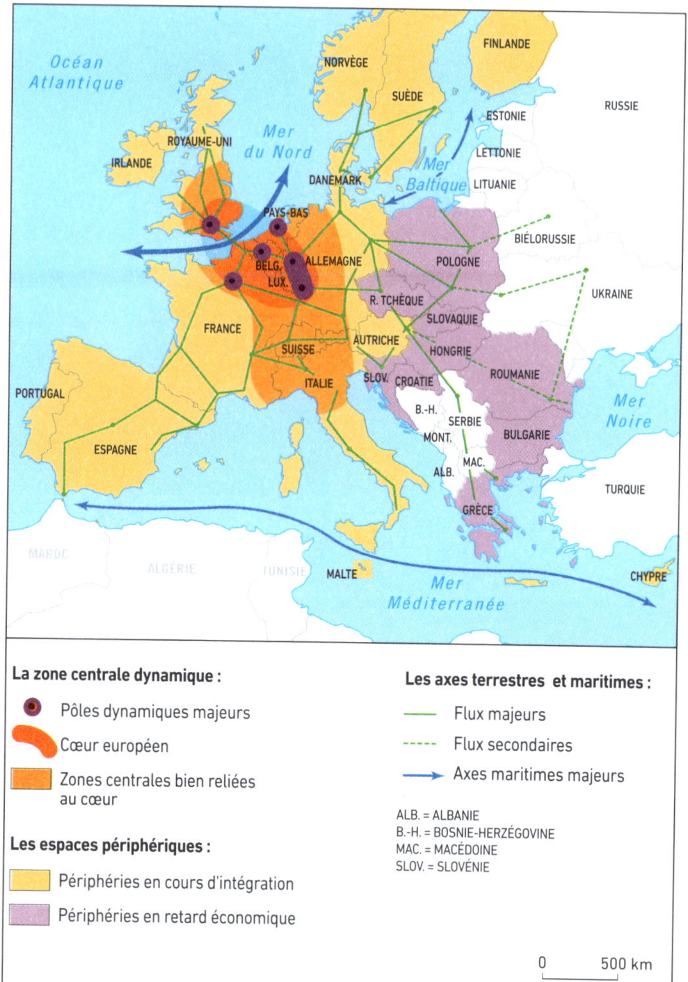

La France dans le monde

La France bénéficie sur la scène internationale d'une image forte comme **patrie des droits de l'homme**, mais sa présence est aussi géopolitique ou économique. Tout ceci explique le rôle mondial de Paris, toutefois, la France est aujourd'hui une puissance moyenne dont le rayonnement s'est affaibli à l'échelle mondiale.

I LES ASPECTS DE LA PUISSANCE FRANÇAISE

1. Une puissance économique

- **Au 6e rang mondial et au 3e rang européen,** la France par son PIB et son implantation dans les secteurs agricole ou agroalimentaire mais aussi dans des secteurs de haute technologie comme l'aéronautique et l'aérospatiale s'affirme comme un leader du pôle européen. Son commerce international reste cependant déséquilibré car tourné vers ses voisins.

2. Une influence géopolitique mondiale

- L'héritage colonial français explique une **forte présence territoriale** dans le monde grâce aux territoires ultramarins. Possédant la deuxième ZEE (**zone économique exclusive**), elle accède avec ces espaces lointains à d'importantes ressources potentielles et a installé des bases stratégiques sur tous les océans du globe. La France exerce aussi un **rôle géopolitique international** en siégeant au Conseil de sécurité de l'ONU et en participant à des interventions militaires comme celles au Mali ou en Centrafrique et à des missions humanitaires. Elle est également membre du **G8** et du **G20**.

II LES FORMES DE LA PRÉSENCE FRANÇAISE DANS LE MONDE

1. Une influence culturelle

- L'influence de la France est aussi linguistique et culturelle car **220 millions de personnes** dans le monde utilisent le français soit comme langue officielle soit comme langue d'usage. Des sommets de la francophonie sont organisés régulièrement pour défendre la langue française. La France compte de plus 2 millions d'expatriés installés partout dans le monde.

- Ce **rayonnement de la culture française** repose sur des institutions comme l'école française ou l'Alliance française.

- Cette culture est un des atouts de l'**attractivité touristique** de la France et 86 millions de touristes visitent les grands sites auxquels l'Unesco a attribué l'appellation **patrimoine mondial**.

● La France profite ainsi **d'un patrimoine et de paysages exceptionnels** et diffuse une image de luxe liée à sa gastronomie et à sa viticulture de qualité, mais aussi à des entreprises très mondialisées comme LVMH ou L'Oréal.

2. La France dans une économie globalisée

● Le développement du commerce extérieur français montre une ouverture croissante sur l'économie mondiale. Les **investissements directs étrangers (IDE)** et les **firmes transnationales (FTN)** sont les acteurs majeurs de cette mondialisation et engagent la France dans une amélioration de son appareil productif et de sa compétitivité. La France compte aujourd'hui **32 firmes transnationales** et le capital investi à l'étranger a fortement progressé dans des secteurs comme la **finance** et **l'information et la communication**.

● Les **délocalisations** des entreprises et les pertes d'emplois qui en sont les résultats ont obligé l'État et les collectivités territoriales à faire des efforts pour attirer les investisseurs.

III LA FRANCE, UNE PUISSANCE MOYENNE FRAGILE

1. Une puissance moyenne

● La France a dû faire face à **la crise économique de 2008** qui a conduit à un renforcement du chômage et a démontré la fragilité du modèle de développement économique favorisant l'installation de groupes étrangers sur le territoire français.

● De plus, la présence française dans le monde a un coût élevé de plus en plus difficile à maintenir dans ces périodes de crise.

● La France a perdu durant cette période des activités de fabrication et une part de son commandement économique, elle a aussi montré les insuffisances du secteur de la recherche et du développement face à la **concurrence mondiale**.

2. Les conséquences de ces concurrences

● La position de la France est **menacée,** y compris dans des domaines d'excellence comme le luxe et le tourisme, il devient difficile de garder les investissements industriels, même de haute technologie.

● Dans le domaine culturel, le maintien d'une **politique francophone** est difficile en temps de crise car cela coûte cher et l'usage du français recule partout, sauf en Afrique, sous la pression des pays émergents comme la Chine.

La France dans le monde

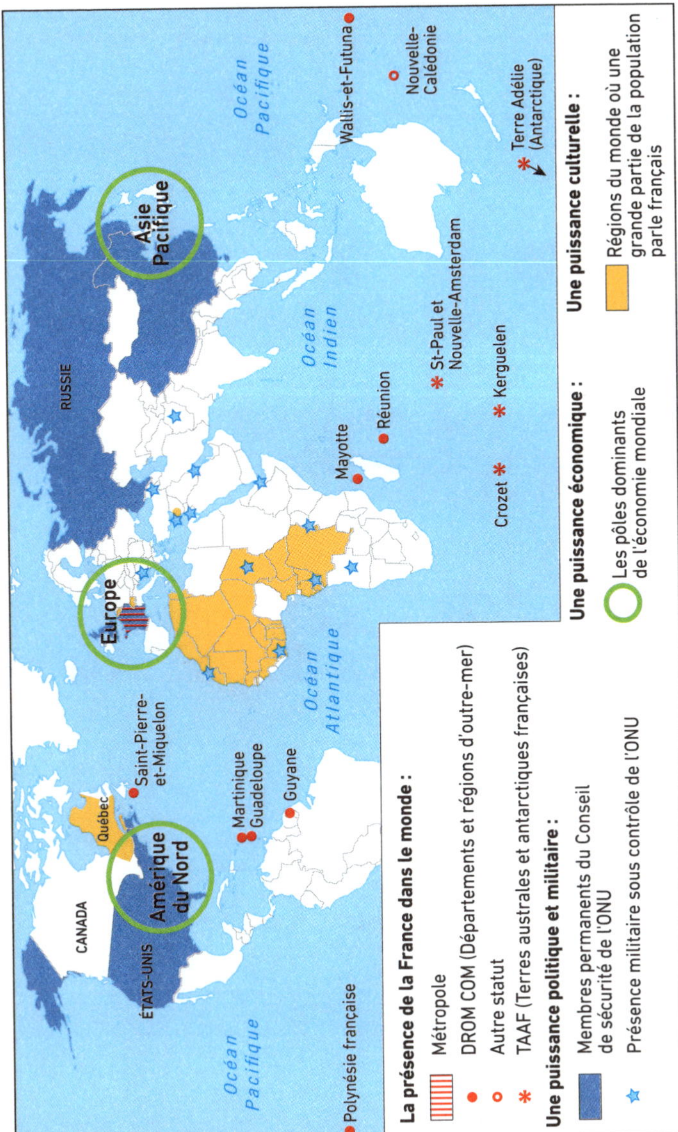

Les aspects de la puissance européenne

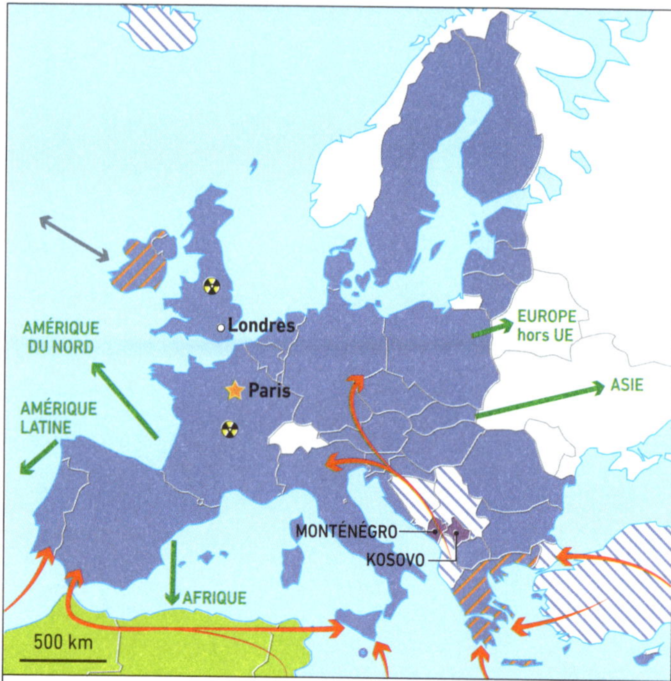

Un pôle économique majeur du monde :

- L'Union européenne (UE)
- Pays candidats à l'Union européenne
- Siège de l'Unesco

Un pôle fortement attractif :

- Flux majeurs d'immigration vers l'UE
- États sous l'influence de l'euro
- Investissements directs à l'extérieur
- Partenaires de programmes européens (voisinage méditerranéen)

Des limites à la puissance de l'Union européenne :

- Une dépendance militaire par rapport aux États-Unis
- Des régions en fortes crises budgétaires et monétaires
- Deux puissances nucléaires

L'Europe dans le monde

L'Union européenne constitue un des pôles majeurs de la mondialisation (**18,9 % du PIB mondial**). Elle dispose d'atouts comme des villes mondiales et des sites culturels mais elle reste surtout un pôle de consommation de plus de **508 millions d'habitants**.

I UN PÔLE MONDIAL MAJEUR

1. Une puissance économique

- L'Union européenne représente ¼ de la richesse mondiale et, depuis sa création en 1957, elle constitue **une zone de libre-échange** (marché unique) complétée par une zone eurocentrée sur une monnaie unique. Cette puissance s'explique par un commerce actif, soit 32 % des exportations mondiales, surtout centrées sur des échanges entre États membres de l'Union. Par ailleurs, elle reçoit de nombreux **investissements directs étrangers** attirés par des places financières comme Paris, Londres ou Francfort.

2. Des acteurs économiques majeurs

- L'UE possède des **firmes** **multinationales** puissantes dans des secteurs très divers : énergie (Total), aéronautique (Airbus programme européen mais deux sites de montage à Toulouse et à Saint-Nazaire) et aussi dans les services (Carrefour). Ces entreprises très mondialisées gardent un fort ancrage européen, elles sont toutefois confrontées à la **délocalisation** de leurs activités pour rester compétitives à l'international.

3. Des moyens de transport européens

- L'UE a créé des réseaux de transport modernes qui sont un des facteurs de son attractivité, c'est le cas pour les deux aéroports internationaux : Londres et Paris, qui forment des plateformes **multimodales**. Ces moyens terrestres sont complétés par des ports le long des façades maritimes de la Manche et de la mer du Nord. Les grandes métropoles sont des carrefours majeurs pour l'intégration dans la mondialisation et leurs connexions aux réseaux mondiaux se réalisent grâce aux liaisons ferroviaires à grande vitesse et aux aéroports majeurs.

II L'UNION EUROPÉENNE, UN RAYONNEMENT CULTUREL ET POLITIQUE

1. Des atouts humains

- L'UE dispose d'atouts humains avec ses 508 millions d'habitants, ce qui constitue un marché de consommation en croissance.

- L'ensemble est complété par une main-d'œuvre bien **formée et qualifiée** et un **marché unique** attractif pour les investissements venus du monde entier.

2. Un rôle culturel majeur

- L'influence culturelle de l'Europe repose sur la diversité des États constituant l'Union, de ce fait, quatre langues européennes font partie des langues les plus parlées dans le monde. Son patrimoine historique, ses sites, ses paysages ont permis d'attirer chaque année plus de **50 % des touristes du monde.** Les universités et grandes écoles européennes continuent d'attirer de nombreux étudiants étrangers vers l'Angleterre, les pays du Benelux ou la France.

3. Un rôle politique

- L'UE est présente par ses membres au **Conseil de sécurité de l'ONU** ou au **G20** et elle participe militairement aux interventions de maintien de la paix et aux décisions mondiales.

- Elle fournit 55 % des **fonds d'aide au développement** du monde et exerce une réelle influence.

III LES LIMITES ET LES FRAGILITÉS DE LA PLACE DE L'EUROPE DANS LE MONDE

1. Une puissance incomplète

- L'UE peine à s'imposer sur la scène internationale, notamment en matière de **sécurité et de politique étrangère.** Elle souffre de ne pas avoir une diplomatie commune et les difficultés de gestion des différentes crises européennes montrent que des États aux intérêts très différents ne transfèrent qu'une part mineure de leur souveraineté à l'Union. Les décisions politiques communes sont donc difficiles à prendre.

2. Des défis humains

- L'UE est confrontée au **vieillissement de ses populations**, au chômage massif et donc au nombre croissant d'**exclus**, ce qui met en péril le modèle social européen.

- Aujourd'hui **les flux internationaux de migrants** venus d'Afrique et du Moyen-Orient posent un problème majeur à l'UE.

3. Une concurrence économique

- La crise économique et financière qui débute en 2007 montre les difficultés de l'UE à trouver des **solutions communes** (cf. la crise grecque). La concurrence internationale avec ses **délocalisations**, la **dépendance énergétique** et les difficultés à investir plus dans la **recherche-développement** handicapent aujourd'hui le maintien du rôle majeur du pôle économique européen.

La citoyenneté politique en France et dans l'Union européenne

Le XXe siècle, avec la montée des valeurs démocratiques, fait de la citoyenneté un droit politique et un droit de l'homme.

I LA CITOYENNETÉ POLITIQUE EN FRANCE

1. Les critères de la citoyenneté

● En France, la citoyenneté répond à des **critères d'âge**, **de domicile** et **de nationalité**, c'est aussi une démarche personnelle de chaque citoyen formé à l'école de la république. L'ensemble de la nation est composé de citoyens dont le lien avec l'État français est représenté par la nationalité.

● Le citoyen français dispose de **droits politiques** et doit pour exercer ces droits :
- être majeur (dix-huit ans) ;
- avoir la nationalité française ;
- ne pas présenter d'incapacité civile ;
- avoir sa carte électorale et être inscrit sur les listes électorales.

2. Les droits liés à la citoyenneté

● Le citoyen dispose de droits politiques, il peut voter et être élu. Mais son **devoir** est aussi de **respecter les lois de la république**. Il participe également à l'élaboration des lois de la république par l'intermédiaire de ses représentants élus (députés).

● Ces droits civils et politiques sont complétés par des **droits économiques, sociaux et culturels**. Ces droits concernent des familles qui bénéficient par exemple de congé de maternité ou de l'assurance maladie. Le droit du travail reconnait le droit de grève qui est inscrit au préambule des Constitutions de 1946 et de 1958. Certains de ces droits sont difficiles à mettre en œuvre comme le droit à la santé et au logement.

3. L'acquisition de la nationalité

● La nationalité française s'acquiert par la filiation (**droit du sang**) si un des deux parents est français.

● Mais depuis 1998, tout enfant né de parents étrangers sur le sol français acquiert la nationalité française à sa majorité, s'il vit en France et y a vécu au moins cinq ans depuis l'âge de onze ans (**droit du sol**).

- Les autres moyens d'acquisition sont l'**adoption**, le **mariage** et l'**engagement dans l'armée française**.

- L'acquisition peut également se faire par **naturalisation**. On assiste actuellement à un renforcement des exigences du gouvernement français pour les étrangers désirant obtenir la naturalisation. Celle-ci est précédée d'un entretien qui vérifie la bonne maitrise de la langue et une connaissance de la culture française et des principes du régime républicain français.

II L'ÉLARGISSEMENT À LA CITOYENNETÉ EUROPÉENNE

Les droits des citoyens européens

- Avec l'entrée en vigueur du traité de Maastricht en 1993, une **citoyenneté européenne** voit le jour, elle est confirmée par le traité de Lisbonne en 2007.

- Les Européens peuvent être candidats et électeurs aux élections européennes. Ceux qui résident dans un pays européen peuvent voter ou être éligibles à certains **scrutins** nationaux, ainsi, dans leur pays de résidence, ils peuvent participer aux élections municipales ou aux élections du Parlement européen.

- Ils disposent de la liberté de circulation et du droit d'étudier dans d'autres pays de l'Union européenne. Par exemple **le programme Erasmus** permet aux étudiants européens d'étudier à l'étranger dans un établissement d'enseignement supérieur après leur première année d'étude. De même, la qualification obtenue dans le pays d'origine est reconnue dans les autres États membres comme en France sauf pour quelques emplois de la fonction publique. L'Europe devient ainsi un espace de pleine coopération entre les établissements scolaires de l'Union et ces programmes développent le **multiculturalisme**.

- Cette **citoyenneté européenne** se superpose à la nationalité d'origine. Elle est attribuée aux ressortissants européens résidant en France par leur statut de citoyen d'un État-membre de l'Union. Ils ont droit à la protection diplomatique et peuvent même, depuis 2007, s'ils réunissent un million de signataires, présenter une pétition à la Commission européenne. Ils peuvent enfin recourir au médiateur européen qui reçoit les plaintes des citoyens et peut réaliser des enquêtes.

La République et les institutions françaises

La république a imposé ses valeurs avec la IIIe République. Elles sont devenues des principes dans les Constitutions successives.

I LES VALEURS ET LES PRINCIPES DE LA RÉPUBLIQUE

1. Les valeurs de la république

- La république possède des valeurs fondamentales qui sont rappelées dans le **préambule de la Constitution** sous la forme de grands principes, le territoire de la république est **indivisible** et la république est l**aïque**.

2. Une république démocratique et sociale

- La république est **démocratique** et la nation s'exprime par le suffrage universel direct et secret. Les trois pouvoirs sont séparés et les libertés fondamentales sont garanties tandis que les partis politiques expriment la diversité d'opinion dans la nation. La république est aussi **sociale**, notamment en offrant éducation, logement, emploi et couverture sociale aux plus démunis.

3. L'évolution de la république et de ses symboles

- La Révolution française de 1789 fait apparaitre des notions centrales dans la république, comme la **liberté et l'égalité** qui inspireront la devise née en 1792 à laquelle s'ajoute la **fraternité** en 1848. L'idée républicaine s'est difficilement imposée avant 1875, mais l'œuvre de la IIIe République va consolider le régime, notamment avec les lois de **Jules Ferry** de 1881 puis 1882 qui créent l'école laïque, publique et obligatoire.

- Les symboles qui se sont imposés progressivement sont : la **devise** ; les trois couleurs de la cocarde républicaine reprises sur le **drapeau** de 1794, associant le bleu et le rouge de la ville de Paris au blanc de la royauté.

- Des **fêtes commémoratives** comme le 14 Juillet (prise de la Bastille et fête de la fédération 14 juillet 1790) voient l'affirmation d'un hymne : ***La Marseillaise*** (hymne national en 1879) et une allégorie, le personnage féminin de **Marianne**, choisie dès 1792 et qui se retrouve dans les mairies et sur de nombreux monuments coiffée de son bonnet phrygien rouge, symbole antique de l'affranchissement des esclaves.

II LES INSTITUTIONS DE LA Vᵉ RÉPUBLIQUE

1. Les deux pouvoirs

- Le président de la République a des pouvoirs étendus. Il est le **chef des armées** et, par l'article 16, il peut prendre les **pleins pouvoirs** en cas de danger. Il nomme les membres du gouvernement, publie les lois et veille à leur application. Il peut dissoudre l'Assemblée. Ce fort pouvoir de l'**exécutif** fait de la Vᵉ République un régime **semi-présidentiel**.

- Le **pouvoir législatif** est détenu par l'Assemblée nationale et le Sénat. L'Assemblée nationale peut renverser le gouvernement si une **motion de censure** est votée par une majorité de députés. Le **Conseil constitutionnel** est composé de membres choisis par les présidents de la République, du Sénat et de l'Assemblée nationale en nombre égal.

2. Centralisation et collectivités territoriales

- La France est un **État centralisé** depuis la monarchie et la Révolution française. Au système de communes-cantons-départements s'ajoutent en 1955 les régions. À partir de 1982, une série de **lois de décentralisation** donnent aux régions une compétence sur les différentes formes d'aménagement de leurs territoires.

III LA RÉPUBLIQUE ET LA LAÏCITÉ

1. Une république laïque

- La république est laïque : elle respecte toutes les croyances à condition qu'elles ne contreviennent pas à ses lois. **Aucune religion n'a de statut privilégié** et les marques ostentatoires religieuses sont interdites dans les établissements publics.

2. Le contexte de la naissance de la laïcité

- Depuis **la loi de 1905**, l'Église et l'État français sont séparés après vingt-cinq ans de fortes tensions entre l'Église catholique et la république. Cette laïcité de l'État français est réaffirmée dans les préambules des Constitutions de 1946 et de 1958 et il est rappelé que l'État « ne reconnait, ne salarie ni ne subventionne aucun culte ».

3. Les remises en cause de la laïcité

- En 2004, la **loi sur le respect de la laïcité** fait suite à des polémiques nées en 1989 autour du **port du voile à l'école**. La république est confrontée à la montée des communautarismes, aux problèmes d'intégration dans les banlieues et aux revendications de l'islam, deuxième religion française par le nombre de fidèles en France. La succession de lois, de circulaires et de propositions montre cette remise en cause de la laïcité et le débat en cours sur la révision de la loi de 1905.

Les partis politiques, engagement et citoyenneté

Les organisations politiques expriment les opinions qui traversent nos sociétés et le pluralisme démocratique reste une des conditions de la démocratie.

I LES PARTIS POLITIQUES ET LEUR ORGANISATION

1. Définition des partis

- Il existe en France 286 partis politiques, il s'agit **d'organisations de citoyens dont le but est de défendre des idées politiques**. Ils présentent d'ailleurs des candidats aux élections afin de faire appliquer leurs idées.

2. Les grands partis politiques

- On peut classer les partis politiques selon leur nombre d'adhérents, mais aussi selon leur histoire. Ainsi il existe de grands partis anciens comme le PS ou récents comme Les Républicains.

- Ce classement peut aussi se faire en allant de l'extrême gauche à l'extrême droite.

- Les partis politiques traditionnels sont d'abord le PCF (**Parti communiste français**), longtemps lié à l'ex-URSS et dont l'influence a baissé depuis 1990. De nouveaux partis ont émergé dans ce groupe, comme le Front de gauche ou la Ligue communiste révolutionnaire. Le PS (**parti socialiste**) a développé ses idées dans une économie libérale mais en restant attentif aux inégalités sociales. Ce parti est au pouvoir depuis 2012 avec l'élection du président François Hollande.

- De nouveaux partis ont émergé sur la scène politique, c'est le cas de l'UMP (**Union pour la majorité présidentielle**), créé en 2002 par **Jacques Chirac** et qui porte **Nicolas Sarkozy** à la présidence de la République. Ce dernier crée ensuite **Les Républicains**.

- Le **Front national** à l'extrême droite crée la surprise avec son candidat Jean-Marie Le Pen qui atteint le second tour des élections présidentielles en 2002.

- D'autres partis recomposent une partie de l'électorat centriste comme le **Modem** de François Bayrou ou les écologistes (**Europe Écologie les Verts**) créé en 1984.

II L'ENGAGEMENT POLITIQUE ET LA CITOYENNETÉ

1. Des acteurs divers

- Il existe d'autres acteurs de la vie politique comme les **associations**, les **groupes d'intérêt** ou les **clubs de réflexion**. Toutefois, ce sont les **syndicats** qui ont les liens les plus forts avec les partis politiques. Ils ont pour but de défendre un groupe professionnel et ils soutiennent les revendications sur les salaires, la durée de travail ou les licenciements. En cas de conflits, ils recourent à la grève ou à de nouvelles actions, comme l'occupation de locaux ou des recours juridiques en cas de licenciements collectifs.

2. Les principaux syndicats

- La **CGT** (Confédération générale du travail) est née en 1895 et s'est divisée en 1947-1948 pour donner la CGT, proche du PCF, et la **CGT-FO** (Force ouvrière), plus indépendante.
- En 1964, la **CFTC** (Confédération des travailleurs chrétiens) éclate en deux et la **CFDT** majoritaire abandonne la référence chrétienne.
- La **CFE-CGC** représente les cadres et le **MEDEF**, les fédérations professionnelles et le patronat.
- Il faut toutefois souligner la faiblesse de la représentativité de ces syndicats puisque seuls 7 à 8 % des salariés français sont syndiqués, c'est un des taux le plus faibles en Europe.

3. Engagement politique et débats

- Les militants cherchent à défendre une cause à travers des actions et en s'impliquant dans le combat politique. Leur engagement passe par la **diffusion de tracts**, les **signatures de pétitions** souvent en porte-à-porte afin de rencontrer les citoyens et des **réunions** pour sensibiliser l'opinion publique. Les adhésions de ces militants ont longtemps été la principale **source de financement des partis**, mais aujourd'hui les partis politiques sont confrontés à la difficulté de recruter des militants. Ce sujet est peu abordé par les partis qui n'aiment pas donner ces chiffres, mais les plus grands enregistrent de fortes baisses, comme le PS, qui a perdu 50 % de ses effectifs depuis 2007. Seul le Front national gagne encore des adhérents.
- Cette situation montre **une crise de confiance des citoyens** envers les partis politiques traditionnels que l'on retrouve aussi dans la **baisse de la participation électorale**. On peut souligner les effets pervers des subventions d'État liées aux résultats électoraux qui font que les partis politiques s'investissent moins dans le recrutement de militants.

SCIENCES

L'ÉPREUVE DE SCIENCES AU BREVET

SOMMAIRE Maths

NOMBRES ET CALCULS

ARITHMÉTIQUE

RACINES CARRÉES ET PUISSANCES

EXPRESSIONS LITTÉRALES ET IDENTITÉS REMARQUABLES

ÉQUATIONS ET INÉQUATIONS

ORGANISATION ET GESTION DE DONNÉES, FONCTIONS

NOTION DE FONCTIONS

SOMMAIRE Physique-Chimie

ORGANISATION ET TRANSFORMATIONS DE LA MATIÈRE

MOUVEMENT ET INTERACTIONS

L'ÉNERGIE ET SES CONVERSIONS

DES SIGNAUX POUR OBSERVER ET COMMUNIQUER

SOMMAIRE SVT

LA PLANÈTE TERRE, L'ENVIRONNEMENT ET L'ACTION HUMAINE

LE VIVANT ET SON ÉVOLUTION

LE CORPS HUMAIN ET LA SANTÉ

L'épreuve de Sciences au Brevet

I LA DURÉE

- L'épreuve de sciences fait partie d'un ensemble d'épreuves écrites comprenant **les mathématiques, la physique-chimie, les SVT et la technologie** pour une durée totale de 3 heures.
- Une première partie, d'une durée de 2 heures, porte sur le programme de mathématiques.
- Une seconde partie, d'une durée d'1 heure, porte sur les programmes de physique-chimie, SVT et technologie. **Seules deux disciplines sur les trois possibles sont évaluées, à chaque session**.

II LE SUJET

Le sujet est constitué d'exercices indépendants les uns des autres que vous pouvez traiter dans l'ordre qui vous convient, et qui portent sur différentes parties du programme du cycle 4 (5e, 4e et 3e).

Une thématique commune, précisée sur le sujet, concerne tout ou une partie de ces exercices.

Certains de ces exercices ont pour objet des tâches non guidées qui exigent de votre part une prise d'initiative. D'autres peuvent prendre la forme de questionnaires à choix multiple ou consister à justifier un résultat mathématique.

Un exercice d'**algorithmique ou de programmation** fait soit partie du sujet de l'épreuve de mathématiques soit de celui de l'épreuve de physique-chimie, de SVT et technologie.

III LES COMPÉTENCES

L'épreuve de sciences évalue votre capacité à mettre en œuvre les compétences suivantes du socle commun : « chercher », « modéliser », « représenter », « raisonner », « calculer » et « communiquer ».

IV LA NOTATION

L'ensemble de l'épreuve est noté sur 100 points ainsi répartis :

- Maths : 45 points distribués entre les différents exercices, auxquels s'ajoutent 5 points réservés à la présentation de la copie et à l'utilisation de la langue française.

- Sciences et technologie : 45 points distribués entre les exercices des différentes disciplines, auxquels s'ajoutent 5 points réservés à la présentation de la copie et à l'utilisation de la langue française.
- Il n'est pas toujours nécessaire d'avoir la réponse exacte à une question pour y gagner des points. Les idées pertinentes, les essais, les démarches positives, les solutions incomplètes ou maladroitement formulées sont valorisées lors de la correction. Vous êtes donc encouragé à tenter de répondre aux questions plutôt que d'y renoncer.

V LES TÂCHES NON GUIDÉES

- La difficulté des tâches non guidées réside dans la mobilisation de diverses compétences pour résoudre l'exercice.

Cependant, la notation prenant en compte toutes les démarches positives (essais, idées pertinentes, solutions incomplètes...), vous êtes encouragé à vous engager dans la résolution de l'exercice même si vous n'avez pas la solution exacte.

- Pour cela, il ne faut pas hésiter à construire des figures, réaliser des schémas, conduire des calculs... qui permettent de progresser vers la solution.

VI LES QUESTIONNAIRES À CHOIX MULTIPLE

- Il n'est pas attribué de points négatifs pour les réponses fausses lors des questionnaires à choix multiple. Il est donc toujours utile de répondre, même au hasard !
- Deux stratégies efficaces peuvent être envisagées, les deux pouvant être mélangées : connaître la bonne proposition ou éliminer les mauvaises.

Éliminer des propositions fausses peut vous permettre de trouver la bonne. Le cas échéant, si vous n'avez pas éliminé suffisamment de propositions fausses, vous limitez tout de même le risque de vous tromper en répondant au hasard.

Quand vous connaissez la bonne proposition, il est tout de même utile d'adopter la stratégie précédente pour vous assurer de ne pas vous être trompé.

VII LA PRÉSENTATION DE LA COPIE

- La copie doit être propre et soignée. En effet, il est utile d'écrire lisiblement, de souligner les numéros des exercices, les conclusions de chaque question ainsi que les résultats importants.
- Les figures et autres tracés doivent être réalisés avec soin. Vous pourrez en particulier veiller à tailler votre crayon papier si vous l'utilisez.

Multiples et diviseurs d'un entier naturel

COURS

Soit a et b sont deux entiers naturels tels que $b \neq 0$.

- Effectuer la **division euclidienne** de a par b, c'est déterminer deux entiers naturels q et r, appelés respectivement **quotient** et **reste**, tels que $a = bq + r$ et $r < b$. Les entiers a et b sont respectivement appelés **dividende** et **diviseur**.

Exemple : $429 = 18 \times 23 + 15$ et $15 < 18$. 23 et 15 sont respectivement le quotient et le reste de la division euclidienne de 429 par 18.

- On dit que b est un **diviseur** de a quand le reste de la division euclidienne de a par b est nul.

On peut alors écrire $a = bq$ où q est un entier naturel.
Dans ce cas, on dit aussi que a est **divisible** par b, que b **divise** a ou encore que a est un **multiple** de b.
Exemple : $221 = 17 \times 13$ donc 17 est un diviseur de 221. 13 en est également un.

EXERCICE 1

Énoncé

1. Dans 2 017 mois, en quel mois de quelle année serons-nous ?
2. C'est en 1986 que la comète de Halley est entrée la dernière fois dans le système solaire. Sachant qu'elle y entre tous les 75 ans, combien de fois réapparaitra-t-elle d'ici l'année 3000 ?

Résolution

1. $2\,017 = 12 \times 168 + 1$ et $1 < 12$ donc dans 2 017 mois, nous serons 168 ans et un mois plus tard. Faites l'addition !
2. $3\,000 - 1\,986 = 1\,014$. Il se sera écoulé 1 014 ans entre l'année 1986 et l'année 3000.

$1\,014 = 75 \times 13 + 39$ et $39 < 75$. La comète de Halley réapparaîtra donc 75 fois d'ici l'année 3000.

EXERCICE 2

Énoncé

Les affirmations suivantes sont-elles vraies ou fausses ? Justifier la réponse.

1. 5 427 est un multiple de 9.

2. 3 est un diviseur de 473.

3. Le plus petit entier multiple de 6 et 8 est 48.

Résolution

1. Vrai. $5 + 4 + 2 + 7 = 18$ et 18 est divisible par 9, donc 5 427 est un multiple de 9.

2. Faux. $4 + 7 + 3 = 14$ et 14 n'est pas divisible par 3, donc 3 n'est pas un diviseur de 473.

3. Faux. Le plus petit entier multiple de 6 et 8 est 24.

EXERCICE 3

Énoncé

Établir la liste des diviseurs de 210.

Résolution

$1 \times 210 = 210$ donc 1 et 210 sont des diviseurs de 210.

$2 \times 105 = 210$ donc 2 et 105 sont des diviseurs de 210.

$3 \times 70 = 210$	$5 \times 42 = 210$	$6 \times 35 = 210$
$7 \times 30 = 210$	$10 \times 21 = 210$	$14 \times 15 = 210$

Les diviseurs de 210 sont 1 ; 2 ; 3 ; 5 ; 6 ; 7 ; 10 ; 14 ; 15 ; 21 ; 30 ; 35 ; 42 ; 70 ; 105 et 210.

EXERCICE 4

Énoncé

Frédéric possède entre 200 et 300 jetons de poker. Quand il les range par paquets de 3, il lui en reste un. Quand il les range par paquets de 5, il lui en reste un. Quand il les range par paquets de 7, il lui en reste encore un ! Combien a-t-il de jetons ?

Résolution

Le nombre de jetons, moins 1, que possède Frédéric est un multiple de 3, de 5 et de 7 donc c'est un multiple de $3 \times 5 \times 7 = 105$.

Ce nombre de jetons moins un est donc égal à $210 = 105 \times 2$ car il en possède entre 200 et 300. Il a donc 211 jetons de poker.

Nombres premiers

COURS

- Un entier naturel est dit **premier** quand il admet exactement deux diviseurs : 1 et lui-même.

Exemples :
1 n'est pas un nombre premier car le seul diviseur de 1 est 1.
2 est un nombre premier car il admet pour seuls diviseurs 1 et 2.
13 est un nombre premier car il admet pour seuls diviseurs 1 et 13.

- Tout entier naturel supérieur ou égal à 2 se décompose de manière unique en produit de facteurs premiers.

Exemples :
$300 = 2 \times 2 \times 3 \times 5 \times 5 = 2^2 \times 3^1 \times 5^2$
$520 = 2 \times 2 \times 2 \times 5 \times 13 = 2^3 \times 5^1 \times 13^1$

EXERCICE 1

Énoncé

Pour chacun des entiers naturels suivants, justifier s'il est premier ou non.

1. 17 **2.** 91 **3.** 165 **4.** 23 **5.** 4 563 **6.** 462

Résolution

1. D'après les critères de divisibilité, 17 n'est pas divisible par 2, 3 et 5 donc pas non plus par 4, 6, 8, 10, 12, 14 et 16 ni 9 et 15.
$17 = 7 \times 2 + 3$ et $3 < 7$ donc 17 n'est pas divisible par 7.
$17 = 11 \times 1 + 6$ et $6 < 11$ donc 17 n'est pas divisible par 11.
$17 = 13 \times 1 + 4$ et $4 < 13$ donc 17 n'est pas divisible par 13.
Ainsi, 17 est un nombre premier.

2. $91 = 7 \times 13$ donc 91 est divisible par 7 et 13 donc 91 n'est pas un nombre premier.

3. Le chiffre des unités de 165 est un 5 donc 165 est divisible par 5 et 165 n'est pas un nombre premier.

4. D'après les critères de divisibilité, 23 n'est pas divisible par 2, 3 et 5 donc pas non plus par 4, 6, 8, 10, 12, 14, 16, 18, 20 et 22 ni 9, 15 et 21.
$23 = 7 \times 3 + 2$ et $2 < 7$ donc 23 n'est pas divisible par 7.
$23 = 11 \times 2 + 1$ et $1 < 11$ donc 23 n'est pas divisible par 11
$23 = 13 \times 1 + 10$ et $10 < 13$ donc 23 n'est pas divisible par 13.
$23 = 19 \times 1 + 4$ et $4 < 19$ donc 23 n'est pas divisible par 19.
Ainsi, 23 est un nombre premier.

5. 4 563 est divisible par 3 car $4+5+6+3=18$ et 18 est divisible par 3 donc 4 563 n'est pas un nombre premier.

6. Le chiffre des unités de 462 est un 2 donc 462 est divisible par 2 et 462 n'est pas un nombre premier.

EXERCICE 2

Énoncé

Décomposer les entiers naturels suivants en produit de facteurs premiers.

1. 60 **2.** 24 **3.** 42 **4.** 480 **5.** 18×45 **6.** 28×35

Résolution

1. $60 = 6 \times 10 = 2 \times 3 \times 2 \times 5 = 2^2 \times 3^1 \times 5^1$

2. $24 = 6 \times 4 = 2 \times 3 \times 2 \times 2 = 2^3 \times 3^1$

3. $42 = 6 \times 7 = 2 \times 3 \times 7 = 2^1 \times 3^1 \times 7^1$

4. $480 = 48 \times 10 = 6 \times 8 \times 5 \times 2 = 2 \times 3 \times 2 \times 2 \times 2 \times 5 \times 2 = 2^5 \times 3^1 \times 5^1$

5. $18 \times 45 = 3 \times 6 \times 9 \times 5 = 3 \times 3 \times 2 \times 3 \times 3 \times 5 = 2^1 \times 3^4 \times 5^1$

6. $28 \times 35 = 4 \times 7 \times 7 \times 5 = 2 \times 2 \times 7 \times 7 \times 5 = 2^2 \times 5^1 \times 7^2$

EXERCICE 3

Énoncé

1. Déterminer la décomposition en produit de facteurs premiers de 120.

2. Dans chacun des cas suivants, dire si l'entier est un diviseur de 120.

a. 5 **b.** 7 **c.** $2^2 \times 3$ **d.** $2^4 \times 3^1 \times 5^1$

Résolution

1. $120 = 12 \times 10 = 2 \times 2 \times 3 \times 2 \times 5 = 2^3 \times 3^1 \times 5^1$

2. a. $120 = 5 \times (2^3 \times 3^1)$ donc 5 est un diviseur de 120.

b. 7 est un nombre premier mais n'est pas un facteur de la décomposition en produit de facteurs premiers de 120 donc 7 n'est pas un diviseur de 120.

c. $120 = 2^3 \times 3^1 \times 5^1 = 2 \times 2^2 \times 3 \times 5 = 2 \times 5 \times (2^2 \times 3)$ donc $2^2 \times 3$ est un diviseur de 120.

d. $2^4 \times 3^1 \times 5^1 = 2 \times (2^3 \times 3^1 \times 5^1) = 2 \times 120$ donc $2^4 \times 3^1 \times 5^1$ n'est pas un diviseur de 120 mais un multiple de 120.

Diviseurs communs, multiples communs

COURS

Soit *a* et *b* deux entiers naturels.

- On appelle **diviseur commun** de *a* et *b* tout entier naturel qui divise *a* et *b*.

Exemples :
Les diviseurs de 48 sont 1 ; 2 ; 3 ; 4 ; 6 ; 8 ; 12 ; 16 ; 24 ; 48.
Les diviseurs de 42 sont 1 ; 2 ; 3 ; 6 ; 7 ; 14 ; 21 ; 42.
Les diviseurs communs de 48 et 42 sont donc 1 ; 2 ; 3 et 6.

- On appelle **multiple commun** de *a* et *b* tout entier naturel qui est multiple de *a* et multiple de *b*.

Exemple :
Les multiples communs de 6 et 8 sont 0 ; 24 ; 48 ; 72 ; 96 ; 120...

EXERCICE 1

Énoncé

Dans chacun des cas suivants, déterminer les diviseurs communs aux deux entiers.

1. 24 et 32

2. 75 et 120

Résolution

1. Les diviseurs de 24 sont 1 ; 2 ; 3 ; 4 ; 6 ; 8 ; 12 ; 24.
Les diviseurs de 32 sont 1 ; 2 ; 4 ; 8 ; 16 ; 32.
Les diviseurs communs de 24 et 32 sont 1 ; 2 ; 4 et 8.

2. Les diviseurs de 75 sont 1 ; 3 ; 5 ; 15 ; 25 ; 75.
Les diviseurs de 120 sont 1 ; 2 ; 3 ; 4 ; 5 ; 6 ; 8 ; 10 ; 12 ; 15 ; 20 ; 24 ; 30 ; 40 ; 60 ; 120.
Les diviseurs communs de 75 et 120 sont 1 ; 3 ; 5 et 15.

EXERCICE 2 (Pondichéry 2014)

Énoncé

Emma et Arthur ont acheté pour leur mariage 3 003 dragées au chocolat et 3 731 dragées aux amandes.

1. Arthur propose de répartir ces dragées de façon identique dans 20 corbeilles. Chaque corbeille doit avoir la même composition.

Combien lui reste-t-il de dragées non utilisées ?

2. Emma et Arthur changent d'avis et décident de proposer des petits ballotins dont la composition est identique. Ils souhaitent qu'il ne leur reste pas de dragées.

a. Emma propose d'en faire 90. Ceci convient-il ? Justifier.

b. Ils se mettent d'accord pour faire un maximum de ballotins. Combien en feront-ils et quelle sera leur composition ?

Résolution

1. $3\,003 = 20 \times 150 + 3$ et $3 < 20$ donc il reste 3 dragées au chocolat.

$3\,731 = 20 \times 186 + 11$ et $11 < 20$ donc il reste 11 dragées aux amandes.

Il lui reste donc 14 dragées non utilisées.

2. a. $3\,003 = 90 \times 33 + 33$ et $33 < 90$ donc il n'est pas possible de faire 90 ballotins en utilisant toutes les dragées car il en resterait 33 au chocolat.

b. Le nombre de ballotins est le plus grand diviseur commun de 3 003 et 3 731.

Les diviseurs de 3 003 sont 1 ; 3 ; 7 ; 11 ; 13 ; 21 ; 33 ; 39 ; 77 ; 91 ; 143 ; 231 ; 273 ; 429 ; 1 001 ; 3 003.

Les diviseurs de 3 731 sont 1 ; 7 ; 13 ; 41 ; 91 ; 287 ; 533 ; 3 731.

Ils pourront donc faire 91 ballotins.

Chaque ballotin sera composé de $3003 \div 91 = 33$ dragées au chocolat et $3\,731 \div 91 = 41$ dragées aux amandes.

EXERCICE 3

Énoncé

On considère les deux engrenages de 12 et 9 dents ci-contre.

Si on fait tourner les engrenages, quel est le nombre minimum de tours que doit faire le petit engrenage pour que les deux points rouges se retrouvent dans la position initiale ?

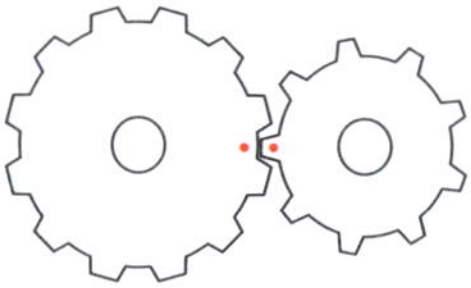

Résolution

Quand les deux engrenages sont à nouveau dans la position initiale, ils ont tourné d'un nombre entier de tours.

L'engrenage de gauche a donc tourné d'un multiple de 12 dents et celui de droite d'un multiple de 9 dents.

Le plus petit multiple de 12 et 9 est 36 donc chacun des engrenages a tourné de 36 dents. Le petit engrenage doit faire au minimum 4 tours complets.

Fraction irréductible

COURS

● Une fraction est dite **irréductible**, c'est-à-dire qu'elle ne peut plus être simplifiée, quand son numérateur et son dénominateur ont 1 pour seul diviseur commun.

Exemple : 32 et 27 ont pour seul diviseur commun 1 donc la fraction $\frac{27}{32}$ est irréductible.

EXERCICE 1

Énoncé

Justifier que les fractions suivantes sont irréductibles.

1. $\frac{28}{45}$
2. $\frac{221}{123}$

Résolution

1. Les diviseurs de 28 sont 1 ; 2 ; 4 ; 7 ; 14 ; 28.
Les diviseurs de 45 sont 1 ; 3 ; 5 ; 9 ; 15 ; 45.
Le seul diviseur commun de 28 et 45 est 1 donc la fraction $\frac{28}{45}$ est irréductible.
2. Les diviseurs de 221 sont 1 ; 13 ; 17 ; 221.
Les diviseurs de 123 sont 1 ; 3 ; 41 ; 123.
Le seul diviseur commun de 123 et 221 est 1 donc la fraction $\frac{221}{123}$ est irréductible.

EXERCICE 2

Énoncé

Justifier que les fractions suivantes ne sont pas irréductibles.

1. $\frac{45}{125}$
2. $\frac{243}{87}$
3. $\frac{7\,335}{8\,838}$
4. $\frac{810}{530}$

Résolution

1. 45 et 125 sont divisibles par 5 donc la fraction $\frac{45}{125}$ n'est pas irréductible.
2. $2 + 4 + 3 = 9$ donc 243 est divisible par 3 et $8 + 7 = 15$ donc 87 est divisible par 3. Ainsi, la fraction $\frac{243}{87}$ n'est pas irréductible.

3. $7+3+3+5=18$ donc 7 335 est divisible par 9 et $8+8+3+8=27$ donc 8 838 est divisible par 9 donc la fraction $\frac{7\,335}{8\,838}$ n'est pas irréductible.

4. 810 et 530 sont divisibles par 10 donc la fraction $\frac{810}{530}$ n'est pas irréductible.

EXERCICE 3

Énoncé

Rendre irréductibles les fractions suivantes :

1. $\frac{2\times5\times7\times7}{2\times2\times5\times7}$ **2.** $\frac{2\times2\times5\times13\times13}{2\times2\times2\times11\times13}$ **3.** $\frac{2\times2\times3\times5\times7\times7\times7}{2\times3\times3\times7\times7}$

4. $\frac{2^4\times3^3}{2^3\times3^4}$ **5.** $\frac{3^1\times5^2\times7^1}{2^2\times5^3\times7^2}$ **6.** $\frac{2^1\times7^3\times11^2}{2^3\times7^2\times11^2}$

Résolution

1. $\frac{2\times5\times7\times7}{2\times2\times5\times7}=\frac{\cancel{2}\times\cancel{5}\times\cancel{7}\times7}{2\times\cancel{2}\times\cancel{5}\times\cancel{7}}=\frac{7}{2}$

2. $\frac{2\times2\times5\times13\times13}{2\times2\times2\times11\times13}=\frac{\cancel{2}\times\cancel{2}\times5\times\cancel{13}\times13}{\cancel{2}\times\cancel{2}\times2\times11\times\cancel{13}}=\frac{5\times13}{2\times11}=\frac{65}{22}$

3. $\frac{2\times2\times3\times5\times7\times7\times7}{2\times3\times3\times7\times7}=\frac{\cancel{2}\times2\times\cancel{3}\times5\times\cancel{7}\times\cancel{7}\times7}{\cancel{2}\times\cancel{3}\times3\times\cancel{7}\times\cancel{7}}=\frac{2\times5\times7}{3}=\frac{70}{3}$

4. $\frac{2^4\times3^3}{2^3\times3^4}=\frac{2^{4-3}}{3^{4-3}}=\frac{2^1}{3^1}=\frac{2}{3}$

5. $\frac{3^1\times5^2\times7^1}{2^2\times5^3\times7^2}=\frac{3^1}{2^2\times5^{3-2}\times7^{2-1}}=\frac{3}{2^2\times5^1\times7^1}=\frac{3}{4\times5\times7}=\frac{3}{140}$

6. $\frac{2^1\times7^3\times11^2}{2^3\times7^2\times11^2}=\frac{7^{3-2}\times11^{2-2}}{2^{3-1}}=\frac{7^1\times11^0}{2^2}=\frac{7\times1}{4}=\frac{7}{4}$

EXERCICE 4

Énoncé

Rendre irréductibles les fractions suivantes en décomposant le numérateur et le dénominateur en produit de facteurs premiers.

1. $\frac{240}{126}$ **2.** $\frac{72}{45}$ **3.** $\frac{330}{90}$

Résolution

1. $\frac{240}{126}=\frac{2^4\times3^1\times5^1}{2^1\times3^2\times7^1}=\frac{2^{4-1}\times5^1}{3^{2-1}\times7^1}=\frac{2^3\times5^1}{3^1\times7^1}=\frac{8\times5}{3\times7}=\frac{40}{21}$

2. $\frac{72}{45}=\frac{2^3\times3^2}{3^2\times5^1}=\frac{2^3\times3^{2-2}}{5^1}=\frac{2^3\times3^0}{5^1}=\frac{8\times1}{5}=\frac{8}{5}$

3. $\frac{330}{90}=\frac{2^1\times3^1\times5^1\times11^1}{2^1\times3^2\times5^1}=\frac{2^{1-1}\times5^{1-1}\times11^1}{3^{2-1}}=\frac{2^0\times5^0\times11^1}{3^1}=\frac{11}{3}$

Puissances de 10

COURS

- Soit n un entier positif supérieur ou égal à 2.

$$10^n = \underbrace{10 \times 10 \times 10 \times \ldots \times 10 \times 10 \times 10}_{n \text{ facteurs}} = 1\underbrace{0\ldots0}_{n \text{ zéros}}$$

Par convention : $10^1 = 10$ et $10^0 = 1$

Exemples :

$10^4 = 10 \times 10 \times 10 \times 10 = 10\,000$

$10^8 = 10 \times 10 \times 10 \times 10 \times 10 \times 10 \times 10 \times 10 = 100\,000\,000$

- Soit n un entier positif supérieur ou égal à 1.

10^{-n} est l'inverse de 10^n. Ainsi, $10^{-n} = \frac{1}{10^n} = \frac{1}{1\underbrace{0\ldots0}_{n \text{ zéros}}} = \underbrace{0{,}0\ldots0}_{n \text{ zéros}}1$

Exemples :

$10^{-4} = \frac{1}{10^4} = \frac{1}{10\,000} = 0{,}000\,01$ $\quad 10^{-8} = \frac{1}{10^8} = \frac{1}{100\,000\,000} = 0{,}000\,000\,01$

- Pour certaines unités, on utilise les préfixes suivants pour simplifier l'écriture de mesures exprimées en **puissances de 10** :

préfixe	giga	méga	kilo	unité	milli	micro	nano
symbole	G	M	k		m	µ	n
10^n	10^9	10^6	10^3	10^0	10^{-3}	10^{-6}	10^{-9}

Exemples :

Une bactérie Escherichia coli peut mesurer 2 µm c'est-à-dire 2×10^{-6} mètres.

Un disque dur de capacité 500 Go a 500×10^9 octets d'espace mémoire.

EXERCICE 1

Énoncé

Donner l'écriture décimale de chaque nombre.

1. 10^9 **2.** 10^{-2} **3.** 10^5 **4.** 10^{-6} **5.** 10^7 **6.** 10^{-3}

Résolution

1. $10^9 = 1\,000\,000\,000$ **2.** $10^{-2} = 0{,}01$ **3.** $10^5 = 100\,000$

4. $10^{-6} = 0{,}000\,001$ **5.** $10^7 = 10\,000\,000$ **6.** $10^{-3} = 0{,}001$

EXERCICE 2

Énoncé

Écrire sous la forme d'une puissance de 10.

1. 100
2. 0,000 01
3. 1 000 000
4. 0,000 000 001
5. 1
6. 0,000 000 1

Résolution

1. $100 = 10^{2}$
2. $0{,}000\,01 = 10^{-5}$
3. $1\,000\,000 = 10^{6}$
4. $0{,}000\,000\,001 = 10^{-9}$
5. $1 = 10^{0}$
6. $0{,}000\,000\,1 = 10^{-7}$

EXERCICE 3

Énoncé

Écrire sous la forme d'une puissance de 10.

1. un milliard
2. cent mille
3. dix millionièmes
4. un millième
5. cent milliardièmes
6. cent millions

Résolution

1. un milliard $= 1\,000\,000\,000 = 10^{9}$
2. cent mille $= 100\,000 = 10^{5}$
3. dix millionièmes $= 10 \times 0{,}000\,001 = 0{,}000\,01 = 10^{-5}$
4. un millième $= 0{,}001 = 10^{-3}$
5. cent milliardièmes $= 100 \times 0{,}000\,000\,001 = 0{,}000\,000\,1 = 10^{-7}$
6. cent millions $= 100 \times 1\,000\,000 = 10^{8}$

EXERCICE 4

Énoncé

Compléter avec une puissance de 10.

1. 1 µm = ... m
2. 1 mL = ... L
3. 1 kg = ... g
4. 10 MW = ... W
5. 100 Go = ... o
6. 1 ns = ... s

Résolution

1. 1 µm = 10^{-6} m
2. 1 mL = 10^{-3} L
3. 1 kg = 10^{3} g
4. 1 MW = 10^{6} W
5. 1 Go = 10^{9} o
6. 1 ns = 10^{-9} s

Puissances d'exposant entier positif et négatif

COURS

- Soit a est un nombre non nul et n un entier positif.

Si $n \geqslant 2$, on note **a^n le produit de n facteurs tous égaux à a.**

$$a^n = \underbrace{a \times a \times a \times \ldots \times a \times a \times a}_{n \text{ facteurs}}$$

Par convention : **$a^1 = a$ et $a^0 = 1$**

Exemples :

$2^6 = 2 \times 2 \times 2 \times 2 \times 2 \times 2 = 64$ $\qquad (-3)^4 = (-3) \times (-3) \times (-3) \times (-3) = 81$

- Soit a un nombre relatif non nul et n un entier relatif.

On note **a^{-n} l'inverse de a^n** : $a^{-n} = \dfrac{1}{a^n}$.

Remarque : on note a^{-1} l'inverse de a car $a^{-1} = \dfrac{1}{a^1} = \dfrac{1}{a}$.

Exemples :

$2^{-3} = \dfrac{1}{2^3} = \dfrac{1}{8} = 0{,}125$ $\qquad 10^{-4} = \dfrac{1}{10^4} = \dfrac{1}{10\,000} = 0{,}0001$

EXERCICE 1

Énoncé

Calculer et donner le résultat sous la forme d'un nombre décimal.

1. 3^3 **2.** 5^2 **3.** $0{,}1^3$ **4.** $(-2)^6$ **5.** $0{,}5^2$ **6.** $(-1)^5$ **7.** $(-10)^5$

Résolution

1. $3^3 = 3 \times 3 \times 3 = 27$ **2.** $5^2 = 5 \times 5 = 25$ **3.** $0{,}1^3 = 0{,}1 \times 0{,}1 \times 0{,}1 = 0{,}001$

4. $(-2)^6 = (-2) \times (-2) \times (-2) \times (-2) \times (-2) \times (-2) = 64$

5. $0{,}5^2 = 0{,}5 \times 0{,}5 = 0{,}25$

6. $(-1)^5 = (-1) \times (-1) \times (-1) \times (-1) \times (-1) = -1$

7. $(-10)^5 = (-10) \times (-10) \times (-10) \times (-10) \times (-10) = -100\,000$

EXERCICE 2

Énoncé

Calculer et donner le résultat sous la forme d'une fraction.

1. $\left(\dfrac{3}{2}\right)^3$ **2.** $\left(\dfrac{1}{2}\right)^4$ **3.** $\left(-\dfrac{1}{3}\right)^4$ **4.** $\left(-\dfrac{5}{3}\right)^3$

Résolution

1. $\left(\frac{3}{2}\right)^3 = \frac{3}{2}\times\frac{3}{2}\times\frac{3}{2} = \frac{27}{8}$

2. $\left(\frac{1}{2}\right)^4 = \frac{1}{2}\times\frac{1}{2}\times\frac{1}{2}\times\frac{1}{2} = \frac{1}{16}$

3. $\left(-\frac{1}{3}\right)^4 = \left(-\frac{1}{3}\right)\times\left(-\frac{1}{3}\right)\times\left(-\frac{1}{3}\right)\times\left(-\frac{1}{3}\right) = \frac{1}{81}$

4. $\left(-\frac{5}{3}\right)^3 = \left(-\frac{5}{3}\right)\times\left(-\frac{5}{3}\right)\times\left(-\frac{5}{3}\right) = -\frac{125}{27}$

EXERCICE 3

Énoncé

Écrire sous la forme d'une puissance de 2.

1. 16 2. 1 3. 32 4. 8 5. 128 6. 2

Résolution

1. $16 = 2\times2\times2\times2 = 2^4$ 2. $1 = 2^0$ 3. $32 = 2\times2\times2\times2\times2 = 2^5$
4. $8 = 2\times2\times2 = 2^3$ 5. $128 = 2\times2\times2\times2\times2\times2\times2 = 2^7$ 6. $2 = 2^1$

EXERCICE 4

Énoncé

Écrire sous forme décimale.

1. 10^{-3} 2. 2^{-2} 3. 4^{-1} 4. 5^{-2} 5. $(-10)^{-5}$ 6. 2^{-4} 7. $(-10)^{-4}$

Résolution

1. $10^{-3} = \frac{1}{10^3} = \frac{1}{1000} = 0{,}001$

2. $2^{-2} = \frac{1}{2^2} = \frac{1}{4} = 0{,}25$

3. $4^{-1} = \frac{1}{4^1} = 0{,}25$

4. $5^{-2} = \frac{1}{5^2} = \frac{1}{25} = 0{,}04$

5. $(-10)^{-5} = \frac{1}{(-10)^5} = \frac{1}{-100\,000} = -0{,}000\,01$

6. $2^{-4} = \frac{1}{2^4} = \frac{1}{16} = 0{,}0625$

7. $(-10)^{-4} = \frac{1}{(-10)^4} = \frac{1}{10\,000} = 0{,}0001$

EXERCICE 5

Énoncé

Des chercheurs étudient des bactéries dans un laboratoire de biologie. Ils estiment que leur population double toutes les 20 minutes à une température ambiante de 40 °C. Par combien sera alors multipliée cette population au bout de 10 heures ?

Résolution

Dans 10 heures, il y a $10 \times 3 = 30$ fois 20 minutes. Au bout de 10 heures, cette population sera donc multipliée par $2^{30} = 1\,073\,741\,824$.

Notation scientifique et ordre de grandeur

COURS

- On appelle **notation scientifique** d'un nombre décimal l'écriture de ce nombre comme produit d'un nombre décimal ayant un seul chiffre non nul avant la virgule par une puissance de 10.

Exemples :

La notation scientifique de 43578,63 est $4{,}357\ 863 \times 10^4$.

La notation scientifique de 0,008 43 est $8{,}43 \times 10^{-3}$.

- La notation scientifique d'un nombre décimal permet de déterminer des **ordres de grandeur** de ce nombre.

Exemple :

Un ordre de grandeur de $4{,}357\ 863 \times 10^4$ est 4×10^4, soit 40 000, car l'entier le plus proche de 4,357 863 est 4.

EXERCICE 1

Énoncé

Parmi les nombres suivants, quels sont ceux qui sont écrits en notation scientifique ?

$A = 13{,}98 \times 10^5$ $B = 1{,}98 \times 10^{-4}$ $C = 0{,}73 \times 10^9$ $D = 8 \times 10^{-3}$

Résolution

Ceux qui sont écrits en notation scientifique sont $B = 1{,}98 \times 10^{-4}$ et $D = 8 \times 10^{-3}$.

$A = 13{,}98 \times 10^5$ n'est pas écrit en notation scientifique car 13,98 a deux chiffres avant la virgule.

$C = 0{,}73 \times 10^9$ n'est pas écrit en notation scientifique car le chiffre de 0,73 avant la virgule est un zéro.

EXERCICE 2

Énoncé

Donner la notation scientifique puis un ordre de grandeur des nombres suivants.

1. 428,54 2. 0,000 24 3. 7 898,12 4. 0,000 007 35

Résolution

1. $428{,}54 = 4{,}285\,4 \times 10^2$. Un ordre de grandeur de 428,54 est 4×10^2.
2. $0{,}000\,24 = 2{,}4 \times 10^{-4}$. Un ordre de grandeur de 0,000 24 est 2×10^{-4}.
3. $7\,898{,}12 = 7{,}898\,12 \times 10^3$. Un ordre de grandeur de 7 898,12 est 7×10^3.
4. $0{,}000\,007\,35 = 7{,}35 \times 10^{-6}$. Un ordre de grandeur de 0,000 007 35 est 7×10^{-6}.

EXERCICE 3

Énoncé

Donner l'écriture décimale des notations scientifiques suivantes.

1. $7{,}31 \times 10^7$
2. $2{,}491 \times 10^{-5}$
3. $4{,}079\,12 \times 10^4$
4. $9{,}93 \times 10^{-4}$

Résolution

1. $7{,}31 \times 10^7 = 73\,100\,000$
2. $2{,}491 \times 10^{-5} = 0{,}000\,024\,91$
3. $4{,}079\,12 \times 10^4 = 40\,791{,}2$
4. $9{,}93 \times 10^{-4} = 0{,}000\,993$

EXERCICE 4

Énoncé

Donner la réponse à chacune des questions suivantes en notation scientifique.

1. Le diamètre d'un cheveu est 63 µm. Quel est son diamètre en m ?
2. Le virus ourlien, responsable des oreillons, mesure environ 200 nm de diamètre. Quel est son diamètre en m ?
3. La centrale hydroélectrique de Serre-Ponçon produit en moyenne 720 GWh (gigawatt-heure) d'électricité par an. Quelle est sa production moyenne annuelle en Wh ?
4. Un fournisseur d'accès à Internet propose un débit maximal de 202,65 Mb/s (mégabits par seconde). Quel est le débit maximal proposé en b/s ?

Résolution

1. $63\ \mu m = 63 \times 10^{-6} = 0{,}000\,063 = 6{,}3 \times 10^{-5}$ m.
Le diamètre d'un cheveu est $6{,}3 \times 10^{-5}$ m.
2. $200\ nm = 200 \times 10^{-9}\ m = 0{,}0000002\ m = 2 \times 10^{-7}$ m.
Le diamètre du virus ourlien est 2×10^{-7} m.
3. $720\ GWh = 720 \times 10^9\ Wh = 720\,000\,000\,000\ Wh = 7{,}2 \times 10^{11}$ Wh.
La production annuelle moyenne de la centrale hydroélectrique de Serre-Ponçon est $7{,}2 \times 10^{11}$ Wh.
4. $202{,}65\ Mb/s = 202{,}65 \times 10^6\ b/s = 202\,650\,000\ b/s = 2{,}026\,5 \times 10^8$ b/s.
Ce fournisseur d'accès à Internet propose un débit maximal de $2{,}026\,5 \times 10^8$ b/s.

Règles opératoires sur les puissances

COURS

- Dans un calcul numérique **sans parenthèses**, on effectue d'abord les calculs de puissances puis les multiplications et les divisions et enfin les additions et les soustractions.

Exemples :

$A = 3 \times 2^3 + 5$
$= 3 \times 8 + 5$
$= 24 + 5$
$= 29$

$B = 3 \times (1 + 2)^2$
$= 3 \times 3^2$
$= 3 \times 9$
$= 27$

$C = (2 \times 5)^3 \div 10$
$= 10^3 \div 10$
$= 1\ 000 \div 10$
$= 100$

- Soit a et b deux nombres relatifs non nuls et n et p deux entiers relatifs.

$a^n \times a^p = a^{n+p}$ $\qquad \dfrac{a^n}{a^p} = a^{n-p}$

Exemples :

$3^6 \times 3^{-2} = 3^{6-2} = 3^4$ $\qquad \dfrac{5^4}{5^6} = 5^{4-6} = 5^{-2}$

$(a \times b)^n = a^n \times b^n$ $\qquad \left(\dfrac{a}{b}\right)^n = \dfrac{a^n}{b^n}$

Exemples :

$(3 \times 2)^4 = 3^4 \times 2^4$ $\qquad 0{,}125^6 \times 8^6 = (0{,}125 \times 8)^6 = 1^6 = 1$

$\left(\dfrac{10}{3}\right)^5 = \dfrac{10^5}{3^5}$ $\qquad \dfrac{12^3}{4^3} = \left(\dfrac{12}{4}\right)^3 = 3^3 = 27$

$(a^n)^p = a^{n \times p}$

Exemples :

$(2^3)^5 = 2^{3\times5} = 2^{15}$ $\qquad (10^{-2})^4 = 10^{-2\times4} = 10^{-8}$

EXERCICE 1

Énoncé

Calculer et donner le résultat sous la forme d'un nombre relatif.

$A = 6 + 2 \times 3^3$ $\qquad B = 18 \div (2 \times 5)^2$ $\qquad C = 2 \times (3^2 + 16)$

Résolution

$A = 6 + 2 \times 3^3$
$= 6 + 2 \times 27$
$= 6 + 54$
$= 60$

$B = 18 \div (2 \times 5)^2$
$= 18 \div 10^2$
$= 18 \div 100$
$= 0{,}18$

$C = 2 \times (3^2 + 16)$
$= 2 \times (9 + 16)$
$= 2 \times 25$
$= 50$

EXERCICE 2

Énoncé

Écrire sous la forme d'une puissance de 2.

$A = 2^3 \times 2^7$ $B = \frac{2^8}{2^3}$ $C = (2^2)^4$ $D = \frac{2^4 \times 2^5}{2^7}$ $E = 2^3 \times (2^3)^2$ $F = 2^7 \times 2^4 \times 2^{-5}$

Résolution

$A = 2^3 \times 2^7 = 2^{10}$

$B = \frac{2^8}{2^3} = 2^5$

$C = (2^2)^4 = 2^8$

$D = \frac{2^4 \times 2^5}{2^7} = \frac{2^9}{2^7} = 2^2$

$E = 2^3 \times (2^3)^2 = 2^3 \times 2^6 = 2^9$

$F = 2^7 \times 2^4 \times 2^{-5} = 2^{11} \times 2^{-5} = 2^6$

EXERCICE 3

Énoncé

Calculer mentalement.

$A = 2^3 \times 5^3$ $B = 0{,}25^5 \times 4^5$ $C = 4^4 \times 0{,}5^4$ $D = 1{,}5^3 \times 2^3$ $E = \frac{14^5}{7^5}$

Résolution

$A = 2^3 \times 5^3 = (2 \times 5)^3 = 10^3 = 1\,000$

$B = 0{,}25^5 \times 4^5 = (0{,}25 \times 4)^5 = 1^5 = 1$

$C = 4^4 \times 0{,}5^4 = (4 \times 0{,}5)^4 = 2^4 = 16$

$D = 1{,}5^3 \times 2^3 = (1{,}5 \times 2)^3 = 3^3 = 27$

$E = \frac{14^5}{7^5} = \left(\frac{14}{7}\right)^5 = 2^5 = 32$

EXERCICE 4

Énoncé

Cet exercice est un QCM. Une seule réponse est exacte.

1. $(1 + 2)^3$ est égal à :	**a.** 3^3	**b.** $1^3 + 2^3$	**c.** $3 + 6$
2. $2^5 \times 2^{-5}$ est égal à :	**a.** 0	**b.** 4	**c.** 1
3. $3 + 4 \times 3^2$ est égal à :	**a.** 7×3^2	**b.** $3 + 4 \times 9$	**c.** $3 + 12^2$
4. $(5^2)^3$ est égal à :	**a.** 5^5	**b.** 5^6	**c.** 1 000

Résolution

1. a. $(1 + 2)^3 = 3^3 = 27$

2. c. $2^5 \times 2^{-5} = 2^{5-5} = 2^0 = 1$

3. b. $3 + 4 \times 3^2 = 3 + 4 \times 9 = 3 + 36 = 39$

4. b. $(5^2)^3 = 5^{2 \times 3} = 5^6$

Opérations sur les puissances de 10

COURS

● Soit n et p deux entiers relatifs.

$10^n \times 10^p = 10^{n+p}$ $\quad \dfrac{10^n}{10^p} = 10^{n-p}$ $\quad (10^n)^p = 10^{n \times p}$

Exemples :

$10^3 \times 10^{-5} = 10^{3-5} = 10^{-2}$ $\quad \dfrac{10^6}{10^9} = 10^{6-9} = 10^{-3}$ $\quad (10^2)^4 = 10^{2\times 4} = 10^8$

EXERCICE 1

Énoncé

Écrire sous la forme d'une puissance de 10.

$A = 10^4 \times 10^7$ $\quad B = 10^2 \times 10^{-4}$ $\quad C = \dfrac{10^{11}}{10^6}$

$D = \dfrac{10^2}{10^{-5}}$ $\quad E = (10^3)^5$ $\quad F = (10^{-2})^3$

Résolution

$A = 10^4 \times 10^7 = 10^{11}$ $\quad B = 10^2 \times 10^{-4} = 10^{-2}$ $\quad C = \dfrac{10^{11}}{10^6} = 10^5$

$D = \dfrac{10^2}{10^{-5}} = 10^7$ $\quad E = (10^3)^5 = 10^{15}$ $\quad F = (10^{-2})^3 = 10^{-6}$

EXERCICE 2

Énoncé

Écrire sous la forme d'une puissance de 10.

$A = 10^3 \times 10^{-5} \times 10^8$ $\quad B = \dfrac{10^5 \times 10^7}{10^6}$ $\quad C = \dfrac{10^5 \times (10^2)^3}{10^6 \times 10^{-5}}$

Résolution

$A = 10^3 \times 10^{-5} \times 10^8$

$= 10^{-2} \times 10^8$

$= 10^6$

$B = \dfrac{10^5 \times 10^7}{10^6}$

$= \dfrac{10^{12}}{10^6}$

$= 10^6$

$C = \dfrac{10^5 \times (10^2)^3}{10^6 \times 10^{-5}}$

$= \dfrac{10^{-4} \times 10^6}{10^1}$

$= \dfrac{10^2}{10^1}$

$= 10^1$

EXERCICE 3

Énoncé

Calculer et donner le résultat sous la forme d'un nombre décimal.

$A = 2 \times 10^2 - 4 \times 10^{-1}$

$B = \dfrac{7 \times 10^2 + 3 \times 10^1 + 3 \times 10^{-1}}{10^2}$

Résolution

$A = 2 \times 10^2 - 4 \times 10^{-1}$

$= 200 - 0{,}4 = 199{,}6$

$B = \dfrac{7 \times 10^2 + 3 \times 10^1 + 3 \times 10^{-1}}{10^2}$

$= \dfrac{700 + 30 + 0{,}3}{100} = 7{,}303$

EXERCICE 4

Énoncé

Calculer et donner le résultat en notation scientifique.

$A = 8 \times 10^{-8} \times 3{,}2 \times 10^4$

$B = \dfrac{3{,}6 \times 10^9}{9 \times 10^3}$

$C = \dfrac{3{,}5 \times 10^8 \times 9 \times 10^{-4}}{7 \times 10^{11}}$

Résolution

$A = 8 \times 10^{-8} \times 3{,}2 \times 10^4$

$= 25{,}6 \times 10^{-4}$

$= 0{,}002\,56$

$= 2{,}56 \times 10^{-3}$

$B = \dfrac{3{,}6 \times 10^9}{9 \times 10^3}$

$= 0{,}4 \times 10^6$

$= 400\,000$

$= 4 \times 10^5$

$C = \dfrac{3{,}5 \times 10^8 \times 9 \times 10^{-4}}{7 \times 10^{11}}$

$= \dfrac{31{,}5 \times 10^4}{7 \times 10^{11}}$

$= 4{,}5 \times 10^{-7}$

EXERCICE 5

Énoncé

Junon, une sonde d'observation de Jupiter, a atteint la vitesse de $2{,}65 \times 10^5$ km/h. En 2016, la planète Proxima b a été découverte près de l'étoile Proxima du Centaure. C'est la planète « habitable » la plus proche de la Terre à seulement 4×10^{13} km !

En imaginant un vaisseau spatial capable de voler à la vitesse de la sonde Junon, combien d'années faudrait-il pour rallier Proxima b ?

Résolution

$t = \dfrac{d}{v} = \dfrac{4 \times 10^{13}}{2{,}65 \times 10^5} \approx 1{,}51 \times 10^8 \approx 151\,000\,000$

Il faudrait 151 000 000 heures pour rejoindre Proxima b.

Dans une année, il y a environ $365{,}25 \times 24 = 8\,766$ heures.

$151\,000\,000 \div 8\,766 \approx 17\,226$

Il faudra environ 17 226 ans pour rejoindre la planète Proxima b !

Développer en utilisant la simple distributivité

COURS

- **Développer** une expression, c'est **l'écrire sous forme d'une somme**.
- Si *a*, *b* et *k* sont trois nombres relatifs, alors $k(a+b)=ka+kb$.

Le nombre *k*, qui dans le membre de droite de l'identité ci-dessus, multiplie les nombres ***a*** et ***b***, est appelé le **facteur commun**.

- Quand on utilise cette identité de la gauche vers la droite, on **développe** en utilisant la **simple distributivité**.

Exemple :

$$A=5x(4x-3)=5x\times 4x+5x\times(-3)=20x^2-15x$$

EXERCICE 1

Énoncé

Développer et réduire les expressions littérales suivantes.

$A=-5(x+2)$ $\quad$ $B=(4x-3)\times 2$ $\quad$ $C=x(x-8)$

$D=7x(5x+2)$ $\quad$ $E=(8-2x)\times x$ $\quad$ $F=-3x(4x-1)$

Résolution

$A=-5(x+2)$
$=-5\times x-5\times 2$
$=-5x-10$

$B=(4x-3)\times 2$
$=2\times 4x+2\times(-3)$
$=8x-6$

$C=x(x-8)$
$=x\times x+x\times(-8)$
$=x^2-8x$

$D=7x(5x+2)$
$=7x\times 5x+7x\times 2$
$=35x^2+14x$

$E=(8-2x)\times x$
$=x\times 8+x\times(-2x)$
$=8x-2x^2$

$F=-3x(4x-1)$
$=-3x\times 4x-3x\times(-1)$
$=-12x^2+3x$

EXERCICE 2

Énoncé

Développer et réduire les expressions littérales suivantes.

$A=7x-x(x-5)$ $\quad$ $B=5(3x+2)+3x(2x-5)$

$C=2x(x-4)+7x(3-4x)$ $\quad$ $D=2x(2x+1)-2x(2x-1)$

Résolution

$A = 7x - x(x - 5)$
$= 7x - x \times x - x \times (-5)$
$= 7x - x^2 + 5x$
$= -x^2 + 12x$

$B = 5(3x + 2) + 3x(2x - 5)$
$= 5 \times 3x + 5 \times 2 + 3x \times 2x + 3x \times (-5)$
$= 15x + 10 + 6x^2 - 15x$
$= 15x + 10 + 6x^2 - 15x$
$= 6x^2 + 10$

$C = 2x(x - 4) + 7x(3 - 4x)$
$= 2x \times x + 2x \times (-4) + 7x \times 3 + 7x \times (-4x)$
$= 2x^2 - 8x + 21x - 28x^2$
$= -26x^2 + 13x$

$D = 2x(2x + 1) - 2x(2x - 1)$
$D = 2x \times 2x + 2x \times 1 - 2x \times 2x - 2x \times (-1)$
$D = 4x^2 + 2x - 4x^2 + 2x$
$D = 4x$

EXERCICE 3

Énoncé

Parmi les expressions littérales suivantes, quelles sont celles qui représentent une grandeur du rectangle ci-contre ? Préciser laquelle.

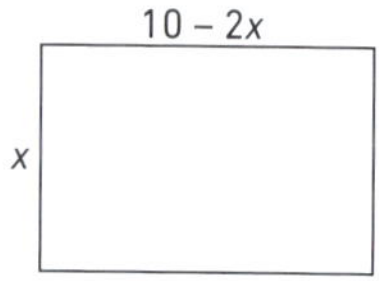

1. $x(10 - 2x)$ **2.** $2(10 - x)$
3. $x \times 10 - 2x$ **4.** $10x - 2x^2$
5. $2x + 2(10 - 2x)$ **6.** $20 - 2x$

Résolution

$x(10 - 2x)$ est le produit de la largeur du rectangle par la longueur du rectangle donc cette expression représente l'aire du rectangle.
De plus, $x(10 - 2x) = x \times 10 + x \times (-2x) = 10x - 2x^2$ donc les expressions **1.** et **4.** représentent l'aire du rectangle.
$2x + 2(10 - 2x)$ est la somme du double de la largeur et du double de la longueur du rectangle donc c'est le périmètre du rectangle.
De plus, $2x + 2(10 - 2x) = 2x + 2 \times 10 + 2 \times (-2x) = 2x + 20 - 4x = 20 - 2x$ et $2(10 - x) = 2 \times 10 + 2 \times (-x) = 20 - 2x$ donc les expressions **2.**, **5.** et **6.** représentent le périmètre du rectangle.
L'expression **3.** ne représente rien de particulier pour ce rectangle.

Développer en utilisant la double distributivité

COURS

Si a, b, c et d sont quatre nombres relatifs, alors :

$$(a+b)(c+d) = ac + ad + bc + bd$$

Quand on utilise cette identité de la gauche vers la droite, on développe en utilisant la **double distributivité**.

Exemple :

$B = (2x - 1)(3x + 7)$

$= 2x \times 3x + 2x \times 7 - 1 \times 3x - 1 \times 7$

$= 6x^2 + 14x - 3x - 7$

$= 6x^2 + 11x - 7$

EXERCICE 1

Énoncé

Développer et réduire les expressions littérales suivantes.

$A = (x+3)(x+2)$ $\quad B = (x-5)(x+1)$ $\quad C = (x-4)(x-9)$

$D = (2x+1)(x-7)$ $\quad E = (3x-4)(2x-5)$ $\quad F = (8x-3)(7x+9)$

Résolution

$A = (x+3)(x+2)$

$= x \times x + x \times 2 + 3 \times x + 3 \times 2$

$= x^2 + 2x + 3x + 6$

$= x^2 + 5x + 6$

$B = (x-5)(x+1)$

$= x \times x + x \times 1 - 5 \times x - 5 \times 1$

$= x^2 + x - 5x - 5$

$= x^2 - 4x - 5$

$C = (x-4)(x-9)$

$= x \times x + x \times (-9) - 4 \times x - 4 \times (-9)$

$= x^2 - 9x - 4x + 36$

$= x^2 - 13x + 36$

$D = (2x+1)(x-7)$

$= 2x \times x + 2x \times (-7) + 1 \times x + 1 \times (-7)$

$= 2x^2 - 14x + x - 7$

$= 2x^2 - 13x - 7$

$E = (3x-4)(2x-5)$

$= 3x \times 2x + 3x \times (-5) - 4 \times 2x - 4 \times (-5)$

$= 6x^2 - 15x - 8x + 20$

$= 6x^2 - 23x + 20$

$F = (8x-3)(7x+9)$

$= 8x \times 7x + 8x \times 9 - 3 \times 7x - 3 \times 9$

$= 56x^2 + 72x - 21x - 27$

$= 56x^2 + 51x - 27$

EXERCICE 2

Énoncé

Développer et réduire les expressions littérales suivantes.

$A = (2x - 1)(3x + 5) - 2x(x - 3)$ $\quad$ $B = (4x - 5)(x + 8) + (2x - 3)(5x - 1)$

$C = (7x + 4)(4x - 3) - (x + 2)(8x + 1)$

Résolution

$A = (2x - 1)(3x + 5) - 2x(x - 3)$
$= 2x \times 3x + 2x \times 5 - 1 \times 3x - 1 \times 5 - 2x \times x - 2x \times (-3)$
$= 6x^2 + 10x - 3x - 5 - 2x^2 + 6x$
$= 4x^2 + 13x - 5$

$B = (4x - 5)(x + 8) + (2x - 3)(5x - 1)$
$= 4x \times x + 4x \times 8 - 5 \times x - 5 \times 8 + 2x \times 5x + 2x \times (-1) - 3 \times 5x - 3 \times (-1)$
$= 4x^2 + 32x - 5x - 40 + 10x^2 - 2x - 15x + 3$
$= 14x^2 + 10x - 37$

$C = (7x + 4)(4x - 3) - (x + 2)(8x + 1)$
$= (7x \times 4x + 7x \times (-3) + 4 \times 4x + 4 \times (-3)) - (x \times 8x + x \times 1 + 2 \times 8x + 2 \times 1)$
$= (28x^2 - 21x + 16x - 12) - (8x^2 + x + 16x + 2)$
$= (28x^2 - 5x - 12) - (8x^2 + 17x + 2)$
$= 28x^2 - 5x - 12 - 8x^2 - 17x - 2$
$= 20x^2 - 22x - 14$

EXERCICE 3

Énoncé

Deux nombres ont une somme égale à 500. Quand on augmente chacun de ces deux nombres de 12, de combien augmente leur produit ?

Résolution

Si on choisit 388 et 112, alors $388 \times 112 = 43\,456$.

$(388 + 12)(112 + 12) = 400 \times 124 = 49\,600$

Or, $47005 - 43\,456 = 6\,144$

À l'aide de quelques exemples supplémentaires, on peut conjecturer que lorsqu'on augmente chacun de ces nombres de 12, leur produit augmente de 6 144. Il faut maintenant le démontrer dans tous les cas.

Soit a et b ces deux nombres.

Leur somme est égale à 500, donc $a + b = 500$. Leur produit est ab.

$(a + 12)(b + 12) = a \times b + a \times 12 + 12 \times b + 12 \times 12$
$= ab + 12a + 12b + 144 = ab + 12(a + b) + 144$
$= ab + 12 \times 500 + 144 = ab + 6\,000 + 144$
$= ab + 6\,144$

Factoriser par reconnaissance d'un facteur commun

13

▶ Vidéo

COURS

- **Factoriser** une expression, c'est **l'écrire sous forme d'un produit**.
- Quand on utilise l'identité $k(a+b)=ka+kb$, où a, b et k sont trois nombres relatifs, de la droite vers la gauche, on **factorise** en utilisant la **simple distributivité par reconnaissance du facteur commun** k.

Exemples :

$A = 12x^2 + 8x$
$= 4x \times 3x + 4x \times 2$
$= 4x(3x+2)$

$B = (2x+1)(x-3) - (2x+1)(2x+5)$
$= (2x+1)[(x-3)-(2x+5)]$
$= (2x+1)(x-3-2x-5)$
$= (2x+1)(-x-8)$

EXERCICE 1

Énoncé

Factoriser les expressions suivantes.

$A = 24x - 16$ $B = x^2 - 7x$ $C = 5x^2 + 15x$ $D = 14x - 7$

Résolution

$A = 24x - 16$
$= 8 \times 3x - 8 \times 2$
$= 8(3x-2)$

$B = x^2 - 7x$
$= x \times x - x \times 7$
$= x(x-7)$

$C = 5x^2 + 15x$
$= 5x \times x + 5x \times 3$
$= 5x(x+3)$

$D = 14x + 7$
$= 7 \times 2x + 7 \times 1$
$= 7(2x+1)$

EXERCICE 2

Énoncé

Factoriser les expressions suivantes.

$A = (x-3)(4x-5) + (x-3)(3x+2)$ $B = (3x+1)(8+x) - (3x+1)(5x-4)$

$C = (2x+1)^2 - (2x+1)(8x+7)$ $D = (7x-5)(x-8) + (x-8)$

Résolution

$A = (x - 3)(4x - 5) + (x - 3)(3x + 2)$
$= (x - 3)[(4x - 5) + (3x + 2)]$
$= (x - 3)(4x - 5 + 3x + 2)$
$= (x - 3)(7x - 3)$

$B = (3x + 1)(8 + x) - (3x + 1)(5x - 4)$
$= (3x + 1)[(8 + x) - (5x - 4)]$
$= (3x + 1)(8 + x - 5x + 4)$
$= (3x + 1)(- 4x + 12)$

$C = (2x + 1)^2 - (2x + 1)(8x + 7)$
$= (2x + 1)(2x + 1) - (2x + 1)(8x + 7)$
$= (2x + 1)[(2x + 1) - (8x + 7)]$
$= (2x + 1)(2x + 1 - 8x - 7)$
$= (2x + 1)(- 6x - 6)$

$D = (7x - 5)(x - 8) + (x - 8)$
$= (x - 8)(7x - 5) + (x - 8) \times 1$
$= (x - 8)[(7x - 5) + 1]$
$= (x - 8)(7x - 5 + 1)$
$= (x - 8)(7x - 4)$

EXERCICE 3

Énoncé

Calculer mentalement.

1. $142 \times 73 + 27 \times 142$
2. $2\,016 \times 33 - 2\,016 \times 23$
3. $61 \times 28 - 11 \times 28$
4. $25 \times 37 + 35 \times 37 - 50 \times 37$

Résolution

1. $142 \times 73 + 27 \times 142 = 142 \times (73 + 27) = 142 \times 100 = 14\,200$
2. $2\,016 \times 33 - 2016 \times 23 = 2\,016 \times (33 - 23) = 2\,016 \times 10 = 20\,160$
3. $61 \times 28 - 11 \times 28 = 28 \times (61 - 11) = 28 \times 50 = 14 \times 2 \times 50 = 14 \times 100 = 1\,400$
4. $25 \times 37 + 35 \times 37 - 50 \times 37 = 37 \times (25 + 35 - 50) = 37 \times 10 = 370$

EXERCICE 4

Énoncé

Justifier que, quel que soit l'entier n choisi, l'expression $(2n + 3)(n - 1) - n^2 + 3$ est le produit de deux entiers consécutifs.

Résolution

$$\begin{aligned}(2n + 3)(n - 1) - n^2 + 3 &= 2n \times n + 2n \times (- 1) + 3 \times n + 3 \times (- 1) - n^2 + 3 \\ &= 2n^2 - 2n + 3n - 3 - n^2 + 3 \\ &= n^2 + n \\ &= n \times n + n \times 1 \\ &= n(n + 1)\end{aligned}$$

Ainsi, quel que soit l'entier n choisi, cette expression est bien le produit de deux entiers consécutifs.

Développer en utilisant les identités remarquables

COURS

- Si a et b sont deux nombres relatifs, alors :

$(a + b)^2 = a^2 + 2ab + b^2$
$(a - b)^2 = a^2 - 2ab + b^2$
$(a + b)(a - b) = a^2 - b^2$

Ces trois égalités sont des **identités remarquables**.
Dans les deux premières identités, le double du produit des nombres a et b est appelé le **double produit**.

- Quand on utilise l'une des trois identités précédentes de la gauche vers la droite, on développe en utilisant les identités remarquables.

Exemples :

$A = (\mathbf{2x} - \mathbf{3})^2$
$= (\mathbf{2x})^2 - 2 \times \mathbf{2x} \times \mathbf{3} + \mathbf{3}^2$
$= 4x^2 - 12x + 9$

$B = (\mathbf{4x} + \mathbf{5})(\mathbf{4x} - \mathbf{5})$
$= (\mathbf{4x})^2 - \mathbf{5}^2$
$= 16x^2 - 25$

EXERCICE 1

Énoncé

Développer et réduire les expressions suivantes.

$A = (x + 1)^2$ $\quad B = (x - 2)^2$ $\quad C = (x + 7)(x - 7)$

$D = (3x + 2)^2$ $\quad E = (4x - 1)^2$ $\quad F = (5x - 3)(5x + 3)$

Résolution

$A = (x + 1)^2$
$= x^2 + 2 \times x \times 1 + 1^2$
$= x^2 + 2x + 1$

$B = (x - 2)^2$
$= x^2 - 2 \times x \times 2 + 2^2$
$= x^2 - 4x + 4$

$C = (x + 7)(x - 7)$
$= x^2 - 7^2$
$= x^2 - 49$

$D = (3x + 2)^2$
$= (3x)^2 + 2 \times 3x \times 2 + 2^2$
$= 9x^2 + 12x + 4$

$E = (4x - 1)^2$
$= (4x)^2 - 2 \times 4x \times 1 + 1^2$
$= 16x^2 - 8x + 1$

$F = (5x - 3)(5x + 3)$
$= (5x)^2 - 3^2$
$= 25x^2 - 9$

EXERCICE 2

Énoncé

Développer et réduire les expressions suivantes.

$A = (6x + 2)^2 - (3x - 5)^2$ $B = x^2 + (5 - x)^2$ $C = (2x + 3)(2x - 3) - (2x + 3)^2$

Résolution

$A = (6x + 2)^2 - (3x - 5)^2$
$= [(6x)^2 + 2 \times 6x \times 2 + 2^2] - [(3x)^2 - 2 \times 3x \times 5 + 5^2]$
$= (36x^2 + 24x + 4) - (9x^2 - 30x + 25)$
$= 36x^2 + 24x + 4 - 9x^2 + 30x - 25$
$= 27x^2 + 54x - 21$

$B = x^2 + (5 - x)^2$
$= x^2 + 5^2 - 2 \times 5 \times x + x^2$
$= x^2 + 25 - 10x + x^2$
$= 2x^2 - 10x + 25$

$C = (2x + 3)(2x - 3) - (2x + 3)^2$
$= [(2x)^2 - 3^2] - [(2x)^2 + 2 \times 2x \times 3 + 3^2]$
$= (4x^2 - 9) - (4x^2 + 12x + 9)$
$= 4x^2 - 9 - 4x^2 - 12x - 9$
$= -12x - 18$

EXERCICE 3

Énoncé

Voici deux programmes de calcul :

Programme A
- Choisir un nombre.
- Lui soustraire 5.
- Calculer le carré du résultat obtenu.
- Soustraire le carré du nombre de départ au résultat obtenu.

Programme B
- Choisir un nombre.
- Le multiplier par – 2.
- Ajouter 5 au résultat obtenu.
- Multiplier le résultat obtenu par 5.

Ewen affirme que, quel que soit le nombre choisi au départ, si on lui applique les deux programmes de calcul, on obtient le même résultat. A-t-il raison ? Justifier.

Résolution

Si on note x le nombre choisi, le résultat obtenu à l'issue du programme A est $(x - 5)^2 - x^2$.

Le résultat obtenu à l'issue du programme B est $(x \times (-2) + 5) \times 5$.

Or, $(x - 5)^2 - x^2 = x^2 - 2 \times x \times 5 + 5^2 - x^2 = x^2 - 10x + 25 - x^2 = -10x + 25$

$(x \times (-2) + 5) \times 5 = (-2x + 5) \times 5 = -10x + 25$

Ainsi, quel que soit le nombre choisi au départ, les deux programmes de calcul donnent le même résultat.

Factoriser en utilisant les identités remarquables

15

▶ Vidéo

COURS

● Quand on utilise l'une des trois identités
$(a+b)^2 = a^2 + 2ab + b^2$
$(a-b)^2 = a^2 - 2ab + b^2$
$(a+b)(a-b) = a^2 - b^2$, où a et b sont des nombres relatifs, de la droite vers la gauche, on **factorise** en utilisant les identités remarquables.

Exemples :

$A = x^2 + 6x + 9$
$= x^2 + 2 \times x \times 3 + 3^2$
$= (x+3)^2$

$B = 4x^2 - 12x + 9$
$= (2x)^2 - 2 \times 2x \times 3 + 3^2$
$= (2x-3)^2$

$C = 16x^2 - 25$
$= (4x)^2 - 5^2$
$= (4x+5)(4x-5)$

EXERCICE 1

Énoncé

Factoriser les expressions suivantes.

$A = x^2 + 4x + 4$ $\quad B = x^2 - 10x + 25$ $\quad C = x^2 - 49$

$D = 9x^2 + 30x + 25$ $\quad E = 16x^2 - 8x + 1$ $\quad F = 4x^2 - 81$

Résolution

$A = x^2 + 4x + 4$
$= x^2 + 2 \times x \times 2 + 2^2$
$= (x+2)^2$

$B = x^2 - 10x + 25$
$= x^2 - 2 \times x \times 5 + 5^2$
$= (x-5)^2$

$C = x^2 - 49$
$= x^2 - 7^2$
$= (x+7)(x-7)$

$D = 9x^2 + 30x + 25$
$= (3x)^2 + 2 \times 3x \times 5 + 5^2$
$= (3x+5)^2$

$E = 16x^2 - 8x + 1$
$= (4x)^2 - 2 \times x \times 4 + 1^2$
$= (4x-1)^2$

$F = 4x^2 - 81$
$= (2x)^2 - 9^2$
$= (2x+9)(2x-9)$

EXERCICE 2

Énoncé

Factoriser les expressions suivantes.

$A = (x-2)^2 - 25$ $\quad B = (2x-3)^2 - (x+3)^2$ $\quad C = x^2 - (4x+5)^2$

Résolution

$A = (x - 2)^2 - 25$
$= (x - 2)^2 - 5^2$
$= [(x - 2) + 5][(x - 2) - 5]$
$= [x - 2 + 5][x - 2 - 5]$
$= (x + 3)(x - 7)$

$B = (2x - 3)^2 - (x + 3)^2$
$= [(2x - 3) + (x + 3)][(2x - 3) - (x + 3)]$
$= (2x - 3 + x + 3)(2x - 3 - x - 3)$
$= 3x(x - 6)$

$C = x^2 - (4x + 5)^2$
$= [x + (4x + 5)][x - (4x + 5)]$
$= (x + 4x + 5)(x - 4x - 5)$
$= (5x + 5)(- 3x - 5)$

EXERCICE 3

Énoncé

Sans calculatrice, calculer.

1. $51^2 - 49^2$ **2.** $101^2 - 100^2$ **3.** $97^2 - 103^2$

Résolution

1. $51^2 - 49^2 = (51 + 49) \times (51 - 49) = 100 \times 2 = 200$
2. $101^2 - 100^2 = (101 + 100) \times (101 - 100) = 201 \times 1 = 201$
3. $97^2 - 103^2 = (97 + 103) \times (97 - 103) = 200 \times (- 6) = - 1\ 200$

EXERCICE 4

Énoncé

On considère le programme de calcul ci-contre :

- Choisir un nombre.
- Lui soustraire 10.
- Multiplier le résultat obtenu par le nombre choisi.
- Ajouter 25.

Noah affirme que, quel que soit le nombre choisi au départ, le résultat est toujours un nombre positif. A-t-il raison ? Justifier.

Résolution

En testant le programme de calcul pour quelques nombres, on peut se convaincre que Noah a raison. Il faut maintenant le démontrer.

Si on note x le nombre choisi au départ, le résultat obtenu à l'issue de ce programme de calcul est $(x - 10) \times x + 25$.

Or, $(x - 10) \times x + 25 = x \times x + x \times (- 10) + 25 = x^2 - 10x + 25$
$= x^2 - 2 \times x \times 5 + 5^2 = (x - 5)^2$

Quelle que soit la valeur de x, le nombre $(x - 5)^2$ est positif car c'est un carré, donc le produit d'un nombre par lui-même. Ainsi, Noah a raison.

Utiliser le calcul littéral pour démontrer un résultat général

COURS

● Le calcul littéral est un outil efficace pour **démontrer un résultat général**, c'est-à-dire un résultat valable pour tous les nombres vérifiant les mêmes propriétés.

Exemple : On peut démontrer que le carré d'un nombre pair est pair en utilisant le calcul littéral.
Soit n un entier pair quelconque.
n est un multiple de 2 donc il peut s'écrire sous la forme $2k$ où k est un entier quelconque. Le carré de n est donc égal à $(2k)^2$.
Ainsi, $n^2 = (2k)^2 = 2k \times 2k = 4k^2 = 2 \times 2k^2$ donc n^2 est un multiple de 2.
n^2 est donc pair.
Le raisonnement précédent ne dépendant pas de la valeur de l'entier n choisi, il est donc valable pour tous les entiers pairs.
On a ainsi démontré que le carré d'un entier pair est pair.

EXERCICE 1

Énoncé

Démontrer que la somme de trois entiers consécutifs est un multiple de 3.

Résolution

Soit n le plus petit des trois entiers consécutifs. L'entier du « milieu » est donc $n + 1$ et le plus grand est $n + 2$.

La somme de ces trois entiers consécutifs est :

$n + (n + 1) + (n + 2) = n + n + 1 + n + 2 = 3n + 3 = 3(n + 1)$

La somme de ces trois entiers consécutifs est le triple de l'entier $n + 1$ donc c'est un multiple de 3.

Ainsi, la somme de trois entiers consécutifs est un multiple de 3.

EXERCICE 2

Énoncé

La différence des carrés de deux entiers consécutifs est-elle paire ? impaire ? ni l'un ni l'autre ?

Résolution

$5^2 - 4^2 = 25 - 16 = 9$ $\quad$ $31^2 - 30^2 = 961 - 900 = 61$

$212^2 - 211^2 = 44\,944 - 44\,521 = 423$

$1524^2 - 1523^2 = 2\,322\,576 - 2\,319\,529 = 3\,047$

À partir de ces essais, on peut donc émettre la conjecture que la différence des carrés de deux entiers consécutifs est impaire.

Soit n le plus petit des deux entiers. Celui qui le suit est $n + 1$.

La différence des carrés de ces deux entiers est $(n + 1)^2 - n^2$.

Or, $(n + 1)^2 - n^2 = n^2 + 2n + 1 - n^2 = n^2 + 2n + 1 - n^2 = 2n + 1$

La différence des carrés des entiers $n + 1$ et n est donc un entier impair.

Ainsi, la différence des carrés de deux entiers consécutifs est impaire.

EXERCICE 3

Énoncé

On isole un carré quelconque de 3 jours par 3 jours dans un calendrier d'ordinateur. On effectue ensuite le produit des deux cases vertes auquel on soustrait le produit des deux cases bleues.

Quelle conjecture peut-on émettre sur cette différence quel que soit le carré choisi ? Démontrer la conjecture émise.

lu	ma	me	je	ve	sa	di
29	30	31	1	2	3	4
5	6	7	8	9	10	11
12	13	14	15	16	17	18
19	20	21	22	23	24	25
26	27	28	29	30	1	2

Résolution

En effectuant des essais pour différents carrés, on peut émettre la conjecture que cette différence est toujours égale à 28. Par exemple, pour le carré de l'énoncé, cette différence est $9 \times 21 - 7 \times 23 = 28$.

n		$n + 2$
$n + 14$		$n + 16$

Démontrons cette conjecture pour n'importe quel carré de 3 jours par 3 jours choisi dans un calendrier quelconque de ce format.

Notons n le numéro du jour dont le numéro est le plus petit. Le suivant est $n + 2$. Le suivant est $n + 14$ et le dernier est $n + 16$.

La différence entre les produits des entiers situés aux extrémités des diagonales est :

$$\begin{aligned}(n + 2)(n + 14) - n \times (n + 16) &= n \times n + n \times 14 + 2 \times n + 2 \times 14 - n \times n - n \times 16 \\ &= n^2 + 14n + 2n + 28 - n^2 - 16n \\ &= 28\end{aligned}$$

Ainsi, quel que soit le carré de 3 jours par 3 jours choisi, la différence des produits des entiers situés aux diagonales est toujours égale à 28.

Les équations

COURS

● Une **équation d'inconnue x** est une **égalité** qui peut être vraie ou fausse selon les valeurs de x.

Exemples :
$3x - 4 = -2x + 6$, $(3x + 5)(4x - 1) = 0$ et $2x^2 - 3x + 2 = 2x - 1$ sont des équations d'inconnue x.

● On appelle **solution de l'équation** toute valeur de l'inconnue qui rend l'égalité vraie.

Exemple :
Si $x = \frac{3}{2}$, alors $2x^2 - 3x + 2 = 2$ et $2x - 1 = 2$, donc $2x^2 - 3x + 2 = 2x - 1$.
Ainsi, $\frac{3}{2}$ est une solution de l'équation $2x^2 - 3x + 2 = 2x - 1$.

EXERCICE 1

Énoncé

Répondre aux questions suivantes sans résoudre les équations.

1. 1 est-il solution de l'équation $4x - 3 = 5$?

2. $-4{,}4$ est-il solution de l'équation $-2x - 7 = 3x + 15$?

3. $\frac{1}{3}$ est-il solution de l'équation $3x^2 + x - 1 = -4x + 1$?

4. $\frac{2}{7}$ est-il solution de l'équation $(x - 1)(7x + 2) = 0$?

Résolution

1. Si $x = 1$, $4x - 3 = 4 \times 1 - 3 = 4 - 3 = 1$, donc 1 n'est pas une solution de l'équation.

2. Si $x = -4{,}4$, $-2x - 7 = -2 \times (-4{,}4) - 7 = 8{,}8 - 7 = 1{,}8$
$3x + 15 = 3 \times (-4{,}4) + 15 = -13{,}2 + 15 = 1{,}8$, donc $-4{,}4$ est une solution de l'équation.

3. Si $x = \frac{1}{3}$, $3x^2 + x - 1 = 3\left(\frac{1}{3}\right)^2 + \frac{1}{3} - 1 = 3 \times \frac{1}{9} + \frac{1}{3} - 1 = \frac{1}{3} + \frac{1}{3} - 1 = -\frac{1}{3}$
$-4x + 1 = -4 \times \frac{1}{3} + 1 = -\frac{4}{3} + 1 = -\frac{1}{3}$, donc $\frac{1}{3}$ est une solution de l'équation.

4. Si $x = \frac{2}{7}$, $(x - 1)(7x + 2) = \left(\frac{2}{7} - 1\right)\left(7 \times \frac{2}{7} + 2\right) = \left(-\frac{5}{7}\right)(2 + 2) = -\frac{20}{7}$, donc $\frac{2}{7}$ n'est pas une solution de l'équation.

EXERCICE 2

Énoncé

Jade a réalisé la feuille de calcul ci-contre.

1. Quelle formule a-t-elle écrite dans la cellule B2 puis recopiée vers le bas ?

2. Quelle formule a-t-elle écrite dans la cellule C2 puis recopiée vers le bas ?

3. En utilisant la feuille de calcul de Jade, déterminer une solution à chacun des équations suivantes :

a. $7x - 2 = 8{,}5$

b. $5x + 3 = -2$

c. $7x - 2 = 5x + 3$

	A	B	C
1	**x**	**7x - 2**	**5x + 3**
2	-3	-23	-12
3	-2,5	-19,5	-9,5
4	-2	-16	-7
5	-1,5	-12,5	-4,5
6	-1	-9	-2
7	-0,5	-5,5	0,5
8	0	-2	3
9	0,5	1,5	5,5
10	1	5	8
11	1,5	8,5	10,5
12	2	12	13
13	2,5	15,5	15,5
14	3	19	18
15	3,5	22,5	20,5
16	4	26	23

Résolution

1. Jade a écrit la formule = 7*A2 – 2 dans la cellule B2.

2. Jade a écrit la formule = 5*A2 + 3 dans la cellule C2.

3. a. Une solution de l'équation $7x - 2 = 8{,}5$ se situe dans la cellule A11. C'est 1,5.

b. Une solution de l'équation $5x + 3 = -2$ se situe dans la cellule A6.

C'est – 1.

c. Une solution de l'équation $7x - 2 = 5x + 3$ se situe dans la cellule A13. C'est 2,5.

Résoudre une équation du premier degré

COURS

● **Résoudre une équation**, c'est trouver **toutes les solutions de l'équation**.

● Une équation est dite du **premier degré** quand elle peut s'écrire sous la forme $ax + b = cx + d$ où a, b, c et d sont quatre nombres tels que $a \neq c$.

Exemples : $3x + 4 = -2x - 6$ et $3(4x - 5) = 8x + 3$ sont des équations du premier degré.

● On ne change pas les solutions d'une équation quand :

– on **additionne ou soustrait un même nombre** dans ses deux membres ;

– on **multiplie ou divise ses deux membres par un même nombre** non nul.

Exemple :

$3x + 4 = -2x - 6$

$3x + 4 + \mathbf{2x} = -2x + 6 + \mathbf{2x}$

$5x + 4 = -6$

En additionnant **2x** dans les deux membres, on obtient l'équation $5x + 4 = -6$ qui a les mêmes solutions que l'équation $3x + 4 = -2x - 6$.

$5x + 4 - \mathbf{4} = -6 - \mathbf{4}$

$5x = -10$

En soustrayant **4** dans les deux membres, on obtient l'équation $5x = -10$ qui a les mêmes solutions que l'équation $5x + 4 = -6$.

$\frac{5x}{\mathbf{5}} = \frac{-10}{\mathbf{5}}$

$x = -2$

En divisant par **5** les deux membres, on obtient l'équation $x = -2$ qui a les mêmes solutions que l'équation $5x = -10$.

La solution de l'équation est 2.

EXERCICE 1

Énoncé

Associer entre elles les équations qui ont les mêmes solutions.

1. $5x - 3 = 2x + 7$ ●	● a. $7x - 3 = 7$
2. $2x + 8 = 5$ ●	● b. $x = 2$
3. $4x - 3 = 2x + 1$ ●	● c. $3x - 3 = 7$
4. $5x - 3 = -2x + 7$ ●	● d. $2x = 13$
5. $2x + 1 = 2$ ●	● e. $2x = -3$
6. $-x - 5 = -3x + 8$ ●	● f. $x = 0,5$

Résolution

1. et **c.** 2. et **e.** 3. et **b.** 4. et **a.** 5. et **f.** 6. et **d.**

EXERCICE 2

Énoncé

Compléter les résolutions d'équations suivantes.

1. $11x + 4 = 5x - 8$

$11x + 4 \dots = 5x - 8 \dots$

$6x + 4 = -8$

$6x + 4 \dots = -8 \dots$

$6x = -12$

$6x \dots = -12 \dots$

$x = -2$

2. $3x - 4 = -2x + 6$

$3x - 4 \dots = -2x + 6 \dots$

$5x - 4 = 6$

$5x - 4 \dots = 6 \dots$

$5x = 10$

$5x \dots = 10 \dots$

$x = 2$

Résolution

1. $11x + 4 = 5x - 8$

$11x + 4 \mathbf{- 5x} = 5x - 8 \mathbf{- 5x}$

$6x + 4 = -8$

$6x + 4 \mathbf{- 4} = -8 \mathbf{- 4}$

$6x = -12$

$\frac{6x}{\mathbf{6}} = \frac{-12}{\mathbf{6}}$

$x = -2$

2. $3x - 4 = -2x + 6$

$3x - 4 \mathbf{+ 2x} = -2x + 6 \mathbf{+ 2x}$

$5x - 4 = 6$

$5x - 4 \mathbf{+ 4} = 6 \mathbf{+ 4}$

$5x = 10$

$\frac{5x}{\mathbf{5}} = \frac{10}{\mathbf{5}}$

$x = 2$

EXERCICE 3

Énoncé

Résoudre les équations suivantes.

1. $7x - 9 = 4x$

2. $2x - 4 = 3x + 4$

Résolution

1. $7x - 9 = 4x$

$7x - 9 \mathbf{- 7x} = 4x \mathbf{- 7x}$

$-9 = \mathbf{- 3x}$

$\frac{-9}{\mathbf{-3}} = \frac{-3x}{\mathbf{-3}}$

$3 = x$

La solution de l'équation est 3.

2. $2x - 4 = 3x + 4$

$2x - 4 \mathbf{- 3x} = 3x + 4 \mathbf{- 3x}$

$-x - 4 = 4$

$-x - 4 \mathbf{+ 4} = 4 \mathbf{+ 4}$

$-x = 8$

$x = -8$

La solution de l'équation est – 8.

Résoudre une équation se ramenant à une équation du premier degré

COURS

● En utilisant le **calcul littéral**, on peut ramener la résolution de certaines équations à celle d'une équation du premier degré.

Exemple :

$(x-3)(2x-8)=2x(x-2)$

$x\times 2x+x\times(-8)-3\times 2x-3\times(-8)=2x\times x+2x\times(-2)$

$2x^2-8x-6x+24=2x^2-4x$

$2x^2-14x+24=2x^2-4x$

$2x^2-14x+24\mathbf{-2x^2}=2x^2-4x\mathbf{-2x^2}$

$-14x+24=-4x$

$-14x+24\mathbf{+14x}=-4x\mathbf{+14x}$

$24=10x$

$\frac{24}{\mathbf{10}}=\frac{10x}{\mathbf{10}}$

$2{,}4=x$

La solution de l'équation est 2,4.

EXERCICE 1

Énoncé

Résoudre les équations suivantes.

1. $-3x+6=7(x-2)$

2. $8x-(8+2x)=3(x+4)$

3. $4x^2-6x+20=4x(4+x)$

4. $13-(-2x+6)=7x-8$

Résolution

1. $-3x+6=7(x-2)$

$-3x+6=7\times x+7\times(-2)$

$-3x+6=7x-14$

$-3x+6\mathbf{-7x}=7x-14\mathbf{-7x}$

$-10x+6=-14$

$-10x+6\mathbf{-6}=-14\mathbf{-6}$

$-10x=-20$

2. $8x-(8+2x)=3(x+4)$

$8x-8-2x=3\times x+3\times 4$

$6x-8=3x+12$

$6x-8\mathbf{-3x}=3x+12\mathbf{-3x}$

$3x-8=12$

$3x-8\mathbf{+8}=12\mathbf{+8}$

$3x=20$

$\frac{-10x}{\mathbf{-10}} = \frac{-20}{\mathbf{-10}}$
$x = 2$

La solution de l'équation est 2.

$\frac{3x}{\mathbf{3}} = \frac{20}{\mathbf{3}}$
$x = \frac{20}{3}$

La solution de l'équation est $\frac{20}{3}$.

3. $4x^2 - 6x + 20 = 4x(4 + x)$
$4x^2 - 6x + 20 = 4x \times 4 + 4x \times x$
$4x^2 - 6x + 20 = 16x + 4x^2$
$4x^2 - 6x + 20 \mathbf{- 4x^2} = 16x + 4x^2 \mathbf{- 4x^2}$
$-6x + 20 = 16x$
$-6x + 20 \mathbf{+ 6x} = 16x \mathbf{+ 6x}$
$20 = 22x$
$\frac{20}{\mathbf{22}} = \frac{22x}{\mathbf{22}}$
$\frac{10}{\mathbf{11}} = x$

La solution de l'équation est $\frac{10}{11}$.

4. $13 - (-2x + 6) = 7x - 8$
$13 + 2x - 6 = 7x - 8$
$7 + 2x = 7x - 8$
$7 + 2x \mathbf{- 7x} = 7x - 8 \mathbf{- 7x}$
$7 - 5x = -8$
$7 - 5x \mathbf{- 7} = -8 \mathbf{- 7}$
$-5x = -15$
$\frac{-5x}{\mathbf{-5}} = \frac{-15}{\mathbf{-5}}$
$x = 3$

La solution de l'équation est 3.

EXERCICE 2

Énoncé

Résoudre les équations suivantes.

1. $(4x + 1)(2x - 1) = 8x^2 - 6x$

2. $x^2 + 25 = (6 - x)^2 + 9$

Résolution

1. $(4x + 1)(2x - 1) = 8x^2 - 6x$
$8x^2 - 4x + 2x - 1 = 8x^2 - 6x$
$8x^2 - 2x - 1 = 8x^2 - 6x$
$8x^2 - 2x - 1 \mathbf{- 8x^2} = 8x^2 - 6x \mathbf{- 8x^2}$
$-2x - 1 = -6x$
$-2x - 1 \mathbf{+ 2x} = -6x \mathbf{+ 2x}$
$-1 = -4x$
$\frac{-1}{\mathbf{-4}} = \frac{-4x}{\mathbf{-4}}$
$\frac{1}{4} = x$

La solution de l'équation est $\frac{1}{4}$.

2. $x^2 + 25 = (6 - x)^2 + 9$
$x^2 + 25 = 36 - 12x + x^2 + 9$
$x^2 + 25 = 45 - 12x + x^2$
$x^2 + 25 \mathbf{- x^2} = 45 - 12x + x^2 \mathbf{- x^2}$
$25 = 45 - 12x$
$25 \mathbf{- 45} = 45 - 12x \mathbf{- 45}$
$-20 = -12x$
$\frac{-20}{\mathbf{-12}} = \frac{-12x}{\mathbf{-12}}$
$\frac{5}{3} = x$

La solution de l'équation est $\frac{5}{3}$.

Modéliser une situation par une équation du premier degré

COURS

● Pour être résolus, certains problèmes peuvent être modélisés par une équation. La résolution du problème suit alors les quatre étapes :

1. Choix de l'inconnue
2. Mise en équation
3. Résolution de l'équation
4. Interprétation de la solution de l'équation

Exemple :

Où faut-il placer le point M sur le segment [AB] pour que le carré et le triangle équilatéral ci-contre aient le même périmètre ?

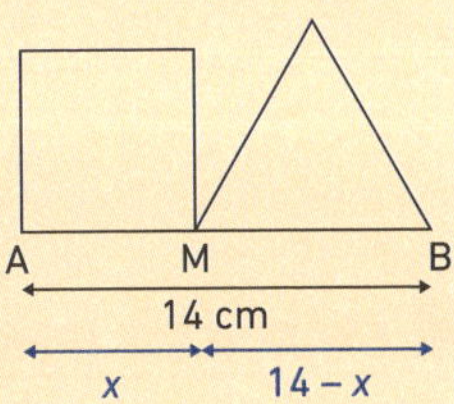

1. On note $\boldsymbol{x}$ la longueur AM.

2. Le périmètre du carré est $4x$. La longueur MB est égale à $\boldsymbol{14 - x}$ donc le périmètre du triangle équilatéral est $3(14 - x)$.

Pour que les périmètres du carré et du triangle équilatéral soient égaux, il faut que $4x = 3(14 - x)$.

3. $4x = 3(14 - x)$

$4x = 3 \times 14 + 3 \times (-x)$

$4x = 42 - 3x$

$4x + \mathbf{3x} = 42 - 3x + \mathbf{3x}$

$7x = 42$

$\dfrac{7x}{\mathbf{7}} = \dfrac{42}{\mathbf{7}}$

$x = 6$

La solution de l'équation est 6.

4. Il faut placer le point M à 6 cm du point A sur le segment [AB].

EXERCICE 1

Énoncé

Sur le schéma ci-contre, le nombre écrit sur une brique du mur est la somme des nombres des deux briques se trouvant sous elle.

Quel même nombre peut-on écrire sur les trois briques jaunes pour que le nombre au sommet du mur soit égal à la somme des nombres de la première ligne de briques ?

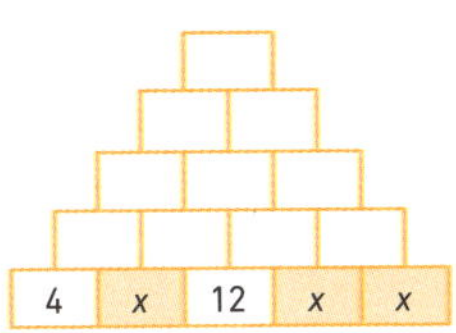

Résolution

1. Soit x le même nombre se trouvant dans les briques jaunes.

2. On peut écrire sur chaque brique du mur :

La somme des nombres de la première ligne du mur est $4 + x + 12 + x + x = 3x + 16$.

On peut donc résoudre l'équation $9x + 76 = 3x + 16$ pour trouver le nombre à écrire sur les briques jaunes.

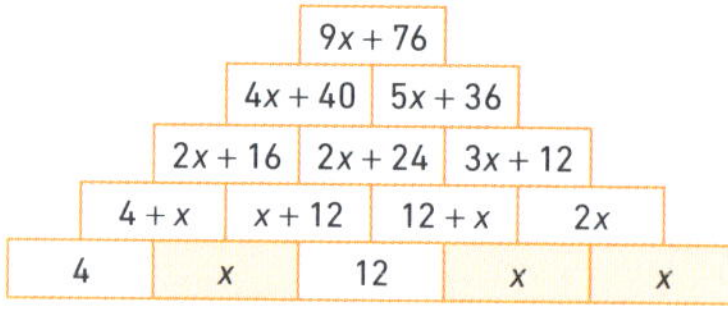

3. $9x + 76 = 3x + 16$

$9x + 76 \mathbf{- 3x} = 3x + 16 \mathbf{- 3x}$

$6x + 76 = 16$

$6x + 76 \mathbf{- 76} = 16 \mathbf{- 76}$

$6x = -60$

$\frac{6x}{\mathbf{6}} = \frac{-60}{\mathbf{6}}$

$x = -10$

La solution de l'équation est -10.

4. Il faut écrire -10 sur les briques jaunes pour que le nombre au sommet du mur soit égal à la somme des nombres de la première ligne de briques.

EXERCICE 2 (Pondichéry 2015)

Énoncé

Trois triangles équilatéraux identiques sont découpés dans les coins d'un triangle équilatéral de côté 6 cm. La somme des périmètres des trois petits triangles est égale au périmètre de l'hexagone jaune restant. Quelle est la mesure du côté des petits triangles ?

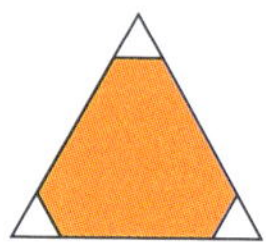

Résolution

1. Soit x la longueur du côté des petits triangles.

2. Le périmètre d'un des petits triangles est $3x$ donc la somme des périmètres des trois petits triangles est $3 \times 3x = 9x$.

L'hexagone a trois côtés qui mesurent x cm et trois autres qui mesurent $6 - 2x$ cm donc son périmètre est :

$3x + 3 \times (6 - 2x) = 3x + 3 \times 6 + 3 \times (-2x) = 3x + 18 - 6x = 18 - 3x$

On peut donc résoudre l'équation $9x = 18 - 3x$ pour trouver la longueur du côté des petits triangles.

3. $9x = 18 - 3x$

$9x \mathbf{+ 3x} = 18 - 3x \mathbf{+ 3x}$

$12x = 18$

$\frac{12x}{\mathbf{12}} = \frac{18}{\mathbf{12}}$

$x = 1{,}5$

La solution de l'équation est 1,5.

4. La mesure du côté des petits triangles est 1,5 cm.

Résoudre une inéquation du premier degré

COURS

● Une **inéquation d'inconnue x** est une **inégalité** qui peut être vraie ou fausse selon les valeurs de x.

Exemples : $2x - 7 < -4x + 5$ et $5 \times (2x - 3) \geqslant 3x + 2$ sont des inéquations d'inconnue x.

● **Résoudre une inéquation**, c'est trouver toutes les valeurs de l'inconnue qui rendent l'inégalité vraie. Ces valeurs sont appelées les **solutions de l'inéquation**.

Exemple :
Si $x = 1$ alors $2x - 7 = 2 \times 1 - 7 = -5$ et $-4x + 5 = -4 \times 1 + 5 = 1$ donc $2x - 7 < -4x + 5$. Ainsi, 1 est une solution de l'inéquation $2x - 7 < -4x + 5$.

● On ne change pas les solutions d'une équation quand on **additionne ou soustrait un même nombre** dans ses deux membres.

On ne change pas les solutions d'une inéquation quand on **multiplie ou divise ses deux membres** :
– par **un même nombre strictement positif en conservant le sens de l'inégalité** ;
– par **un même nombre strictement négatif en changeant le sens de l'inégalité**.

Exemples :

$2x - 7 < -4x + 5$
$2x - 7 \mathbf{- 2x} < -4x + 5 \mathbf{- 2x}$
$-7 < -6x + 5$
$-7 \mathbf{- 5} < -6x + 5 \mathbf{- 5}$
$-12 < -6x$
$\dfrac{-12}{\mathbf{-6}} > \dfrac{-6x}{\mathbf{-6}}$
$-2 > x$

$\dfrac{x}{2} + 1 \geqslant 4$
$\dfrac{x}{2} + 1 \mathbf{- 1} \geqslant 4 \mathbf{- 1}$
$\dfrac{x}{2} \geqslant 3$
$\mathbf{2} \times \dfrac{x}{2} \geqslant \mathbf{2} \times 3$
$x \geqslant 6$

EXERCICE 1

Énoncé

Sans les résoudre, entourer les nombres qui sont solutions des inéquations suivantes.

1.	$8 - x \leqslant 7$	7	3	1	-3
2.	$-4x \geqslant 16$	0	-2	-4	-7
3.	$7x - 3 < 18$	5	3	0	-2
4.	$5x - 8 > 7x + 2$	2	-3	-5	-6

Résolution

1. 7 ; 3 ; 1 **2.** -4 ; -7 **3.** 0 ; -2 **4.** -6

EXERCICE 2

Énoncé

Résoudre les inéquations suivantes.

1. $8x > 5x - 9$ **2.** $-x - 5 \geqslant 13$ **3.** $4x - 7 > 8x + 9$

4. $7x + 7 \leqslant 2x - 3$ **5.** $\frac{2x}{3} - 1 \geqslant 5$ **6.** $2(-x + 2) < x - 5$

Résolution

1. $8x > 5x - 9$

$8x - \mathbf{5x} > 5x - 9 - \mathbf{5x}$

$3x > -9$

$\frac{3x}{\mathbf{3}} > \frac{-9}{\mathbf{3}}$

$x > -3$

2. $-x - 5 \geqslant 13$

$-x - 5 + \mathbf{5} \geqslant 13 + \mathbf{5}$

$-x \geqslant 18$

$x \leqslant -18$

3. $4x - 7 > 8x + 9$

$4x - 7 - \mathbf{8x} > 8x + 9 - \mathbf{8x}$

$-4x - 7 > 9$

$-4x - 7 + \mathbf{7} > 9 + \mathbf{7}$

$-4x > 16$

$\frac{-4x}{\mathbf{-4}} < \frac{16}{\mathbf{-4}}$

$x < -4$

4. $7x + 7 \leqslant 2x - 3$

$7x + 7 - \mathbf{2x} \leqslant 2x - 3 - \mathbf{2x}$

$5x + 7 \leqslant -3$

$5x + 7 - \mathbf{7} \leqslant -3 - \mathbf{7}$

$5x \leqslant -10$

$\frac{5x}{\mathbf{5}} \leqslant \frac{-10}{\mathbf{5}}$

$x \leqslant -2$

5. $\frac{2x}{3} - 1 \geqslant 5$

$\frac{2x}{3} - 1 + \mathbf{1} \geqslant 5 + \mathbf{1}$

$\frac{2x}{3} \geqslant 6$

$\frac{2x}{3} \times \mathbf{3} \geqslant 6 \times \mathbf{3}$

$2x \geqslant 18$

$\frac{2x}{\mathbf{2}} \geqslant \frac{18}{\mathbf{2}}$

$x \geqslant 9$

6. $2(-x + 2) < x - 5$

$2 \times (-x) + 2 \times 2 < x - 5$

$-2x + 4 < x - 5$

$-2x + 4 - \mathbf{x} < x - 5 - \mathbf{x}$

$-3x + 4 < -5$

$-3x + 4 - \mathbf{4} < -5 - \mathbf{4}$

$-3x < -9$

$\frac{-3x}{\mathbf{-3}} > \frac{-9}{\mathbf{-3}}$

$x > 3$

Modéliser une situation par une inéquation du premier degré

COURS

De même que pour les équations, pour être résolus, certains problèmes peuvent être modélisés par une inéquation. La résolution du problème suit également les quatre étapes :

1. Choix de l'inconnue
2. Mise en inéquation
3. Résolution de l'inéquation
4. Interprétation de la solution de l'inéquation

Exemple : Un cuisiniste propose deux possibilités de rémunération mensuelle à ses commerciaux :
Proposition 1 : 1 500 € bruts auxquels s'ajoutent 5 % du montant des ventes réalisées.
Proposition 2 : 1 950 € bruts auxquels s'ajoutent 2 % du montant des ventes réalisées.
À partir de quel montant de ventes un commercial a-t-il intérêt à choisir la première proposition de rémunération ?

1. Soit x le montant des ventes réalisées par le commercial.

2. Avec la proposition 1, le commercial touche $1\,500 + 0{,}05x$ € par mois.
Avec la proposition 2, le commercial touche $1\,950 + 0{,}02x$ € par mois.
La proposition 1 est plus intéressante que la proposition 2 si le salaire perçu est plus élevé donc si $1\,500 + 0{,}05x > 1\,950 + 0{,}02x$.

3. $1\,500 + 0{,}05x > 1\,950 + 0{,}02x$
$1\,500 + 0{,}05x \mathbf{- 0{,}02x} > 1\,950 + 0{,}02x \mathbf{- 0{,}02x}$
$1\,500 + 0{,}03x > 1\,950$
$1\,500 + 0{,}03x \mathbf{- 1500} > 1\,950 \mathbf{- 1500}$
$0{,}03x > 450$
$\dfrac{0{,}03x}{\mathbf{0{,}03}} > \dfrac{450}{\mathbf{0{,}03}}$
$x > 15\,000$

4. Il faut que le commercial réalise au minimum 15 000 € de ventes pour que la proposition 1 soit plus avantageuse.

EXERCICE 1

Énoncé

Un cinéma propose deux tarifs à ses spectateurs :

- Tarif Famille : la place coûte 6,50 €.
- Tarif Passion : après avoir payé une adhésion annuelle de 18 €, la place coûte 5,30 €.

Quel est le nombre minimum de places qu'il faut acheter sur une année pour que le tarif Passion soit plus intéressant que le tarif Famille ?

Résolution

1. Soit x le nombre de places de cinéma achetées.

2. Le prix avec le tarif Famille est $6{,}5x$. Le prix avec le tarif Passion est $18 + 5{,}3x$. Le tarif Passion est plus intéressant que le tarif Famille si $6{,}5x > 18 + 5{,}3x$.

3. $6{,}5x > 18 + 5{,}3x$

$6{,}5x - \mathbf{5{,}3x} > 18 + 5{,}3x - \mathbf{5{,}3x}$

$1{,}2x > 18$

$\frac{1{,}2x}{\mathbf{1{,}2}} > \frac{18}{\mathbf{1{,}2}}$

$x > 15$

4. Il faut acheter au moins 16 places sur une année pour que le tarif Passion soit plus intéressant que le tarif Famille.

EXERCICE 2

Énoncé

Une famille de 4 personnes consomme 20 000 kWh d'électricité par an.

Son fournisseur d'énergie lui propose les tarifs suivants :

	abonnement annuel TTC	prix du kWh TTC - heures pleines	prix du kWh TTC - heures creuses
tarif de base (€)	96,50	0,144 9	
tarif HC/HP (€)	100,51	0,156	0,127

Quelle est la consommation minimale sur ces heures creuses que doit réaliser cette famille pour que le choix du tarif « Heures creuses/Heures pleines » soit rentable ?

Résolution

1. Soit x la consommation annuelle d'électricité en kWh de cette famille sur les heures creuses.

2. Cette famille consomme alors $20\,000 - x$ kWh d'électricité sur les heures pleines. Elle paye $0{,}127x$ € pour sa consommation en heures creuses et $(20\,000 - x) \times 0{,}156$ € pour sa consommation en heures pleines. Le prix total à payer pour sa consommation annuelle est alors $0{,}127x + (20\,000 - x) \times 0{,}156 + 100{,}51$ € puisqu'il faut ajouter l'abonnement annuel.

Si elle choisit le tarif de base, elle paye $96{,}5 + 0{,}144\,9 \times 20\,000$ € par an.

Le tarif « Heures creuses/Heures pleines » est plus intéressant que le tarif de base si $0{,}127x + (20\,000 - x) \times 0{,}156 + 100{,}51 < 96{,}5 + 0{,}144\,9 \times 20\,000$.

3. $0{,}127x + (20\,000 - x) \times 0{,}156 + 100{,}51 < 2\,994{,}5$

$0{,}127x + 20\,000 \times 0{,}156 - x \times 0{,}156 + 100{,}51 < 2\,994{,}5$

$3\,220{,}51 - 0{,}029x < 2994{,}5$

$-0{,}029x < -226{,}01$

$x > \frac{226{,}01}{0{,}029}$

4. $\frac{226{,}01}{0{,}029} \approx 7\,794$ en arrondissant par excès donc la consommation minimale sur ces heures creuses que doit réaliser cette famille pour que le choix du tarif « Heures creuses/Heures pleines » soit rentable est 7 794 kWh.

Notion de fonction, image et antécédent

COURS

● On appelle **fonction** tout processus qui, à un nombre, fait correspondre un autre nombre. Ce processus peut être :
- une formule : expression algébrique ;
- un tableau : **tableau de valeurs** ;
- une courbe : **représentation graphique**.

● Si cette fonction est notée f, elle fait correspondre, au nombre x, appelé la **variable**, le nombre, noté $f(x)$, appelé l'**image de x par la fonction f**.
On dit alors que x est un **antécédent de $f(x)$ par la fonction f** et on note $f : x \mapsto f(x)$ cette fonction.

Exemple :
Le processus qui, à un nombre x, associe $2x + 6$ est une fonction qui est notée $f : x \mapsto 2x + 6$.
L'image de x par cette fonction est $f(x) = 2x + 6$.
$f(1) = 2 \times 1 + 6 = 2 + 6 = 8$ donc l'image de 1 par cette fonction est 8 et 1 est un antécédent de 8 par la fonction f.

EXERCICE 1

Énoncé

Dans chacun des cas suivants, donner une expression de l'image de x par la fonction f.

1. f est la fonction qui, à un nombre x, fait correspondre le double de son carré.

2. Pour convertir en degrés Fahrenheit une température donnée en degrés Celsius, il faut la multiplier par 1,8 puis ajouter 32. f est la fonction qui, à la température x en degré Celsius, fait correspondre la température en degrés Fahrenheit.

3. f est la fonction qui, à la longueur x (en cm) du côté d'un cube, fait correspondre son volume (en cm^3).

4. f est la fonction qui, à un nombre strictement positif x, fait correspondre son inverse.

Résolution

1. $f : x \mapsto 2x^2$ et l'image de x par la fonction f est $f(x) = 2x^2$.

2. $f : x \mapsto 1{,}8x + 32$ et l'image de x par la fonction f est $f(x) = 1{,}8x + 32$.

3. $f : x \mapsto x^3$ et l'image de x par la fonction f est $f(x) = x^3$.

4. $f : x \mapsto \frac{1}{x}$ et l'image de x par la fonction f est $f(x) = \frac{1}{x}$.

EXERCICE 2

Énoncé

On considère la fonction $f : x \mapsto -4x + 3$.

1. Calculer $f(-1)$.

2. Quelle est l'image de 5 par la fonction f ?

3. Résoudre l'équation $f(x) = 23$.

4. Quel est l'antécédent de -7 par la fonction f ?

Résolution

1. $f(-1) = -4 \times (-1) + 3 = 4 + 3 = 7$. L'image de -1 par la fonction f est 7.

2. $f(5) = -4 \times 5 + 3 = -20 + 3 = -17$. L'image de 5 par la fonction f est -17.

3. $f(x) = 23$

$-4x + 3 = 23$

$-4x = 23 - 3$

$-4x = 20$

$x = \frac{20}{-4} = -5$

La solution de l'équation est -5.

4. $f(x) = -7$

$-4x + 3 = -7$

$-4x = -7 - 3$

$-4x = -10$

$x = \frac{-10}{-4} = 2{,}5$

L'antécédent de -7 par la fonction f est 2,5.

EXERCICE 3

Énoncé

On considère la fonction g qui, à la longueur x (en m), fait correspondre l'aire (en m^2) du rectangle ci-contre.

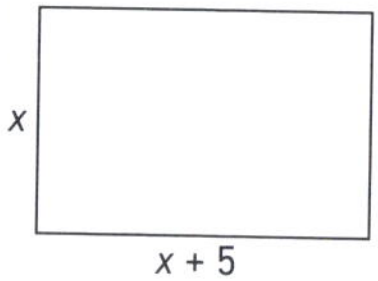

1. Déterminer l'expression de $g(x)$.

2. Quelle est l'image de 8 par la fonction g ?

3. 7,5 est-il un antécédent de 94 par la fonction g ?

Résolution

1. $g(x)$ est l'aire du rectangle donc c'est le produit de la largeur du rectangle par sa longueur. Ainsi, $g(x) = x(x + 5)$.

2. $g(8) = 8 \times (8 + 5) = 8 \times 13 = 104$. L'image de 8 par la fonction g est 104.

3. $g(7{,}5) = 7{,}5 \times (7{,}5 + 5) = 7{,}5 \times 12{,}5 = 93{,}75$.

Ainsi, 7,5 n'est pas un antécédent de 94 par la fonction g.

Tableau de valeurs d'une fonction

COURS

- Une fonction peut être donnée par un **tableau de valeurs**.

Dans ce cas, les antécédents figurent sur la première ligne du tableau et les images correspondantes figurent sur la seconde ligne.

Exemple :

antécédent →	**x**	-1	0	1	2	3	4	5
image →	**$f(x)$**	4	1	2	7	16	29	46

EXERCICE 1

Énoncé

On considère la fonction g dont un tableau de valeurs est donné ci-après.

x	-3	-2	-1	0	1	2	3
$g(x)$	3	1	-2	-4	-3	-2	0

1. Quelle est l'image de 0 par la fonction g ?
2. Quel est l'antécédent de -3 par la fonction g ?
3. Quelle est la valeur de $g(3)$?
4. Quelles sont les valeurs de x pour lesquelles $g(x) = -2$?

Résolution

1. L'image de 0 par la fonction g est -4.
2. L'antécédent de -3 par la fonction g est 1.
3. $g(3) = 0$.
4. Les valeurs de x pour lesquelles $g(x) = -2$ sont -1 et 2.

EXERCICE 2

Énoncé

Saïd a écrit le programme ci-après.

1. Expliquer le rôle de ce programme à l'aide d'une fonction f que l'on précisera.

2. Compléter un tableau de valeurs de la fonction f à partir des valeurs obtenues à l'exécution du programme.

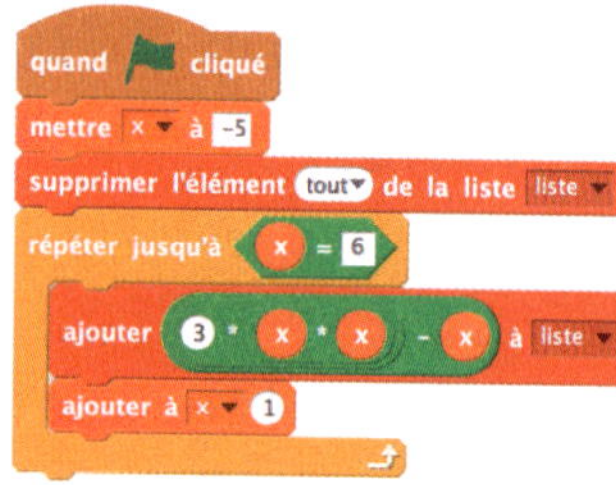

Résolution

1. Ce programme écrit dans la liste nommée « liste » les images par la fonction $x \mapsto 3x^2 - x$ des valeurs de la variable x pour les valeurs entières entre – 5 à 5.

2.

x	– 5	– 4	– 3	– 2	– 1	0	1	2	3	4	5
$f(x)$	80	52	30	14	4	0	2	10	24	44	70

EXERCICE 3 (d'après Asie 2016)

Énoncé

On considère les fonctions f et g définies par $f(x) = 2x + 1$ et $g(x) = x^2 + 4x - 5$.
Léa souhaite étudier les fonctions f et g à l'aide d'un tableur. Elle a donc rempli les formules qu'elle a ensuite « étirées » pour obtenir le calcul de toutes les valeurs. Voici une capture d'écran de son travail :

B3 | fx =B1*B1+4*B1-5

	A	B	C	D	E	F	G	H
1	x	-3	-2	-1	0	1	2	3
2	f(x)	-5	-3	-1	1	3	5	7
3	g(x)	-8		-8	-5	0	7	16
4								

1. Quelle est l'image de 3 par la fonction f ?

2. Calculer le nombre qui doit apparaître dans la cellule C3.

3. Quelle formule Léa a-t-elle saisie dans la cellule B2 ?

4. À l'aide de la copie d'écran et sans justifier, donner une solution de l'inéquation $2x + 1 < x^2 + 4x - 5$.

Résolution

1. L'image de 3 par la fonction f est 7. C'est le nombre écrit en H2.

2. Le nombre qui doit apparaître dans la cellule C3 est l'image de – 2 par la fonction g.

$g(-2) = (-2)^2 + 4 \times (-2) - 5 = 4 - 8 - 5 = -9$

3. Léa a saisi la formule =2*B1+1 dans la cellule B2.

4. Il suffit de chercher les valeurs de x données dans le tableau pour lesquelles $f(x) < g(x)$. On peut donner 2 et 3.

Représentation graphique d'une fonction

COURS

- On appelle **représentation graphique d'une fonction** la courbe constituée de tous les points de coordonnées $(x\ ;\ f(x))$.

Les coordonnées $(x\ ;\ y)$ d'un point de cette représentation graphique vérifient donc l'égalité $y = f(x)$, l'ordonnée y étant l'image $f(x)$ de l'abscisse x par la fonction f.

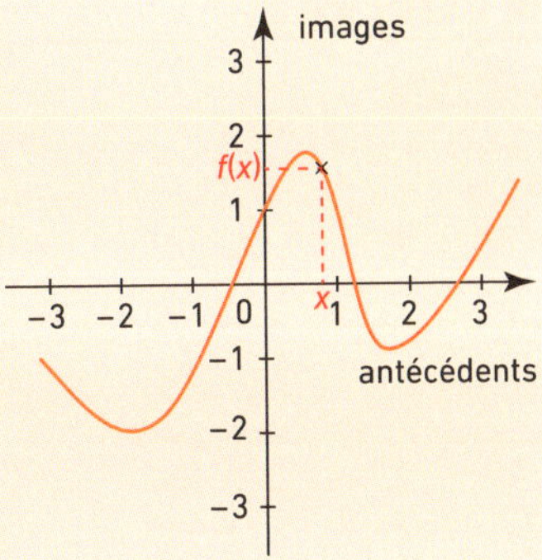

EXERCICE 1

Énoncé

On considère la fonction f dont la représentation graphique est donnée ci-contre.

Répondre aux questions suivantes avec la précision permise par le graphique.

1. Quelle est l'image de -1 par la fonction f ?

2. Quels sont les antécédents de -1 par la fonction f ?

3. Quelle est la valeur de $f(3)$?

4. Combien 2 a-t-il d'antécédents par la fonction f ?

5. Quelles sont les solutions de l'équation $f(x) = 4$?

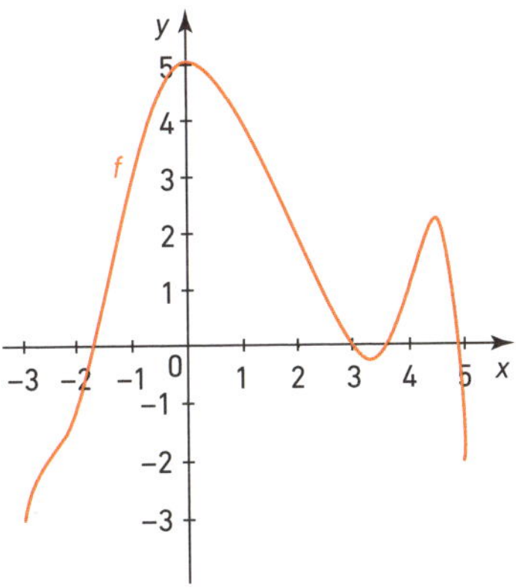

Résolution

1. L'image de – 1 par la fonction f est 3.
2. Les antécédents de – 1 par la fonction f sont – 2 et 4,95.
3. $f(3) = 0$.
4. 2 a quatre antécédents par la fonction f.
5. Les solutions de l'équation $f(x) = 4$ sont – 0,7 et 1.

EXERCICE 2

Énoncé

Dans le repère ci-après, placer les points de la représentation graphique de la fonction $f : x \mapsto x^2 - 4x - 3$ dont les abscisses sont des entiers compris entre – 2 et 6.

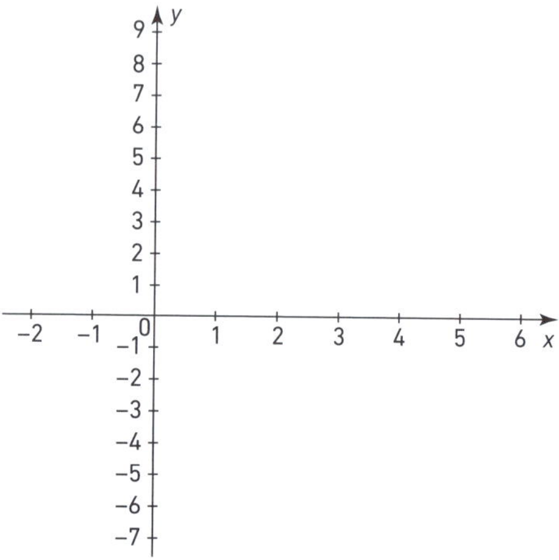

Résolution

On construit un tableau de valeurs de la fonction pour placer ces points, soit en utilisant directement l'outil de la calculatrice, soit en effectuant les calculs.

x	– 2	– 1	0	1	2	3	4	5	6
$f(x)$	9	2	– 3	– 6	– 7	– 6	– 3	2	9

Il reste à placer ces points de coordonnées (x ; $f(x)$) dans le repère.

Modéliser une situation par une fonction

COURS

Modéliser une situation par une fonction, c'est associer à cette situation une fonction qui permettra de la décrire et, le cas échant, de résoudre le problème auquel elle est liée.

EXERCICE 1 (d'après Pondichéry avril 2016)

Énoncé

Lors d'une course en motocross, après avoir franchi une rampe, Gaëtan a effectué un saut record en moto.

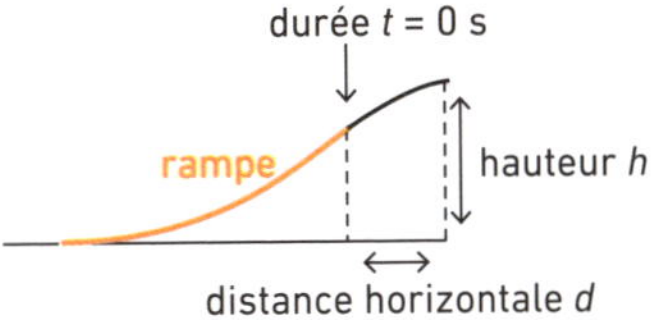

Le saut commence dès que Gaëtan quitte la rampe.

On note t la durée (en secondes) de ce saut.

La hauteur (en mètres) est déterminée en fonction de la durée t par la fonction h suivante :

$h : t \mapsto (-5t - 1{,}35)(t - 3{,}7)$

La courbe représentative de cette fonction h est donnée ci-contre.

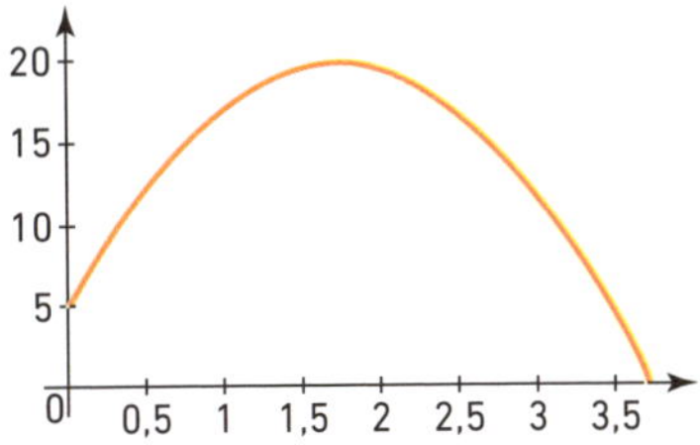

Les affirmations suivantes sont-elles vraies ou fausses ? Justifier en utilisant soit le graphique soit des calculs.

1. Lorsqu'il quitte la rampe, Gaëtan est à 3,8 m de hauteur.
2. Le nombre 3,5 est un antécédent du nombre 3,77 par la fonction h.
3. Gaëtan a obtenu la hauteur maximale avant 1,5 seconde.

Résolution

1. Faux. En lisant l'ordonnée du point d'abscisse 0 de la représentation graphique de la fonction h, on peut estimer que $h(0) = 5$.

Par le calcul, $h(0) = (-5 \times 0 - 1{,}35)(0 - 3{,}7) = -1{,}35 \times (-3{,}7) = 4{,}995$

Lorsqu'il quitte la rampe, Gaëtan est donc à 4,995 m de hauteur.

2. Vrai. $h(3{,}5) = (-5 \times 3{,}5 - 1{,}35)(3{,}5 - 3{,}7) = -18{,}85 \times (-0{,}2) = 3{,}77$
L'image de 3,5 par la fonction h est 3,77 donc le nombre 3,5 est un antécédent du nombre 3,77 par la fonction h.

3. Faux. D'après la représentation graphique de la fonction h, Gaëtan a obtenu la hauteur maximale aux environs de 1,75 seconde.

EXERCICE 2

Énoncé

Armel est vendeur de beignets sur les plages pendant l'été. Il vend 150 beignets par jour, généralement à 2 € pièce.

Il a cependant constaté qu'à chaque fois qu'il baisse le prix de ses beignets de 0,05 €, il en vend 5 de plus. Aidons-le à optimiser sa recette journalière.

1. Quelle est actuellement sa recette journalière ?

2. On note R la fonction qui, à la réduction x du prix de ses beignets en €, associe la recette journalière en €. Justifier que $R(x) = (2 - x)(150 + 100x)$.

3. En utilisant la calculatrice, un tableur ou un grapheur, déterminer la valeur de la réduction pour laquelle Armel rend maximale sa recette journalière.

Résolution

1. Il vend actuellement 150 beignets par jour à 2 euros pièce donc il gagne $150 \times 2 = 300$ euros par jour.

2. S'il fait subir une réduction de x € au prix unitaire de ses beignets, chaque beignet coûte alors $2 - x$ €. À chaque réduction de 0,05 €, il vend 5 beignets de plus donc pour une réduction de x euros, il vend $100x$ beignets de plus. Il en vend donc $150 + 100x$ en tout. La recette est le produit de $2 - x$ et $150 + 100x$ donc $R(x) = (2 - x)(150 + 100x)$.

3. Ci-dessous l'image d'une feuille de calcul permettant de déterminer la recette maximale. On a saisi 0 dans la cellule B1 et la formule =B1+0,05 dans la cellule C1. Cette formule a été ensuite copiée vers la droite. Dans la cellule B2 a été saisie puis copiée vers la droite la formule =(2-B1)*(150+100*B1). On observe que la recette journalière maximale est obtenue pour une réduction de 0,25 € sur le prix des beignets. Elle est alors de 306,25 €.

	A	B	C	D	E	F	G	H	I	J	K	L
1	Réduction en euros	0	0,05	0,1	0,15	0,2	0,25	0,3	0,35	0,4	0,45	0,5
2	Recette en euros	300	302,25	304	305,25	306	306,25	306	305,25	304	302,25	300

On peut effectuer un travail équivalent en utilisant un tableau de valeurs fourni par la calculatrice. On peut également tracer la représentation graphique de la fonction R sur un grapheur (Geogebra par exemple).

Fonction linéaire

COURS

● Soit **a** un nombre. On appelle **fonction linéaire de coefficient a** la fonction qui, à un nombre x, fait correspondre le nombre ax. On note $x \mapsto ax$ cette fonction.

● Dans le cas d'une fonction linéaire de coefficient **a**, les images sont proportionnelles aux antécédents et le coefficient de proportionnalité est **a**. Réciproquement, toute situation de proportionnalité peut être modélisée par une fonction linéaire.

Exemple :

Le périmètre d'un carré est proportionnel à la longueur de son côté. Le coefficient de proportionnalité est **4**.

La fonction linéaire P de coefficient **4** qui, à la longueur x du côté d'un carré fait correspondre son périmètre, modélise cette situation. Le tableau de valeurs suivant est donc un tableau de proportionnalité.

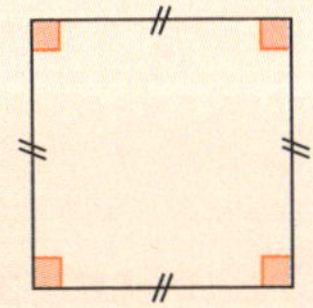

x	0	0,5	1	1,5	2	2,5	3
$P(x)$	0	2	4	6	8	10	12

(× 4)

EXERCICE 1

Énoncé

Dans chacun des cas suivants, donner l'expression algébrique de la fonction linéaire qui modélise la situation.

1. Au marché, les tomates sont vendues 3,20 € le kilogramme. Donner l'expression algébrique de la fonction qui, à la masse x de tomates achetées (en kg), associe le prix à payer (en €).

2. Un cycliste roule à la vitesse constante de 35 km/h. Donner l'expression algébrique de la fonction qui, au temps t de parcours (en h), associe la distance parcourue (en km/h).

Résolution

1. $x \mapsto 3{,}2x$.

2. $t \mapsto 35t$.

EXERCICE 2

Énoncé

Soit f la fonction linéaire $x \mapsto -3x$.

1. Calculer l'image de 4 par la fonction f.

2. Le point de coordonnées (– 3 ; – 6) appartient-il à la représentation graphique de la fonction f ?

3. Déterminer l'antécédent de – 18 par la fonction f.

Résolution

1. $f(4) = -3 \times 4 = -12$ L'image de 4 par la fonction f est – 12.

2. $f(-3) = -3 \times (-3) = 9$ donc le point de coordonnées (– 3 ; – 6) n'appartient pas à la représentation graphique de la fonction f.

3. $f(x) = -18$

$-3x = -18$

$\frac{-3x}{-3} = \frac{-18}{-3}$

$x = 6$

L'antécédent de – 18 par la fonction f est 6.

EXERCICE 3

Énoncé

Sur Terre, le poids d'un objet, exprimé en Newton (N) est proportionnel à sa masse exprimée en kg. Le coefficient de proportionnalité est appelé l'accélération de la pesanteur et est environ égal à 9,81 (m/s^2).

On note P la fonction qui, à une masse m en kg, associe son poids en Newton.

1. Déterminer l'expression de $P(m)$ en fonction de m.

2. Calculer l'image de 74 par la fonction P.

3. Déterminer l'antécédent de 29 430 par la fonction P.

4. Que signifient en pratique les résultats trouvés aux questions **2.** et **3.** ?

Résolution

1. $P(m) = 9{,}81m$.

2. $P(74) = 9{,}81 \times 74 = 725{,}94$. L'image de 74 par la fonction P est 725,94.

3. $P(m) = 29\,430$

$9{,}81m = 29\,430$

$\frac{9{,}81m}{9{,}81} = \frac{29\,430}{9{,}81}$

$m = 3\,000$

L'antécédent de 29 430 par la fonction P est 3 000.

4. Le résultat trouvé à la question **2.** signifie qu'un objet ayant une masse de 74 kg a un poids de 725,94 N sur Terre. Le résultat trouvé à la question **3.** signifie qu'un objet ayant un poids de 29 430 N sur Terre a une masse de 3 000 kg soit 3 tonnes.

Fonction affine

COURS

Soit a et b deux nombres.

On appelle **fonction affine** toute fonction qui, à un nombre x, fait correspondre le nombre $ax + b$. On note $x \mapsto ax + b$ cette fonction.

Cas particuliers :

Si $b = 0$, la fonction $x \mapsto ax + b$ s'écrit $x \mapsto ax$ donc les fonctions linéaires sont des fonctions affines particulières.

Si $a = 0$, la fonction $x \mapsto ax + b$ s'écrit $x \mapsto b$ et associe toujours à x le même nombre b. Ces fonctions sont donc appelées **fonctions constantes**.

Exemple :

La pression de l'air à la surface des océans est égale à 1,033 kg/cm^2. Cette pression augmente régulièrement, avec la profondeur, de 0,1 kg/cm^2 tous les mètres.

La fonction qui, à la profondeur x en mètres, fait correspondre la pression de l'eau en kg/cm^2 est la fonction affine $x \mapsto \mathbf{0{,}1}x + \mathbf{1{,}033}$.

EXERCICE 1

Énoncé

Dans chacun des cas suivants, donner l'expression algébrique de la fonction affine qui modélise la situation.

1. Une baignoire contient déjà 20 litres d'eau. Pour la remplir, on ouvre au maximum le robinet qui débite 12 litres par minute. Donner l'expression algébrique de la fonction affine qui, au temps t d'ouverture (en min), associe le volume d'eau dans la baignoire (en L).

2. Une entreprise de plomberie facture 35 € le déplacement et 40 € l'heure de travail, toute heure entamée étant due. Donner l'expression algébrique de la fonction affine qui, au temps t de travail (en h), associe le prix à payer (en €) hors coût éventuel du matériel.

Résolution

1. La baignoire contient déjà 20 L d'eau auxquels s'ajoutent 12 L par minute donc l'expression algébrique de la fonction est $t \mapsto 12t + 20$.

2. L'entreprise facture 35 € auxquels s'ajoutent 40 € par heure de travail donc l'expression algébrique de la fonction est $t \mapsto 35t + 40$.

EXERCICE 2

Énoncé

f est la fonction affine définie par $f(x) = 2x - 9$.

1. Calculer $f(-4)$.

2. Le point de coordonnées (1,5 ; − 6) appartient-il à la représentation graphique de la fonction f ?

3. Déterminer l'antécédent de 11 par la fonction f.

Résolution

1. $f(-4) = 2 \times (-4) - 9$

$= -8 - 9 = -17$

L'image de − 4 par la fonction g est − 17.

2. $f(1,5) = 2 \times 1,5 - 9$

$= 3 - 9 = -6$

donc le point de coordonnées (1,5 ; − 6) appartient à la représentation graphique de la fonction f.

3. $f(x) = 11$

$2x - 9 = 11$

$2x - 9 + 9 = 11 + 9$

$2x = 20$

$\frac{2x}{2} = \frac{20}{2}$

$x = 10$

L'antécédent de 11 par la fonction f est 10.

EXERCICE 3

Énoncé

Tom, le taxi parisien, applique le tarif suivant de 10 h à 17 h du lundi au samedi : 2,60 € pour la prise en charge puis 1,06 € par kilomètre parcouru.
On note C la fonction qui, à la distance x parcourue (en km), associe le prix à payer (en €).

1. Déterminer l'expression de $C(x)$ en fonction de x.

2. Quel est le prix à payer pour une course de 12,5 km ?

3. Quelle distance a-t-on parcouru si on a payé 26,98 € ?

Résolution

1. Le fait de monter dans le taxi coûte 2,6 € auxquels s'ajoutent 1,06 € par kilomètre parcouru donc $C(x) = 1,06x + 2,6$

2. $C(12,5) = 1,06 \times 12,5 + 2,6 = 15,8$

L'image de 12,5 par la fonction C est 15,8. On paye ainsi 15,8 € pour une course de 12,5 km.

3. Soit x la distance parcourue en km. Ainsi, $C(x) = 26,98$

$1,06x + 2,6 = 26,98$

$1,06x + 2,6 - 2,6 = 26,98 - 2,6$

$1,06x = 24,38$

$\frac{1,06x}{1,06} = \frac{24,38}{1,06}$

$x = 23$

L'antécédent de 26,98 par la fonction C est 23. Si on a payé 26,98 €, la distance parcourue durant la course était de 23 km.

Représentation graphique d'une fonction linéaire et d'une fonction affine

COURS

- Dans un repère, la représentation graphique d'une fonction linéaire $x \mapsto ax$ est une **droite**.

Elle **passe par l'origine du repère et le point de coordonnées (1 ; *a*)**.
Le nombre *a* est appelé **coefficient directeur** de cette droite.

- Dans un repère, la représentation graphique d'une fonction affine $x \mapsto ax + b$ est une **droite**.

Elle **passe par le point de coordonnées (0 ; *b*)**
Le nombre *a* est appelé **coefficient directeur** de cette droite et le nombre *b* **ordonnée à l'origine**.

Exemples :

$x \mapsto -2x$

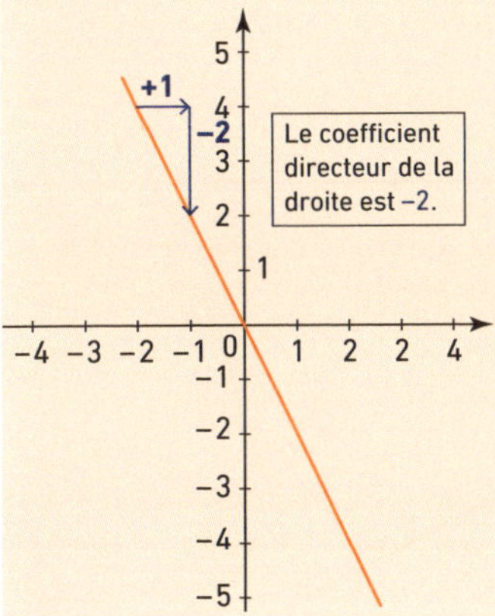

$x \mapsto 4x + 1$

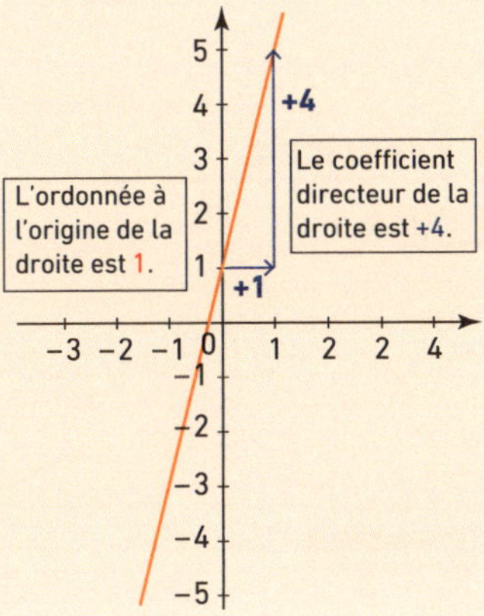

EXERCICE 1

Énoncé

Dans le même repère, tracer les représentations graphiques des fonctions suivantes :

$f : x \mapsto -4x$ $\quad g : x \mapsto 3x + 2$ $\quad h : x \mapsto \frac{1}{3}x$ $\quad k : x \mapsto -2x - 1$

Résolution

On peut, au choix :

– placer deux points de la représentation graphique de chaque fonction en calculant les images de deux nombres par la fonction ;

– utiliser l'ordonnée à l'origine, égale à zéro quand la fonction est linéaire, et le coefficient directeur.

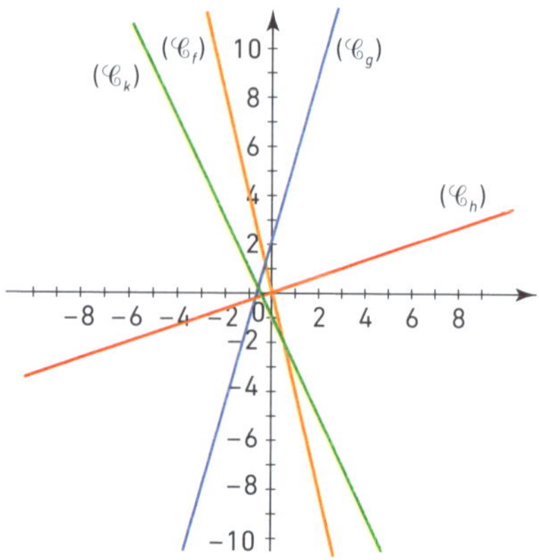

EXERCICE 2

Énoncé

Déterminer graphiquement les expressions algébriques des fonctions f_1, f_2, f_3 et f_4 dont les droites (d_1), (d_2), (d_3) et (d_4) sont les représentations graphiques respectives.

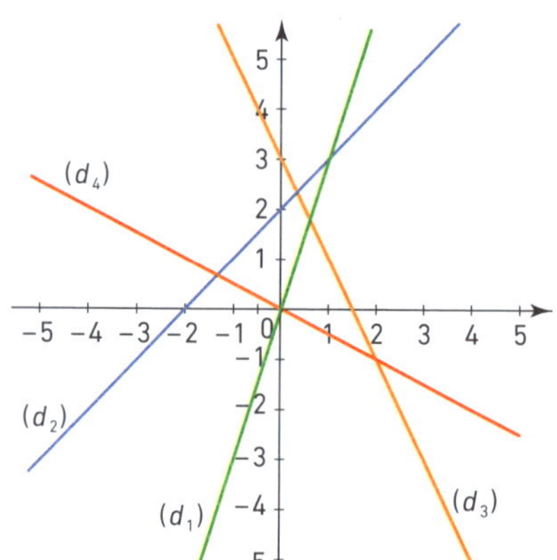

Résolution

Il faut lire, pour chaque droite, l'ordonnée à l'origine et le coefficient directeur.

$f_1 : x \mapsto 3x$

$f_2 : x \mapsto x + 2$

$f_3 : x \mapsto -2x + 3$

$f_4 : x \mapsto -\dfrac{1}{2}x$

Pourcentages et fonctions linéaires

COURS

- Prendre **5** % d'une quantité x revient à la multiplier par $\frac{5}{100} = \mathbf{0{,}05}$.
Cette situation de proportionnalité est modélisée par la fonction linéaire $x \mapsto \mathbf{0{,}05}x$.
- Augmenter une quantité x de **5** % revient à la multiplier par $1 + \frac{5}{100} = 1 + 0{,}05 = \mathbf{1{,}05}$.
Cette situation de proportionnalité est modélisée par la fonction linéaire $x \mapsto \mathbf{1{,}05}x$.
- Diminuer une quantité x de **5** % revient à la multiplier par $1 - \frac{5}{100} = 1 - 0{,}05 = \mathbf{0{,}95}$.
Cette situation de proportionnalité est modélisée par la fonction linéaire $x \mapsto \mathbf{0{,}95}x$.

EXERCICE 1

Énoncé

Compléter le tableau suivant en associant à chaque situation un coefficient multiplicateur et la fonction linéaire qui la modélise.

	coefficient multiplicateur	fonction linéaire
1. Prendre 25 % d'une quantité x.	…………	$x \mapsto$ ……….. x
2. Diminuer de 20 % une quantité x.	…………	$x \mapsto$ ……….. x
3. Augmenter de 18 % une quantité x.	…………	$x \mapsto$ ……….. x

Résolution

1. Prendre 25 % d'une quantité x revient à multiplier cette quantité par $\frac{25}{100} = 0{,}25$. La fonction linéaire qui modélise cette situation est $x \mapsto 0{,}25x$.

2. Diminuer de 20 % une quantité x revient à multiplier cette quantité par $1 - \frac{20}{100} = 0{,}8$. La fonction linéaire qui modélise cette situation est $x \mapsto 0{,}8x$.

3. Augmenter de 18 % une quantité x revient à multiplier cette quantité par $1 + \frac{18}{100} = 1{,}18$. La fonction linéaire qui modélise cette situation est $x \mapsto 1{,}18x$.

EXERCICE 2

Énoncé

En 2012, la part des 12-17 ans équipés d'un smartphone a augmenté d'environ 20 %.

1. Quelle est la fonction linéaire qui modélise cette augmentation ?

2. Au début de l'année 2012, le pourcentage des 12-17 ans qui possédaient un smartphone était de 46 % alors qu'au début de l'année 2015, il était de 81 %. L'augmentation s'est-elle poursuivie, en moyenne, au même rythme que lors de l'année 2012 ?

Résolution

1. Si x désigne la part des 12-17 équipés d'un smartphone, cette fonction linéaire est $x \mapsto 1{,}2x$ car $1{,}2 = 1 + \frac{20}{100}$.

2. En supposant que l'augmentation s'est poursuivie en moyenne au rythme de 20 % par an :

$1{,}2 \times 46 = 55{,}2$ $\quad 1{,}2 \times 55{,}2 = 66{,}24$ $\quad 1{,}2 \times 66{,}24 = 79{,}488$

Successivement en début d'années 2013, 2014 puis 2015, ce pourcentage était de 55,2 %, 66,24 % puis 79,488 %.

Étant donné que 79,488 % est proche de 81 %, on peut donc considérer que l'augmentation s'est poursuivie en moyenne au rythme de 20 % par an.

EXERCICE 3 (Pondichéry avril 2016)

Énoncé

Lors des soldes, Rami, qui accompagne sa mère et s'ennuie un peu, compare trois étiquettes pour passer le temps :

Valeur 120 € Soldé 105 €	Robe rouge 45 € – 30 %	SOLDES **SOLDES** *SOLDES* 25 € – 12,50 €

1. Quel est le plus fort pourcentage de remise ?

2. Est-ce que la plus forte remise en euros est la plus forte en pourcentage ?

Résolution

1. Le plus fort pourcentage de remise est celui de l'étiquette de droite car c'est la moitié du prix, soit 50 %.

2. La remise en euros sur l'étiquette de gauche est $120 - 105 = 15$ €.

Sur l'étiquette centrale, la remise en euros est $\frac{30}{100} \times 45 = 0{,}3 \times 45 = 13{,}5$ €.

Sur l'étiquette de droite, la remise est 12,5 €.

Ainsi, la plus forte remise en euros n'est pas la plus forte en pourcentage.

Moyenne et étendue d'une série statistique

COURS

- La **moyenne** d'une série statistique est égale à la somme des valeurs de la série divisée par l'effectif total.

Pour une même somme de toutes les valeurs d'une série statistique, si toutes les valeurs de la série étaient égales, elles seraient toutes égales à la moyenne.

- L'**étendue** d'une série statistique est la différence entre la plus grande et la plus petite des valeurs de la série.

L'étendue permet d'évaluer la **dispersion** d'une série statistique : plus l'étendue est grande, plus les valeurs de la série sont dispersées.

Exemple :

On considère la série statistique suivante :

5 ; 8 ; 10 ; 10 ; 12 ; 13 ; 14 ; 15 ; 17 ; 17 ; 18

$$\frac{5+8+10+10+12+13+14+15+17+17+18}{11} \approx 12{,}6$$

La moyenne de cette série statistique est environ 12,6.

L'étendue de cette série statistique est $18 - 5 = 13$.

EXERCICE 1

Énoncé

Une cible de tir à l'arc est formée de 10 cercles concentriques numérotés de 1 à 10 points.

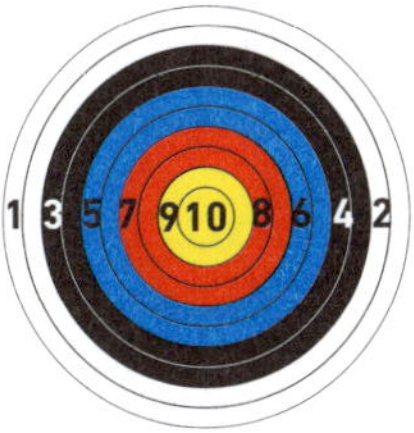

Lors de la finale des Jeux Olympiques de Rio en 2016, le français Jean-Charles Valladont, médaillé d'argent, a atteint les zones indiquées dans le tableau ci-dessous :

zone	8	9	10
effectif	3	6	6

Peut-il être néanmoins satisfait de sa finale sachant que la moyenne de ses tirs lors des matches précédents était d'environ 8,95 points ?

Résolution

$3 + 6 + 6 = 15$. Cet archer a tiré 15 flèches.

$\frac{3\times8+6\times9+6\times10}{15}=9{,}2$. La moyenne de ses tirs est 9,2 donc il a mieux tiré en finale que dans les tours précédents. Il peut donc être satisfait de sa finale.

EXERCICE 2

Énoncé

Des élèves font germer des graines de soja. Le diagramme en bâtons ci-contre donne la taille des 100 plantules obtenues 7 jours après la germination.

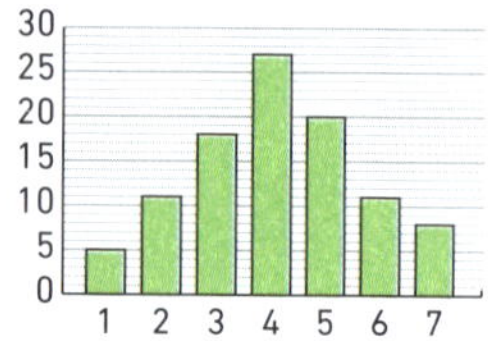

1. Y a-t-il des graines qui n'ont pas germé ?
2. Quelle est la taille moyenne des plantules obtenues ?
3. Quelle est l'étendue de cette série statistique ? À quoi correspond-elle ?

Résolution

1. Toutes les graines ont germé car aucune plantule ne mesure 0 cm.
2. $\frac{5\times1+11\times2+18\times3+27\times4+20\times5+11\times6+8\times7}{100}=4{,}11$

La taille moyenne des plantules obtenues est 4,11 cm.

3. L'étendue de cette série statistique est $7-1=6$ cm. Elle correspond à la différence de taille entre la plus grande plantule et la plus petite.

EXERCICE 3

Énoncé

Le tableau ci-dessous donne la répartition de la population française en classes d'âge pour la France entière en 2015.

âge	$n<20$	$20\leq n<40$	$40\leq n<60$	$60\leq n<80$	$80\leq n<100$	$100\leq n$
effectif (en millions)	15,66	15,48	17,20	12,15	3,77	0,02

Source : Insee

Calculer l'âge moyen arrondi au dixième de la population française en 2015 (on pourra limiter la dernière classe d'âge à 110 ans).

Résolution

$15{,}66+15{,}48+17{,}20+12{,}15+3{,}77+0{,}03=64{,}28$

En 2015, il y avait environ 64,28 millions d'habitants en France.

$\frac{15{,}66\times10+15{,}48\times30+17{,}20\times50+12{,}15\times70+3{,}77\times90+0{,}03\times105}{64{,}28}\approx41{,}6$

En 2015, l'âge moyen de la population française était environ 41,6 ans.

Médiane d'une série statistique

COURS

- Les valeurs d'une série statistique étant **rangées dans l'ordre croissant**, la **médiane** de cette série est une valeur qui partage la série en deux séries de même effectif :

– si la série est d'effectif impair, égal à $2n + 1$, la **médiane** est la $(n + 1)$-ième valeur, c'est-à-dire la valeur rangée au centre de la série ;
– si la série est d'effectif pair, égal à $2n$, la **médiane** est la moyenne des n-ième et $(n + 1)$-ième valeurs, c'est-à-dire la moyenne des deux valeurs rangées au centre de la série.

Exemples :
On considère la série statistique suivante d'effectif impair :
L'effectif est égal à $11 = 2 \times 5 + 1$.

5 ; 8 ; 10 ; 10 ; 12 ; **13** ; 14 ; 15 ; 17 ; 17 ; 18

5 valeurs — 5 valeurs

médiane : **13**

On considère la série statistique suivante d'effectif pair :
L'effectif est égal à $12 = 2 \times 6$.

5 ; 8 ; 10 ; 10 ; 12 ; **13 ; 14** ; 15 ; 17 ; 17 ; 18 ; 19

6 valeurs — 6 valeurs

médiane : $\frac{13 + 14}{2} = 13{,}5$

EXERCICE 1

Énoncé

Le graphique ci-contre montre l'évolution du SMIC horaire brut (en euros) de l'année 2007 à l'année 2016 (source INSEE).
Quelle est la médiane de cette série statistique ?

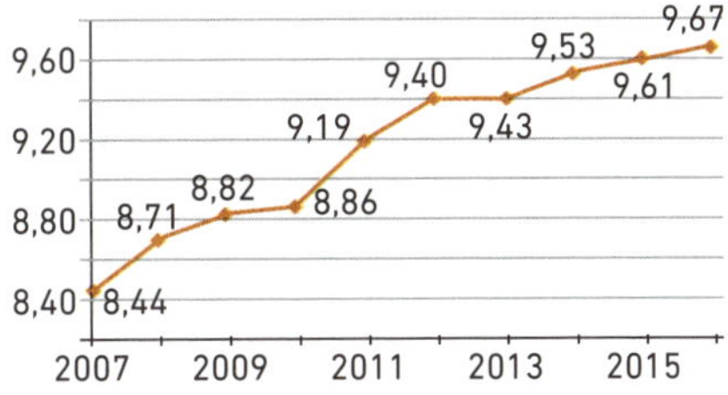

Résolution

L'effectif est pair, égal à 10. La médiane est donc la moyenne des deux valeurs rangées au centre de la série, c'est-à-dire de la 5-ième et de la 6-ième valeur.

$\frac{9,19+9,40}{2} = 9,295$. La médiane de cette série statistique est 9,295 (euros).

EXERCICE 2

Énoncé

Le tableau ci-dessous donne la répartition des médailles d'or par pays médaillés d'or aux Jeux Olympiques de Rio en 2016.

nombre de médailles d'or	46	27	26	19	17	12	10	9	8	7	6	5	4	3	2	1
effectif	1	1	1	1	1	1	1	1	4	2	2	2	3	6	11	21

Quel est le nombre médian de médailles d'or reçues par ces pays ?

Résolution

L'effectif est impair, égal à 59. La médiane est donc la valeur rangée au centre de la série. $59 = 2 \times 29 + 1$, donc c'est la 30-ième valeur de la série.

La médiane est égale à 2.

EXERCICE 3

Énoncé

Le tableau ci-dessous donne la réparation des ménages en France en fonction du nombre de personnes qui les composent.

nombre de personnes du ménage	1	2	3	4	5	6 et plus
nombre de ménages (en milliers)	9 512,2	9 115,7	3 941,4	3 314,7	1 228,8	455,2

Source : INED

Calculer la médiane de cette série statistique et l'interpréter.

Résolution

$9\,512,2 + 9\,115,7 + 3\,941,4 + 3\,314,7 + 1\,228,8 + 455,2 = 27\,568,0$

Il y a 27 568 milliers de ménages en France.

L'effectif de la série est pair. La médiane est donc la moyenne des deux valeurs rangées au centre de la série. Ces deux valeurs sont des 2. La médiane est donc égale à 2. Au moins la moitié des ménages français sont constitués de 2 personnes ou plus.

Étudier une série statistique

COURS

- La **moyenne** et la **médiane** d'une série statistique sont des **caractéristiques de position** : ce sont des valeurs autour desquelles sont positionnées les autres valeurs de la série.

L'**étendue** est une **caractéristique de dispersion** : elle mesure l'éparpillement des valeurs de la série.

Exemple :

La documentaliste d'un collège a calculé que, pour une année scolaire, le nombre moyen de livres empruntés est 15, le nombre médian de livres empruntés est 8 et l'étendue des livres empruntés est 32.

Un élève de ce collège qui a emprunté 10 livres peut donc se dire qu'il emprunte plus de livres qu'au moins 50 % des élèves, puisque la médiane est 8. Dans un même temps, il peut également se dire que si tout le monde empruntait le même nombre de livres, il en emprunterait 5 de plus par an, puisque la moyenne est 15. Enfin, il peut trouver une explication à l'écart important entre le nombre moyen et le nombre médian de livres empruntés par le fait que l'étendue est importante.

EXERCICE 1

Énoncé

Un professeur estime que le temps de réaction à une stimulation augmente quand on écoute de la musique et souhaite le prouver à ses élèves.

Il leur fait donc passer 100 tests de réactivité : 50 sans musique et 50 avec musique.

Les résultats sont représentés ci-contre par un diagramme en bâtons.

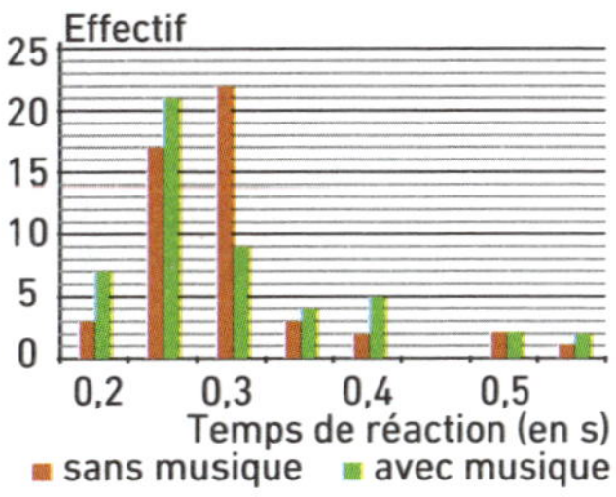

Le professeur a-t-il raison de penser ainsi ?

Résolution

$$\frac{3\times 0{,}2+17\times 0{,}25+\ldots+2\times 0{,}5+1\times 0{,}55}{50}=0{,}297$$

$$\frac{7\times 0{,}2+21\times 0{,}25+\ldots+2\times 0{,}5+2\times 0{,}55}{50}=0{,}297$$

Les temps de réaction moyens sont les mêmes avec ou sans musique.

Les deux séries statistiques sont d'effectifs pairs, égaux à 50. Dans chacun des cas, la médiane est donc la moyenne des deux valeurs rangées au centre de chaque série, c'est-à-dire la moyenne des 25-ième et 26-ième valeurs.

$\frac{0,3+0,3}{2}=0,3$ donc le temps de réaction médian sans musique est 0,3 s.

$\frac{0,25+0,25}{2}=0,25$ donc le temps de réaction médian avec musique est 0,25 s.

Le professeur a donc tort de penser que l'écoute de la musique augmente le temps de réaction.

EXERCICE 2 (d'après Amérique du Sud novembre 2013)

Énoncé

Document 1	Document 2
Le salaire moyen brut[1] des Français s'établissait en 2010 à 2 764 € par mois. *Étude publiée par l'INSEE en juin 2012* (1) *Le salaire moyen brut est le salaire non soumis aux charges*	La population française est estimée en 2010 à 65 millions d'habitants.

Document 3

« Encore un peu moins d'argent dans le porte-monnaie des Français en 2010. Le salaire médian brut est égal à 1 610 € par mois et le niveau de vie des français a baissé par rapport à 2009.
D'ailleurs, le taux de pauvreté enregistré en cette année 2010 est le plus haut jamais observé depuis 1997. Il concerne 8,6 millions de Français qui vivent donc en dessous du seuil de pauvreté évalué à 964 € par mois. »

Extrait d'un reportage diffusé sur BFMTV en septembre 2012

1. En France, le salaire que touche effectivement un employé est égal au salaire brut, diminué de 22 % et est appelé le salaire net. Montrer que le salaire net moyen que percevait un Français en 2010 était de 2 155,92 €.

2. Expliquer à quoi correspond le salaire médian brut.

3. Comparer le salaire médian brut et le salaire moyen brut des Français. Comment peut-on expliquer cette différence ?

Résolution

1. $1-\frac{22}{100}=0,78$. $0,78\times 2\,764=2\,155,92$

Ainsi, le salaire net moyen que percevait un Français en 2010 était 2 155,92 €.

2. Le salaire médian brut est le salaire qui partage la population française en deux séries d'effectifs égaux : au moins la moitié des Français gagne moins de 1 610 € par mois et au moins la moitié gagne plus.

3. $2\,764-1\,610=1\,154$. Le salaire moyen brut était supérieur de 1 154 € au salaire médian brut. Cela s'explique par de fortes disparités salariales en France. Les personnes qui gagnent plus que le salaire moyen brut gagnent pour un grand nombre d'entre elles nettement plus de 2 764 € par mois en 2010.

Expérience aléatoire et événement

COURS

- On appelle **expérience aléatoire** une expérience qui vérifie les deux conditions suivantes :

– plusieurs résultats, appelés issues, sont possibles ;
– on ne peut pas prévoir à l'avance quel en sera le résultat.

Exemple : expérience aléatoire 1

Tirer une boule dans l'urne ci-contre où les boules, numérotées de 1 à 5, sont indiscernables au toucher et observer le nombre obtenu est une expérience aléatoire dont les issues sont 1, 2, 3, 4 et 5.

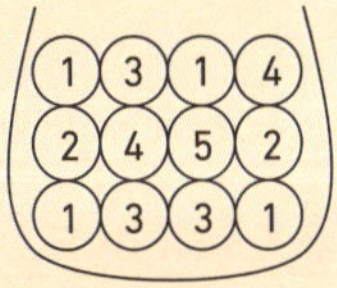

- On appelle **événement** un ensemble d'issues d'une expérience aléatoire.

Exemple : expérience aléatoire 1

« Obtenir un nombre pair » est un événement constitué des issues 2 et 4. « Obtenir un nombre premier » est un événement constitué des issues 2, 3 et 5. « Obtenir un 3 » est un événement constitué de la seule issue 3.

- Un événement est dit **certain** s'il se réalise nécessairement.

Un événement est dit **impossible** s'il ne peut pas se réaliser.
Deux événements sont dits **incompatibles** s'ils ne peuvent pas se réaliser en même temps.

- **L'événement contraire** d'un événement est celui qui se réalise lorsque l'événement n'a pas lieu.

Exemple : expérience aléatoire 1

« Obtenir un nombre positif » et « Obtenir un entier compris entre 1 et 5 » sont des événements certains.
« Obtenir un nombre négatif » et « Obtenir un nombre strictement supérieur à 5 » sont des événements impossibles.
Les événements « Obtenir un nombre pair » et « Obtenir un multiple de 3 » sont incompatibles.
Les événements « Obtenir un nombre pair » et « Obtenir un nombre impair » sont des événements contraires.

EXERCICE 1

Énoncé

Les expériences suivantes sont-elles des expériences aléatoires ? Si c'est le cas, donner toutes les issues.

1. On lance une fléchette sur une cible circulaire puis on observe si la cible est atteinte et en quelle zone.
2. On lance sans viser une pièce de monnaie sur un sol carrelé et on observe si la pièce touche le bord d'un carreau.

Résolution

L'expérience 1. n'est pas une expérience aléatoire car la fléchette n'est pas lancée sans regarder la cible. L'expérience 2. est une expérience aléatoire. Les issues de l'expérience 2. sont « la pièce touche le bord d'un carreau » et « la pièce ne touche pas le bord d'un carreau ».

EXERCICE 2

Énoncé

On lance un dé à 8 faces numérotées de 1 à 8. Pour chacun des événements suivants, citer toutes les issues qui permettent de le réaliser.

1. « Obtenir un nombre pair ».
2. « Obtenir un multiple de 2 ou de 3 ».
3. « Obtenir un nombre premier ».
4. « Obtenir un multiple de 2 et de 3 ».

Résolution

1. Les issues sont 2 ; 4 ; 6 et 8.
2. Les issues sont 2 ; 3 ; 4 ; 6 et 8.
3. Les issues sont 2 ; 3 ; 5 et 7.
4. L'issue est 6.

EXERCICE 3

Énoncé

On tire au hasard une carte dans un jeu de 32 cartes indiscernables au toucher.

1. Les événements « Obtenir un roi » et « Obtenir un carreau » sont-ils incompatibles ?
2. Quel est l'événement contraire de l'événement « Tirer une figure » ?

Résolution

1. Les événements « Obtenir un roi » et « Obtenir un carreau » ne sont pas incompatibles car on peut tirer le roi de carreau.
2. L'événement contraire de l'événement « Tirer une figure » est « Tirer un 7 ou un 8 ou un 9 ou un 10 ou un as ».

Probabilité d'un événement

Vidéo

COURS

- Lorsqu'on répète un très grand nombre de fois une expérience aléatoire, la fréquence de chaque issue se rapproche d'une valeur particulière. Cette valeur est la **probabilité** de cette issue.

Exemple : expérience aléatoire 1 (voir fiche 34)
En répétant 10 000 fois cette expérience aléatoire, on obtient les fréquences suivantes des issues 1, 2, 3, 4 et 5.

issue	1	2	3	4	5
fréquence	0,3363	0,1694	0,2446	0,1667	0,083

Ces fréquences se rapprochent de valeurs théoriques qui peuvent être obtenues par comparaison du nombre de boules de chaque numéro présentes dans l'urne. Ces valeurs sont les probabilités des issues 1, 2, 3, 4 et 5.

issue	1	2	3	4	5
probabilité	$\frac{4}{12}$	$\frac{2}{12}$	$\frac{3}{12}$	$\frac{2}{12}$	$\frac{1}{12}$

- La **probabilité d'un événement A** est égale à la somme des probabilités des issues qui réalisent cet événement. Cette probabilité est notée $p(A)$.

EXERCICE 1

Énoncé

Une bouteille opaque et impossible à ouvrir contient 35 billes qui sont soit bleues soit rouges. Seul un petit trou dans le bouchon permet de voir la couleur d'une seule bille à la fois quand on renverse la bouteille.

Ahmed sait que la bouteille contient 35 billes et, pour connaître la proportion de chaque type de bille, organise, sur plusieurs jours avec ses amis, 10 000 répétitions de l'expérience aléatoire qui consiste à renverser la bouteille et noter la couleur de la bille qu'on voit par le trou du bouchon.

Il a obtenu les fréquences suivantes :

couleur de la bille	Rouge	Bleue
fréquence	0,400 3	0,599 7

1. Quelle estimation du nombre de billes de chaque couleur peut-on faire ?

2. Donner une estimation de la probabilité de tirer une bille rouge et une estimation de la probabilité de tirer une bille bleue.

Résolution

1. $0{,}4003 = \frac{4\,003}{10\,000}$ donc on peut estimer qu'environ $\frac{4\,003}{10\,000}$ième des billes sont rouges. $\frac{4\,003}{10\,000} \times 35 = 14{,}010\,5$ donc il doit y avoir 14 billes rouges dans la bouteille. Il y a donc vraisemblablement 21 billes rouges dans la bouteille.

2. On peut ainsi estimer que la probabilité de tirer une bille rouge est donc $\frac{14}{35}$ et la probabilité de tirer une bille bleue est $\frac{21}{35}$.

EXERCICE 2 (Asie juin 2015)

Énoncé

Un bus transporte des élèves pour une compétition multisports. Il y a là 10 joueurs de ping-pong, 12 coureurs de fond et 18 gymnastes. Lors d'un arrêt, ils sortent du bus en désordre.

1. Quelle est la probabilité que le premier sportif à sortir du bus soit un joueur de ping-pong ?

2. Quelle est la probabilité que le premier sportif à sortir du bus soit un coureur ou un gymnaste ?

3. Après cet arrêt, ils remontent dans le bus et ils accueillent un groupe de nageurs. Sachant que la probabilité que ce soit un nageur qui descende du bus en premier est de $\frac{1}{5}$, déterminer le nombre de nageurs présents dans le bus.

Résolution

1. Il y a 40 sportifs dans le bus dont 10 joueurs donc la probabilité que le premier sportif à sortir du bus soit un joueur de ping-pong est $\frac{10}{40}$.

2. Il y a 30 sportifs qui sont des coureurs ou des gymnastes donc la probabilité que le premier sportif à sortir du bus soit un coureur ou un gymnaste est $\frac{30}{40}$.

3. Soit x le nombre de nageurs qui se joignent au groupe. Il y a alors $x + 40$ personnes dans le bus et la probabilité que ce soit un nageur qui descende en premier du bus est alors $\frac{x}{x+40}$. Cette probabilité est égale à $\frac{1}{5}$ donc $\frac{x}{x+40} = \frac{1}{5}$.

10 nageurs sont présents dans le bus.

Propriétés des probabilités

COURS

● La **probabilité d'un événement** est comprise entre 0 et 1.

La **probabilité de l'événement certain** est égale à 1.

La **probabilité de l'événement impossible** est égale à 0.

La **somme des probabilités des événements associés à chaque issue** est égale à 1. En conséquence, la somme des probabilités figurant sur les branches, partant du même nœud, d'un arbre pondéré est égale à 1.

Exemple : expérience aléatoire 1 (voir fiche 34)

La probabilité de l'événement certain « Obtenir un nombre positif » est 1.

La probabilité de l'événement impossible « Obtenir un nombre négatif » est 0.

$p(1)+p(2)+p(3)+p(4)+p(5)=\frac{4}{12}+\frac{2}{12}+\frac{3}{12}+\frac{2}{12}+\frac{1}{12}=1$

● Si **deux événements** A et B sont **incompatibles**, la probabilité que l'un ou l'autre se réalise est égale à la somme de leurs probabilités.

$$p(\text{A ou B}) = p(\text{A}) + p(\text{B})$$

Exemple : expérience aléatoire 1

Si C l'événement « Obtenir un 5 », P l'événement « Obtenir un nombre pair » et A l'événement « Obtenir un 5 ou un nombre pair » alors l'événement A est l'événement C ou P. Les événements C et P étant incompatibles,

$p(\text{A})=p(\text{C})+p(\text{P})=\frac{1}{12}+\frac{4}{12}=\frac{5}{12}$

● La **somme des probabilités d'un événement A et de son contraire non A** est égale à 1.

$$p(\text{A}) + p(\text{non A}) = 1 \text{ ou encore } p(\text{non A}) = 1 - p(\text{A})$$

Exemple : expérience aléatoire 1

Si P l'événement « Obtenir un nombre pair » et I l'événement « Obtenir un nombre impair » alors $p(\text{P})+p(\text{I})=\frac{4}{12}+\frac{8}{12}=1$

EXERCICE 1

Énoncé

Maya s'est vue confiée par son professeur de mathématiques la tâche de réaliser une roue de loterie pour la fête de l'école. Cette roue doit être composée de 4 secteurs circulaires : un jaune, un vert, un bleu et un rouge.

Son professeur lui a seulement dit, qu'en faisant tourner la roue, la probabilité qu'elle s'arrête sur le secteur bleu doit être 0,35, celle qu'elle s'arrête sur le secteur vert doit être 0,25 et celle qu'elle s'arrête sur le secteur jaune doit être 0,15. Quel angle Maya doit-elle donner au secteur rouge ?

Résolution

La probabilité, qu'en faisant tourner la roue, elle s'arrête sur un secteur autre que le rouge est $0{,}35 + 0{,}15 + 0{,}25 = 0{,}75$.

Ainsi, la probabilité que la roue s'arrête sur le secteur rouge doit être $1 - 0{,}75 = 0{,}25$.

$0{,}25 = \frac{1}{4}$ donc un quart des 360° de l'angle au centre de la roue de loterie est attribué au secteur rouge.

$\frac{1}{4} \times 360 = 90$. L'angle du secteur rouge doit être égal à 90°.

EXERCICE 2

Énoncé

Après l'école, Youssef partage les gâteaux que lui a donnés sa mère avec ses copains. Malheureusement, il reste seulement 2 cannelés et 3 madeleines et Youssef n'aime pas les madeleines. Mais comme il est très poli, il laisse ses camarades se servir en premier. Il essaye alors d'évaluer rapidement les chances qu'il a de manger un cannelé si ses camarades prennent les gâteaux au hasard.

Calculer la probabilité que Youssef mange un cannelé.

Résolution

On peut représenter cette expérience aléatoire par l'arbre des pondérés ci-contre.

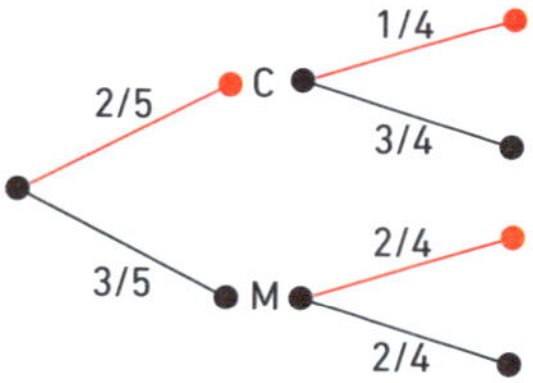

Le premier ami de Youssef a une probabilité égale à $\frac{2}{5}$ de prendre un cannelé (C). Si son premier camarade a pris un cannelé, le second a une probabilité égale à $\frac{1}{4}$ de prendre également un cannelé. La probabilité que les deux choisissent un cannelé est alors égale à $\frac{2}{5} \times \frac{1}{4} = \frac{2}{20} = \frac{1}{10}$.

La probabilité que Youssef puisse manger un cannelé est donc égale à $1 - \frac{1}{10} = \frac{9}{10}$.

Le théorème de Thalès

▶ Vidéo

COURS

- Soit (BN) et (AM) deux droites sécantes en O. Si les droites (MN) et (AB) sont parallèles, alors $\frac{OM}{OA} = \frac{ON}{OB} = \frac{MN}{AB}$.
- Les longueurs des côtés du triangle OMN sont proportionnelles aux longueurs des côtés du triangle OAB.

Le tableau ci-dessous est un tableau de proportionnalité :

OM	ON	MN
OA	OB	AB

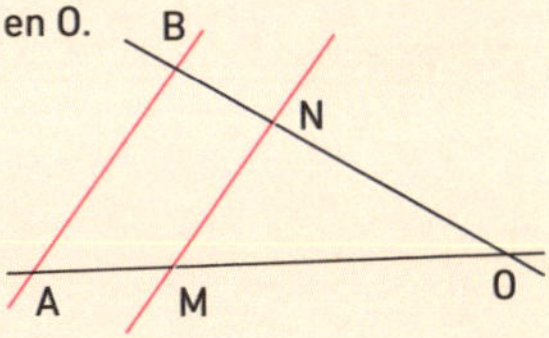

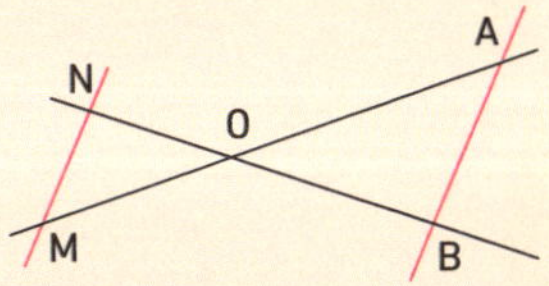

EXERCICE 1

Énoncé

Sur la figure ci-contre, les droites (JK) et (LM) sont parallèles. On sait que IJ = 5,6 cm, IK = 6,4 cm, IL = 9,8 cm et LM = 7,7 cm.

Calculer les longueurs IM et JK.

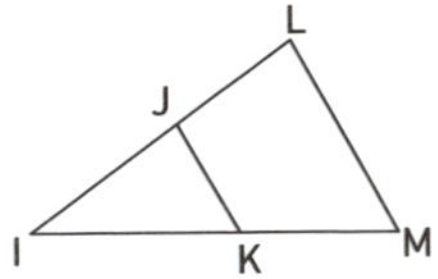

Résolution

Les droites (LJ) et (MK) sont sécantes en I et les droites (JK) et (LM) sont parallèles, donc :

$\frac{IJ}{IL} = \frac{IK}{IM} = \frac{JK}{LM}$ donc $\frac{5,6}{9,8} = \frac{6,4}{IM} = \frac{JK}{7,7}$

$\frac{5,6}{9,8} = \frac{6,4}{IM}$

$5,6 \times IM = 9,8 \times 6,4$

$5,6 \times IM = 62,72$

$IM = \frac{62,72}{5,6} = 11,2$

$\frac{5,6}{9,8} = \frac{JK}{7,7}$

$9,8 \times JK = 5,6 \times 7,7$

$9,8 \times JK = 43,12$

$JK = \frac{43,12}{9,8} = 4,4$

La longueur IM est égale à 11,2 cm et la longueur JK est égale à 4,4 cm.

EXERCICE 2

Énoncé

Sur la figure ci-contre, les droites (AB) et (KL) sont parallèles.

Calculer les longueurs AB et JK.

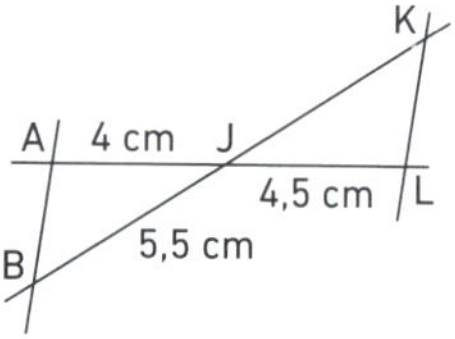

Résolution

Les droites (KB) et (LA) sont sécantes en J et les droites (AB) et (KL) sont parallèles, donc :

$\frac{JB}{JK} = \frac{JA}{JL} = \frac{AB}{KL}$ donc $\frac{5,5}{JL} = \frac{4}{4,5} = \frac{AB}{3}$

$\frac{5,5}{JL} = \frac{4}{4,5}$

$4 \times JL = 5,5 \times 4,5$

$JL = \frac{24,75}{4} \approx 6,2$

$\frac{4}{4,5} = \frac{AB}{3}$

$4,5 \times AB = 4 \times 3$

$AB = \frac{12}{4,5} \approx 2,7$

La longueur JL est environ égale à 6,2 cm et la longueur JK est environ égale à 2,7 cm.

EXERCICE 3 (Métropole juin 2015)

Énoncé

Dans la figure ci-contre, qui n'est pas à l'échelle :

– les points D, P et A sont alignés et les points K, H et A sont alignés ;

– DA = 60 cm, DK = 11 cm et DP = 45 cm.

1. Calculer la longueur KA au millimètre près.

2. Calculer la longueur HP.

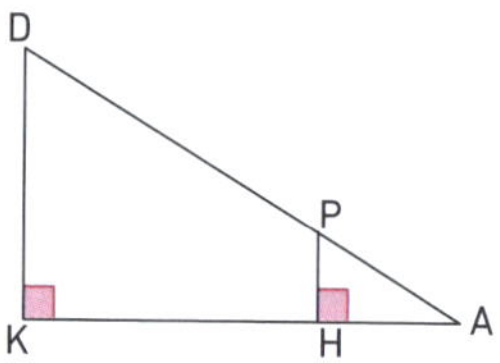

Résolution

1. Le triangle DAK est rectangle en K donc :

$DA^2 = KA^2 + KD^2$

$60^2 = KA^2 + 11^2$

$3600 = KA^2 + 121$

$KA^2 = 3600 - 121 = 3479$

$KA = \sqrt{3\,479} \approx 59,0$

La longueur KA est environ égale à 59,0 cm.

2. Les droites (KH) et (DP) sont sécantes en A et les droites (HP) et (KD) sont parallèles, car elles sont perpendiculaires à la droite (KA) donc :

$\frac{AH}{AK} = \frac{AP}{AD} = \frac{HP}{KD}$ donc $\frac{15}{60} = \frac{HP}{11}$

$60 \times HP = 11 \times 15$

$HP = \frac{165}{60} = 2,75$

La longueur HP est égale à 2,75 cm.

Déterminer si deux droites sont parallèles

COURS

Réciproque du théorème de Thalès :
Soit (BN) et (AM) deux droites sécantes en O.
Si les points O, M, A et O, N, B sont rangés dans le même ordre et $\frac{OM}{OA} = \frac{ON}{OB}$, alors les droites (MN) et (AB) sont parallèles.

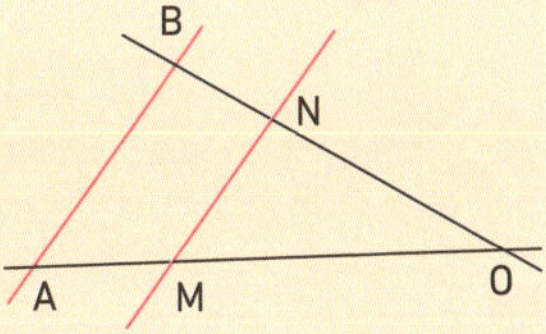

- Soit (BN) et (AM) deux droites sécantes en O.
Si $\frac{OM}{OA} \neq \frac{ON}{OB}$, alors les droites (MN) et (AB) ne sont pas parallèles.

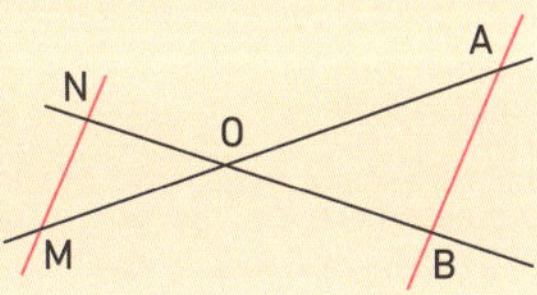

EXERCICE 1

Énoncé

Sur la figure ci-contre, MN = 10,8 cm, MQ = 25,2 cm, MP = 13,2 cm et MR = 30,8 cm.
Les droites (NP) et (QR) sont-elles parallèles ?

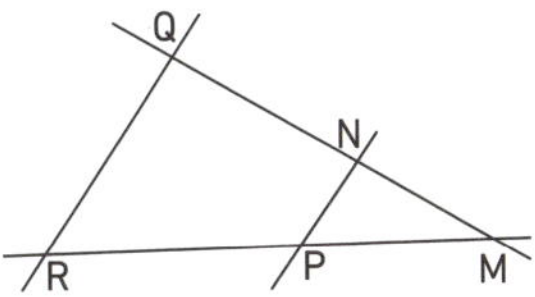

Résolution

$\frac{MN}{MQ} = \frac{10,8}{25,2} = \frac{3}{7}$ $\frac{MP}{MR} = \frac{13,2}{30,8} = \frac{3}{7}$

Les droites (RP) et (QN) sont sécantes en M, les points Q, N, M et R, P et M sont rangés dans le même ordre et $\frac{MN}{MQ} = \frac{MP}{MR}$ donc les droites (NP) et (QR) sont parallèles.

EXERCICE 2

Énoncé

Sur la figure ci-après, OD = 6 cm, OA = 17,5 cm, OR = 6,9 cm et OB = 20,2 cm.
Les droites (DR) et (BA) sont-elles parallèles ?

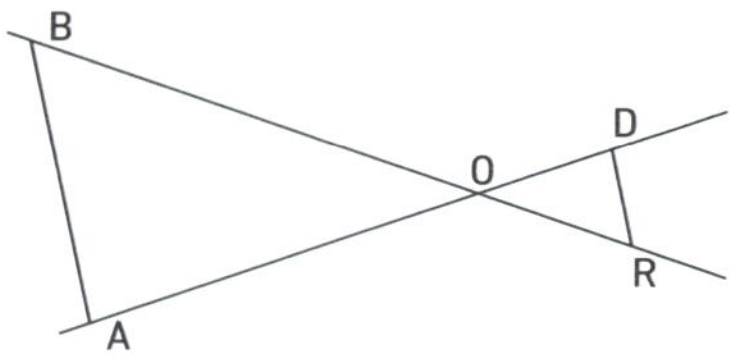

Résolution

$\frac{OD}{OA} = \frac{6}{17{,}5} \approx 0{,}343$ $\frac{OR}{OB} = \frac{6{,}9}{20{,}2} \approx 0{,}342$

Les droites (BR) et (AD) sont sécantes en M et $\frac{OD}{OA} \neq \frac{OR}{OB}$ donc les droites (DR) et (BA) ne sont pas parallèles

EXERCICE 3 (D'après Asie juin 2016)

Énoncé

Le viaduc de Millau est un pont franchissant la vallée du Tarn, dans le département de l'Aveyron, en France. Il est constitué de 7 pylônes verticaux équipés chacun de 22 câbles appelés haubans.

Le schéma ci-contre, qui n'est pas à l'échelle, représente un pylône et deux de ses haubans.

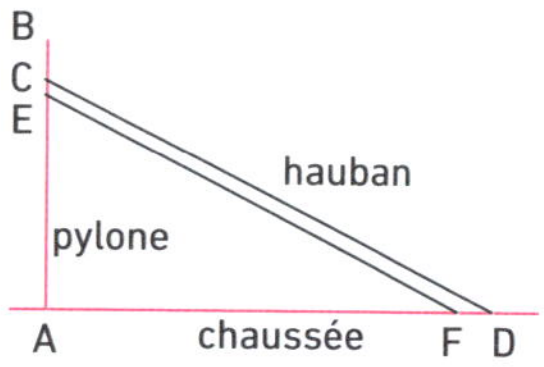

On dispose des informations suivantes :

AB = 89 m; AC = 76 m; AD = 154 m; FD = 12 m et EC = 5 m.

1. Calculer la longueur du hauban [CD]. Arrondir au mètre près.

2. Les haubans [CD] et [EF] sont-ils parallèles ?

Résolution

1. Le pylône est vertical et la chaussée peut être considérée horizontale donc le triangle ADC est rectangle en A. Ainsi,

$CD^2 = AD^2 + AC^2$

$CD^2 = 154^2 + 76^2$

$CD^2 = 23\ 716 + 5\ 776$

$CD^2 = 29\ 492$

$CD = \sqrt{29\ 492}$

$CD \approx 172$

Le hauban [CD] mesure environ 172 mètres.

2. $\frac{AE}{AC} = \frac{71}{76} \approx 0{,}93$ $\frac{AF}{AD} = \frac{142}{154} \approx 0{,}92$

Les droites (DF) et (CE) sont sécantes en A et $\frac{AE}{AC} \neq \frac{AF}{AD}$ donc les droites (CD) et (EF) ne sont pas parallèles. Ainsi, les haubans [CD] et [EF] ne sont pas parallèles.

Formules de trigonométrie et calculatrice

COURS

- Dans le triangle ABC rectangle en A :

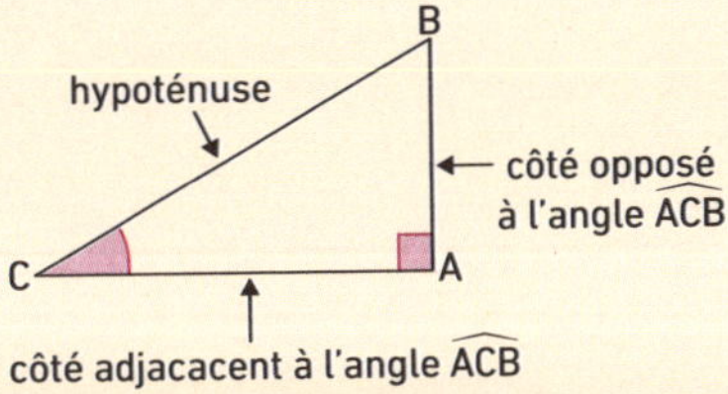

Le **sinus** de l'angle $\widehat{ACB}$, noté sin $\widehat{ACB}$, est le rapport :

$$\sin \widehat{ACB} = \frac{\text{longueur du côté opposé}}{\text{longueur de l'hypoténuse}} = \frac{BA}{BC}$$

Le **cosinus** de l'angle $\widehat{ACB}$, noté cos $\widehat{ACB}$, est le rapport :

$$\cos \widehat{ACB} = \frac{\text{longueur du côté adjacent}}{\text{longueur de l'hypoténuse}} = \frac{CA}{CB}$$

La **tangente** de l'angle $\widehat{ACB}$, notée tan $\widehat{ACB}$, est le rapport :

$$\tan \widehat{ACB} = \frac{\text{longueur du côté opposé}}{\text{longueur du côté adjacent}} = \frac{AB}{AC}$$

- **Utilisation de la calculatrice :**

– Calculer une valeur, éventuellement approchée, du cosinus, du sinus ou de la tangente d'un angle dont on connaît la mesure :
on tape sur la touche [cos], [sin] ou [tan] de la calculatrice suivie de la mesure de l'angle.

Exemple :
Pour calculer la tangente de 35°, on tape [tan] 35°. Ainsi, tan 35° ≈ 0,70.

– Déterminer une valeur, éventuellement approchée, de la mesure d'un angle dont on connaît le cosinus, le sinus ou la tangente :
on tape sur la touche [2nd], [SECONDE] ou [Shift] selon le modèle de calculatrice suivie de [cos], [sin] ou [tan] puis on saisit la valeur du cosinus, du sinus ou de la tangente de l'angle.

Exemple :
Pour déterminer la mesure d'un angle dont le cosinus est 0,3, on tape [SECONDE] [cos] 0,3. Ainsi, cet angle mesure environ 73°.

EXERCICE 1

Énoncé

Dans le triangle IJK ci-contre, calculer le cosinus, le sinus et la tangente de l'angle $\widehat{KIJ}$.

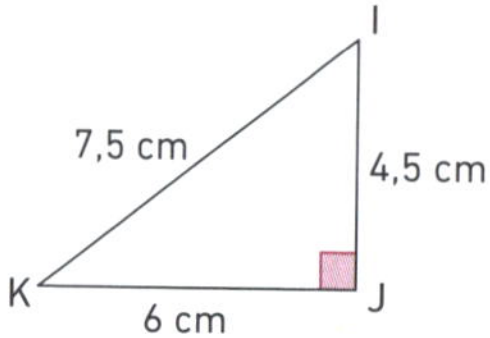

Résolution

Le triangle IJK est rectangle en A donc,

$\cos \widehat{KIJ} = \frac{IJ}{IK} = \frac{4,5}{7,5} = 0,6$ $\quad$ $\sin \widehat{KIJ} = \frac{KJ}{KI} = \frac{6}{7,5} = 0,8$

$\tan \widehat{KIJ} = \frac{JK}{JI} = \frac{6}{4,5} = \frac{4}{3}$

EXERCICE 2

Énoncé

En utilisant la calculatrice, donner une valeur arrondie au centième de :

1. cos 71° **2.** sin 23° **3.** tan 52°

Résolution

1. On tape [cos] 71°. Ainsi, $\cos 71° \approx 0,33$.
2. On tape [sin] 23°. Ainsi, $\sin 23° \approx 0,39$.
3. On tape [tan] 52°. Ainsi, $\tan 52° \approx 1,28$.

EXERCICE 3

Énoncé

En utilisant la calculatrice, donner une valeur arrondie au degré de la mesure x de l'angle tel que :

1. $\cos x = 0,43$ **2.** $\sin x = 0,87$ **3.** $\tan x = 0,35$
4. $\cos x = \frac{5}{9}$ **5.** $\sin x = \frac{11}{17}$ **6.** $\tan x = \frac{23}{12}$

Résolution

1. On tape [2nd], [SECONDE] ou [Shift] suivi de [cos] 0,43. Ainsi, $x \approx 65°$.
2. On tape [2nd], [SECONDE] ou [Shift] suivi de [sin] 0,87. Ainsi, $x \approx 60°$.
3. On tape [2nd], [SECONDE] ou [Shift] suivi de [tan] 0,35. Ainsi, $x \approx 19°$.
4. On tape [2nd], [SECONDE] ou [Shift] suivi de [cos] $\frac{5}{9}$. Ainsi, $x \approx 56°$.
5. On tape [2nd], [SECONDE] ou [Shift] suivi de [sin] $\frac{11}{17}$. Ainsi, $x \approx 40°$.
6. On tape [2nd], [SECONDE] ou [Shift] suivi de [tan] $\frac{23}{12}$. Ainsi, $x \approx 62°$.

Calculer une longueur

COURS

- Dans un triangle rectangle, quand on connaît la mesure d'un des angles aigus du triangle et la longueur d'un de ses côtés, on peut calculer la longueur des autres côtés du triangle.

Exemple :

Dans le triangle ABC rectangle en A, on souhaite calculer la longueur du côté [AC]. On connaît la mesure de l'angle $\widehat{ACB}$ et la longueur du côté [AB] opposé à cet angle : il faut donc utiliser la formule de la tangente.

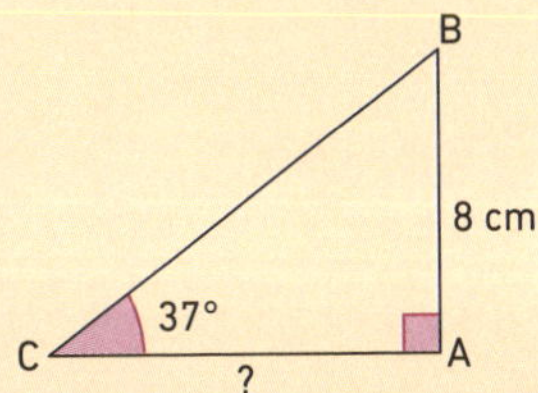

Le triangle ABC est rectangle en A,

$\tan \widehat{ACB} = \dfrac{AB}{AC}$

$\tan 37° = \dfrac{8}{AC}$

$AC \times \tan 37° = 8$

$AC = \dfrac{8}{\tan 37°}$

$AC \approx 10{,}6$ cm

EXERCICE 1

Énoncé

Calculer la longueur du côté [PM] du triangle MPE ci-contre arrondie au millimètre.

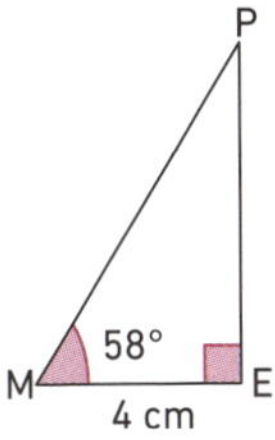

Résolution

Le triangle PME est rectangle en E,

$\cos \widehat{PME} = \dfrac{ME}{MP}$

$\cos 58° = \dfrac{4}{MP}$

$MP \times \cos 58° = 4$

$MP = \dfrac{4}{\cos 58°}$

$MP \approx 7{,}5$ La longueur MP est environ égale à 7,5 cm.

EXERCICE 2

Énoncé

Calculer la longueur du côté [TV] du triangle TVA ci-contre arrondie au millimètre.

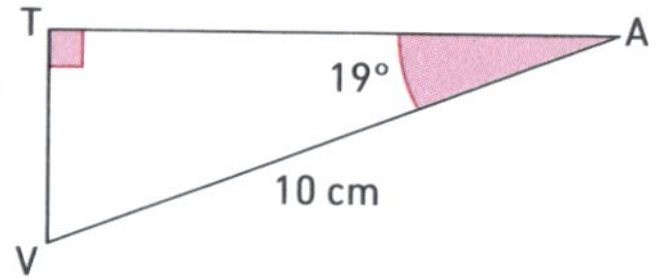

Résolution

Le triangle TVA est rectangle en T,

$\sin \widehat{TAV} = \dfrac{VT}{VA}$

$\sin 19° = \dfrac{VT}{10}$

$VT = 10 \times \sin 19°$

$VT \approx 3{,}3$

La longueur VT est environ égale à 3,3 cm.

EXERCICE 3 (D'après Centres étrangers juin 2015)

Énoncé

Des ingénieurs de l'Office National des Forêts font le marquage d'un lot de pins destinés à la vente.

Ils estiment la hauteur des arbres de ce lot, en plaçant leur œil au point O.

Ils ont relevé que $OA = 15$ m, $\widehat{SOA} = 45°$ et $\widehat{AOP} = 25°$.

Calculer la hauteur h de l'arbre arrondie au mètre.

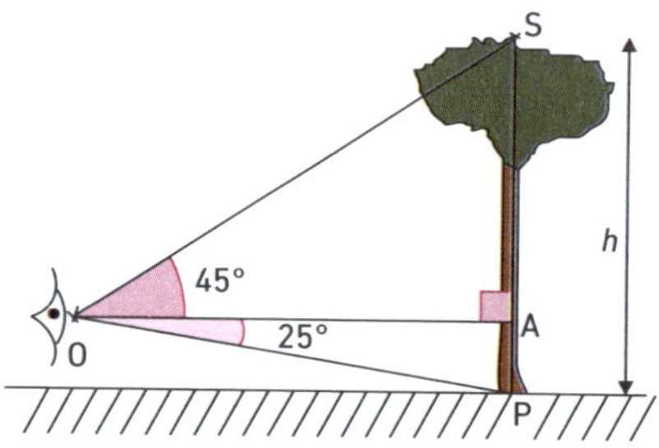

Résolution

Le triangle SOA est rectangle en A,

$\tan \widehat{SOA} = \dfrac{AS}{AO}$

$\tan 45° = \dfrac{AS}{15}$

$AS = 15 \times \tan 45° = 15.$

Le triangle POA est rectangle en A,

$\tan \widehat{POA} = \dfrac{AP}{AO}$

$\tan 25° = \dfrac{AP}{15}$

$AP = 15 \times \tan 25° \approx 7.$

$h = AS + AP \approx 15 + 7 \approx 22$

La hauteur h de l'arbre est environ 22 mètres.

Calculer la mesure d'un angle

▶ Vidéo

COURS

- Dans un triangle rectangle, quand on connaît la longueur de deux côtés, on peut calculer la mesure des angles du triangle.

Exemple :

Dans le triangle ABC rectangle en A, on souhaite calculer la mesure de l'angle $\widehat{ACB}$. On connaît la longueur du côté [AB] opposé à cet angle et la longueur de l'hypoténuse [BC] : il faut donc utiliser la formule du sinus.

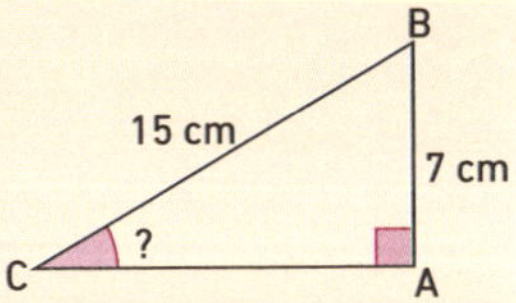

Le triangle ABC est rectangle en A,

$\sin \widehat{ACB} = \frac{BA}{BC} = \frac{7}{15}$

$\widehat{ACB} \approx 28°$

EXERCICE 1

Énoncé

Calculer la mesure de l'angle $\widehat{SCG}$, arrondie au degré, du triangle rectangle ci-contre.

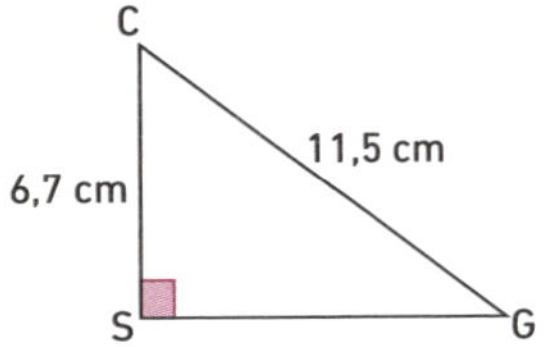

Résolution

Le triangle CSG est rectangle en S,

$\cos \widehat{SCG} = \frac{CS}{CG}$ donc $\cos \widehat{SCG} = \frac{6{,}7}{11{,}5}$. Ainsi $\widehat{SCG} \approx 54°$.

L'angle $\widehat{SCG}$ mesure environ 54°.

EXERCICE 2

Énoncé

Calculer la mesure de l'angle $\widehat{FMI}$, arrondie au degré, du triangle rectangle ci-contre.

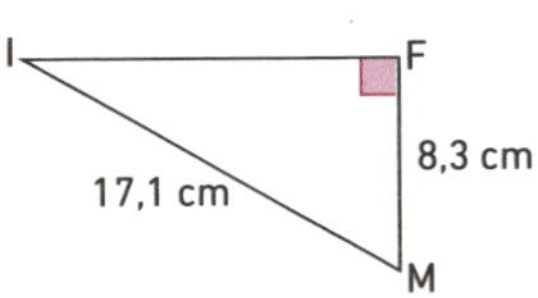

Résolution

Le triangle FMI est rectangle en F,

$\cos \widehat{FMI} = \frac{MF}{MI}$ donc $\cos \widehat{FMI} = \frac{8,3}{17,1}$. Ainsi $\widehat{FMI} \approx 61°$

L'angle $\widehat{FMI}$ mesure environ 61°.

EXERCICE 3 (Métropole juin 2015)

Énoncé

Ce panneau routier indique une descente dont la pente est de 10 %. Cela signifie que pour un déplacement horizontal de 100 mètres, le dénivelé est de 10 mètres.

Le schéma ci-contre n'est pas à l'échelle.

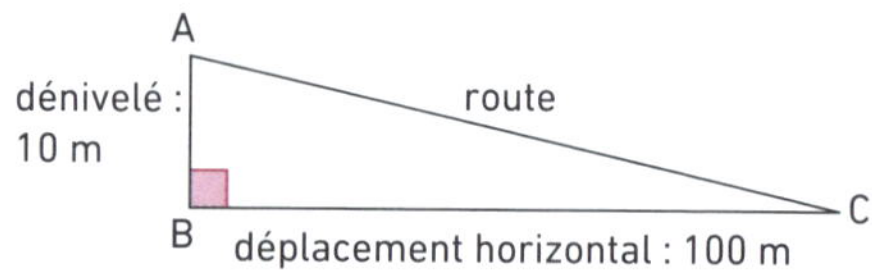

1. Déterminer la mesure de l'angle $\widehat{BCA}$ que fait la route avec l'horizontale. Arrondir la réponse au degré.

2. Dans certains pays, il arrive parfois que la pente d'une route ne soit pas donnée par un pourcentage, mais par une indication telle que « 1 : 5 », ce qui veut alors dire que pour un déplacement horizontal de 5 mètres, le dénivelé est de 1 mètre. Lequel des deux panneaux ci-dessous indique la pente la plus forte ?

Panneau A

Panneau B

Résolution

1. Le triangle ABC est rectangle en A,

$\tan \widehat{BCA} = \frac{AB}{AC}$

$\tan \widehat{BCA} = \frac{10}{100}$

$\widehat{BCA} \approx 6°$

La mesure de l'angle que fait la route avec l'horizontale est 6°.

2. Le déplacement vertical est de 1 mètre pour un déplacement horizontal de 5 mètres donc le pourcentage de la pente est égal à $\frac{1}{5} \times 100 = 20$ %.

C'est donc le panneau B qui indique la pente la plus forte.

Translation et rotation

COURS

● Une **translation** transforme sans déformation une figure en la faisant glisser parallèlement à une droite, dans un sens et selon une longueur donnés.

Exemple 1 :
Ci-contre, la figure blanche est l'image de la figure grise par la translation qui transforme A en A'. Cette translation, effectuée parallèlement à la droite (AA') dans le sens de la flèche bleue et selon la longueur AA', transforme également B en B'.

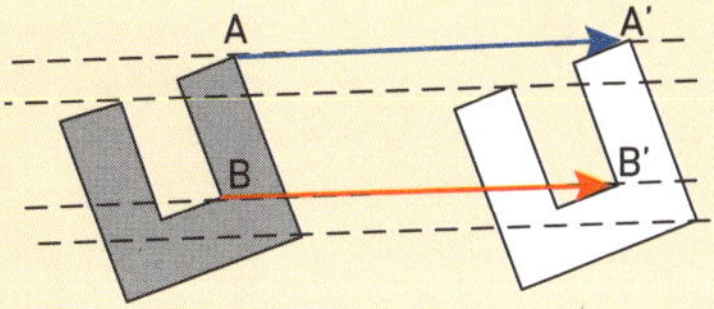

● Une **rotation** transforme sans déformation une figure en la faisant tourner autour d'un point, dans un sens et selon un angle donnés.

Exemple 2 :
Ci-contre, la figure blanche est l'image de la figure grise par la rotation de centre O et d'angle 60° dans le sens inverse des aiguilles d'une montre. Cette rotation transforme A en A' et B en B'.

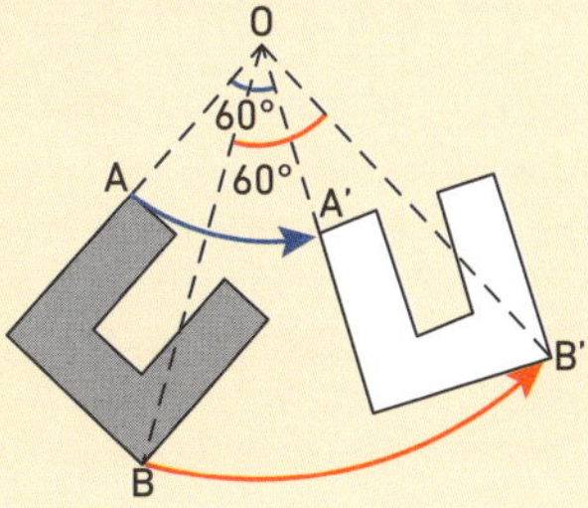

● Les translations et les rotations conservent les longueurs, les mesures des angles, l'alignement et les aires.

EXERCICE 1

Énoncé

Dans chacun des cas suivants, dire si l'on passe du motif bleu au motif rouge par une translation ou une rotation dont on précisera l'angle.

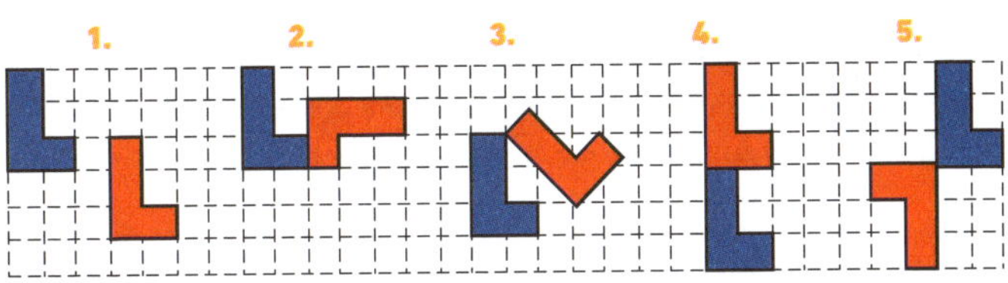

Résolution

1. Translation.

2. Rotation d'angle 90° dans le sens des aiguilles d'une montre.

3. Rotation d'angle 45° dans le sens inverse des aiguilles d'une montre.

4. Translation. **5.** Rotation d'angle 180° (ou symétrie centrale).

EXERCICE 2

Énoncé

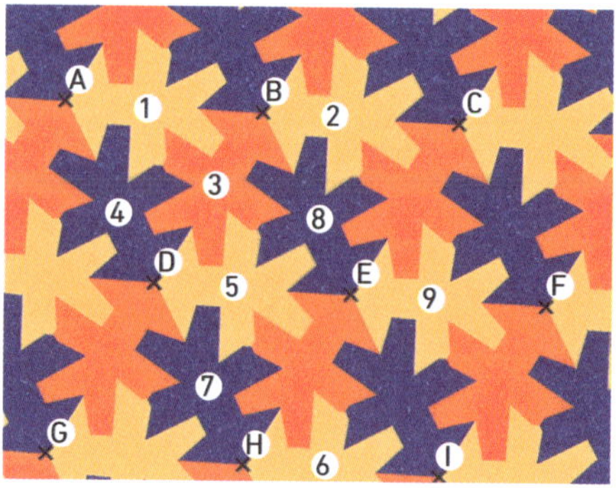

Sur le pavage ci-contre, parmi les motifs numérotés de 1 à 9, indiquer en quel motif est transformé :

1. Le motif 2 par :

a. la translation qui transforme B en E.

b. la rotation de centre B et d'angle 120° dans le sens des aiguilles d'une montre.

2. Le motif 7 par :

a. la translation qui transforme I en E.

b. par la rotation de centre D et d'angle 120° dans le sens inverse des aiguilles d'une montre

3. Le motif 1 par :

a. la translation qui transforme A en H.

b. par la rotation de centre B et d'angle 120° dans le sens inverse des aiguilles d'une montre.

Résolution

1. a. La translation qui transforme B en E transforme le motif 2 en le motif 9.

b. La rotation de centre B et d'angle 120° dans le sens des aiguilles d'une montre transforme le motif 2 en le motif 3.

2. a. La translation qui transforme I en E transforme H en D et le motif 7 en le motif 4.

b. La rotation de centre D et d'angle 120° dans le sens inverse des aiguilles d'une montre transforme le point H en le point B et le motif 7 en le motif 3.

3. a. La translation qui transforme A en H transforme le motif 1 en le motif 6.

b. Par la rotation de centre B et d'angle 120° dans le sens inverse des aiguilles d'une montre transforme le point A en le point E et le motif 1 en le motif 8.

Homothétie

COURS

● Une **homothétie de centre O et de rapport *k***, où *k* est un nombre relatif non nul, transforme une figure en l'agrandissant ou en la réduisant à partir du point O :

– sans la retourner dans un rapport de k si $k > 0$.

– en la retournant dans un rapport de $-k$ si $k < 0$.

Exemples :

– Ci-contre, la figure blanche est l'image de la figure grise par l'homothétie de centre O et de rapport –2. Elle est retournée par rapport à la figure grise et ses longueurs sont celles de la figure grise multipliées par 2.

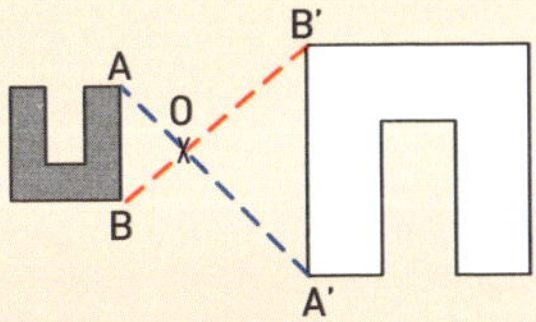

– Ci-contre, la figure blanche est l'image de la figure grise par l'homothétie de centre O et de rapport $\frac{1}{3}$. Elle n'est pas retournée par rapport à la figure grise et ses longueurs sont celles de la figure grise multipliées par $\frac{1}{3}$.

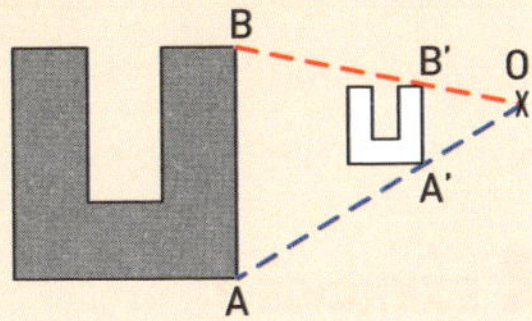

EXERCICE 1

Énoncé

Dans chacun des cas suivants, le motif rouge est l'image du motif bleu par une homothétie. Préciser si le rapport k de l'homothétie est positif ou négatif puis si $k < -1$, si $-1 < k < 0$, si $0 < k < 1$ ou si $k > 1$.

1.

2.

3.

Résolution

1. La figure rouge est retournée donc le rapport est négatif. Elle est plus petite que la figure bleue donc $-1 < k < 0$.

2. La figure rouge est retournée donc le rapport est négatif. Elle est plus grande que la figure bleue donc $k < -1$.

3. La figure rouge n'est pas retournée donc le rapport est positif. Elle est plus petite que la figure bleue donc $0 < k < 1$.

EXERCICE 2

Énoncé

Dans chacun des cas suivants, une homothétie de centre O transforme le triangle OMN en le triangle OAB. En préciser le rapport.

1.

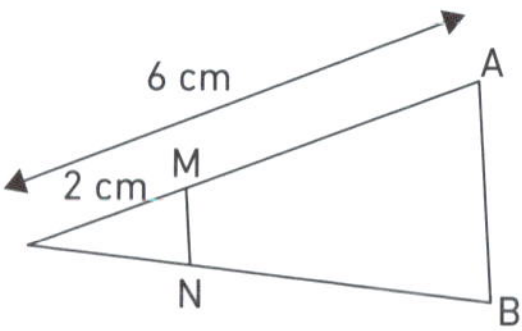

2.

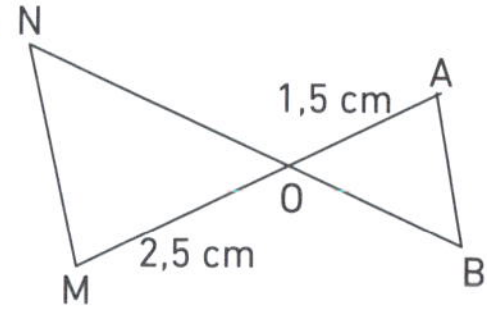

Résolution

1. Le triangle OMN n'est pas retourné par rapport au triangle AOB donc le rapport est positif. $\frac{OM}{OA} = \frac{1}{3}$ donc le rapport de l'homothétie est $\frac{1}{3}$.

2. Le triangle OMN est retourné par rapport au triangle AOB donc le rapport est négatif. $\frac{OM}{OA} = \frac{2,5}{1,5} = \frac{5}{3}$ donc le rapport de l'homothétie est $-\frac{5}{3}$.

EXERCICE 3

Énoncé

1. Construire l'image du rectangle par l'homothétie de centre O et de rapport $\frac{2}{3}$.

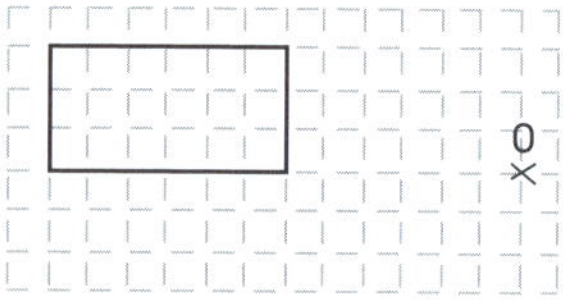

2. Construire l'image du triangle par l'homothétie de centre O et de rapport – 2.

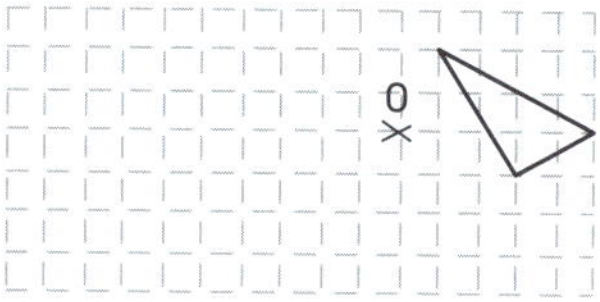

Résolution

1.

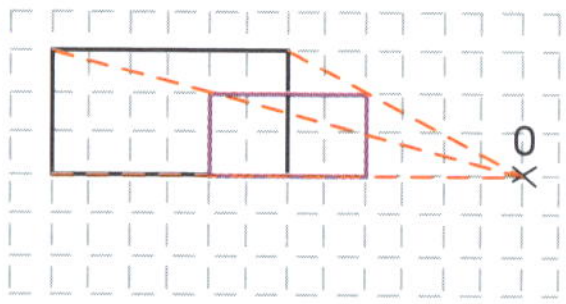

2.

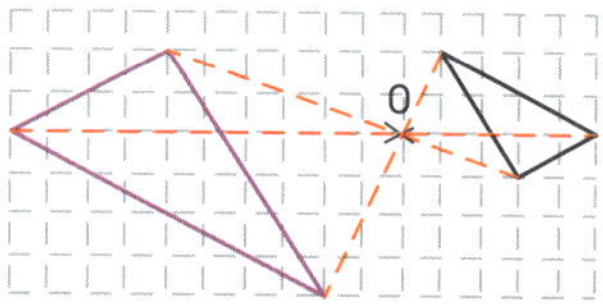

Effets d'un agrandissement et d'une réduction sur les aires et les volumes

COURS

● Une figure $\mathcal{F}$ est un **agrandissement** ou une **réduction** d'une figure $\mathcal{F}'$ **de même nature** quand les longueurs de $\mathcal{F}$ sont proportionnelles aux longueurs de $\mathcal{F}'$.

Le coefficient de proportionnalité est appelé **coefficient d'agrandissement ou de réduction**.

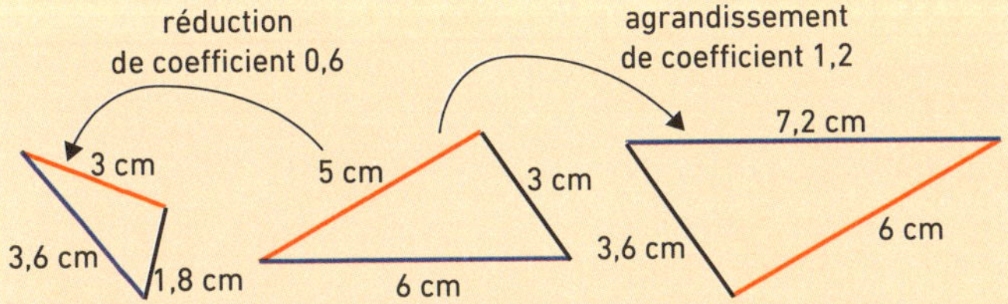

● Lors d'un agrandissement ou d'une réduction de coefficient k :

– les **longueurs** sont multipliées par k ;
– les **aires** des surfaces sont multipliées par k^2 ;
– les **volumes** des solides sont multipliés par k^3.

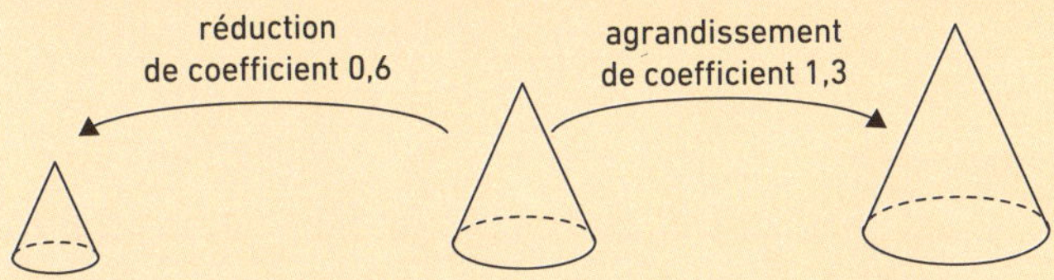

$0{,}6 \times \mathcal{P}$	$\mathcal{P}$: périmètre de la base	$1{,}3 \times \mathcal{P}$
$(0{,}6)^2 \times \mathcal{B}$	$\mathcal{B}$: aire de la base	$(1{,}3)^2 \times \mathcal{B}$
$(0{,}6)^3 \times \mathcal{V}$	$\mathcal{V}$: volume de la base	$(1{,}3)^3 \times \mathcal{V}$

EXERCICE 1

Énoncé

Voici quelques ingrédients essentiels d'une pâtisserie dont la recette est donnée pour un plat rond de 20 cm de diamètre :

4 œufs, 160 g de sucre, 40 g de farine, 170 g de beurre, 20 cl de crème, 200 g de chocolat noir.

Quelles sont les quantités de chaque ingrédient qu'il faut prévoir si l'on veut réaliser ce gâteau sans changer son épaisseur pour un plat rond de 30 cm de diamètre ?

Résolution

Le diamètre du plat est multiplié par 1,5 car $1{,}5 \times 20 = 30$. Mais l'épaisseur du gâteau ne change pas. C'est donc uniquement l'aire du plat qu'il faut considérer et non le volume du gâteau. Ainsi, il faut multiplier la quantité de chaque ingrédient par $1{,}5^2 = 2{,}25$.

Il faut donc prévoir $4 \times 2{,}25 = 9$ œufs, $160 \times 2{,}25 = 360$ g de sucre, $40 \times 2{,}25 = 90$ g de farine, $170 \times 2{,}25 = 382{,}5$ g de beurre, $20 \times 2{,}25 = 45$ cl de crème et $200 \times 2{,}25 = 450$ g de chocolat noir.

EXERCICE 2 (D'après Centres étrangers 2014)

Énoncé

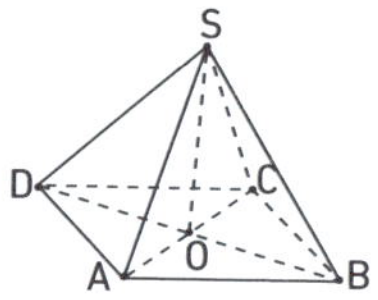

En visite à Paris, Paul admire la Pyramide, réalisée en verre feuilleté au centre de la cour intérieure du Louvre. Cette pyramide régulière a :

– pour base un carré ABCD de côté 35 mètres ;

– pour hauteur le segment [SO] de longueur 22 mètres.

Paul a tellement apprécié cette pyramide qu'il achète comme souvenir de sa visite une lampe à huile dont le réservoir en verre est une réduction à l'échelle $\frac{1}{500}$ de la vraie pyramide. Le mode d'emploi de la lampe précise que, une fois allumée, elle brûle 4 cm^3 d'huile par heure.

Au bout de combien de temps ne restera-t-il plus d'huile dans le réservoir ? Arrondir à l'unité d'heures.

Résolution

$\mathcal{V}_{SABCD} = \frac{1}{3} \times AB^2 \times SO = \frac{1}{3} \times 35^2 \times 22 \approx 8\,983 \text{ m}^3$.

Le volume de la Pyramide du Louvre est environ égal à 8 983 m^3.

La réduction de Paul est à l'échelle $\frac{1}{500}$ donc le volume de sa pyramide est égal à celui de la Pyramide du Louvre multiplié par $\left(\frac{1}{500}\right)^3$.

$\left(\frac{1}{500}\right)^3 \times 8\,983 = 0{,}000071864 \text{ m}^3$.

$0.000071864 \text{ m}^3 = 0{,}071864 \text{ dm}^3 = 71{,}864 \text{ cm}^3$.

Le volume de la réduction de Paul est environ 71,864 cm^3.

$\frac{71{,}864}{4} = 17{,}966$

Il ne restera donc plus d'huile dans le réservoir au bout de 18 heures.

Grandeurs produit et grandeurs quotient

COURS

- Une **grandeur produit** est une grandeur obtenue en multipliant deux grandeurs.

Exemples :

grandeur 1	grandeur 2	grandeur produit	exemple d'unité
longueur	longueur	aire	$m \times m = m^2$
puissance	durée	énergie électrique	$kW \times h = kWh$

- Une **grandeur quotient** est une grandeur obtenue en divisant deux grandeurs.
-

Exemples :

grandeur 1	grandeur 2	grandeur produit	exemple d'unité
volume de liquide	durée	débit	m^3/s
volume de carburant	distance parcourue	consommation moyenne	L/100 km

EXERCICE 1

Énoncé

Un fournisseur d'accès à Internet propose une connexion avec un débit de 240 Mbit/s (Mégabit/seconde).

Sachant qu'un octet est formé de 8 bits, combien de temps faut-il pour télécharger un fichier de 2,1 Go avec une telle connexion ?

Résolution

240 Mbit/s $= \frac{240}{8}$ Mo/s = 30 Mo/s.

La connexion permet de télécharger 30 Mo par seconde.

2,1 Go = 2 100 Mo donc $\frac{2100}{30} = 70$ s.

Il faut 70 secondes pour télécharger un fichier de 2,1 Go avec une telle connexion.

EXERCICE 2

Énoncé

Le barrage des Trois-Gorges, situé en Chine, est le plus grand barrage hydraulique et la plus grande centrale hydroélectrique au monde. Elle produit $9{,}88 \times 10^4$ GWh (Gigawatt-heure) d'énergie électrique par an.

Sachant que la consommation annuelle moyenne d'électricité d'un Chinois en 2013 était de 3 760 kWh et que la population chinoise était de 1,357 milliard d'habitants, quel pourcentage de la consommation électrique des Chinois cette centrale assure-t-elle ?

Résolution

$9{,}88 \times 10^4$ GWh $= 9{,}88 \times 10^4 \times 10^3$ kWh $= 9{,}88 \times 10^6$ kWh.

La centrale hydroélectrique des Trois-Gorges produit $9{,}88 \times 10^{10}$ kWh d'énergie électrique par an.

$\dfrac{9{,}88 \times 10^{10}}{3\,760} \approx 2{,}63 \times 10^7$. Cette centrale couvre les besoins en énergie électrique d'environ 26,3 millions d'habitants.

La population chinoise est d'environ 1,357 milliard d'habitants soit environ $1{,}357 \times 10^9$ habitants.

$\dfrac{2{,}63 \times 10^7}{1{,}357 \times 10^9} \times 100 \approx 1{,}94$. Cette centrale assure donc environ 1,94 % de la consommation électrique des Chinois.

EXERCICE 3 (Amérique du Sud novembre 2013)

Énoncé

Le fleuve Amazone est celui qui possède le débit moyen le plus important au monde. Il est d'environ 190 000 m^3/s.

En France, un foyer de 3 personnes consomme en moyenne 10 000 L d'eau par mois.

Donner un ordre de grandeur du nombre de ces foyers que pourrait alimenter ce fleuve en un an.

Résolution

$190\,000 \times 60 \times 60 \times 24 \times 365 = 5{,}991\,84 \times 10^{12}$ m^3.

En un an, $5{,}991\,84 \times 10^{12}$ m^3 d'eau s'écoulent par le fleuve Amazone.

10 000 L = 10 000 dm^3 = 10 m^3.

Un foyer de 3 personnes consomme en moyenne 10 m^3 par mois soit 120 m^3 par an.

$\dfrac{5{,}991\,84 \times 10^{12}}{120} \approx 4{,}9932 \times 10^{10} \approx 5 \times 10^{10} = 50\,000\,000\,000$

L'Amazone pourrait alimenter environ 50 milliards de foyer par an !

Vitesse moyenne

COURS

● La **vitesse moyenne** v sur un trajet est le quotient de la distance d parcourue par la durée t du trajet. $v = \frac{d}{t}$

Exemple :
La vitesse moyenne en km/h d'une voiture ayant parcouru 320 km en 4 h est :

$$v = \frac{d}{t} = \frac{320}{4} = 80 \text{ km/h}$$

EXERCICE 1

Énoncé

Saïd a couru le semi-marathon de Paris, long d'environ 21,1 km, en 1 h 36 min. Quelle a été sa vitesse moyenne sur cette course (arrondie au km/h) ?

Résolution

$1 \text{ h } 36 \text{ min} = 1 \text{ h} + \frac{36}{60} \text{ h} = 1 \text{ h} + 0{,}6 \text{ h} = 1{,}6 \text{ h}$

Saïd a couru pendant 1,6 h.

$v = \frac{d}{t} = \frac{21{,}1}{1{,}6} \approx 13{,}2 \text{ km/h}$

Saïd a couru à la vitesse moyenne de 13,2 km/h.

EXERCICE 2

Énoncé

Lors d'un orage, Leïla voit, de la fenêtre de sa chambre, un éclair frapper le paratonnerre du clocher de l'église de son village et entend le tonnerre retentir 8 secondes plus tard. Sachant que la vitesse de propagation du son dans l'air est d'environ 340 m/s, à quelle distance, en mètres, se situe-t-elle de l'église ?

Résolution

$v = \frac{d}{t}$ donc $340 = \frac{d}{8}$. Ainsi, $d = 340 \times 8 = 2\,720$ m.

Leïla habite donc à 2 720 m de l'église de son village.

EXERCICE 3

Énoncé

Bertrand doit se rendre de Nantes à Bordeaux. Pour cela, il va devoir parcourir 312 km sur autoroute. Il estime pouvoir parcourir cette distance à la vitesse constante de 130 km/h grâce à son régulateur de vitesse.

La sécurité routière conseillant de prendre une pause de 15 minutes toutes les deux heures, combien de temps, en heures et minutes, va-t-il passer sur l'autoroute ?

Résolution

$v=\frac{d}{t}$ donc $130=\frac{312}{t}$ donc $130t=312$. Ainsi, $t=\frac{312}{130}=2{,}4$.

Bertrand doit donc rouler pendant 2,4 heures.

2,4 h = 2 h + 0,4 h = 2 h + 0,4 × 60 min = 2 h 24 min

Bertrand va rouler plus de 2 heures. Il devra donc prendre une pause de 15 minutes. Ainsi, il passera 2 h 39 min sur l'autoroute.

EXERCICE 4

Énoncé

Victor Hugo disait qu'en baie du Mont Saint-Michel, la mer emplissait l'estran « à la vitesse d'un cheval au galop ».

La plus grande vitesse observée de la marée en ce lieu est environ 1,7 m/s et un cheval au galop court en moyenne à 24 km/h. Est-ce que Victor Hugo exagérait ?

Résolution

1,7 m/s = 1,7 × 3 600 m/h = 6120 m/h = 6,12 km/h.

La mer emplit donc l'estran beaucoup moins vite qu'un cheval au galop. Victor Hugo exagérait vraiment !

À noter : on peut aussi effectuer la conversion des vitesses en m/s.

$24\text{ km/h} = 24\,000\text{ m/h} = \frac{24\,000}{3\,600}\text{ m/s} \approx 6{,}7\text{ m/s}$

Températures de changement d'état

COURS

1. Température de changement d'état d'un corps pur

- Lors du changement d'état d'un **corps pur**, sa température reste constante pendant toute la durée du changement. **Cette température est caractéristique du corps pur**.

Exemple 1 : Lors de la solidification du cyclohexane, la température reste constante et égale à 6 °C : c'est la **température de solidification** du cyclohexane.

Exemple 2 : Lors de la fusion de l'eau pure, la température reste constante et égale à 0 °C : c'est la **température de fusion** de l'eau.

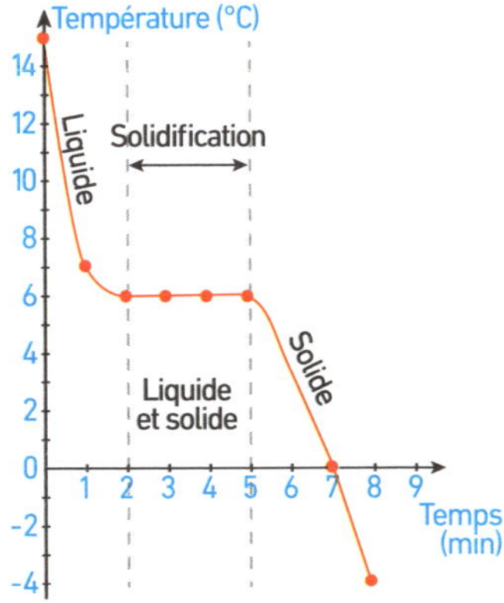

Solidification du cyclohexane

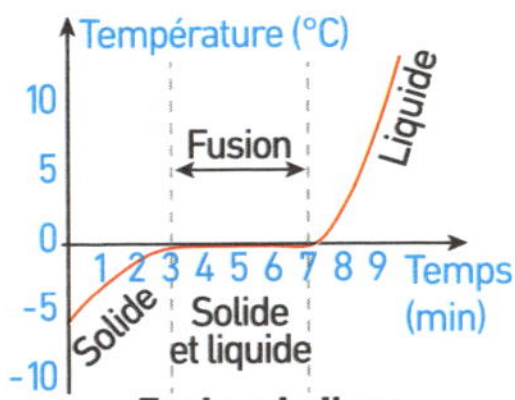

Fusion de l'eau

2. Température de changement d'état d'un mélange

- Contrairement au changement d'état d'un corps pur, le changement d'état d'un **mélange** ne se fait pas à température constante.

Exemple : La solidification de l'eau salée ne fait pas un **palier**.

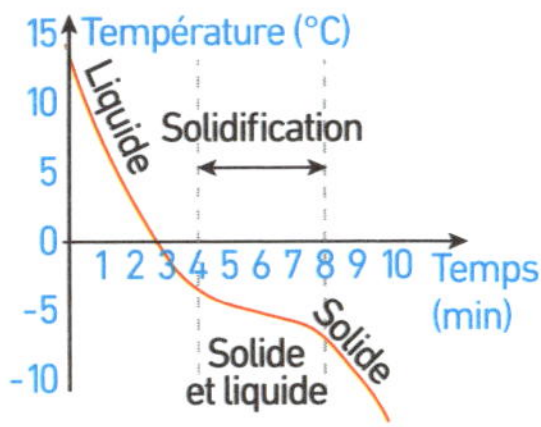

Solidification de l'eau salée

EXERCICE 1

Énoncé

Indiquer, pour chaque graphique, s'il correspond au changement d'état d'un corps pur ou à celui d'un mélange. Donner le nom du changement d'état.

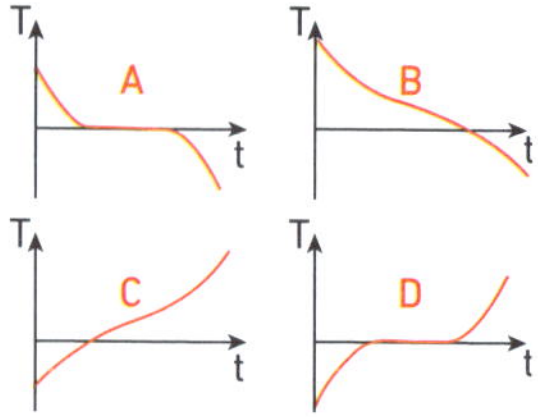

Résolution

A : corps pur, solidification. B : mélange, solidification.

C : mélange, fusion. D : corps pur, fusion.

EXERCICE 2

Énoncé

1. Classer les trois images dans l'ordre (deux cas possibles).

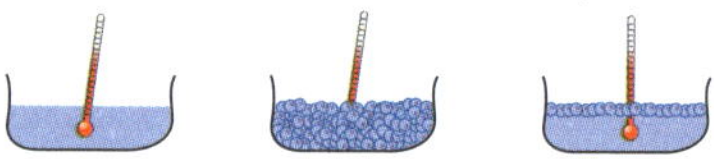

A : Eau liquide B : Glace C : Eau + glace

2. Dans chacun des deux cas, de quel changement d'état s'agit-il ?

3. À quelle(s) étape(s) le thermomètre indique-t-il une température de 0 °C ? Justifier.

4. Dessiner la courbe correspondant à ce changement d'état.

Résolution

1. Cas 1 : B, C, A. Cas 2 : A, C, B.

2. Dans le cas 1, il s'agit de la fusion de l'eau. Dans le cas 2, il s'agit de la solidification de l'eau.

3. Le thermomètre indique une température de 0 °C à l'étape C. L'eau est un corps pur, donc sa température reste constante pendant toute la période de fusion.

4. Voir ci-contre.

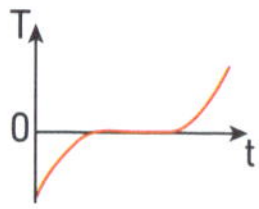

Conversion de la masse et du volume

COURS

1. La masse

- La masse d'un corps représente la **quantité de matière** qu'il contient. Elle s'exprime en kilogrammes (kg), en grammes (g) et en leurs multiples et sous-multiples. Par exemple : 1 kg = 10 hg, 10 dag ou 1 000 g.

t			**kg**	hg	dag	g	dg	cg	mg
			1	0	0	0			

- La masse d'un liquide ou d'un solide se mesure à l'aide d'une **balance**.

– On pose un récipient vide (bécher pour un liquide et coupelle pour un solide) sur une balance, puis on appuie sur le bouton « Tare » pour annuler la masse du récipient.

– On ajoute ensuite le liquide ou le solide dans le récipient et on lit la masse du liquide ou du solide.

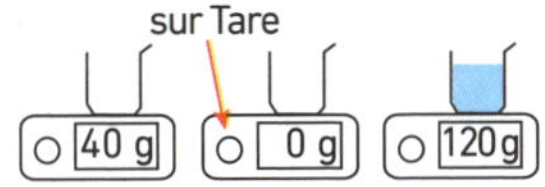

Mesure de la masse avec une balance

2. Le volume

- Le volume d'un corps correspond à l'**espace occupé** par celui-ci. Il s'exprime en mètres cubes (m^3), en litres (L) ou en leurs multiples et sous-multiples. Par exemple : 1 L = 1 dm^3, 10 dL, 100 cL, 1 000 mL ou 1 000 cm^3.

hm^3			dam^3			m^3			dm^3			cm^3			mm^3		
											L	dL	cL	mL			
											1	0	0	0			

- La mesure du volume d'un liquide ou d'un solide s'effectue à l'aide d'une **éprouvette graduée** (en mL).

Remarque : La surface du liquide dans l'éprouvette est incurvée vers le bas : c'est le **ménisque**. Pour effectuer une bonne lecture du volume, il faut regarder face au bas du ménisque.

- Pour mesurer le volume d'un solide :

– on remplit une éprouvette graduée avec un volume V_1 d'eau ;

– on insère le solide dans l'éprouvette et on lit le nouveau volume V_2 ;

– on détermine le volume V du solide : $V = V_2 - V_1$.

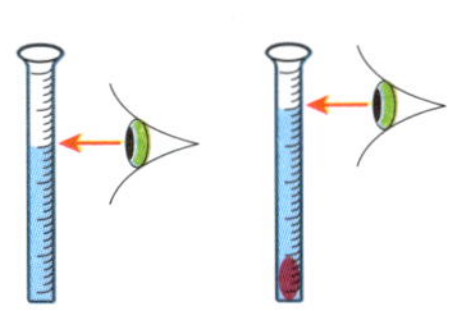

EXERCICE 1

Énoncé

Sur le pot de pâte à tartiner qu'elle s'apprête à ouvrir, Inès lit « 750 g net ». Par curiosité, elle pose le pot sur une balance et trouve 1 kg.

1. À quoi correspond la mesure indiquée sur la balance ?

2. Que signifie « 750 g net » ?

3. Quelle est la masse du pot vide ? Justifier.

Résolution

1. La balance indique la masse totale du pot et de son contenu.

2. « 750 g net » correspond à la masse de la pâte à tartiner.

3. La masse du pot plein est de 1 kg, c'est-à-dire 1 000 g ; celle de la pâte à tartiner est de 750 g. Donc, la masse du pot vide est de 1 000 – 750 = 250 g.

EXERCICE 2

Énoncé

Selma veut mesurer la masse de 50 mL de différents liquides : eau, lait, huile et vinaigre. Elle dispose pour cela d'une éprouvette graduée de 50 mL et d'une balance.

1. Comment Selma doit-elle procéder pour mesurer la masse d'un liquide avec le matériel dont elle dispose ?

2. Quelle précaution faut-il prendre pour lire le volume d'un liquide dans une éprouvette graduée ?

3. Selma obtient les résultats suivants.

Liquide	Eau	Lait	Huile	Vinaigre
Masse de 50 ml	50 g	59 g	46 g	57 g

Quelle est la masse d'un litre de chaque liquide ?

Résolution

1. Selma doit poser l'éprouvette graduée vide sur la balance, puis appuyer sur « Tare ». Elle remplit ensuite l'éprouvette jusqu'à la graduation 50 mL avec chacun des liquides.

2. Pour effectuer une bonne lecture, l'œil doit être face au bas de la partie incurvée à la surface du liquide (ménisque).

3. 1 L = 1000 mL, donc 1 litre contient 20 fois 50 mL. Pour trouver la masse d'un litre de liquide, il faut multiplier par 20 la valeur obtenue pour 50 mL.

Liquide	Eau	Lait	Huile	Vinaigre	
Masse de 50 mL	50 g	59 g	46 g	57 g	× 20
Masse de 1 L	1 000 g	1 180 g	920 g	1 140 g	

Masse volumique

COURS

- La masse et le volume sont liés par la grandeur physique ρ (rhô) appelée **masse volumique** : $\rho = \frac{m}{V}$

m est la **masse** en grammes (g) ou en kilogrammes (kg).
V est le **volume** en millilitres (mL) ou en litres (L).

- La masse volumique ρ s'exprime en g/ml ou en kg/L.
- Un corps est d'autant plus **dense** que sa masse volumique est grande.

1. Détermination de la masse volumique d'un liquide

Pour déterminer la **masse volumique d'un liquide** :
– poser une éprouvette graduée sur une balance ;
– appuyer sur tare pour annuler sa masse ;
– verser un volume précis *V* du liquide dans l'éprouvette graduée ;
– noter la masse *m* de ce liquide ;
– diviser la masse *m* obtenue de liquide par son volume *V*.

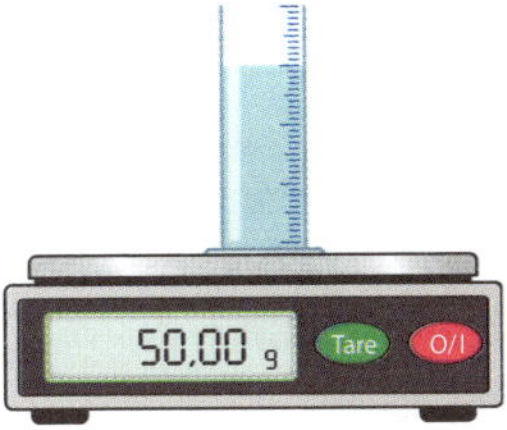

Détermination de la masse volumique d'un liquide

2. Détermination de la masse volumique d'un solide

- Pour déterminer la **masse volumique d'un solide** :

– peser la masse *m* du solide à l'aide d'une balance ;
– remplir une éprouvette graduée avec un volume V_1 d'eau ;
– insérer le solide dans l'éprouvette et noter le volume V_2 ;
– déterminer le volume *V* du solide : $V = V_2 - V_1$;
– diviser la masse *m* du solide par son volume *V*.

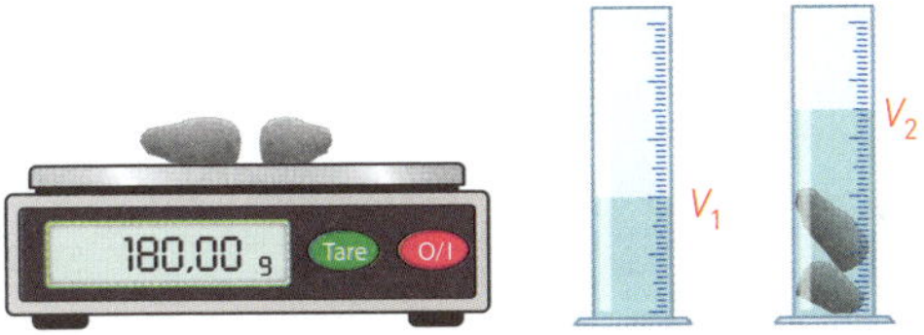

Détermination de la masse volumique d'un solide

Exemples : La masse volumique de l'eau pure (ou distillée) est de 1 kg/L ou 1 g/ml. La masse volumique de l'essence est de 0,95 kg/L ou 0,95 g/ml.

EXERCICE 1

Énoncé

La masse de 100 mL d'alcool est de 76,5 g et la masse de 100 mL d'huile est de 89,7 g.

1. Calculer la masse volumique de l'alcool et celle de l'huile en g/L.

2. Lequel de ces deux liquides est le plus dense ?

3. Qu'observe-t-on si on mélange lentement les deux liquides ?

Résolution

1. On convertit d'abord 100 mL = 0,1 L, puis on applique $\rho = \frac{m}{V}$.

$\rho = \frac{76{,}5}{0{,}1}$ = 765 g/L pour l'alcool.

$\rho = \frac{89{,}7}{0{,}1}$ = 897 g/L pour l'huile.

2. L'huile est plus dense, car sa masse volumique est plus grande que celle de l'alcool.

3. Si on mélange les deux liquides, l'alcool reste au-dessus et l'huile en dessous.

EXERCICE 2

Énoncé

Un litre d'eau de mer pèse 1,030 kg.

1. Calculer la masse volumique de l'eau de mer en g/mL.

2. Rappeler la masse volumique de l'eau distillée.

3. Déduire des questions précédentes la masse du sel dans 1 litre d'eau de mer.

4. Calculer la quantité de sel dans un verre d'eau de mer de volume 20 cL.

Résolution

1. On effectue d'abord les conversions : 1,030 kg = 1030 g ; 1 L = 1000 mL.
On applique $\rho = \frac{m}{V} = \frac{1030}{1000} = 1{,}030$ g/mL.

2. L'eau distillée a une masse volumique de 1 g/mL.

3. 1 litre d'eau de mer pèse 1030 g et 1 litre d'eau distillée (pure) pèse 1000 g. Donc 1 litre d'eau de mer contient 1030 – 1000 = 30 g de sel.

4. 1 L = 100 cL, donc 1 L équivaut à cinq fois 20 cL. Dans 1 L d'eau de mer, il y a 30 g de sel, donc dans 20 cL il y en aura cinq fois moins. 30 : 5 = 6, il y a 6 g de sel dans un verre de 20 cL d'eau de mer.

Atome et ions

COURS

1. L'atome

- Un atome est la plus petite entité élémentaire de la matière. Il est constitué d'un **noyau** contenant des particules chargées positivement (les **protons**) et des particules sans charge (les **neutrons**), autour duquel gravitent des **électrons** chargés négativement.
- Il y a autant de protons que d'électrons dans un atome, il est donc **électriquement neutre**.
- Le diamètre d'un atome est de l'ordre de 10^{-10} m et celui de son noyau est de l'ordre de 10^{-15} m.

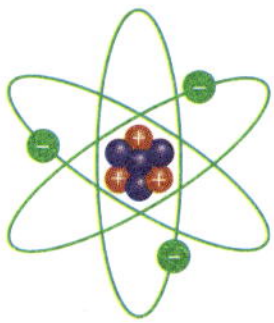

Structure d'un atome

2. L'ion

- Un ion est un atome qui a **perdu ou gagné** un ou plusieurs électrons.
- Lorsque l'atome perd des électrons, il se charge positivement et devient un **cation**.

Exemple : Dans l'atome d'aluminium, il y a 13 protons (13 charges positives) et 13 électrons (13 charges négatives) : l'atome est donc électriquement neutre. Dans l'ion aluminium, il y a toujours 13 protons, mais seulement 10 électrons : l'ion aluminium est donc chargé positivement (+3).

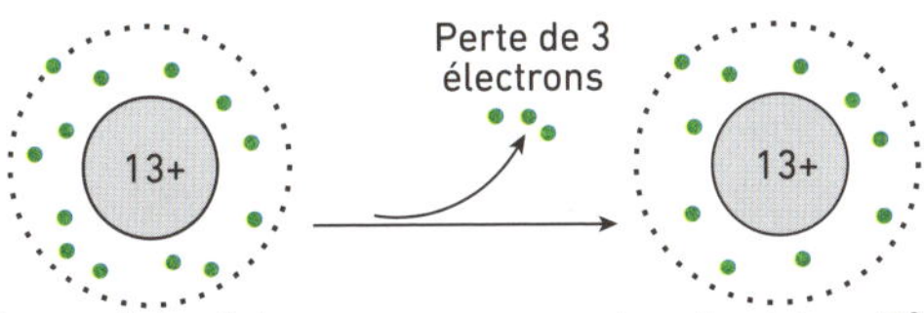

Atome devenant un cation

- Lorsque l'atome gagne des électrons, il se charge négativement et devient un **anion**.

Exemple : Dans l'atome du chlore, il y a 17 protons (17 charges positives) et 17 électrons (17 charges négatives) : l'atome est donc électriquement neutre. Dans l'ion chlorure, il y a toujours 17 protons, mais cette fois 18 électrons : l'ion chlorure est donc chargé négativement (–1).

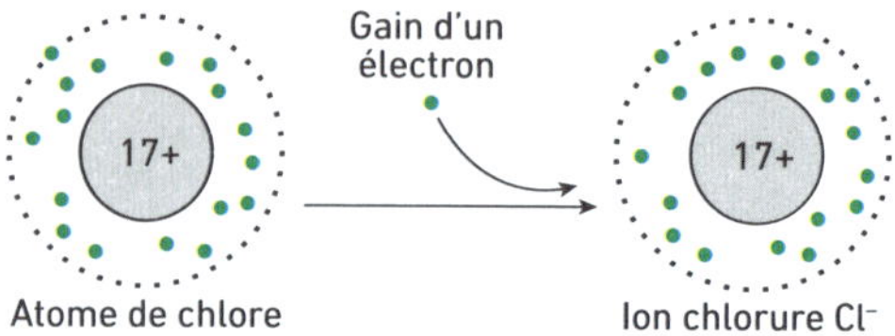

Atome devenant un anion

EXERCICE 1

Énoncé

1. Donner la constitution d'un atome et faire un schéma.

2. Quel constituant de l'atome porte la charge positive ?

3. Quel constituant de l'atome porte la charge négative ?

4. Quelle est la charge d'un atome ? Expliquer.

5. Quel est l'ordre de grandeur du diamètre d'un atome et de son noyau ?

Résolution

1. Un atome est constitué d'un noyau contenant des protons et des neutrons autour duquel gravitent des électrons.

2. C'est le proton qui porte la charge positive.

3. C'est l'électron qui porte la charge négative.

4. Un atome est neutre, car il possède autant de protons que d'électrons.

5. L'ordre de grandeur du diamètre d'un atome est de 10^{-10} m et celui de son noyau est de 10^{-15} m.

EXERCICE 2

Énoncé

1. L'ion sodium Na^+ contient 10 électrons. Quel est le nombre d'électrons et de protons de l'atome de sodium Na ? Justifier.

2. L'atome du chlore Cl contient 17 électrons. Il donne l'ion Cl^-.

a. S'agit-il d'un gain ou d'une perte d'électron ?

b. L'ion obtenu est-il un cation ou un anion ?

c. Combien d'électrons possède l'ion Cl^- ?

Résolution

1. Pour se transformer en Na^+, l'atome de sodium a perdu un électron ; il était donc constitué de 10 – 1 = 11 électrons.

L'atome étant électriquement neutre, il contient 11 protons.

2. a. Il s'agit d'un gain d'électron.

b. Cl^- est un anion.

c. Cl^- possède 18 électrons (17 + 1).

Identification des ions dans les solutions aqueuses

COURS

1. Solution aqueuse ionique

- Une solution est un **mélange homogène** d'un **soluté** (solide) et d'un **solvant** (liquide). Si le solvant est de l'eau, la solution est dite **aqueuse**.
- Lorsque le solide se dissout dans le solvant, il donne naissance à des ions (cations et anions). La solution est qualifiée alors de **solution ionique**.

Exemple : Quand on dissout du chlorure de sodium NaCl dans de l'eau, on obtient une solution aqueuse ionique de chlorure de sodium (Na^+, Cl^-).

2. Identification de l'ion chlorure Cl^-

- Pour identifier l'**ion chlorure** Cl^-, on utilise une solution de **nitrate d'argent** (Ag^+, NO_3^-). On obtient un précipité blanc qui noircit à la lumière.

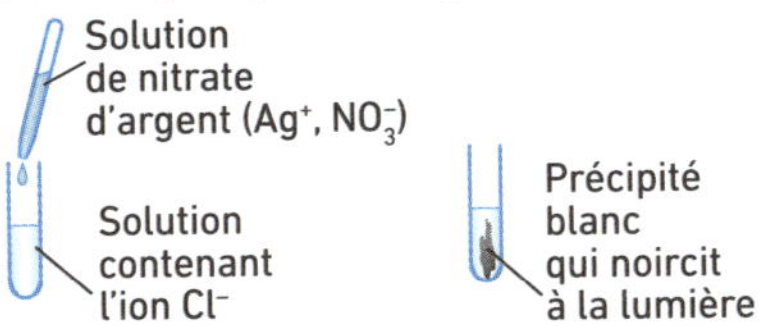

Test d'identification de l'ion chlorure Cl^-

3. Identification des ions métalliques

- Pour identifier les **ions métalliques** Fe^{2+}, Fe^{3+}, Cu^{2+} et Zn^{2+}, on utilise une solution de **soude**, ou hydroxyde de sodium, de formule (Na^+, HO^-). On obtient alors des précipités de couleur caractéristique.

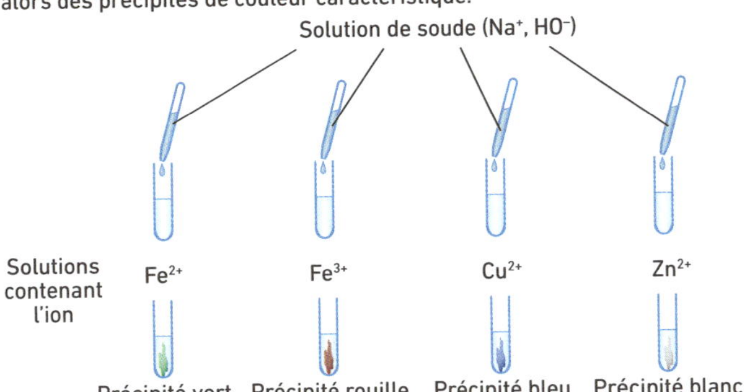

Tests d'identification de divers ions métalliques

EXERCICE 1

Énoncé

Compléter le tableau suivant.

Nom et formule de l'ion	Ion fer II	Ion fer III	Ion cuivre	Ion chlorure
Réactif versé				
Couleur du précipité				

Résolution

Nom et formule de l'ion	Ion fer II	Ion fer III	Ion cuivre	Ion chlorure
Réactif versé	Soude	Soude	Soude	Nitrate d'argent
Couleur du précipité	Vert	Rouille	Bleu	Blanc

EXERCICE 2

Énoncé

Afin de découvrir les deux types d'ions présents dans une solution S, on réalise les tests suivants.

1. Dans un tube à essais contenant la solution S, on verse quelques gouttes d'une solution de nitrate d'argent. On obtient un précipité blanc. Quel est le nom et la formule de l'ion caractérisé ?

2. Dans un autre tube à essais contenant la solution S, on verse quelques gouttes de soude. On obtient un précipité vert. Quel est le nom et la formule de l'ion caractérisé ?

3. Donner le nom et la formule de la solution S.

Résolution

1. Le précipité blanc obtenu après avoir versé du nitrate d'agent dans la solution S est caractéristique de l'ion chlorure Cl^-.

2. Le précipité vert obtenu après avoir versé de la soude dans la solution S est caractéristique de l'ion fer II ou Fe^{2+}.

3. La solution S est du chlorure de fer, de formule (Fe^{2+}, Cl^-).

Solutions acides et basiques, mesure de pH

COURS

1. Solutions acides et basiques

- Les proportions des **ions hydrogène** H^+ et **hydroxyde** HO^- dans les solutions déterminent leur caractère acide ou basique.
- Une **solution acide** contient plus d'ions H^+ que d'ions HO^-.

Exemple : Le vinaigre, le citron.

Une **solution basique** contient plus d'ions HO^- que d'ions H^+.

Exemple : L'eau de javel, le bicarbonate de sodium.

2. Mesure du pH

- Pour évaluer l'acidité ou la basicité d'une solution aqueuse (le solvant est l'eau), on utilise une grandeur sans unité comprise entre 0 et 14 appelée **pH**.
- Plus le pH est proche de 0, plus la solution est acide ; plus le pH est proche de 14, plus elle est basique.
- Quand on **dilue** une solution, qu'elle soit acide ou basique, **son pH se rapproche de 7**, qui correspond à un **pH neutre**.

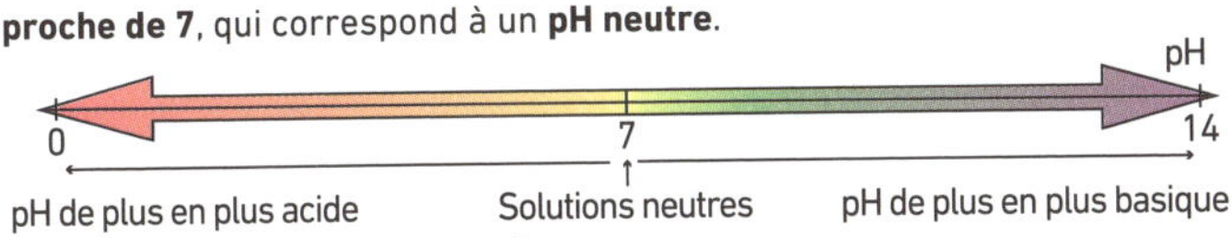

Échelle de pH

- Le pH se mesure à l'aide de papier pH ou d'un pH-mètre.

pH-mètre et papier pH

EXERCICE 1

Énoncé

Une solution de chlorure de sodium a un pH de 7.

Une solution d'hydroxyde de sodium a un pH de 10.

Une solution de chlorure d'hydrogène (acide chlorhydrique) a un pH de 1.

1. Quels sont les ions contenus dans chacune de ces solutions ?

2. Quels sont les ions responsables de l'acidité ?

Résolution

1. Les ions présents dans la solution de chlorure de sodium sont : Na^+ et Cl^- ; dans la solution d'hydroxyde de sodium : Na^+ et HO^- ; dans la solution de chlorure d'hydrogène : H^+ et Cl^-.

2. L'ion responsable de l'acidité est H^+.

EXERCICE 2

Énoncé

1. Pour diluer 10 fois une solution acide de pH égal à 3, dans quel volume d'eau doit-on verser 10 mL de cette solution ?

2. Le pH de la solution obtenue est-il égal à 1, 4 ou 8 ?

3. Vers quelle valeur tend le pH lorsqu'on ajoute de plus en plus d'eau ?

4. Après la dilution, la solution contiendra plus d'ions H^+, moins d'ions H^+ ou la même quantité d'ions H^+ ? Justifier.

Résolution

1. On doit verser les 10 mL d'acide dans 90 mL d'eau pour obtenir un volume total de 100 mL.

2. Le pH de la solution obtenue est égal à 4.

3. Quand on dilue une solution, son pH se rapproche de 7.

4. Après dilution, la solution contiendra la même quantité d'ions H^+, car on ne rajoute que de l'eau, qui est neutre.

EXERCICE 3

Énoncé

Répondre par vrai ou faux aux affirmations suivantes et corriger celles qui sont fausses.

1. Une solution aqueuse est basique si son pH est inférieur à 7.

2. Lorsqu'on dilue une solution acide, son pH augmente.

3. Le vinaigre à un pH inférieur à 7.

4. Pour mesurer le pH d'une solution, on utilise un pH-mètre.

Résolution

1. Faux : une solution aqueuse est basique si son pH est supérieur à 7.

2. Vrai : il tend vers un pH égal à 7.

3. Vrai : le vinaigre est une solution légèrement acide.

4. Vrai : on peut également utiliser du papier pH.

Les réactions chimiques

COURS

1. Réaction chimique

- La réaction chimique est la transformation de substances chimiques appelées **réactifs** en d'autres substances chimiques appelées **produits**.

Réactifs $\longrightarrow$ **Produits**

- Lors d'une **réaction chimique**, il y a **conservation** des éléments chimiques, cela signifie que la nature et le nombre d'atomes de chacun des réactifs sont conservés après transformation. La masse totale des réactifs reste égale à la masse totale des produits.

Exemple : La réaction de combustion se produit entre un **combustible** et un **comburant** en présence d'une source de chaleur.

Combustion du carbone : $C + O_2 \longrightarrow CO_2$

Combustion du méthane : $CH_4 + 2\ O_2 \longrightarrow CO_2 + 2\ H_2O$

- Les **réactions de combustion** dégagent de la chaleur et peuvent présenter des risques d'explosion ou d'incendie.
- En cas de manque de dioxygène O_2, elles peuvent également produire du monoxyde de carbone (CO) qui est un gaz toxique.

2. Identification des ions

- Pour identifier les ions métalliques Fe^{2+}, Fe^{3+} et Cu^{2+}, on utilise une solution de soude qui contient l'ion hydroxyde (HO^-).

$Fe^{2+} + 2\ HO^- \longrightarrow Fe(HO)_2$ (précipité de couleur verte)

$Fe^{3+} + 3\ HO^- \longrightarrow Fe(HO)_3$ (précipité de couleur rouille)

$Cu^{2+} + 2\ HO^- \longrightarrow Cu(HO)^2$ (précipité de couleur bleue)

- Pour identifier l'ion chlorure Cl^-, on utilise le nitrate d'argent qui contient l'ion argent Ag^+.

$Cl^- + Ag^+ \longrightarrow AgCl$ (précipité blanc qui noircit à la lumière)

EXERCICE 1

Énoncé

La combustion du méthane CH_4 dans le dioxygène O_2 produit du dioxyde de carbone CO_2 et de l'eau H_2O.

1. Écrire l'équation de la réaction et l'équilibrer en utilisant le principe de conservation des éléments.

2. Dans cette combustion, lequel est le combustible et lequel est le comburant ?

3. Sachant que les masses des réactifs utilisés respectent les proportions de l'équation, compléter en justifiant le tableau ci-après.

Espèces chimiques	Méthane CH_4	Dioxygène O_2	Dioxyde de carbone CO_2	Eau H_2O
Masses (g)	16	64	44	...

Résolution

1. $CH_4 + O_2 \longrightarrow CO_2 + H_2O$

Il y a autant d'atome de carbone à gauche qu'à droite : les atomes de carbone sont donc équilibrés.

$CH_4 + O_2 \longrightarrow CO_2 + \mathbf{2}\ H_2O$

Il y a quatre atomes d'hydrogène à gauche et seulement deux atomes d'hydrogène à droite : on multiplie donc H_2O par 2 pour avoir quatre atomes d'hydrogène de chaque côté de l'équation.

$CH_4 + \mathbf{2}\ O_2 \longrightarrow CO_2 + \mathbf{2}\ H_2O$

Le nombre d'atome d'oxygène à droite est de 4 : on multiplie donc O_2 par 2 pour en avoir 4 également à gauche.

2. Dans cette combustion, le combustible est le dioxygène O_2 et le comburant est le méthane CH_4.

3. Lors d'une réaction chimique, la masse totale des réactifs est égale à la masse totale des produits : $m_{CH_4} + m_{O_2} = m_{CO_2} + m_{H_2O}$.

Donc $m_{H_2O} = m_{CH_4} + m_{O_2} - m_{CO_2}$

D'où : 36 = 16 + 64 – 44

Espèces chimiques	Méthane CH_4	Dioxygène O_2	Dioxyde de carbone CO_2	Eau H_2O
Masses (g)	16	64	44	**36**

EXERCICE 2

Énoncé

Équilibrer les équations des réactions chimiques suivantes.

1. Zn^{2+} + ... HO^- $\longrightarrow$ $Zn(HO)_2$

2. ......C + O_2 $\longrightarrow$ ...... CO

3. C_3H_8 + ... O_2 $\longrightarrow$ ...... CO_2 + ... H_2O

4. O_2 + ... H_2 $\longrightarrow$ ...... H_2O

Résolution

1. $Zn^{2+} + \mathbf{2}\ HO^- \longrightarrow Zn(HO)_2$

2. $\mathbf{2}\ C + O_2 \longrightarrow 2\ CO$

3. $C_3H_8 + \mathbf{5}\ O_2 \longrightarrow \mathbf{3}\ CO_2 + \mathbf{4}\ H_2O$

4. $O_2 + \mathbf{2}\ H_2 \longrightarrow \mathbf{2}\ H_2O$

Structure de l'Univers et du système solaire

COURS

1. L'Univers

● L'Univers est tout ce qui existe de l'**infiniment petit** (atome) à l'**infiniment grand** (galaxie). Pour simplifier, on peut décrire l'Univers à l'aide de plusieurs échelles : échelle **microscopique** (10^{-6} à 10^{-15} m), échelle humaine ou **macroscopique** (10^{0} m) et échelle **cosmique** (10^{-16} à 10^{24} m).

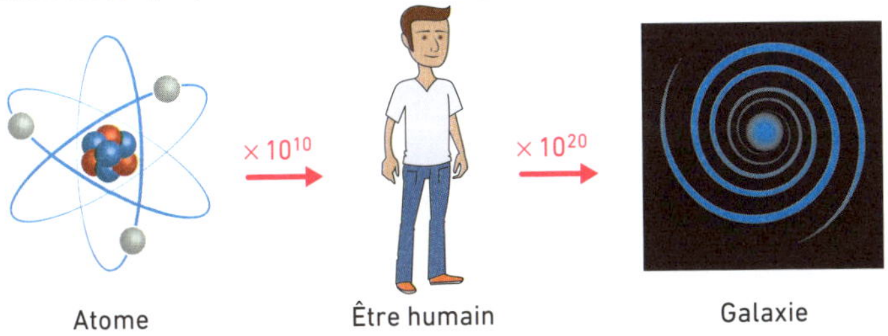

De l'infiniment petit à l'infiniment grand

● Au niveau cosmique comme au niveau microscopique, la matière est essentiellement constituée de **vide** : on dit que la structure de l'Univers et celle de la matière sont **lacunaires**.

● Le tableau ci-dessous récapitule les multiples et sous-multiples du mètre utilisés pour exprimer les longueurs dans l'Univers.

Échelle microscopique	Nanomètre (nm) Micromètre (µm)	1 nm = 10^{-9} m 1 µm = 10^{-6} m
Echelle humaine	Millimètre (mm) Mètre (m) Kilomètre (km)	1 mm = 10^{-3} m 1 m = 10^{0} m 1km = 10^{3} m
Echelle cosmique	Mégamètre (Mm) Gigamètre (Gm) Année lumière (a.l.)	1 Mm = 10^{6} m 1 Gm = 10^{9} m 1 a.l. = 10^{16} m

2. Le système solaire

● Le système solaire est constitué d'une **étoile**, le Soleil, et de huit **planètes** qui gravitent autour de lui : Mercure, Vénus, la Terre, Mars, Jupiter, Saturne et Neptune. Cet équilibre est dû à l'attraction qui s'exerce entre les différentes planètes et le Soleil.

EXERCICE 1

Énoncé

Convertir en mètres les diamètres des différents éléments donnés dans le tableau ci-dessous et donner leur écriture scientifique.

Élément	Diamètre	Diamètre (m)	Écriture scientifique (m)
Atome	10^{-6} nm		
Cellule	5 µm		
Terre	1 275 km		
Mercure	4 900 km		
Vénus	12 000 000 m		
Saturne	$1{,}2 \times 10^5$ km		
Soleil	$1{,}4 \times 10^6$ km		

Résolution

Élément	Diamètre	Diamètre (m)	Écriture scientifique (m)
Atome	10^{-6} nm	$10^{-6} \times 10^{-9} + 10^{-15}$	$1{,}0 \times 10^{-15}$
Cellule	5 µm	5×10^{-6}	$5{,}0 \times 10^{-6}$
Terre	1 275 km	1 275 000	$1{,}275 \times 10^6$
Mercure	4 900 km	4 900 000	$4{,}9 \times 10^6$
Vénus	12 000 000 m	12 000 000	$1{,}2 \times 10^7$
Saturne	$1{,}2 \times 10^5$ km	$1{,}2 \times 10^5 \times 10^3$	$1{,}2 \times 10^8$
Soleil	$1{,}4 \times 10^6$ km	$1{,}4 \times 10^6 \times 10^3$	$1{,}4 \times 10^9$

EXERCICE 2

Énoncé

Classer dans l'ordre de taille croissante les éléments suivants.

1. Diamètre d'une goutte d'eau : 2 mm.
2. Diamètre d'un virus de grippe : 90 nm.
3. Diamètre du noyau d'un atome : 10^{-15} m.
4. Diamètre d'un grain de pollen : 33 µm.

Résolution

On convertit d'abord tous les diamètres en mètres, puis on les classe.

1. 2 mm = 2×10^{-3} m.
2. 0,90 nm = $0{,}90 \times 10^{-9}$ m = $9{,}0 \times 10^{-10}$ m.
3. 10^{-15} m = $1{,}0 \times 10^{-14}$ m.
4. 33 µm = 33×10^{-6} m = $3{,}3 \times 10^{-5}$ m.

On a donc, du plus petit au plus grand : 3, 2, 4 et 1.

Relativité du mouvement

COURS

1. Référentiel

- L'état de mouvement ou de repos d'un objet dépend du **solide de référence** par rapport auquel est étudié cet état. Ce solide, qui peut être un arbre, un poteau, un immeuble..., est appelé le **référentiel**.

2. Exemple de relativité du mouvement

- Dans le hall de l'aéroport, Amira, assise sur un banc, voit sa cousine Inès arriver avec son chariot de bagages.

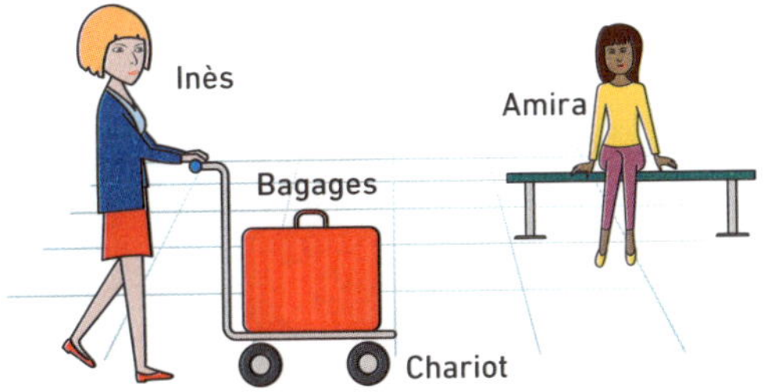

- On peut dire que :

– Inès et son chariot sont en mouvement par rapport à Amira, car ils se rapprochent d'elle (Amira est le référentiel) ;

– Inès est immobile par rapport à son chariot, car la distance entre Inès et son chariot ne varie pas (le chariot est le référentiel) ;

– les bagages qui sont dans le chariot sont immobiles par rapport à celui-ci (le chariot est le référentiel).

EXERCICE 1

Énoncé

Voici un train et une voiture tous les deux en mouvement.

Compléter les phrases suivantes avec les termes « au repos » ou « en mouvement » :

1. Le conducteur de la voiture est .... par rapport à sa voiture.

2. Le conducteur de la voiture est .... par rapport au train.

3. Les voyageurs dans le train sont au repos par rapport ....

4. Les voyageurs dans le train sont .... par rapport à la voiture et par rapport au train.

5. La voiture est .... par rapport au train.

Résolution

1. Le conducteur de la voiture est au repos par rapport à sa voiture.

2. Le conducteur de la voiture est en mouvement par rapport au train.

3. Les voyageurs dans le train sont au repos par rapport au train.

4. Les voyageurs dans le train sont en mouvement par rapport à la voiture et par rapport au conducteur de la voiture.

5. La voiture est en mouvement par rapport au train.

EXERCICE 2

Énoncé

1. Peut-on affirmer qu'un objet est forcément en mouvement lorsque la distance qui le sépare du référentiel choisi change ?

2. Un même objet peut-il être immobile et en mouvement à la fois ? Donner un exemple.

3. Un skieur dévale une piste à toute allure. Que peut-on dire de son état de mouvement ou de repos par rapport :

– à la piste ;

– à son casque ;

– aux arbres ;

– aux skis.

Résolution

1. Oui, lorsque la distance entre un objet et le référentiel choisi varie, l'objet est forcément en mouvement.

2. Oui, un objet peut être immobile et en mouvement à la fois, cela dépend du référentiel choisi. Par exemple, un conducteur est au repos par rapport à son véhicule et il est en mouvement par rapport à la route.

3. Le skieur est en mouvement par rapport à la piste et par rapport aux arbres.

Le skieur est au repos par rapport à son casque et à ses skis.

La vitesse et son évolution

COURS

1. Vitesse

● La **vitesse moyenne** d'un corps entre deux instants t_0 et t_1 se calcule en divisant la distance parcourue (notée *d*) par la durée du parcours.

$$V_m = \frac{d}{t} = \frac{d}{t_1 - t_0}$$

V_m est la vitesse moyenne (en m s^{-1}).
d est la distance parcourue (en m) ;
Δt (intervalle de temps entre t_1 et t_0) est la durée du parcours (en s).

● La vitesse est une **grandeur vectorielle** qui est caractérisée par son **sens**, sa **direction** et sa **valeur**.

● Le **sens** du vecteur vitesse peut être : d'un point A vers un point B, de gauche à droite, du bas vers le haut.

● La **direction** du vecteur vitesse est soit horizontale, soit verticale, soit en diagonale.

Exemple : La vitesse d'un ascenseur lors de la montée a un sens du bas vers le haut et une direction verticale.

2. Évolution de la vitesse

● Si la vitesse de l'objet reste constante tout au long du trajet, le mouvement est dit **uniforme.**

Exemple : Le motard a un mouvement **uniforme** : les distances entre les positions successives du motard photographié à des intervalles de temps égaux sont identiques.

Mouvement uniforme

● Si la vitesse de l'objet augmente régulièrement, le mouvement est dit **accéléré.**

Le motard a un mouvement accéléré : les distances entre les positions successives du motard photographié à des intervalles de temps égaux sont de plus en plus grandes.

Mouvement accéléré

● Si la vitesse de l'objet diminue régulièrement, le mouvement est dit **ralenti**.

Le motard a un mouvement ralenti : les distances entre les positions successives du motard photographié à des intervalles de temps égaux sont de plus en plus petites.

Mouvement ralenti

EXERCICE 1

Énoncé

Mehdi quitte Strasbourg à bord de sa voiture à 7 h du matin en empruntant la route nationale. Il arrive à Paris à 13 h.

1. Sachant que la distance entre Paris et Strasbourg est d'environ 500 km, calculer la vitesse moyenne (en km/h) de la voiture de Mehdi.

2. Le mouvement de la voiture était-il uniforme lors du trajet ? Expliquer.

Au retour, Mehdi décide de rouler plus vite pour rentrer plus tôt à Strasbourg. Il adopte une vitesse moyenne de 100 km/h.

3. Calculer le temps du trajet Paris-Strasbourg.

4. Quel est le temps gagné par Mehdi sur le trajet du retour ?

Résolution

1. On applique $V_m = \frac{d}{t_1 - t_0}$.

Ici, $V_m = \frac{d_{\text{Strasbourg-Paris}}}{t_{1(\text{heure d'arrivée})} - t_{0(\text{heure de départ})}} = \frac{500}{(13-7)} = \frac{500}{6} = 83{,}3$ km/h.

2. Non, le mouvement de la voiture n'est pas uniforme sur tout le trajet. Mehdi doit ralentir, accélérer ou s'arrêter par moment. La vitesse du véhicule n'est donc pas constante.

3. On calcule $t = d/V_m$. Donc $t = d_{(\text{Paris-Strasbourg})}/V_m = 500/100 = 5$ h.

4. À l'aller, Mehdi a mis 6 h pour faire le trajet Strasbourg-Paris ; au retour, il n'a mis que 5 h. Le temps gagné par Mehdi est donc : 6 – 5 = 1 h.

EXERCICE 2

Énoncé

Associer un mot à chaque définition.

Définition	Mot associé
La vitesse est constante lors du mouvement.	Ralenti
La vitesse augmente lors du mouvement.	Trajectoire
La vitesse diminue lors du mouvement.	Uniforme
Ensemble des points décrits lors du mouvement.	Rectiligne
L'ensemble des points décrits lors du mouvement est une droite.	Curviligne
L'ensemble des points décrits lors du mouvement est une courbe.	Accéléré

Résolution

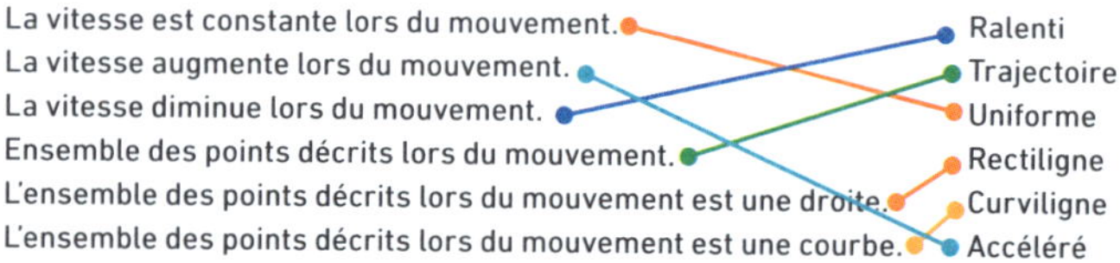

Forces et diagramme objet-interactions

COURS

1. Définition d'une force

● Une force est l'action mécanique d'un corps appelé **acteur** sur un autre corps appelé **receveur**. Elle est notée F_A et est représentée par un **vecteur**, que l'on caractérise par :

– une **origine** (le point d'application de la force) ;
– un **sens** (du receveur vers l'acteur) ;
– une **direction** (horizontale, verticale ou oblique) ;
– une **longueur** (proportionnelle à la valeur de la force).

Exemple : Une voiture (acteur) tracte une remorque (receveur).

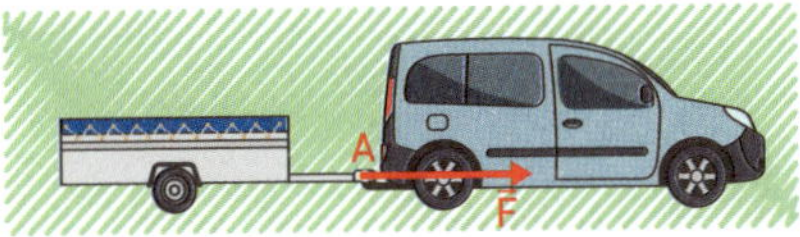

L'origine de la force est le point de contact A entre la voiture et la remorque.
Le sens va de la remorque vers la voiture.
La direction est celle de la route (horizontale).
La valeur de la force est exprimée en newtons (N).

● On adopte une **échelle**, par exemple 1 cm pour 100 N. Si la force vaut 500 N, la longueur du vecteur sera de 5 cm.

2. Types d'actions

● Une **action est de contact** si les deux corps (l'acteur et receveur) sont en contact.

Exemples : La voiture et sa remorque, le vent et le voilier, la réaction d'une table sur laquelle est posée un objet...

● Pour une **action à distance**, il n'y a pas de contact entre l'acteur et le receveur.

Exemples : L'action d'un aimant sur une bille en acier, l'action de la Terre sur un parachutiste...

3. Diagramme objet-interactions

● On appelle digramme objet-interactions la représentation de l'objet que l'on a choisi d'étudier et ses interactions, de contact ou à distance avec les autres objets.

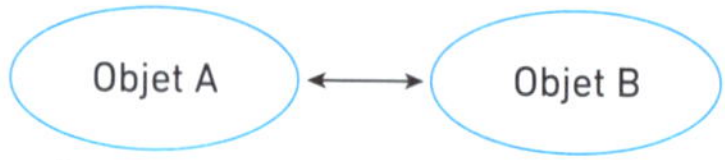

Représentation d'une interaction de contact

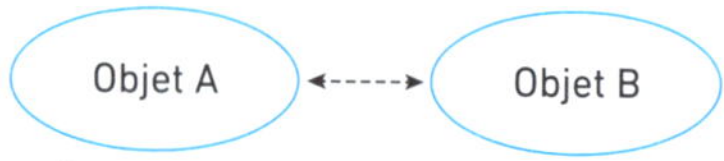

Représentation d'une interaction à distance

Exemple : Dans le cas d'un livre posé sur une table, le livre subit l'action de la table et de la Terre, celle de la table est une action de contact et celle de la Terre est une action à distance.

Diagramme objet-interactions d'un livre posé sur une table

EXERCICE

Énoncé

On représente ci-dessous la réaction $\vec{R}$ exercée par la table sur une boîte.
Échelle : 1 cm représente 10 N.

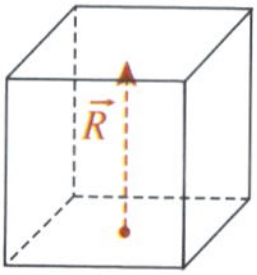

1. Quelle sont les caractéristiques de cette force ?

2. Quelle autre force s'exerce sur la boîte ?

3. En déduire les caractéristiques du poids de la boîte.

4. Représenter le diagramme objet-interactions de la boîte.

Résolution

1. La réaction $\vec{R}$ est une interaction de contact caractérisée par :
- son origine : point de contact boîte/table ;
- son sens : du bas vers le haut ;
- sa direction : verticale ;
- sa valeur : $R = 2{,}5 \times 10 = 25$ N.

2. L'autre force est le poids : c'est une interaction à distance exercée par la Terre sur la boîte.

3. Les caractéristiques du poids de la boîte sont :
- son origine : centre de gravité de la boîte ;
- son sens : du haut vers le bas ;
- sa direction : verticale ;
- sa valeur : $P = 2{,}5 \times 10 = 25$ N.

4.

Diagramme objet-interactions de la boîte posée sur la table

Force gravitationnelle et force de pesanteur

COURS

1. Force gravitationnelle

- Deux corps ponctuels de masses *m* et *m'* exercent l'un sur l'autre des forces $\vec{F}$ et $\vec{F'}$ **attractives** de même valeur :

$$F = F' = G \cdot \frac{m \cdot m'}{d^2}$$

F et *F'* s'expriment en **newtons**.

G est la **constante de gravitation** est égale à : $6{,}67 \times 10^{-11}$ N · kg^{-2} · m^2

d est la distance séparant les masses *m* et *m'* ; *d* s'exprime en mètres (m)

m et *m'* s'expriment en kilogrammes (kg).

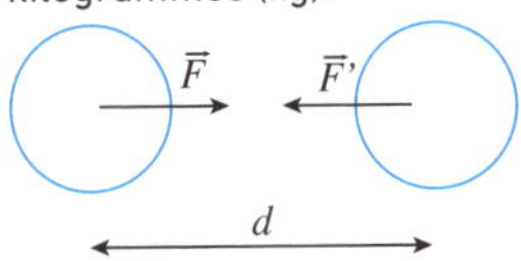

Forces gravitationnelles s'exerçant entre deux corps

Exemple : Effectuons le calcul de la force de gravitation s'exerçant sur deux masses ponctuelles de 10,0 g séparées et distantes de 5,0 cm. Avant de commencer le calcul, il faut convertir les masses en kg et la distance en m.

$m = m' = 10{,}0$ g $= 10 \times 10^{-3}$ kg ou 0,010 kg

$d = 5{,}0$ cm $= 5{,}0 \times 10^{-2}$ m ou 0,050 m

$G = 6{,}67 \times 10^{-11}$ N·kg^{-2}·m^2

$F = F' = G \cdot \frac{m \cdot m'}{d^2}$ (il ne s'agit pas de vecteurs mais bien des intensités)

$F = 6{,}67 \times 10^{-11} \times (10 \times 10^{-3} \times 10 \times 10^{-3})/(5.0 \times 10^{-2})^2 = 2{,}67 \times 10^{-12}$ N.

2. Force de pesanteur

- La force de pesanteur est la force exercée par la Terre sur un corps de masse m situé à la surface ou au voisinage de la Terre.
- La force de pesanteur n'est autre que le **poids** de l'objet que nous développerons dans la **fiche 13**.

EXERCICE

Énoncé

L'un des satellites de la planète Mars s'appelle Phobos. Celui-ci a une trajectoire quasi circulaire autour du centre de gravité de Mars. Le rayon de la trajectoire est de $R = 9378$ km.

La masse de Mars est $m_M = 6{,}42 \times 10^{23}$ kg, la masse de Phobos est $m_P = 9{,}5 \times 10^{15}$ kg et la constante de gravitation vaut $G = 6{,}67 \times 10^{-11}$ N·kg^{-2}·m^2.

1. Faire un schéma légendé.

2. Donner l'expression de la valeur de la force $F_{M/P}$ exercée par Mars sur Phobos.

3. Calculer la valeur de cette force.

4. Déterminer la valeur de la force $F_{P/M}$ exercée par Phobos sur Mars.

5. Représenter sur un schéma les deux forces $F_{M/P}$ et $F_{P/M}$ en prenant comme échelle 1 cm pour $1{,}00 \times 10^{19}$ N.

Résolution

1.

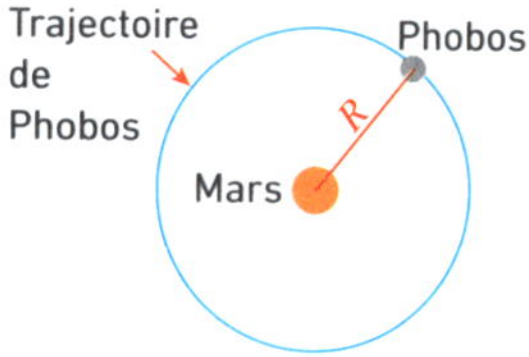

2. $F_{M/P} = G \cdot \dfrac{m_M \cdot m_P}{R^2}$

$F_{M/P}$ est la force exercée par Mars sur Phobos.

m_M est la masse de la Terre.

m_P est la masse de Phobos.

R est le rayon de la trajectoire qui correspond à la distance entre les centre de Mars et de Phobos.

3. $F_{M/P} = 6{,}67 \times 10^{-11} \cdot \dfrac{6{,}42 \times 10^{23} \cdot 9{,}5 \times 10^{15}}{(9378 \times 10^3)^2} = 4{,}34 \times 10^{19}$ N.

4. Le calcul est le même pour $F_{P/M}$. $F_{P/M} = F_{M/P} = 4{,}34 \times 10^{19}$ N.

5. La longueur de chaque vecteur est de 4,34 cm.

Les deux vecteurs forces ont la même longueur, la même direction et sont de sens opposés.

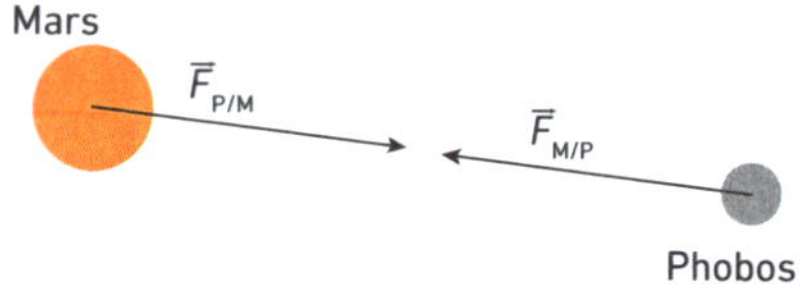

Relation entre poids et masse

COURS

● La **masse** et le **poids** d'un objet sont deux grandeurs de nature différente ; ils n'ont pas les mêmes caractéristiques et ne se mesurent pas avec les mêmes appareils.

Attention : On utilise souvent le terme de poids dans la vie courante, alors que l'on parle de la masse.

1. La masse

● La masse *m* d'un objet est la quantité de matière correspondant au **nombre d'atomes** de l'objet. Elle se mesure à l'aide une balance et s'exprime en grammes (g) ou en kilogrammes (kg).

● La masse d'un objet est la même, quel que soit l'endroit où on effectue la mesure.

La masse d'un objet est mesurée par une balance

2. Le poids

● La Terre exerce une force à distance sur tous les objets qui l'entourent. Cette force est appelée le **poids** de l'objet.

● Le poids d'un objet se mesure à l'aide d'un **dynamomètre**. Il est caractérisé par :

– son **sens**, du haut vers le bas ;

– sa **direction**, toujours verticale ;

– sa **valeur**, qui s'exprime en newtons (N).

Le poids d'un objet est mesuré par un dynamomètre

3. Relation entre poids et masse

● On donne dans le tableau suivant les poids *P* de différentes masses *m*, ainsi que le rapport *P*/*m*.

Objet	Cartable	Smartphone	Livre	Table
Masse *m* (en kg)	6,30	0,130	0,680	5,70
Poids *P* (en N)	63	1,30	6,80	57
P/*m* (en N/kg)	10	10	10	10

● On remarque que le rapport *P*/*m* est constant et égal à 10 N/kg. On peut donc dire que le **poids** d'un objet est **proportionnel** à sa **masse** :

$P/m = g$ ou $P = m \times g$

g est l'intensité de la pesanteur ; elle s'exprime en newtons par kilogramme (N/kg).

Le poids d'un objet sur la Lune est beaucoup plus faible que sur Terre. La masse d'un objet étant constante, c'est l'**intensité de pesanteur** g qui varie, car elle dépend du lieu de la mesure.

Voici quelques valeurs de l'intensité de pesanteur g pour différentes planètes.

Planète	Terre	Lune	Mercure	Vénus	Mars	Jupiter	Saturne
g (N/kg)	9,8	1,6	2,9	8,3	3,6	26	11,5

EXERCICE 1

Énoncé

1. Qu'indique la balance de Lucile ?

2. Cette grandeur dépend-elle du lieu de mesure ?

3. Sachant que l'intensité de pesanteur est g = 9,8 N/kg, calculer le poids de Lucile.

4. Représenter sans soucis d'échelle les forces exercées sur Lucile.

Résolution

1. La balance indique la masse de Lucile (et non son poids).

2. La masse d'un objet est constante, elle ne dépend pas du lieu de mesure.

3. P_T (poids de Lucile sur Terre) = m (masse de Lucile) × g_T (intensité de la pesanteur sur Terre) ; $P = 45 \times 9{,}8 = 441$ N.

4.

EXERCICE 2

Énoncé

La valeur de l'intensité de pesanteur sur la Lune g_L vaut 1,6 N/kg.

1. Calculer le poids de Lucile sur la Lune.

2. Calculer le rapport des poids de Lucile sur la Terre et sur la Lune. Conclure.

Résolution

1. P_L (poids de Lucile sur la Lune) = m (masse de Lucile) × g_L (intensité de la pesanteur sur la Lune) ; $P_L = 45 \times 1{,}6 = 72$ N.

2. P_T (poids de Lucile sur Terre) /P_L (poids de Lucile sur la Lune) = 441/72 = 6,125.

Le poids de Lucile est 6,125 fois plus élevé sur Terre que sur la Lune.

Circuits en série et circuits en dérivation

COURS

1. Circuit en série

- Un circuit en **série** est un circuit en **boucle simple**. Tous les dipôles sont branchés les uns derrière les autres et forment une boucle simple.
- Le courant électrique ne peut suivre qu'un seul chemin.
- Si l'un des dipôles cesse de fonctionner, tous les autres dipôles du circuit cesseront également de fonctionner.
- La position des dipôles dans le circuit n'a pas d'importance.

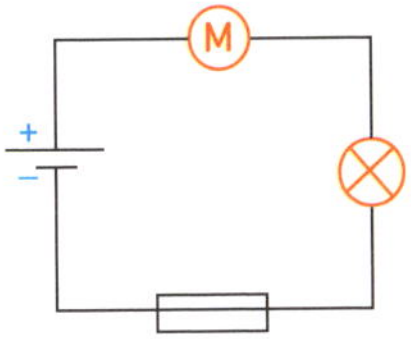

Exemple de circuit en série

2. Circuit en dérivation

- Un circuit en **dérivation** est constitué de **plusieurs boucles**.
- Un nœud est un point du circuit où le courant peut se séparer en plusieurs courants dérivés ou inversement.

Une branche est une partie du circuit comprise entre deux nœuds.

- Le courant électrique emprunte toutes les boucles fermées.
- Lorsqu'un dipôle cesse de fonctionner, les autres dipôles fonctionnent encore.
- La position des dipôles dans le circuit n'a pas d'importance.

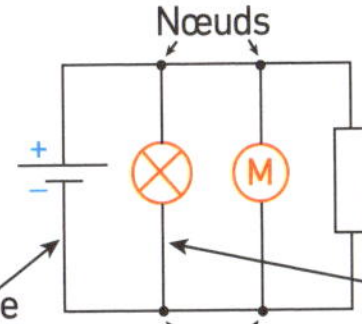

Exemple de circuit en dérivation

EXERCICE 1

Énoncé

Pour alimenter sa voiture électrique, Gaston réalise le circuit électrique suivant.

1. Indiquer sur le schéma par un A et un B les différents nœuds du circuit.

2. Indiquer sur le circuit la branche principale et la branche contenant les lampes L_1 et L_2.

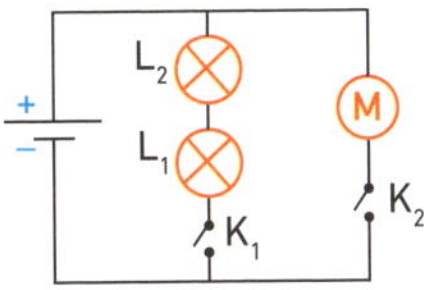

3. Que se passerait-il si tous les interrupteurs étaient fermés ?

4. Comment devrait-il faire pour que le moteur fonctionne sans que les lampes soient allumées ?

5. Dans le cas où tous les interrupteurs sont fermés, que se passerait-il si la lampe L_1 était cassée ? Justifier.

Résolution

1.

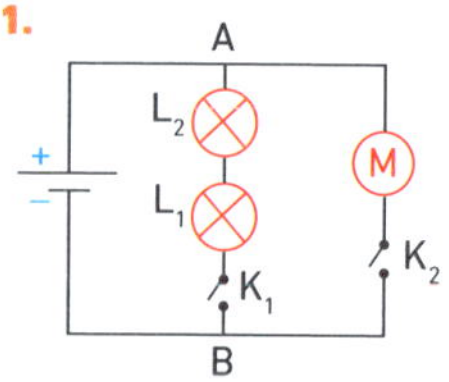

2.

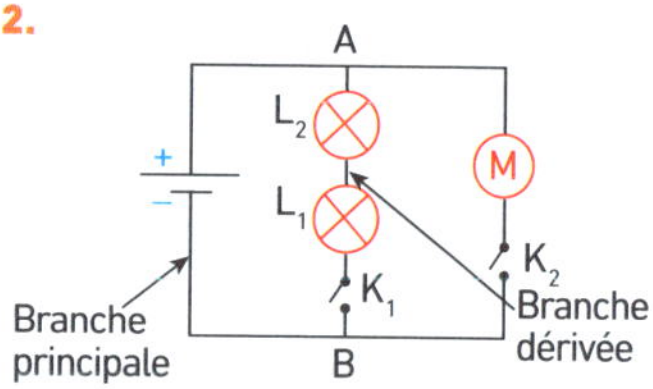

3. Si tous les interrupteurs étaient fermés, le moteur et les deux lampes L_1 et L_2 fonctionneraient.

4. Pour que le moteur fonctionne sans que les lampes ne s'allument, il faut fermer l'interrupteur K_2 et ouvrir l'interrupteur K_1. Ainsi, le courant circulerait uniquement dans la boucle contenant le moteur et ne traverserait pas les deux lampes : le courant n'entre pas dans une branche « ouverte ».

5. Si la lampe L_1 était cassée, seul le moteur fonctionnerait. C'est comme si la branche était ouverte. Le courant ne passe plus. La lampe L_2 ne fonctionnerait pas non plus.

Le moteur continuerait de fonctionner, car le courant pourrait toujours circuler dans la branche qui le contient.

EXERCICE 2

Énoncé

Dans une maison, les lampes sont-elles branchées en dérivation ou en série ? Justifier.

Résolution

Dans une maison, les lampes (et tous les appareils électriques) sont branchés en dérivation.

Si on éteint une lampe (interrupteur ouvert) dans une pièce, les autres appareils ne cessent pas de fonctionner.

L'intensité du courant électrique et sa mesure

COURS

1. L'intensité électrique

● L'intensité d'un courant électrique est la **quantité d'électricité** qui traverse un point du circuit par seconde.

● L'intensité électrique se note I et a pour unité l'ampère (A).

Exemple : I = 10 A.

Remarque : Une intensité, comme toutes grandeurs physiques, peut s'exprimer au moyen de multiples ou de sous-multiples : **kiloampères** (kA), **milliampères** (mA) ou **microampères** (µA).

Exemples : 1 mA = 0,001 A ; 1 µA = 0,001 mA.

2. Mesure d'intensité

● L'intensité électrique se mesure avec un **ampèremètre**, dont le symbole normalisé est : 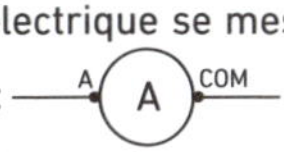

● L'**ampèremètre se branche en série** dans le circuit : si le courant entre par la borne A et sort par la borne COM, l'intensité mesurée est positive. Dans le cas contraire, elle est négative.

● Un ampèremètre conduit le courant comme un fil de connexion, il ne faut donc jamais le brancher en dérivation, car il provoquerait un **court-circuit**.

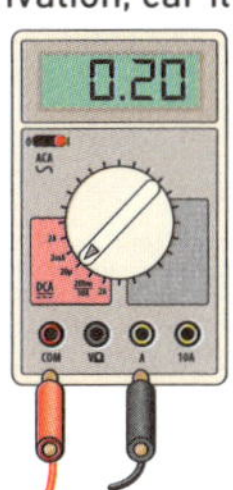

Multimètre fonctionnant en ampèremètre

● Un **multimètre** est un appareil de mesure permettant de mesurer plusieurs **grandeurs électriques** (intensité, tension, résistance).

● Si l'on utilise un multimètre pour mesurer l'intensité d'un courant continu, il faut positionner le sélecteur de calibre dans la **zone DCA**. On sélectionne le **calibre le plus élevé**, puis on branche les fils de connexion dans les bornes A et COM. Si le calibre est beaucoup plus grand que la mesure attendue, on le baisse progressivement pour avoir une mesure plus précise. Il ne faut pas utiliser un calibre trop faible par rapport au courant mesuré, sinon l'ampèremètre affiche un message d'erreur. De plus, une **surintensité** peut détériorer l'ampèremètre et le rendre inutilisable.

EXERCICE 1

Énoncé

Convertir les mesures d'intensité suivantes.

1. 0,28 A = ... mA
2. 13,7 mA = ... A
3. 0,048 A = ... mA
4. 2,9 A = ... mA
5. 0,5 mA = ... A
6. 170 mA = ... A
7. 13 343 mA = ... A
8. 44 A = ... mA

Résolution

1. 0,28 A = 280 mA
2. 13,7 mA = 0,0137 A
3. 0,048 A = 48 mA
4. 2,9 A = 2 900 mA
5. 0,5 mA = 0,0005 A
6. 170 mA = 0,17 A
7. 13 343 mA = 13,343 A
8. 44 A = 44 000 mA

EXERCICE 2

Énoncé

Marcel fabrique une voiture électrique et réalise un circuit comportant une pile, un moteur et une lampe. Il voudrait savoir si l'intensité du courant qui passe d'abord dans le moteur sera plus élevée que celui qui passe ensuite dans la lampe. Son père lui fournit un ampèremètre.

Schématiser le (ou les) circuit(s) que Marcel doit réaliser pour vérifier si son hypothèse est juste.

Résolution

Le courant circule de la borne + vers la borne −. Pour qu'il passe d'abord par le moteur et ensuite par la lampe, il faut donc réaliser le circuit ci-contre :

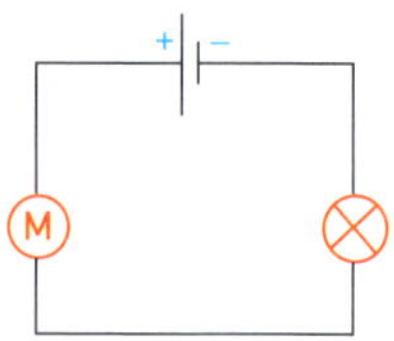

Il place ensuite l'ampèremètre 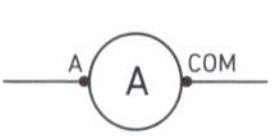

à deux endroits du circuit, en respectant les bornes A et COM pour vérifier son hypothèse.

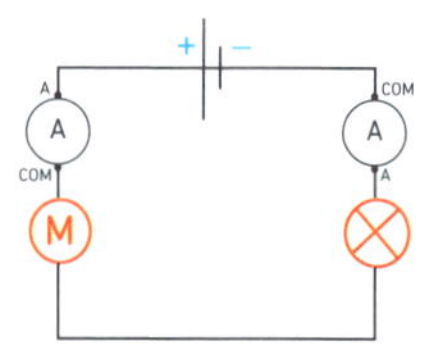

La tension du courant électrique et sa mesure

COURS

1. La tension électrique

- La tension électrique est la **différence d'état électrique** entre deux points du circuit.
- La tension se note *U* et a pour unité le volt (V).

Exemple : *U* = 10 V.

- Une tension, comme toutes grandeurs physiques, peut s'exprimer au moyen de multiples et de sous-multiples : **kilovolts** (kV), **millivolts** (mV) ou **mégavolts** (MV).

Exemple : 1 mV = 0,001 V ; 1 V = 0,001 kV ; 1 kV = 0,001 MV.

Remarque : On peut comparer un circuit électrique avec un circuit hydraulique :

– l'intensité électrique serait le débit de l'eau ;

– la tension électrique serait la différence de pression entre deux points du circuit.

2. Mesure de tension

- La tension se mesure avec un voltmètre, dont le symbole normalisé est :

- Le **voltmètre** se branche **en dérivation** dans le circuit. Si le courant entre par la borne V et sort par la borne COM, la tension mesurée est positive. Dans le cas contraire, elle est négative.
- Un **voltmètre** conduit très peu le courant, il se comporte comme un **interrupteur ouvert**.
- Si l'on utilise un multimètre pour mesurer la tension d'un courant continu, il faut positionner le sélecteur de calibre dans la **zone DCV**. On sélectionne le calibre le plus élevé, on branche les fils de connexion dans les bornes V et COM. Si possible, on baisse progressivement le calibre pour avoir une mesure plus précise. Il ne faut pas utiliser un calibre trop faible par rapport au courant mesuré, sinon le voltmètre affiche un message d'erreur. De plus, une surtension peut détériorer le voltmètre et le rendre inutilisable.

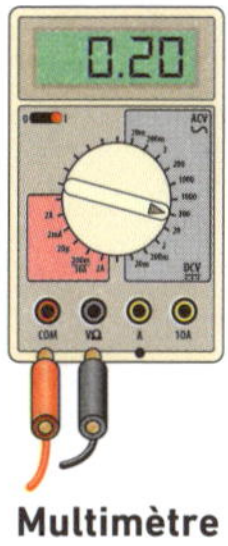

Multimètre fonctionnant en voltmètre

EXERCICE 1

Énoncé

Convertir les mesures de tension suivantes.

1. 17 mV = ... V
2. 18 V = ... mV
3. 4,356 V = ... kV
4. 4357 kV = ... MV
5. 0,009 mV = ... V
6. 0,343 kV = ... V
7. 5 432 mV = ... MV
8. 0,6543 MV = ... mV

Résolution

1. 17 mV = 0,017 V
2. 18 V = 18 000 mV
3. 4,356 V = 0,004356 kV
4. 4357 kV = 4,357 MV
5. 0,009 mV = 0,000 009 V
6. 0,343 kV = 343 V
7. 5 432 mV = 0,000 005 432 MV
8. 0,6543 MV = 654 300 000 mV

EXERCICE 2

Énoncé

Rosalie invente un ventilateur lumineux. Pour cela, elle réalise un circuit en dérivation contenant une pile, un moteur et une lampe. Elle voudrait savoir si la tension aux bornes de la lampe et celle aux bornes du moteur seront différentes. Son père lui fournit un voltmètre afin qu'elle vérifie son hypothèse.

Schématiser le circuit qu'elle devra réaliser en indiquant les bornes de branchement du multimètre.

Résolution

Rosalie devra réaliser le circuit suivant :

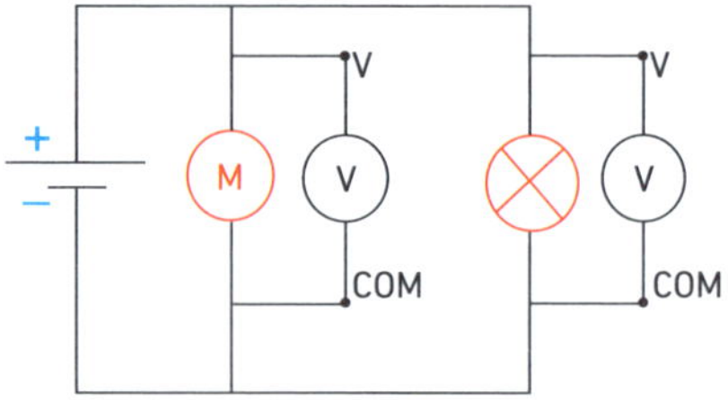

Loi de l'intensité dans les circuits en série et en dérivation

COURS

1. Loi d'unicité de l'intensité dans un circuit en série

- L'intensité du courant électrique est la même en tout point d'un circuit qui ne compte que des **dipôles en série**. On peut donc écrire : $I_1 = I_2 = I_3$.

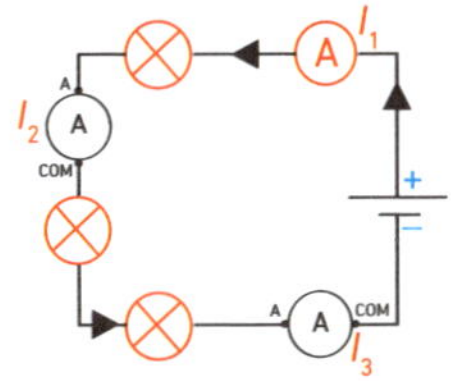

Mesures d'intensités dans un circuit en série

2. Loi d'additivité des intensités dans un circuit en dérivation

- Dans un **circuit en dérivation**, l'intensité circulant dans la branche principale (contenant le générateur) est égale à la somme des intensités circulant dans les branches dérivées. On peut donc écrire : $I_1 = I_2 + I_3$.

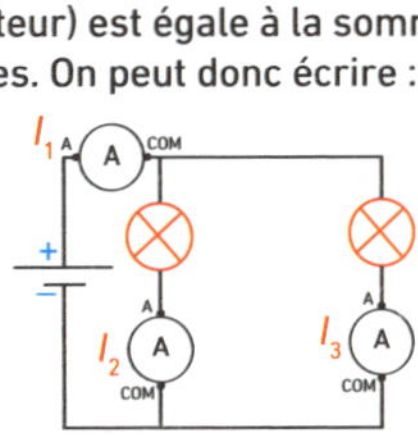

Mesures d'intensités dans un circuit en dérivation

EXERCICE 1

Énoncé

Marcel fabrique une voiture électrique et réalise un circuit comportant une pile, un moteur et une lampe. Le schéma correspondant au circuit est le suivant.

Il mesure une intensité de 250 mA pour le courant traversant le moteur, mais le multimètre tombe en panne. Quelle serait l'intensité du courant traversant la lampe ?

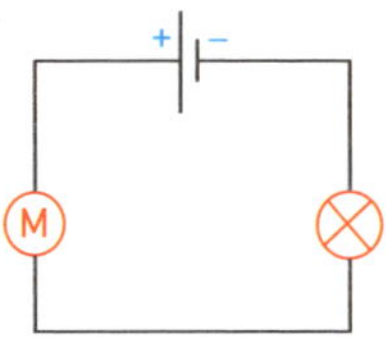

Résolution

D'après la loi d'unicité de l'intensité dans un circuit en série, l'intensité serait la même, c'est-à-dire 250 mA.

EXERCICE 2

Énoncé

Anne demande à l'électricien de réaliser le circuit suivant :

– une lampe et une machine à laver doivent pouvoir fonctionner séparément ;

– ces deux dipôles doivent être branchés sur un générateur de 220 V.

1. Schématiser le circuit demandé. On pourra symboliser la machine à laver par un moteur et le générateur par une pile.

2. Pour vérifier l'intensité du courant dans la branche principale, l'électricien dispose d'un ampèremètre. Schématiser le circuit en représentant les bornes A et COM.

3. Lorsque la machine à laver fonctionne, l'intensité du courant la traversant est de 4 ampères ; lorsque la lampe fonctionne, l'intensité du courant la traversant est de 2 ampères.

Quelle est l'intensité du courant dans la branche principale :

a. lorsque seule la lampe fonctionne ?

b. lorsque seule la machine à laver fonctionne ?

c. lorsque les deux fonctionnent en même temps ?

4. L'ampèremètre dispose des calibres 10 A, 2 A, 200 mA, 20 mA et 2 mA.

Pour chaque cas (**a**, **b** et **c**), donner le bon calibre à utiliser pour effectuer la mesure.

Résolution

1. Schéma du circuit :

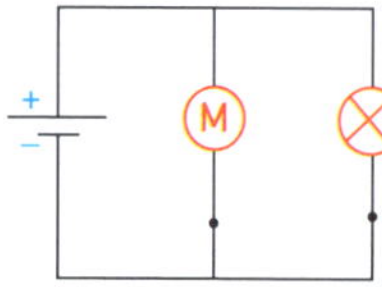

Rajouter des interrupteurs dans chacune des branches dérivées pour commander séparément la lampe et la machine à laver.

2. Schéma du circuit :

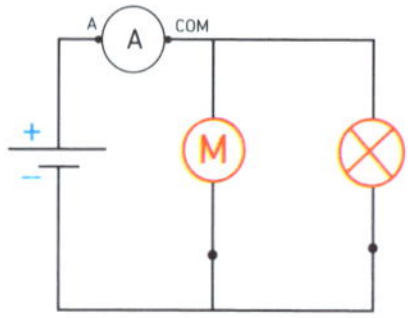

3. a. L'intensité est de 2 A (loi d'unicité).

b. L'intensité est de 4 A (loi d'unicité).

c. L'intensité est de 4 + 2 = 6 A (loi d'additivité).

4. Cas **a**, on utilise le calibre 2 A ; cas **b** et **c**, on utilise le calibre 10 A.

Loi de la tension dans les circuits en série et en dérivation

COURS

1. Loi d'unicité des tensions dans les circuits en dérivation

- La tension aux bornes de **dipôles** branchés **en dérivation** est la même.
- Lorsque, dans un circuit, tous les dipôles sont branchés en dérivation sur le générateur, la tension aux bornes de tous les dipôles est égale à celle aux bornes du générateur. On peut donc écrire : $U_G = U_1 = U_2$.

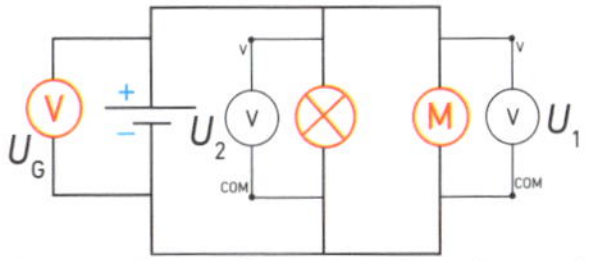

Mesures de tensions dans un circuit en dérivation

2. Loi d'additivité des tensions dans les circuits en série

- La tension aux bornes de **dipôles** associés **en série** est égale à la somme des tensions des différents dipôles. On peut donc écrire : $U_G = U_1 + U_2$.

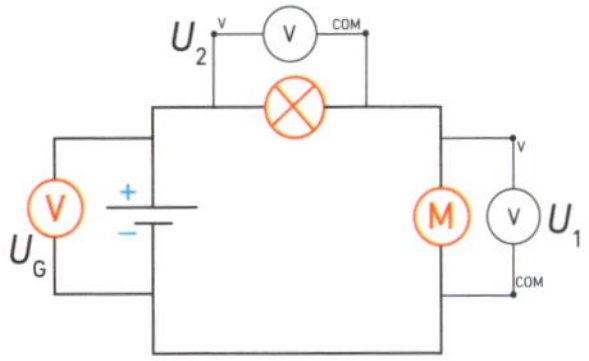

Mesures de tensions dans un circuit en série

EXERCICE 1

Énoncé

Rosalie réalise le circuit d'un ventilateur lumineux et installe un voltmètre à chaque dipôle. Le schéma correspondant est le suivant.

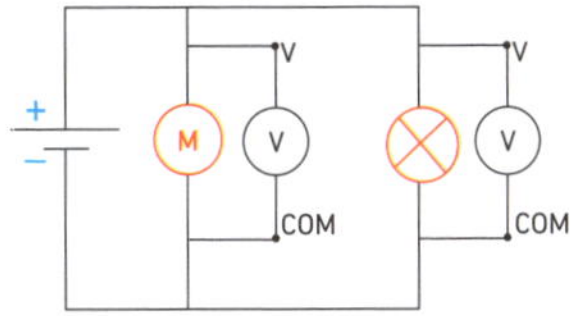

Elle mesure la tension aux bornes du moteur et obtient 4,5 V. Quelle sera la tension aux bornes de la lampe ?

Résolution

La tension sera aussi de 4,5 V d'après la loi d'unicité des tensions dans les circuits en dérivation.

EXERCICE 2

Énoncé

Sabine fabrique une guirlande électrique pour décorer son sapin de Noël.

Elle dispose de plusieurs lampes fonctionnant toutes sous une tension de 6 V, de fils de connexion et d'un générateur de 240 V (prise de courant).

Si la tension aux bornes d'une lampe est supérieure à 6 V, la lampe grille ; si la tension est inférieure à 6 V, la lampe ne brille pas.

1. Comment devra-t-elle associer les lampes pour qu'elles ne grillent pas ?
2. Combien devra-t-elle en mettre pour que la guirlande fonctionne ?
3. Que se passerait-il si une des lampes grillait ?
4. Comment pourrait-elle identifier la lampe défaillante ?

Résolution

1. Les lampes devront être associées en série pour que la tension aux bornes de chaque lampe soit plus faible que 240 V.

2. Dans un circuit en série, la somme des tensions aux bornes des lampes est égale à la tension aux bornes du générateur, il faut donc 40 lampes pour que la somme des tensions soit égale à 240 V.

3. Si une des lampes grillait, toutes les autres lampes ne fonctionneraient plus, car le courant ne pourrait plus circuler.

4. Pour identifier la lampe défectueuse, elle pourrait brancher un fil de connexion aux bornes de chaque lampe (court-circuit) jusqu'à ce que la guirlande brille à nouveau. La lampe court-circuitée serait alors la lampe à remplacer.

Relation tension-courant, loi d'Ohm

COURS

1. Le conducteur ohmique

- Le **conducteur ohmique** ou **résistance** est un dipôle qui permet de faire baisser l'intensité du courant électrique. Il ressemble à un petit cylindre sur lequel apparaissent des **anneaux de couleur**.

- La capacité à s'opposer au passage du courant et à faire baisser l'intensité s'appelle la **résistance électrique**. C'est une grandeur électrique, de symbole R, qui s'exprime en **ohms**, de symbole Ω.

- On mesure la résistance électrique à l'aide d'un multimètre calibré sur le secteur **ohmmètre**. La mesure de résistance se fait **en dehors du circuit**.

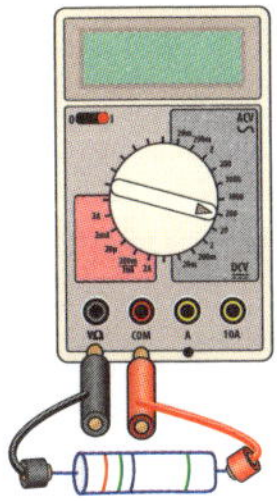

Multimètre fonctionnant en ohmmètre

2. Loi d'Ohm

- Lorsque l'on fait circuler un courant électrique à travers un conducteur ohmique et que l'on fait varier la tension et l'intensité à ses bornes, on remarque que les grandeurs sont liées par la relation, appelée **loi d'Ohm**, suivante : $\boldsymbol{U = R \times I}$
avec U, la tension aux bornes du conducteur ohmique, en volts (V), R, la résistance, en ohms (Ω) et I, l'intensité, en ampères (A).
Cette formule peut également s'écrire sous la forme : $\boldsymbol{I = \frac{U}{R}}$

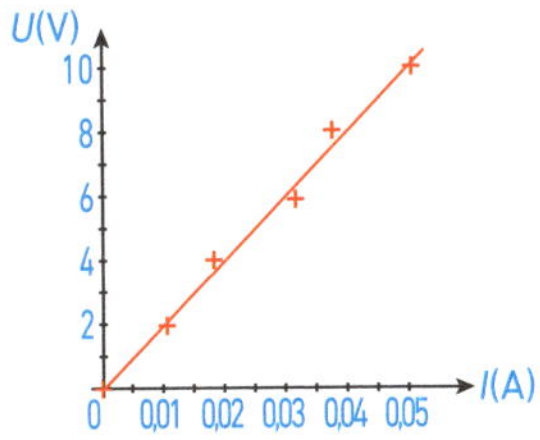

Droite de proportionnalité (passant par l'origine)

- Si l'on trace la caractéristique du dipôle ohmique (graphique représentant la tension en fonction de l'intensité), on obtient une **droite de proportionnalité**.

EXERCICE 1

Énoncé

Thierry utilise un tournevis testeur pour vérifier la présence de courant sur un fil du tableau électrique de sa maison. Le tournevis testeur est constitué d'une résistance de 3 MΩ et d'une DEL (diode électroluminescente) de résistance nulle. Le tournevis s'allume lorsqu'il entre en contact avec un courant électrique.

Quelle intensité traverse le tournevis lorsque la tension est de 230 V ?

Résolution

D'après la loi d'Ohm, l'intensité traversant le tournevis est :

$I = \frac{U}{R} = \frac{230}{3\,000\,000} = 0{,}000\,077$, soit 0,077 mA ou 77 μA.

Cette intensité est très faible, Thierry ne risque donc pas l'électrocution.

EXERCICE 2

Énoncé

Sébastien a trouvé dans son atelier un dipôle en forme de cylindre. Pour savoir si c'est un conducteur ohmique, il décide de réaliser un circuit comportant un générateur de tension variable de symbole (G), deux multimètres et des fils de connexion.

1. Schématiser le circuit que doit réaliser Sébastien pour connaître la tension et l'intensité aux bornes du dipôle.

2. En faisant varier la tension de sortie du générateur, il relève les valeurs suivantes.

Tension (V)	0	2	4	6	8	10
Intensité (A)	0	0,011	0,019	0,032	0,038	0,051

Tracer la caractéristique tension-intensité du dipôle sur du papier millimétré.

3. Le dipôle peut-il être qualifié de dipôle ohmique ?

4. Si oui, déterminer la valeur de la résistance du dipôle.

Résolution

1. Schéma du circuit :

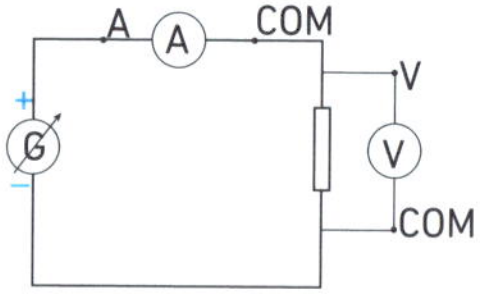

2. Caractéristique du dipôle :

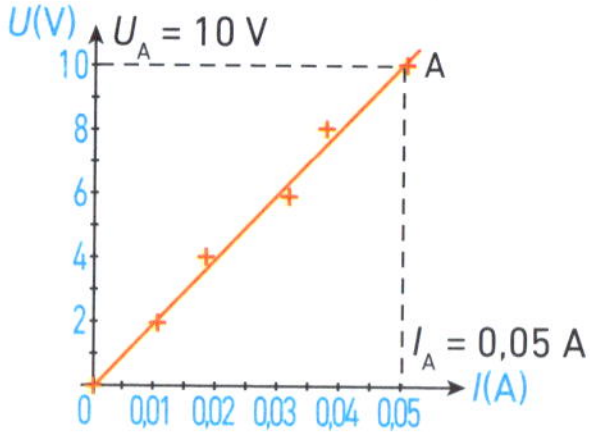

3. Le dipôle peut être qualifié de dipôle ohmique, car la droite passe par l'origine. C'est une droite de proportionnalité, la tension est proportionnelle à l'intensité (loi d'Ohm).

4. La valeur de la résistance est donc : $R = \frac{U}{I} = \frac{10}{0{,}05} = 200\ \Omega$.

Puissance électrique et énergie électrique

COURS

1. La puissance électrique

- La **puissance nominale** d'un appareil électrique est la puissance d'un appareil soumis à sa **tension nominale** (c'est-à-dire de bon fonctionnement).
- C'est une grandeur électrique qui a pour symbole P et qui s'exprime en **watts**, de symbole W. La **puissance électrique** caractérise la puissance de l'appareil.

Exemple : Un aspirateur d'une puissance de 1700 W aspirera moins fort qu'un aspirateur de 2700 W.

- **Ordres de grandeur** de puissance électrique :

– 10 W : téléphone portable, console de jeux, lampe basse consommation ;
– 100 W : chaîne Hifi, téléviseur ;
– 1000 W : fer à repasser, radiateur électrique, four, plaques de cuisson.

- La relation entre la puissance, la tension et l'intensité est : $\boldsymbol{P = U \times I}$ avec P en watts (W), U en volts (V) et I en ampères (A).
- Tous les appareils électriques d'une habitation fonctionnent sous une tension nominale de 230 V. On peut trouver l'intensité du courant circulant dans les appareils en « retournant » la formule précédente : $\boldsymbol{I = \frac{P}{U}}$ et en utilisant $U = 230$ V.

2. L'énergie électrique

- L'énergie électrique est définie par la formule : $\boldsymbol{E = P \times t}$ avec E, l'énergie en joules (J), P, la puissance en watts (W) et t, le temps en secondes (s).
- **L'énergie augmente** lorsque la **puissance** ou la **durée augmente**. La facture d'électricité dépend de l'énergie électrique consommée. En effet, plus la puissance des appareils et leur durée d'utilisation seront élevés, plus le coût en électricité sera élevé.
- L'énergie électrique se mesure également en **kilowattheures** (**kWh**). Cette unité d'énergie, plus adaptée, correspond à l'énergie consommée par un appareil d'une puissance de 1 kW (1000 W) pendant 1 heure. Un kilowattheure correspond également à 3 600 000 joules.

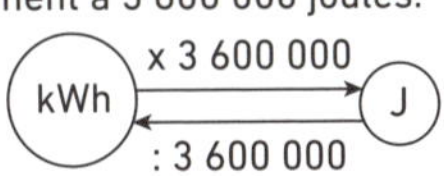

Conversion kilowattheure-joule

EXERCICE 1

Énoncé

Mathias change la lampe du phare de sa voiture. La batterie du véhicule fournit une tension de 24 V et la lampe a une puissance nominale de 40 W.

Un fusible de 1 ampère est-il adapté ?

Résolution

L'intensité qui parcourt la lampe du phare est de : $I = \frac{P}{U} = \frac{40}{24} = 1{,}67$ A.

Le fusible de 1 A n'est pas adapté, il est trop faible.

EXERCICE 2

Énoncé

1. Laure utilise les appareils électriques suivants :

Appareils	Aspirateur	Radiateur	Lampes	Four électrique	Réfrigéra-teur	Chaîne Hifi
Puissance (W)	1 700	2 000	200	3 500	750	110

Tous ces appareils fonctionnent sous une tension nominale de 230 V.

Calculer la puissance totale de ces appareils.

2. Quelle est l'intensité circulant dans la branche principale ?

Résolution

1. La puissance totale $P = 1\,700 + 2\,000 + 200 + 3\,500 + 750 + 110 = 8\,260$ W.

2. L'intensité circulant dans la branche principale est : $I = \frac{8260}{230} = 35{,}9$ A.

EXERCICE 3

Énoncé

Sabine branche une guirlande de Noël pendant 31 jours 24 h sur 24. La puissance de cette guirlande est de 40 W et sa tension nominale de 230 V.

Quelle est l'énergie électrique consommée pendant ces 31 jours ?

On donnera le résultat en joules puis en kilowattheures.

Résolution

Pour calculer l'énergie électrique en joules, il faut exprimer la puissance en watts et la durée en secondes.

Comme $P = 40$ W et $t = 31 \times 24 \times 60 \times 60 = 2\,678\,400$ s, l'énergie est donc $E = P \times t = 40 \times 2\,678\,400 = 107\,136\,000$ J.

On convertit les joules en kilowattheures :

$E = \frac{107\,136\,000}{3\,600\,000} = 29{,}76$ kWh.

Énergies mécaniques et autres formes d'énergie

COURS

1. Énergies mécaniques

- L'**énergie cinétique** est l'énergie qu'acquiert un corps en mouvement. La formule de l'énergie cinétique est la suivante :

$$E_c = \frac{1}{2} \times m \times v^2$$

avec E_C l'énergie cinétique, en joules (J), m la masse en kilogrammes (kg) et v la vitesse en mètres par seconde (m/s).

- La vitesse est souvent donnée en kilomètres par heure (km/h). Pour la convertir en mètres par seconde, on la divise par 3,6.

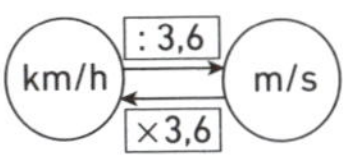

Conversion km/s-m/s

- L'**énergie potentielle**, aussi appelée **énergie de position**, est l'énergie d'un objet lorsqu'il est en hauteur. Sa formule est :

$$E_p = m \times g \times h$$

avec E_p l'énergie potentielle en joules (J), g l'intensité de pesanteur (g =9,8 N/kg), h la hauteur en mètres (m).

2. Les autres formes d'énergie

Énergie thermique : énergie que possède un corps porté à une certaine température. On l'appelle également chaleur.

Énergie électrique : énergie consommée ou fournie par un appareil électrique.

Énergie chimique : énergie libérée ou consommée lors d'une réaction chimique.

Énergie nucléaire : énergie libérée lors d'une réaction nucléaire.

Énergie lumineuse : énergie transportée par l'onde lumineuse.

- L'**unité d'énergie** du système international est le **joule**, mais d'autres unités sont utilisées comme le **kilowattheure** (kWh), la **tonne équivalent pétrole** (tep), la **calorie** (cal) ou l'**électron-volt** (eV).

- La relation énergie-puissance $E = P \times t$ (**voir fiche 20**) est valable pour toutes ces formes d'énergie.

EXERCICE 1

Énoncé

Paul, qui pèse 90 kg, court 10 km en 45 minutes.

1. Quelle est sa vitesse moyenne ?

2. En supposant que sa vitesse est constante, quelle est son énergie cinétique ?

3. Il monte une colline d'une altitude de 100 mètres. Quelle est son énergie potentielle lorsqu'il est au sommet de la colline ? Donnée : $g = 9{,}8$ N/kg.

4. Sachant que l'énergie musculaire développée lors de sa course est essentiellement due à la combustion du glucose contenu dans son sang avec le dioxygène, quelle est la forme d'énergie qu'utilise Paul ?

Résolution

1. Pour calculer la vitesse moyenne en km/h, il faut convertir la durée en heures : $t = \frac{45}{60} = 0{,}75$ h. La vitesse moyenne de Paul est donc : $v = \frac{d}{t} = \frac{10}{0{,}75} = 13{,}33$ km/h

2. Pour calculer l'énergie cinétique, il faut convertir la vitesse en mètres par seconde : $v = \frac{13{,}33}{3{,}6} = 3{,}7$ m/s. L'énergie cinétique est donc :

$$E_c = \frac{1}{2} \times m \times v^2 = \frac{1}{2} \times 90 \times 3{,}7^2 = 616 \text{ J.}$$

3. Au sommet de la colline, l'énergie potentielle sera :

$$E_P = m \times g \times h = 90 \times 9{,}8 \times 100 = 88\,200 \text{ J.}$$

4. L'énergie musculaire est développée grâce à l'énergie chimique libérée par la réaction entre le glucose et le dioxygène.

EXERCICE 2

Énoncé

Usain Bolt, lors de son record du monde à Berlin, a couru un 100 m en 9,58 secondes. Il a dépensé une énergie musculaire de 81,58 kJ.

Quelle est la puissance développée par Usain Bolt ?

Résolution

La puissance développée par Usain Bolt est :

$$p = \frac{E}{t} = \frac{81580}{9{,}58} = 8\,516 \text{ W.}$$

Propagation et vitesse de la lumière

COURS

1. Propagation de la lumière

- La lumière est un **rayonnement électromagnétique** qui se déplace même dans le vide. En dehors de la lumière visible, il existe d'autres types de rayonnements électromagnétiques, comme les **rayons X, les ondes radios, les rayons ultraviolets, les rayons infrarouges ou les micro-ondes**.
- La lumière se propage **en ligne droite** lorsqu'elle ne rencontre pas d'obstacles. On symbolise le rayon lumineux partant d'une source de lumière par un trait avec une flèche représentant le sens de propagation.
- Un **faisceau de lumière** est un ensemble de rayons lumineux **parallèles**. Le laser émet une lumière en un faisceau très fin.

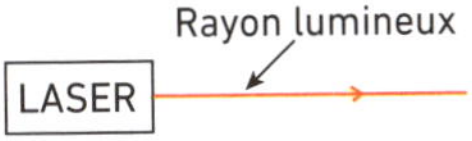

Attention : Le faisceau laser est très puissant. Il faut éviter qu'il pénètre directement dans l'œil !

2. Vitesse de la lumière

- La vitesse de la lumière est : c = 300 000 km/s ou $3{,}00 \times 10^8$ m/s.
- Lorsque la lumière entre dans un milieu transparent (eau, verre...), sa **vitesse de propagation diminue** ; si elle est **déviée**, on parle de **réfraction**.
- Lorsqu'elle rencontre un obstacle réfléchissant, elle est **renvoyée** : on parle de **réflexion**.
- **L'année lumière** est une unité de mesure des **distances** utilisée par les astronomes. Elle représente la distance parcourue par la lumière en une année. 1 al = $(365{,}25 \times 24 \times 60 \times 60) \times 300\,000$ km = $9{,}47 \times 10^{12}$ km (9470 milliards de kilomètres) ou $9{,}47 \times 10^{15}$ m.

EXERCICE 1

Énoncé

Sur ce schéma, le segment AB représente un écran qui ne laisse pas passer la lumière. Le segment A'B' représente l'ombre portée de AB.

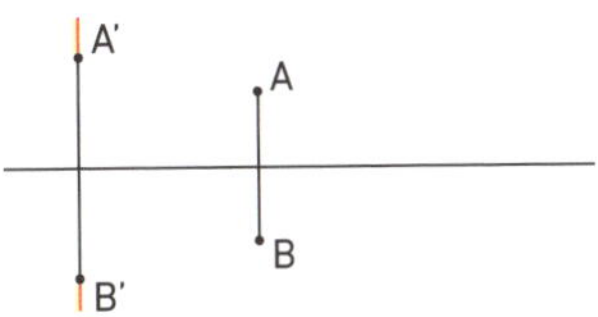

Une source de lumière est placée à droite de l'écran AB. Tracer les rayons lumineux et trouver l'emplacement de la source.

Résolution

La source lumineuse se trouve au point S.

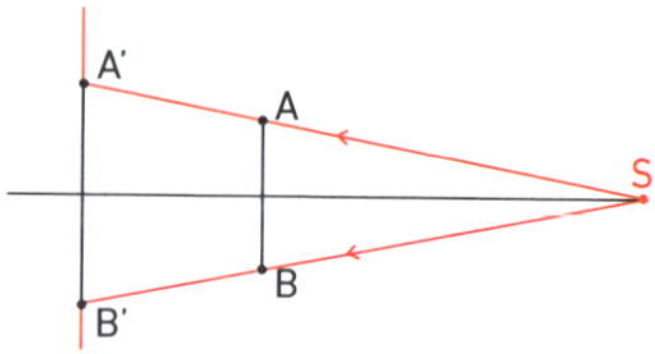

EXERCICE 2

Énoncé

L'étoile la plus proche de notre système solaire, Alpha du Centaure, se trouve à 4,3 années lumière.

1. Exprimer la distance séparant la Terre d'Alpha du Centaure en kilomètres.

2. La sonde Voyager est le premier engin humain à être sorti du système solaire. Elle se déplace à une vitesse de 61 200 km/h. Combien de temps faudrait-il à Voyager pour faire le trajet Terre-Alpha du Centaure ?

Résolution

1. La distance entre la Terre et Alpha du centaure est :
$d = 4{,}3 \text{ al} = 4{,}3 \times 9{,}47 \times 10^{12} = 4{,}07 \times 10^{13}$ km.

2. Pour connaître la durée t du voyage, on utilise : $v = \frac{d}{t'}$ donc $t = \frac{d}{v'}$.

Donc $t = \frac{4{,}07 \times 10^{13}}{61\ 200} = 6{,}6 \times 10^{8}$ heures, soit 75 904 ans...

EXERCICE 3

Énoncé

Le Soleil est à une distance de 150 000 000 km de la Terre. Combien de temps met la lumière émise par le Soleil pour parvenir jusqu'à nous ?

Résolution

Pour calculer le temps mis par la lumière pour parcourir la distance Terre-Soleil, on utilise la même formule $t = \frac{d}{v} = \frac{150\ 000\ 000}{300\ 000}$ = 500 secondes. Ce qui équivaut, en divisant par 60 pour avoir des minutes, à 8 minutes et 30 secondes.

Détermination de la vitesse du son

COURS

1. Propagation du son

- Le son est une **onde** qui se propage dans un **milieu matériel**. Il ne peut **pas se propager dans le vide**. La vibration sonore se propage de proche en proche dans la matière.
- On peut mettre en évidence cette propriété en mettant une source sonore, comme un téléphone portable, dans une cloche à vide : lorsqu'on enlève l'air dans la cloche à vide, on n'entend plus la sonnerie du téléphone.

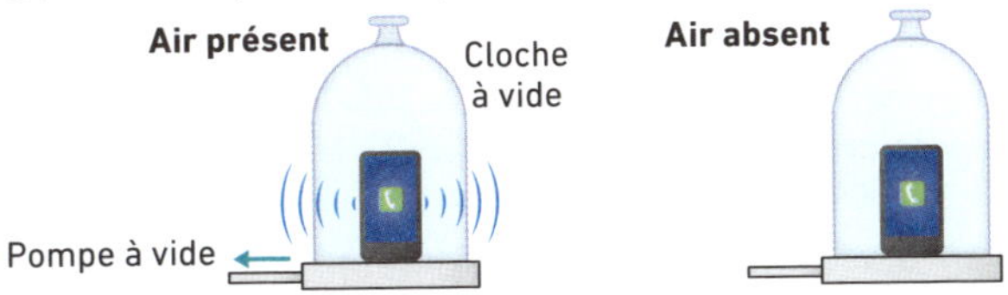

2. Vitesse du son

- La vitesse de propagation du son **dépend du milieu** dans lequel il se propage.

Milieu	Air	Eau	Acier
Vitesse (m/s)	340	1 500	5 800

- La vitesse du son dans l'air dépend de la température et de la pression de l'air.
- La vitesse du son est appelée **mur du son** par les pilotes d'avion. En effet, lorsqu'un avion dépasse Mach 1, c'est-à-dire environ 1 200 km/h, l'avion se déplace à la même vitesse que le son. Au moment où il dépasse cette vitesse, une forte **zone de compression** se forme sur l'avion et il se produit une **explosion sonore**.
- Pour mesurer la vitesse du son, on peut utiliser un dispositif expérimental qui permet de mesurer la durée que met un son à se propager d'un point à un autre, connaissant la distance séparant les deux points.

EXERCICE 1

Énoncé

Félix pousse un cri en direction de deux microphones. Le microphone le plus proche de Félix est à une distance d = 34 cm du microphone le plus éloigné. On enregistre à l'oscilloscope les signaux reçus par les deux microphones. L'oscillogramme obtenu est le suivant :

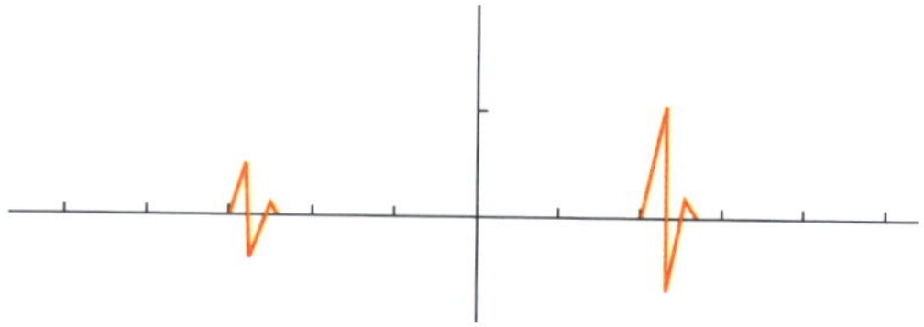

La vitesse de balayage de l'oscilloscope est de 200 microsecondes par division.

Quelle est la célérité du son dans l'air ?

Résolution

Pour déterminer la vitesse de propagation du son, on mesure d'abord le retard entre les deux pics de l'onde.

D'après l'oscillogramme, on mesure un décalage de cinq divisions entre les deux signaux reçus. Le retard est donc de $200 \times 5 = 1\,000$ µs, soit 10^{-3} s.

La distance parcourue par l'onde pendant ce temps étant de 34 cm, soit 0,34 m, la célérité de l'onde sonore est de :

$$v = \frac{d}{t} = \frac{0,34}{10^{-3}} = 0,34 \times 10^3 = 340 \text{ m/s}.$$

EXERCICE 2

Énoncé

Danie campe avec sa petite fille Arya. Un orage éclate et, à travers la toile de tente, Arya voit un éclair. Elle a peur et demande à Danie : « Il est tombé loin l'éclair ? ». Danie attend 10 secondes, puis, après avoir entendu le tonnerre, elle répond : « Il est à plus de 3 kilomètres, tu peux dormir tranquille. »

Danie a-t-elle raison ? Justifier.

Données : vitesse du son dans l'air : v = 340 m/s ; vitesse de la lumière : c = 300 000 km/s.

Résolution

La lumière de l'éclair arrive quasi instantanément aux yeux de Danie. En revanche, le son produit par la foudre met 10 secondes pour parvenir aux oreilles de Danie. La foudre est donc tombée à une distance :

$$d = v \times t = 340 \times 10 = 3\,400 \text{ m, soit } 3,4 \text{ km.}$$

L'orage est donc bien à plus de 3 km.

Mesure de fréquences sonores

COURS

1. Fréquence et période

- Un son joué par un instrument est une **vibration de l'air périodique**.

Exemple : Lorsqu'elle est pincée, une corde de guitare oscille avec une certaine fréquence autour de sa position d'équilibre. Cette vibration engendre une onde sonore, qui est amplifiée par la **caisse de résonance**. Plus la fréquence des battements de la corde sera élevée, plus le son sera aigu.

- La fréquence de l'onde est le nombre de fois où la corde oscille en une seconde. Elle définit la **hauteur du son** (plus la fréquence est élevée, plus le son sera aigu).
- Si on enregistre le son, on obtient un **oscillogramme** qui révèle les caractéristiques du son.

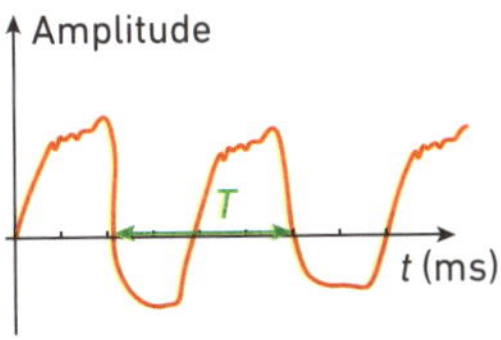

Oscillogramme d'enregistrement du son

- La **période** est la durée d'un **motif élémentaire** qui, en se répétant, reproduit la courbe. Elle est directement liée à la fréquence par la formule :

$$f = \frac{1}{T}$$

f est la fréquence en **hertz** (Hz) et T est la période en secondes (s).

La période est **l'inverse** de la fréquence et réciproquement.

2. Timbre et niveau sonore

- Le **timbre** est la « couleur » du son, il caractérise chaque instrument. En effet, deux instruments peuvent jouer une même note, mais leur oscillogramme sera différent. Lorsque le son est pur, le signal est dit **sinusoïdal**.

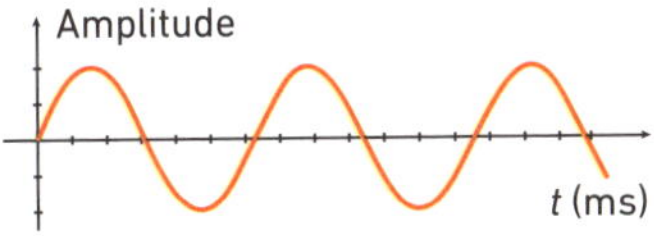

Signal sonore d'allure sinusoïdale

- Le **niveau sonore** est une grandeur qui caractérise l'intensité sonore. Il s'exprime en décibels, de symbole dB. Lorsque le niveau sonore augmente de 3 dB, l'intensité sonore est multipliée par 2.

Exemple : La limite autorisée en discothèque est de 110 dB ; le seuil de douleur, à partir duquel l'intensité sonore devient douloureuse, est de 130 dB.

EXERCICE 1

Énoncé

Zoé accorde sa clarinette avec un accordeur électronique. Celui-ci émet un son pur de fréquence 440 Hz. Elle enregistre le son de sa clarinette et celui de l'accordeur, puis visualise les deux oscillogrammes suivants.

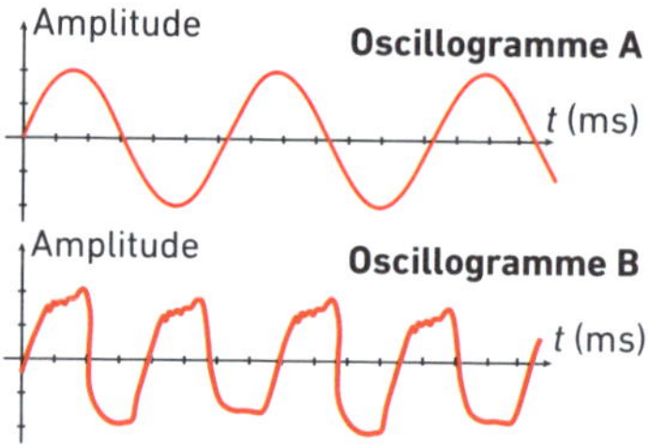

1. Associer à chaque oscillogramme la source sonore.

Instrument	Accordeur	Clarinette
Oscillogramme		

2. Dessiner sur l'oscillogramme B le motif élémentaire.

Résolution

1.

Instrument	Accordeur	Clarinette
Oscillogramme	A	B

2. On peut dessiner plusieurs motifs élémentaires, mais ils ont tous la même durée.

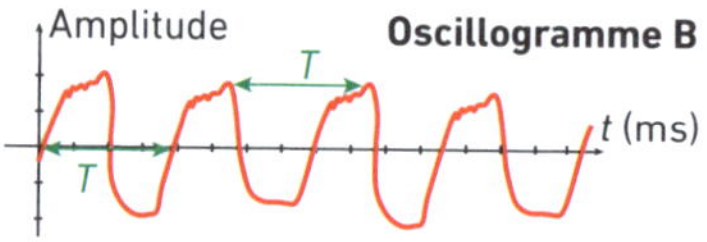

EXERCICE 2

Énoncé

Charlotte pense que son piano est désaccordé. Elle joue un « la » et visualise le son enregistré sur l'oscillogramme suivant.

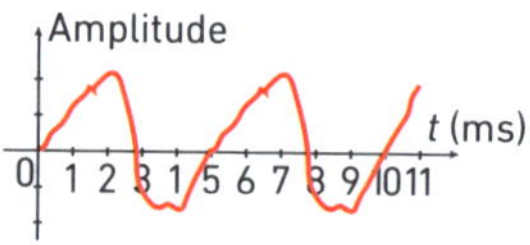

Si le piano est accordé, il doit émettre le « la » avec une fréquence de 220 Hz.

Charlotte doit-elle faire accorder son piano ?

Résolution

D'après l'oscillogramme, la période du « la » est de 5 ms.

Sa fréquence est donc : $f = \frac{1}{T} = \frac{1}{5 \times 10^{-3}} = 200$ Hz.

Il faut donc faire accorder le piano.

Signal et information

COURS

1. Transmission de l'information

- De tout temps, l'être humain a eu besoin de **communiquer**, de **transmettre des informations**, pour survivre. Du tam-tam des tribus africaines aux nuages de fumée envoyés par les Indiens, ces informations ont pu se transmettre grâce à une mise en forme, un **encodage**.

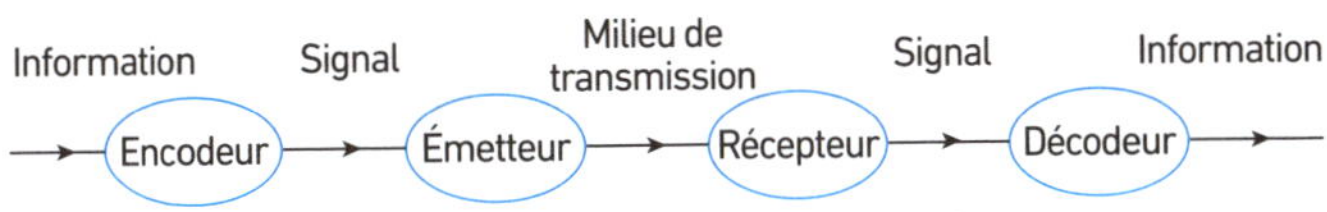

Chaîne de transmission d'information

- L'information est contenue dans un **message** qui doit être délivré à un destinataire.
- Le message est d'abord transformé en **signal** par **l'encodeur** pour permettre sa transmission dans le milieu où sera transporté le signal. Ce milieu peut être matériel (fil électrique, fibre optique, etc.) ou non (ondes électromagnétiques : ondes radio, lumineuses...).
- À la fin de la chaîne, le **récepteur** capte le signal et le reconvertit grâce au **décodeur** pour le transformer en un message lisible par le **destinataire**.

2. Exemple : la transmission par téléphone portable

- Le smartphone permet d'envoyer une information lumineuse (photo) ou sonore (appel). Pour ce faire, il transforme l'information en signal numérique à l'aide d'un encodeur appelé **convertisseur analogique-numérique (CAN)**. L'émetteur, l'antenne du smartphone, envoie ensuite ce signal numérique sous la forme **d'ondes électromagnétiques**. Après avoir transité par le réseau de télécommunications, le smartphone destinataire capte le signal avec son antenne (récepteur). Celui-ci décode le signal numérique à l'aide de son décodeur (CAN) et transmet l'information au destinataire.
- Le **canal de transmission** est l'air ou le vide puisque l'onde électromagnétique qui transporte le signal se déplace dans l'air, puis dans le vide (elle transite par satellite).

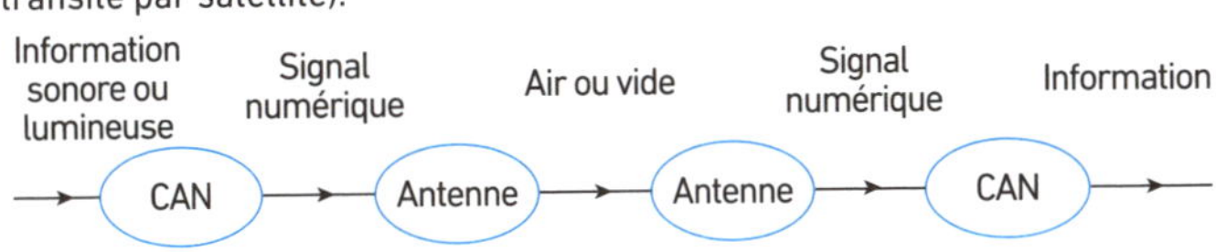

Chaîne de transmission d'information d'un smartphone

EXERCICE 1

Énoncé

Gaston envoie un même message à Zia par deux moyens différents :

– envoi d'un courrier postal ;

– envoi d'un texto ou SMS par téléphonie mobile.

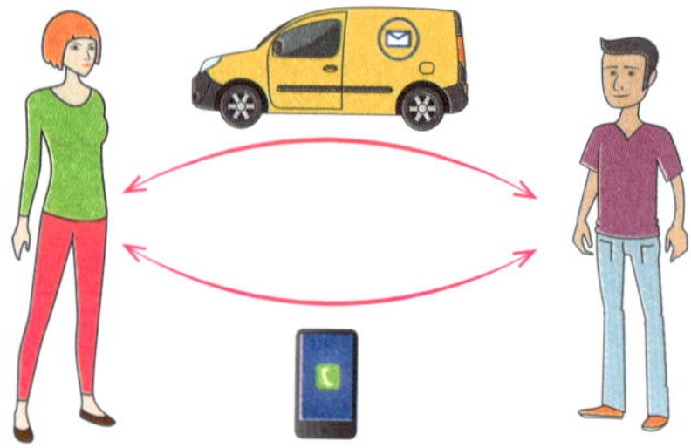

Schématiser pour chacun des deux cas la chaîne de transmission d'informations, en précisant : la source d'information, l'émetteur, le canal de transmission, le récepteur et le destinataire.

Résolution

Pour dissocier les différentes étapes de la transmission d'information, on réalise le schéma suivant : encodeur → émetteur → récepteur → décodeur.

- Courrier postal

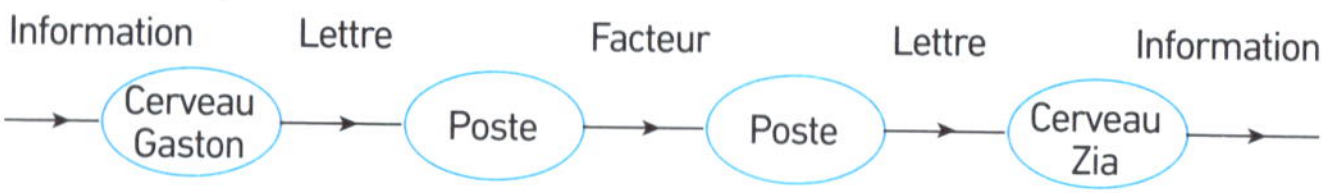

- Texto ou SMS

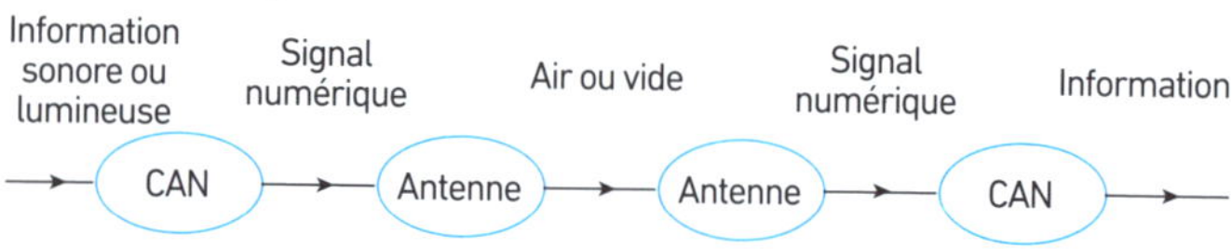

EXERCICE 2

Énoncé

Sébastien et Mélodie discutent en utilisant deux pots de yaourt reliés par un fil.

1. Quels sont les émetteurs et récepteurs ?

2. Quel est le canal de transmission ?

Résolution

1. Les émetteur et récepteur sont les pots de yaourt.

2. Le canal de transmission est le fil.

La Terre dans le système solaire

1. Le système solaire et notre galaxie

● **L'Univers** est constitué de plus de 100 milliards de galaxies, chacune composée d'étoiles, de poussières, de gaz et de vide. Notre système solaire appartient à la galaxie nommée : **voie lactée**.

● Le système solaire auquel appartient la Terre ne se situe pas au centre de la voie lactée : il est excentré.

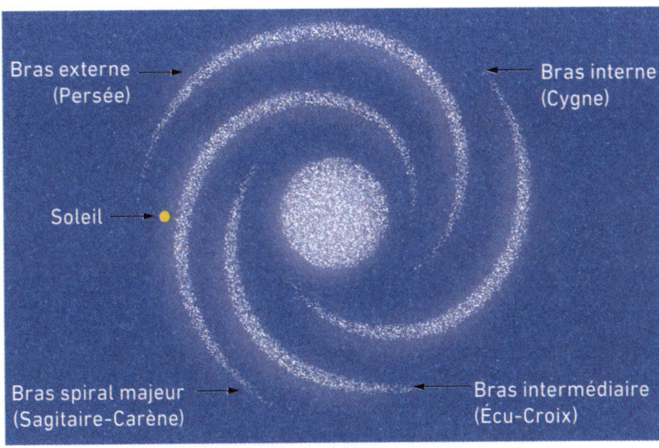

Schéma de notre galaxie montrant la position excentrée du système solaire

2. Organisation du système solaire

● Le **système solaire** est composé de huit planètes qui gravitent autour du Soleil. Chaque planète tourne également sur elle-même selon un axe appelé **axe de rotation**.

● On distingue deux groupes de planètes : les **planètes rocheuses** (les quatre plus proches du Soleil) et les **planètes gazeuses** (les quatre suivantes).

● Selon cette classification, la Terre est :
- une planète rocheuse ;
- la troisième planète de notre système solaire.

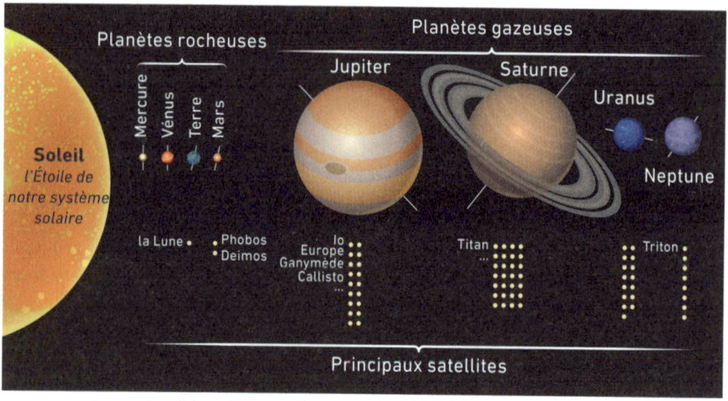

Les planètes du système solaire : l'échelles des tailles est respectée, mais pas celle des distances

Source : Comprendre et enseigner la planète terre, Ophrys, 2003

3. Classification des planètes du système solaire

● Les **planètes rocheuses**, appelées aussi planètes intérieures, possèdent les particularités suivantes :

– une densité moyenne (entre 3,3 et 5,5) ;
– une surface solide ;
– peu ou pas de satellites ;
– et pas d'anneaux.

Remarque : Trois d'entre elles ont une atmosphère (Vénus, Terre, Mars).

● Les **planètes gazeuses**, appelées aussi planètes géantes ou planètes extérieures, possèdent les particularités suivantes :

– une faible densité (entre 0,7 et 1,5) ;
– de nombreux satellites ;
– des anneaux ;
– et sont composées essentiellement de gaz.

4. Les caractéristiques de la Terre

● **La Terre est une planète** unique et singulière : c'est une planète rocheuse, pourvue d'une atmosphère et qui possède la particularité d'être la seule planète de notre système solaire à posséder de **l'eau sous ses trois états** : liquide, solide et gazeux. C'est également **la seule planète où la vie est présente.**

La Terre sous l'effet du rayonnement solaire

1. Effet de la forme de la Terre sur l'énergie solaire reçue à sa surface

- L'énergie solaire reçue à la surface de la Terre est inégale et à l'origine des climats.
- La différence d'énergie reçue dépend de la forme de la Terre, de son inclinaison sur son axe de rotation et de sa position sur son orbite.
- Les rayons émis par le Soleil arrivent, à la surface de la Terre, parallèles entre eux et transportent la **même quantité d'énergie et de lumière**. Les rayons qui arrivent près de l'équateur se répartissent sur une plus petite surface que ceux arrivant aux pôles, ainsi la température est plus forte à l'équateur qu'aux pôles.

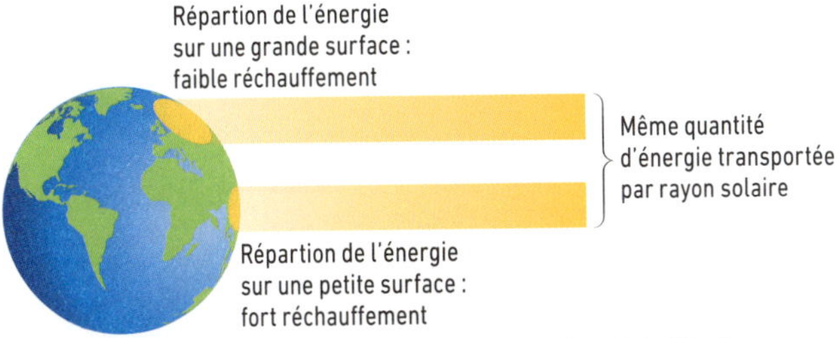

Différence d'énergie solaire reçue selon la latitude

2. Effet de l'inclinaison de la Terre sur l'énergie solaire reçue à sa surface

- L'énergie solaire reçue à la surface de la Terre est également inégale entre l'hémisphère Nord et l'hémisphère Sud du fait de l'inclinaison de l'axe de rotation de la Terre.
- Lorsque c'est l'hiver dans l'hémisphère Nord, c'est l'été dans l'hémisphère Sud et inversement.
- L'axe de rotation est l'axe autour duquel tourne la Terre. Il passe par les pôles.

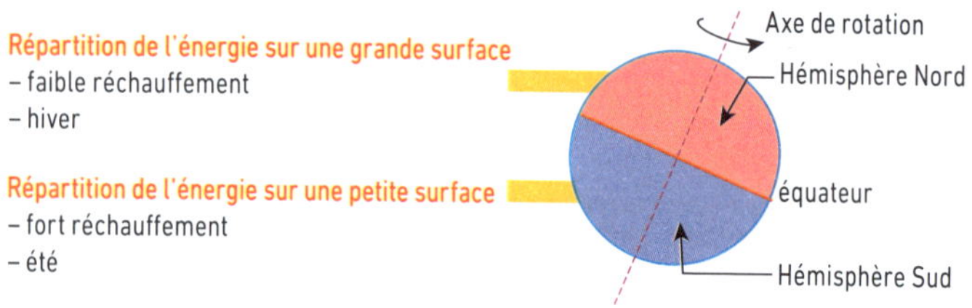

Effet de l'inclinaison de l'axe de rotation de la Terre sur la répartition de l'énergie solaire entre les deux hémisphères

3. Effet de l'orbite terrestre sur l'énergie solaire reçue à la surface de la Terre

- La Terre, qui tourne sur elle-même, tourne autour du Soleil (orbite) en une année, sans que son axe de rotation ne change d'orientation. Ainsi, selon la position de la Terre autour du Soleil, chaque hémisphère se retrouve tour à tour en été ou en hiver.

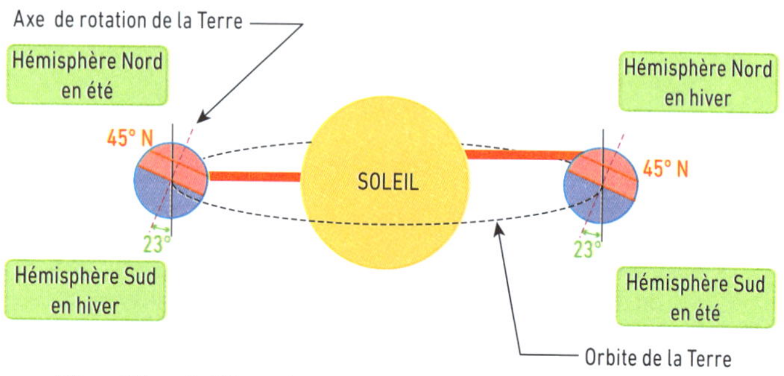

Répartition de l'énergie solaire en fonction de l'orbite terrestre

4. Les grandes zones climatiques

- Ces trois facteurs (forme de la Terre, inclinaison de son axe de rotation et position sur son orbite) sont à l'origine d'une répartition de la température selon la latitude. Mais d'autres éléments interviennent dans la répartition des températures et donc des climats, tels que :

– la différence d'énergie solaire reçue selon la latitude ;
– les mouvements d'air (vents) et d'eau (courants océaniques) ;
– la distance aux mers et aux océans ;
– le type de sol et le type de végétation.

Courants atmosphériques et courants océaniques

1. L'Effet du rayonnement solaire sur l'océan et l'atmosphère

● La différence d'énergie solaire reçue à la surface de la Terre est à l'origine d'une inégale répartition des températures des océans et de l'atmosphère.

● Les rayons solaires traversent l'atmosphère et réchauffent directement la surface de la Terre (les océans et les sols des continents) qui à son tour réchauffe l'atmosphère ou les océans.

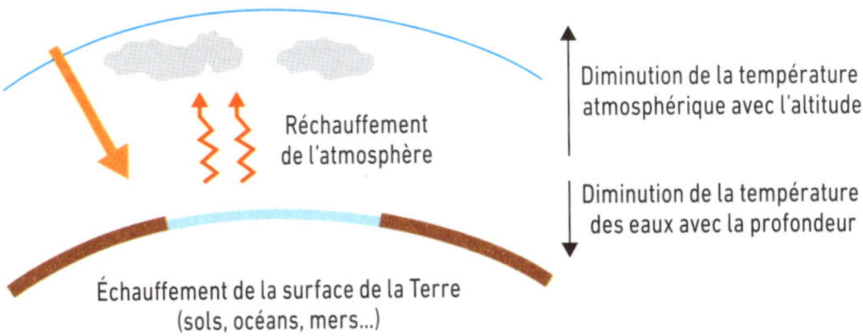

Le rayonnement solaire réchauffe la surface de la Terre

● L'énergie solaire reçue à la surface la Terre est plus élevée près de l'équateur qu'aux pôles ; c'est également vrai pour la température de surface des océans et de la base de l'atmosphère.

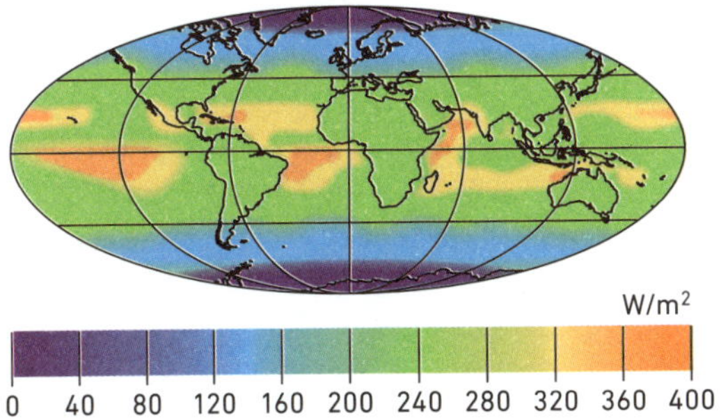

Répartition de l'énergie solaire reçue par le globe terrestre

2. L'origine des courants océaniques et atmosphériques

● La différence de température des eaux et de l'atmosphère, entre l'équateur et les pôles, est à l'origine des mouvements de masses d'air (vents) dans l'atmosphère et de courants dans les océans.

Courants océaniques

● Les eaux équatoriales, plus chaudes, ont tendance à s'étendre en surface en direction des pôles. Les eaux « chaudes » sont alors remplacées par des eaux froides profondes qui proviennent des pôles.

● En simplifiant, on peut dire qu'il y a une double circulation des masses d'eaux :
- une circulation de surface, de l'équateur vers les pôles ;
- une circulation profonde, des pôles vers l'équateur.

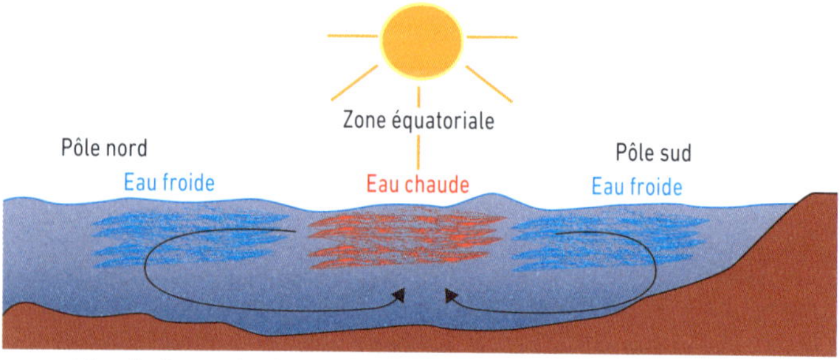

Circulation océanique simplifiée entre l'équateur et les pôles

● Les vents et la rotation de la Terre agissent également sur la circulation océanique en le complexifiant.

Courants atmosphériques

● Les masses d'air sont également déplacées en raison de l'inégale répartition de l'énergie solaire reçue à la surface de la Terre, par l'effet de la rotation de la terre (force de Coriolis) et de la présence de reliefs terrestres.

● La force de Coriolis est une force créée par la rotation de la Terre qui entraîne la déviation des objets en mouvement vers la droite dans l'hémisphère Nord et vers la gauche dans l'hémisphère Sud.

Le lien entre courants atmosphériques, courants océaniques et climats

● Les courants océaniques et atmosphériques agissent les uns sur les autres, ce qui modifie encore les variations de températures à la surface de la Terre.

● Si on compare deux villes à la même latitude sur les côtes ouest-françaises et est-américaines, on remarque que l'hiver est plus rude aux États-Unis. En effet, un courant chaud (le Gulf Stream) qui borde nos côtes atlantiques, adoucit le climat. En revanche, côté américain, un courant froid (le courant du Labrador) abaisse la température.

La Terre, une planète animée de mouvements

1. La tectonique des plaques

● Selon la théorie de la tectonique des plaques, la lithosphère est découpée en plaques qui sont en mouvement les unes par rapport aux autres. Ces plaques se déplacent sur l'asthénosphère.

2. La structure interne de la Terre

● L'étude du comportement des ondes sismiques et des roches a permis de mieux comprendre la structure interne de notre planète.

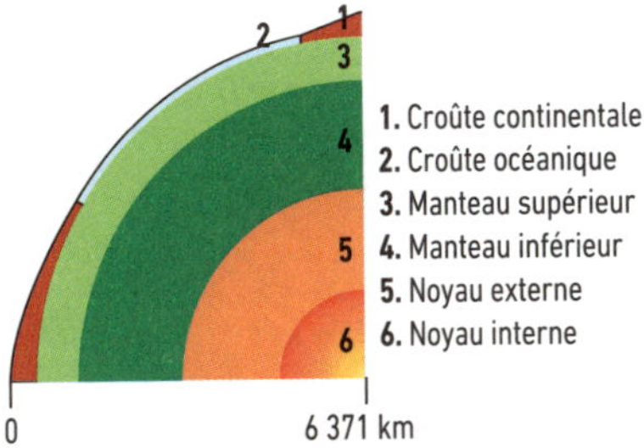

Structure interne du globe (en coupe)

● Des études complémentaires ont permis un nouveau découpage des couches les plus externes.

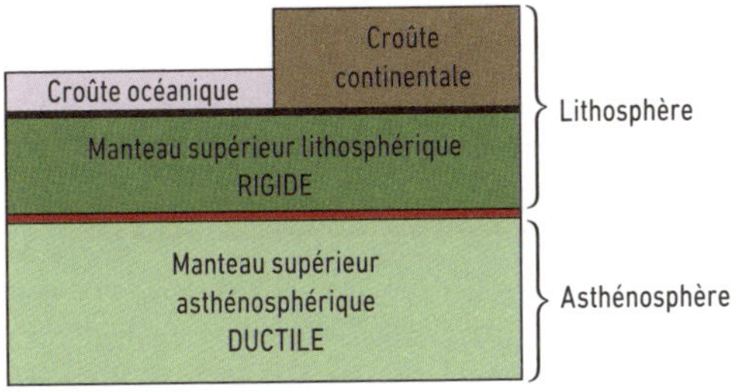

Les couches externes du globe terrestre

● La lithosphère est une couche rigide, formée en surface par la croûte terrestre (continentale ou océanique selon les endroits) et en profondeur par une partie du manteau supérieur. Elle repose sur l'asthénosphère.

- L'épaisseur de la lithosphère est comprise entre 100 et 150 km, car l'épaisseur de la croûte est variable : croûte océanique (7 à 12 km d'épaisseur) ; croûte continentale (30 à 70 km d'épaisseur).
- L'asthénosphère, ou manteau supérieur asthénosphérique, est une couche ductile (solide mais déformable).

3. Les limites des plaques

- La lithosphère est morcelée en une douzaine de plaques de tailles différentes, limitées par trois types de frontières :

– des frontières où les plaques s'écartent (divergent) : dorsales océaniques, zones de rift ;

– des frontières où les plaques se rapprochent (convergent) : zones de subduction, zones de collision ;

– des frontières où les plaques coulissent : failles transformantes.

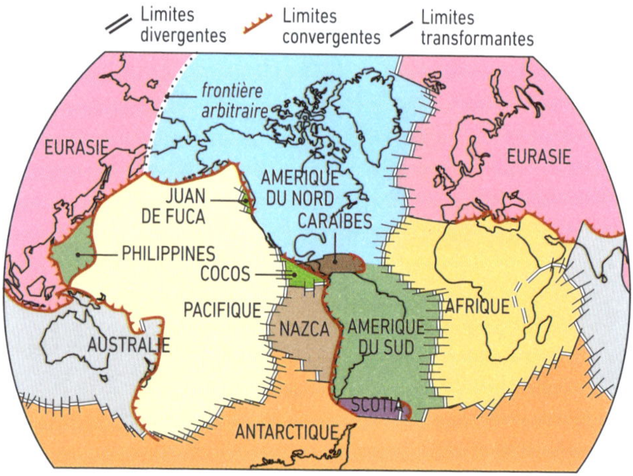

Les principales plaques lithosphériques et leurs frontières

4. Les conséquences de la tectonique des plaques

- Les mouvements des plaques participent à la création et à la disparition des océans, ainsi qu'à la formation des chaînes de montagnes.
- Le volcanisme et les séismes sont des manifestations associées à ces mouvements.
- Les changements de position des continents ont joué un rôle important dans les modifications des climats, en modifiant la circulation océanique, en permettant la formation de calottes glaciaires, etc.

Le volcanisme

1. Les manifestations du volcanisme

● Les mouvements entre les plaques lithosphériques peuvent être à l'origine d'éruptions volcaniques. Le volcanisme contribue à la dissipation de l'énergie interne.

● Le volcanisme est à l'origine de nombreux produits :

– des **produits gazeux** : **vapeur d'eau**, **dioxyde de carbone**, **dioxyde de soufre… ;**

– des **produits liquides** : quand le magma arrive en surface, après dégazage, on lui donne le nom de **lave** ;

– des **produits solides** : ils sont classés en fonction de leur diamètre (**cendres** < 2 mm < **lapillis** < 64 mm < **bombes/blocs**) ou de leur densité (les **scories** ne flottent pas, les **ponces** flottent).

● L'accumulation de ces produits contribue à la construction de l'édifice volcanique.

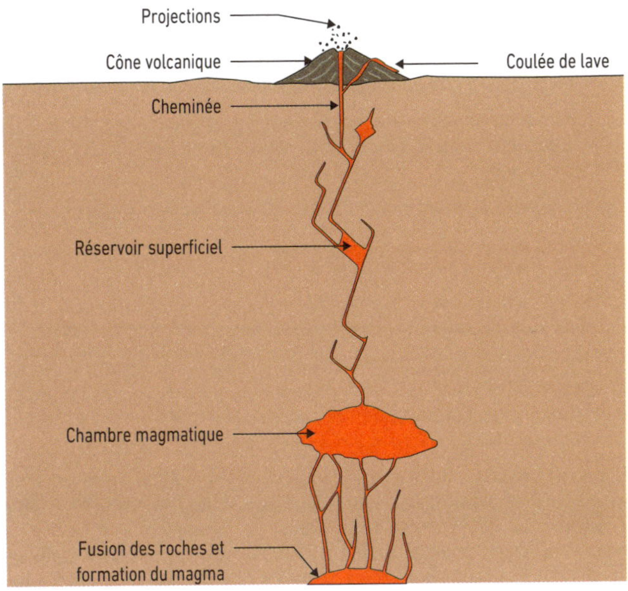

Structure d'un édifice volcanique

● Les volcans peuvent aussi émettre des **produits mixtes**, comme les **nuées ardentes** constituées de gaz brûlants transportant, à la suite d'une violente explosion, des masses considérables de débris de lave de toutes tailles (cendres, scories, blocs) et se déplaçant à grande vitesse (100 km/h et plus). Les **lahars** sont des coulées boueuses qui dévalent les flancs d'un volcan (suite à la fonte du glacier qui recouvrait le volcan, par exemple).

● Divers phénomènes sont associés au volcanisme : les **fumerolles**, qui sont des jets de vapeur d'eau (riches en dioxyde de carbone et en hydrogène sulfuré), passent à travers des fissures dans les flancs du volcan ; les **geysers** sont des sources d'eau chaude qui jaillit par intermittence en projetant de l'eau et de la vapeur à haute température et à haute pression.

2. Les dynamismes éruptifs

● On peut distinguer plusieurs types de dynamisme, en fonction de la viscosité de la lave et de la quantité de gaz présents dans le magma :
– un **dynamisme effusif** (magma contenant peu ou pas de gaz, lave fluide) ;
– un **dynamisme extrusif** (lave visqueuse, créant dômes et aiguilles) ;
– un **dynamisme explosif** (magma riche en gaz, éruption explosive).

3. La localisation des volcans

● Le **volcanisme des zones de subduction** est localisé à la frontière entre deux plaques lithosphériques, l'une des plaques passant sous l'autre. Ces volcans connaissent une alternance d'éruptions extrusives et explosives.

● Le **volcanisme des dorsales océaniques** est localisé à la frontière entre deux plaques lithosphériques qui s'écartent l'une de l'autre. Le volcanisme est de type effusif.

● Le **volcanisme de point chaud** est le seul volcanisme intraplaque.

4. Les risques liés au volcanisme

● L'**aléa** volcanique est la probabilité, en un endroit donné, qu'une éruption volcanique se produise. L'aléa prend aussi en compte l'intensité de l'éruption.

● Le **risque** volcanique est l'ensemble des conséquences de l'éruption si elle se produisait. Le passage de l'aléa au risque suppose la prise en compte de la **vulnérabilité** des constructions, des impacts sur la population...

● Réduire le risque volcanique implique la mise en place d'une **prévention** (information des populations, exercices d'évacuation) et d'une **surveillance** des volcans. Le GPS permet de surveiller le gonflement des édifices volcaniques, la spectrométrie permet d'identifier les gaz qui s'échappent, les sismomètres peuvent enregistrer de petits séismes liés à la remontée du magma...

Les séismes

1. L'origine des séismes

- Les séismes ou **tremblements de terre** sont, comme le volcanisme, des manifestations de l'activité interne de la Terre.
- Lorsqu'un matériau rigide (roche) est soumis à des contraintes de cisaillement, il va d'abord se déformer, puis, lorsqu'il aura atteint sa limite d'élasticité, il va se rompre, en dégageant de façon brusque toute l'énergie qu'il a accumulée.
- Une très grande majorité des séismes est localisée au niveau des **failles** et à la limite des plaques lithosphériques (dorsales, zones de subduction, failles transformantes). Des séismes peuvent aussi se produire lors de la remontée du magma dans un contexte volcanique.
- L'énergie créée par les frottements au niveau de la faille produisent de l'énergie dissipée d'une part sous forme de chaleur et d'autre part sous forme de vibrations, les **ondes sismiques**. Celles-ci se propagent dans toutes les directions à partir du **foyer**, lieu où se produit la rupture des roches en profondeur. Le point en surface situé à la verticale du foyer est appelé **épicentre**. C'est au niveau de l'épicentre que les secousses enregistrées sont les plus fortes.

2. L'évaluation d'un séisme

- L'**intensité** d'un séisme est définie en un lieu par rapport aux effets produits par ce séisme, qu'ils soient seulement observés ou ressentis par l'homme (réveil, chute d'objets, fissures...) ou qu'ils aient causé des dégâts plus ou moins importants aux constructions.

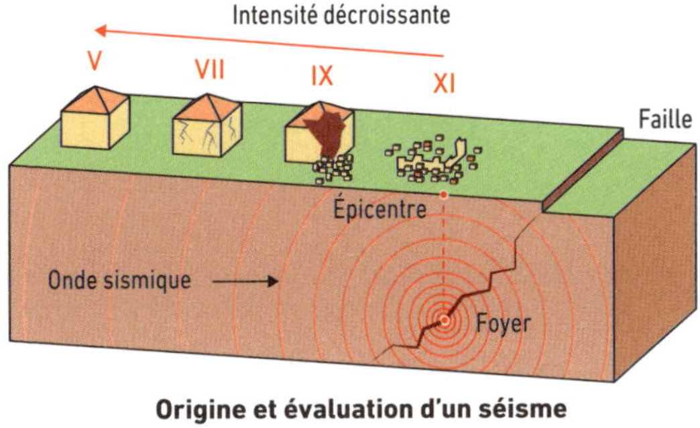

Origine et évaluation d'un séisme

● Plusieurs échelles d'intensité ont été définies. Les plus utilisées sont **l'échelle de Mercalli** qui date de 1902 (modifiée en 1956) et **l'échelle MSK** créée en 1964. Une nouvelle échelle a été adoptée par les pays européens en 1998 : l'EMS 98 (European Macroseismic Scale 1998).

3. La magnitude d'un séisme

● La **magnitude** d'un séisme est une estimation (par le calcul) de la quantité d'énergie libérée à l'endroit où le séisme s'est produit.

● **L'échelle de Richter** est une échelle de la magnitude qui, en théorie, n'est valable que pour les séismes californiens.

4. Les ondes sismiques

● Il existe plusieurs types d'ondes sismiques :

– les **ondes P** (primaires), qui se propagent le plus rapidement et dans tous les milieux. Le déplacement du sol qui accompagne leur passage se fait par compression-dilatation, parallèlement à la direction de propagation de l'onde ;

– les **ondes S** (secondaires), qui se propagent plus lentement que les ondes P et ne se propagent pas dans les milieux liquides. Ce sont des ondes de cisaillement.

5. Les risques liés aux séismes

● Le **risque sismique** est la combinaison entre l'**aléa** sismique (probabilité qu'un séisme se produise) et la **vulnérabilité** des personnes, bâtiments, infrastructures (routes, ponts, conduites de gaz) qui seraient exposées au séisme. Les séismes peuvent engendrer des phénomènes tels que des glissements de terrain, des tsunamis ou raz-de-marée.

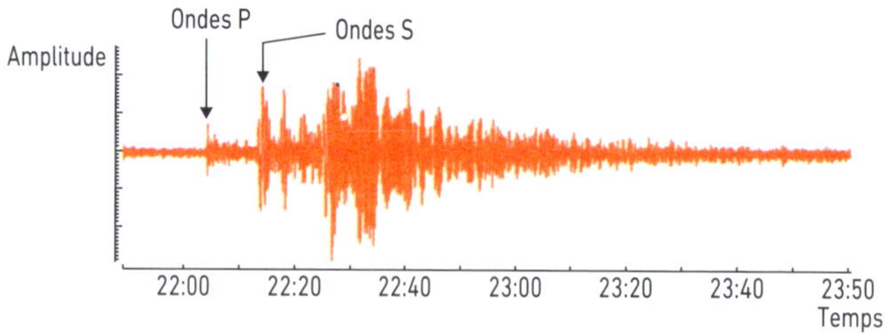

Enregistrement (sismogramme) d'un séisme par un sismomètre

● Réduire le risque sismique implique la mise en place d'une **prévention** des populations, la construction de bâtiments adaptés (normes **parasismiques**) et d'une **surveillance**. Il existe de nombreuses stations munies de **sismomètres**.

Les bases de l'étude des êtres vivants

1. Cellule et ADN

- Le monde vivant est constitué d'une grande diversité d'êtres vivants, mais tous les êtres vivants sont constitués :
– d'une structure commune : la cellule ;
– d'une molécule commune et universelle : l'ADN.

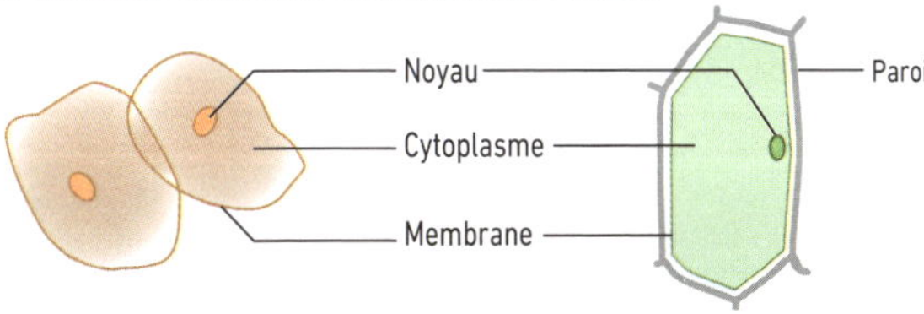

Cellules animales (à gauche) et cellule végétale (à droite)

- Les cellules animales et végétales sont composées :
– d'une membrane, qui délimite la cellule ;
– d'un compartiment liquide, appelé cytoplasme ;
– d'un noyau contenant une molécule très importante : l'ADN.

Remarque : chez les bactéries, du fait de l'absence de noyau, la molécule d'ADN se situe dans le cytoplasme.

2. L'échelle du monde vivant

- L'étude des êtres vivants peut-être faite à différentes niveau, on parle alors d'échelle.

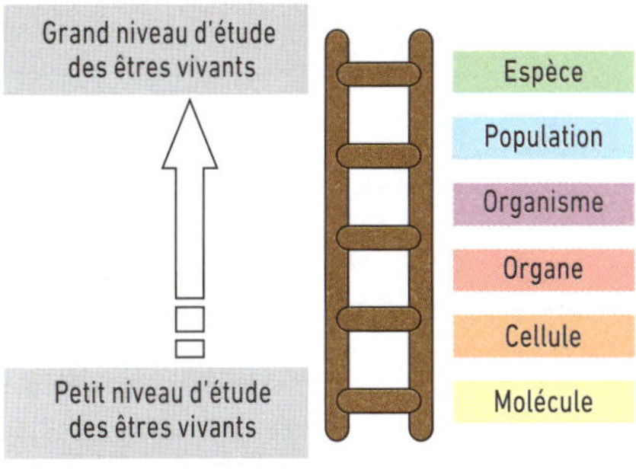

Différentes échelles d'étude des êtres vivants

3. Classification emboîtée

- En s'appuyant sur les différentes échelles de l'étude des êtres vivants, les scientifiques se sont attachés à les classer.
- La classification actuelle est constituée de **groupes** qui s'emboîtent les uns dans les autres.
- Chaque groupe rassemble des êtres vivants qui possèdent une caractéristique commune appelée **caractère partagé** ou **attribut partagé.**
- Les êtres vivants contenus dans un groupe possèdent tous les **caractères** des groupes qui le contiennent. Par exemple, la coccinelle appartient à tous les groupes signalés, dans le document suivant, par une étoile rouge. Elle possède donc les attributs suivants : trois paires de pattes, un squelette externe et des pattes articulées, des yeux et une bouche, des cellules avec noyaux et de l'ADN.

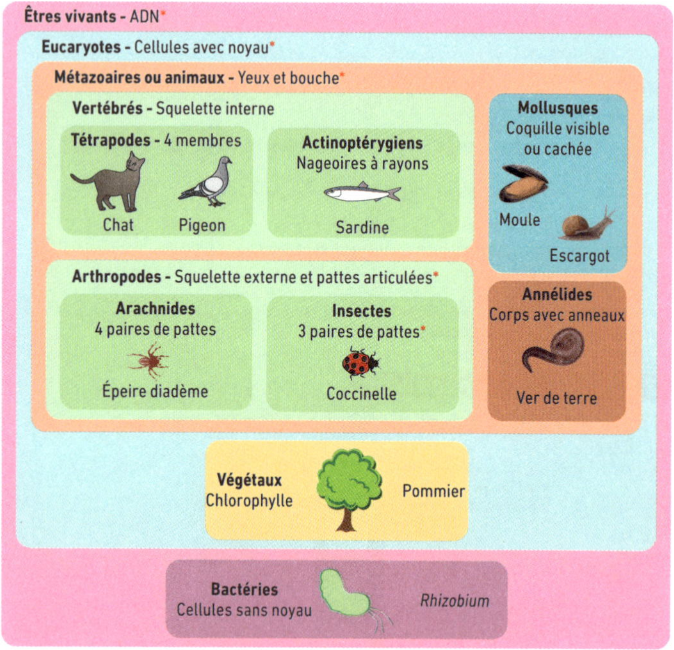

Classification emboîtée (version simplifiée)

4. Une base commune mais une très grande diversité

- Malgré les nombreux points communs entres les êtres vivants, il existe une très grande diversité qui s'observe à toutes les échelles du monde vivant, appelée **biodiversité.**

La respiration à l'échelle de la cellule et de l'organisme

1. La respiration cellulaire : production d'énergie dans les cellules animales et végétales

- C'est la **réaction** entre le **dioxygène** et un nutriment, le **glucose**, qui permet aux cellules de produire de l'**énergie.** Ce phénomène est appelé **respiration cellulaire**.
- Lors de la respiration cellulaire, le glucose réagit avec le dioxygène (O_2).
- Cette réaction, qui permet la production d'énergie, s'accompagne d'une production de déchets (dioxyde de carbone et eau) et d'un dégagement de chaleur.

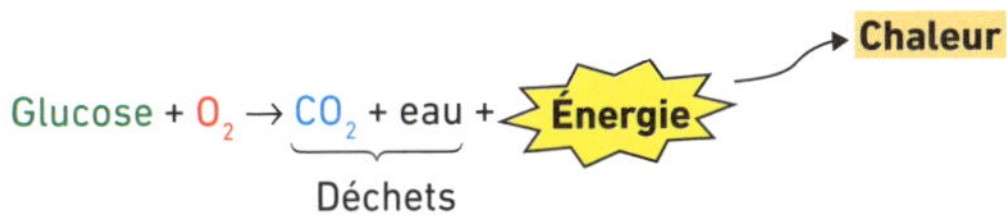

Réaction ayant lieu lors de la respiration cellulaire

2. La respiration à l'échelle de l'organisme chez les végétaux

- Les **stomates** sont des structures présentes à la surface des **feuilles** qui permettent les échanges de gaz entre la plante et l'atmosphère.
- Le dioxygène (O_2) nécessaire à la respiration cellulaire est absorbé au niveau des stomates ; le dioxyde de carbone (CO_2), qui est un des déchets de la respiration cellulaire, est rejeté par la même voie.

3. La respiration à l'échelle de l'organisme chez les animaux

- Les cellules animales réalisent des échanges avec le **sang**. Elles y prélèvent le dioxygène et y rejettent le dioxyde de carbone.
- Les animaux entretiennent des échanges gazeux avec leur environnement grâce à des organes respiratoires. En milieu aérien, les animaux utilisent des **trachées** ou des **poumons**. En milieu aquatique, ils utilisent des **branchies**. Ces organes ont pour point commun d'être de grandes surfaces d'échange.
- Chez les animaux qui possèdent des trachées (insectes), les échanges se font directement entre les cellules et l'air, alors que chez les animaux munis de poumons ou de branchies, les échanges se font entre les cellules et le

sang, puis entre le sang et l'air ou l'eau. Les globules rouges du sang transportent les gaz respiratoires (O_2 et CO_2).

4. L'appareil respiratoire des mammifères

- Les organes qui constituent l'appareil respiratoire des mammifères sont : la **trachée**, les **poumons**, les **bronches** et les **bronchioles**.

- L'air inspiré pénètre dans l'organisme par le **nez** et/ou la **bouche**. Il emprunte la **trachée**, puis les **bronches**. À l'intérieur des **poumons**, l'air circule dans des bronches puis des **bronchioles**. Pour finir, il arrive dans les **alvéoles pulmonaires**. L'air expiré fait le chemin en sens inverse.

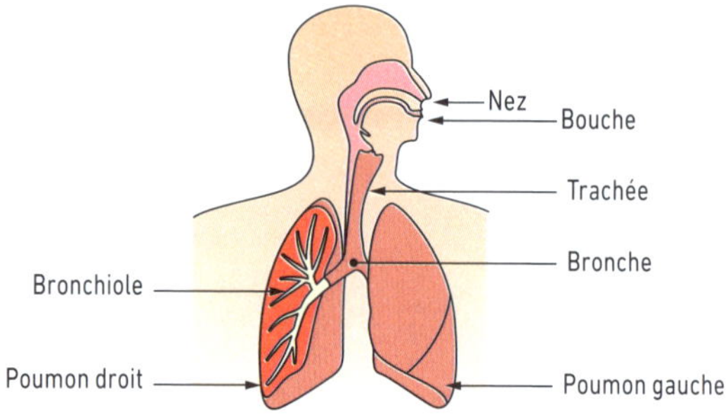

L'appareil respiratoire

- Au niveau des poumons, les **alvéoles pulmonaires** sont le lieu des échanges entre l'air et le sang. La **surface d'échange** est efficace, car elle est **grande**, **fine** et **richement vascularisée** (irriguée par de très nombreux capillaires).

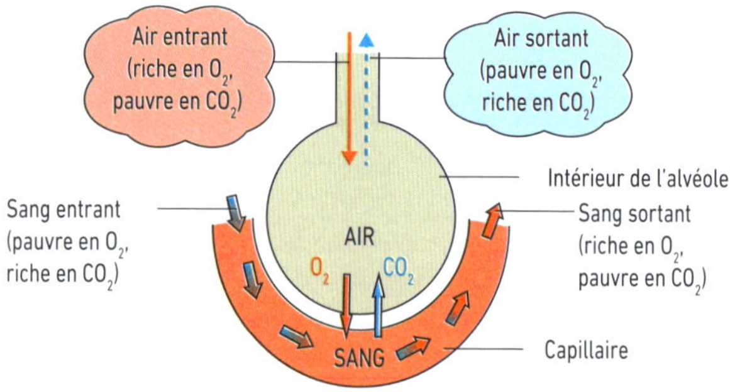

Les échanges gazeux au niveau d'une alvéole pulmonaire

La nutrition et l'organisation des végétaux chlorophylliens

1. Les échanges avec l'atmosphère

- Les végétaux chlorophylliens sont appelés ainsi en raison d'un pigment présent dans leurs cellules, la **chlorophylle**, qui leur donne leur couleur verte.

- Les végétaux réalisent des échanges avec l'air au niveau de leurs **feuilles**.

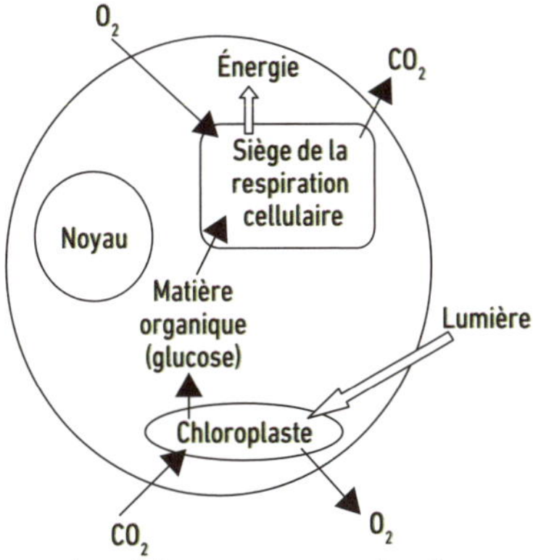

Les échanges gazeux chez les végétaux : respiration et photosynthèse

- Certaines cellules forment des structures, appelées **stomates**, qui permettent les échanges de gaz avec l'atmosphère. Les végétaux **respirent**, ils absorbent du dioxygène et rejettent du dioxyde de carbone. Les végétaux réalisent aussi la **photosynthèse** (production de matière organique grâce à l'énergie solaire), un phénomène qui nécessite l'absorption de dioxyde de carbone et le rejet de dioxygène. Dans certaines conditions (fortes chaleurs), les stomates peuvent occasionner une forte perte d'eau.

- Les cellules des feuilles contiennent des **chloroplastes** : ce sont ces organites qui contiennent la chlorophylle et qui jouent un rôle important dans la photosynthèse.

2. Les échanges avec le sol

- Les **racines** sont le lieu des échanges avec le sol. Ce sont des organes qui possèdent des cellules spécialisées, appelées **poils absorbants**, qui permettent aux végétaux de prélever dans le sol l'**eau** et les **sels minéraux**.

3. La communication entre les feuilles et les racines

- Il existe dans les **tiges** des végétaux des systèmes de transport que l'on pourrait comparer aux vaisseaux sanguins des animaux. Les vaisseaux du **xylème** transportent la **sève brute** des racines vers les parties aériennes de la plante. La sève brute est constituée d'**eau** et de **sels minéraux**. Les vaisseaux du **phloème** transportent la sève **élaborée** des feuilles vers le reste de la plante (autres feuilles, bourgeons, racines, organes de réserve). La sève élaborée contient les **molécules organiques** formées grâce à la photosynthèse.

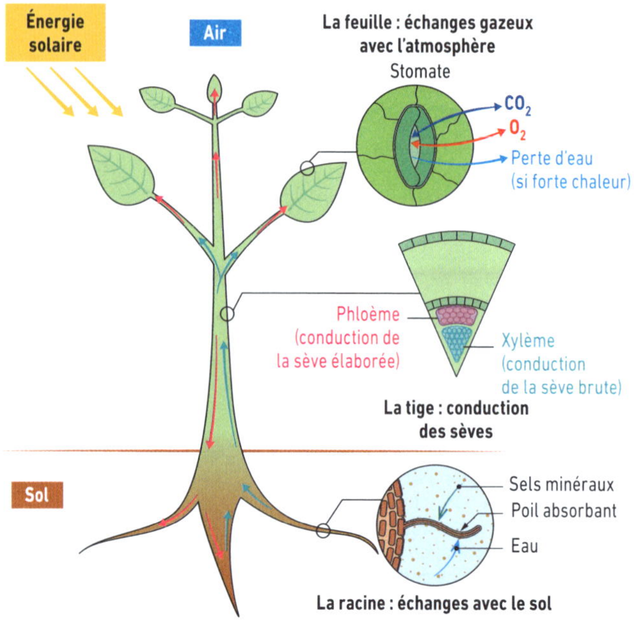

La communication entre les feuilles et les racines

4. L'amélioration de la nutrition par interaction avec des micro-organismes

- Certains végétaux s'associent avec des micro-organismes. Quand le bénéfice est réciproque, cette association porte le nom de **symbiose**.
- La symbiose entre une plante et un micro-organisme peut par exemple améliorer l'approvisionnement de la plante en **azote**.
- Certaines plantes s'associent avec des bactéries appelées *Rhizobium* ce qui provoque la formation de **nodosités** au niveau des racines. Cette association est à bénéfice réciproque car la plante fournit des molécules organiques aux bactéries et ces dernières permettent à la plante d'utiliser l'azote du sol.

La reproduction sexuée et asexuée des plantes à fleurs

1. La reproduction sexuée

- La reproduction est dite sexuée lorsque deux **gamètes** (cellules reproductrices) fusionnent lors de la **fécondation** pour donner une **cellule-œuf**. Cette cellule est la première de la nouvelle plante.

- Une fleur est constituée d'une partie mâle, les **étamines**, et d'une partie femelle, le **pistil**.
Les **grains de pollen**, libérés par les étamines, contiennent des cellules reproductrices mâles.

- Les grains de pollen, transportés par le vent ou par les insectes (abeilles), vont se déposer sur le pistil d'une autre fleur. Ils émettent alors un tube qui va permettre aux noyaux des cellules reproductrices mâles de rejoindre et de fusionner avec les cellules reproductrices femelles (**ovules**). Après la fécondation, la cellule-œuf va donner, par des multiplications successives, un **embryon**, protégé dans une **graine** et entouré d'un **fruit**. La graine fournit à la fois protection et nourriture à l'embryon.

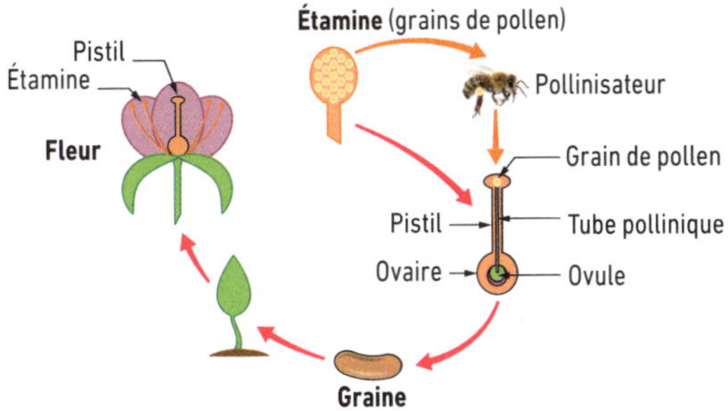

La reproduction sexuée chez les plantes à fleur

2. La dispersion des graines et des fruits

- Le fruit, s'il est charnu et sucré, attirera les animaux qui, en le mangeant, participeront à la **dissémination** des graines. Le fruit est mangé mais la graine, non digérée, est rejetée dans les excréments.

- Certains fruits ou graines sont munis de crochets ou d'ailes ce qui favorise la dispersion par les animaux ou le vent.

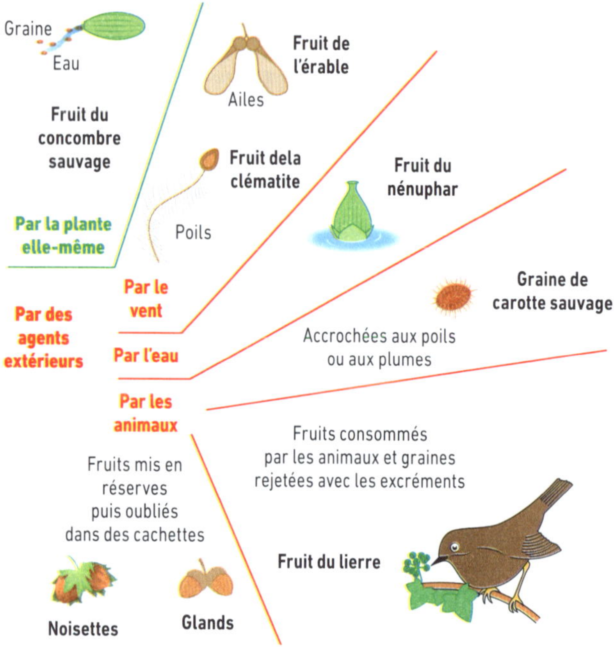

La dispersion des graines ou des fruits

3. La reproduction asexuée

- Certaines plantes ont la capacité de se reproduire sans faire intervenir de gamètes. Ce sont des organes tels que les **stolons** chez le fraisier qui vont permettre cette reproduction.
- Les nouveaux individus obtenus par ce mode de reproduction sont des **clones**, ils sont identiques entre eux et similaires à la plante qui leur a donné naissance.

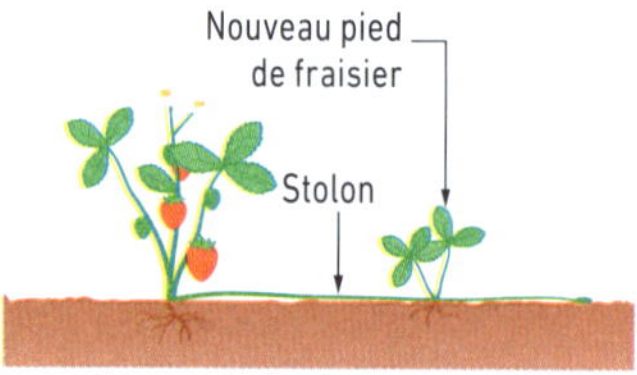

La reproduction asexuée chez le fraisier

4. La reproduction et la dynamique des populations

- La reproduction sexuée permet un **brassage du patrimoine génétique** et participe au maintien de la **diversité génétique** au sein de l'espèce.
- La reproduction asexuée ne participe pas à la diversité génétique, mais permet aux végétaux de **coloniser rapidement** leur environnement.

La reproduction sexuée et asexuée des animaux

1. La reproduction sexuée dans différents milieux de vie

- Chez tous les êtres vivants, la reproduction sexuée implique que deux **gamètes** (cellules reproductrices) fusionnent lors de la **fécondation** pour donner une **cellule-œuf** à l'origine d'un nouvel individu.

- Les gamètes mâles sont des **spermatozoïdes** et les gamètes femelles sont des **ovules** ou des **ovocytes**. Les gamètes mâles sont mobiles ; ils se déplacent grâce à leur **flagelle**.

- En **milieu aérien**, l'**accouplement** permet au mâle de déposer les spermatozoïdes dans l'appareil reproducteur de la femelle. La fécondation a lieu à l'intérieur de l'organisme de la femelle.

- En **milieu aquatique**, la plupart des êtres vivants libèrent les gamètes dans l'eau et la **fécondation est externe**, elle a lieu en dehors de l'organisme maternel. Pour que les gamètes appartenant à la même espèce puissent se rencontrer malgré l'immensité de l'océan, les gamètes femelles émettent des substances chimiques qui attirent les spermatozoïdes ; par ailleurs, l'émission des gamètes mâles et femelles est souvent synchronisée.

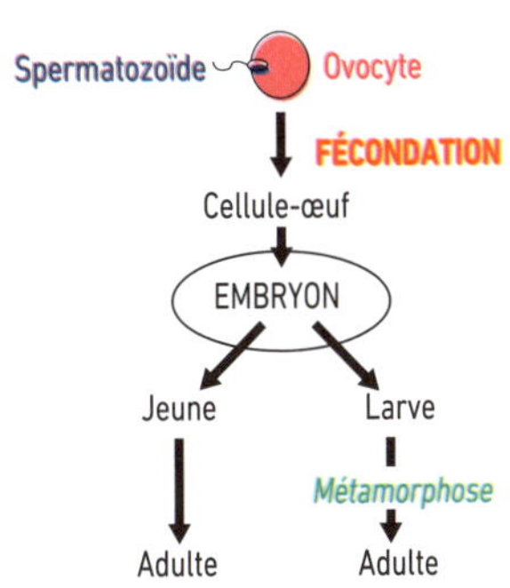

La reproduction sexuée

- Le nouvel individu peut se développer soit dans l'organisme maternel (exemple : les mammifères) soit à l'extérieur, dans un œuf.

- Lorsque l'organisme qui sort de l'œuf ne ressemble pas à l'adulte, on utilise le terme « **larve** » pour le désigner. La larve devra subir une **métamorphose** pour se transformer en adulte.

● **En milieu aquatique**, la stratégie adoptée par la plupart des animaux repose sur la production d'un **grand nombre de gamètes.** Du fait de la rencontre au hasard, peu de fécondations auront lieu. Beaucoup de jeunes et de larves serviront de nourriture à des prédateurs. Les parents n'apportent pas de soins à leur progéniture.

● **En milieu terrestre**, deux stratégies sont possibles. Certaines espèces font beaucoup de descendants et s'en occupent peu ou pas (exemple : les insectes). D'autres ont une descendance réduite, mais les parents s'investissent beaucoup pour augmenter les chances de survie des jeunes.

2. La reproduction asexuée

● La reproduction asexuée consiste à produire un ou plusieurs descendants à partir d'un unique parent. Les descendants sont **génétiquement identiques entre eux et avec leur seul parent**.

● Certains êtres vivants comme la **paramécie** (être vivant unicellulaire vivant dans les eaux stagnantes) peuvent se reproduire par **division** ; d'autres se reproduisent par **bourgeonnement** (exemple : l'hydre).

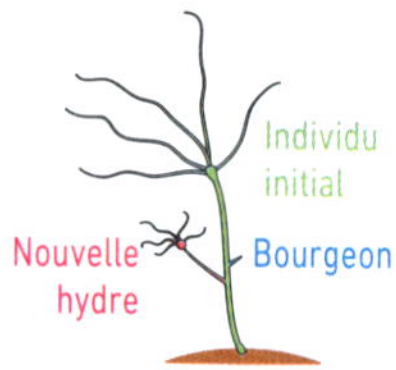

Le bourgeonnement chez l'hydre

● La **parthénogenèse** est un mode de reproduction asexuée qui implique des gamètes. Chez les pucerons ou les phasmes, une cellule reproductrice femelle se développe en un nouvel individu sans avoir été fécondée.

3. La dynamique des populations

● La dynamique d'une population ou son évolution démographique dépend :
– de l'**environnement** (lumière, humidité, température, disponibilité en nourriture, etc.) ;
– des **relations avec les autres espèces** (compétition pour la nourriture, prédation, etc.) ;
– des **paramètres de la population** (taux de natalité, mortalité, migration, etc.) ;
– des **caractéristiques des individus** (vitesse de développement, fécondité, durée de vie, adaptabilité, etc.).

● Une espèce pratiquant la reproduction sexuée pourra plus facilement s'adapter à des changements dans l'environnement, car tous les individus sont génétiquement différents les uns des autres. Une espèce pratiquant la reproduction asexuée a une adaptabilité réduite, car tous les individus sont génétiquement identiques, mais elle sera capable de coloniser très rapidement un milieu.

Diversité et stabilité génétiques des espèces

1. L'espèce et ses caractères

● De manière simplifiée, on peut définir l'espèce comme un ensemble d'individus qui peuvent se reproduire entre eux et dont les descendants peuvent également se reproduire.

● Sachant que chaque individu est défini par **un ensemble de caractères**, c'est-à-dire de caractéristiques ou signes particuliers externes et/ou internes (par exemple : la couleur de la peau, le groupe sanguin, la présence de molécules particulières), on peut définir l'espèce de la manière suivante : une espèce est un ensemble d'individus qui possèdent :

– les **mêmes caractères spécifiques**, c'est-à-dire ceux possédés par tous les individus de l'espèce et qui sont conservés au fils des générations : **ce qui illustre la stabilité de l'espèce ;**

– des **variations individuelles** de certains caractères : **ce qui illustre la diversité des individus au sein de l'espèce.**

2. Les chromosomes : une base génétique de l'unité et de la diversité des individus

Toutes les cellules des êtres vivants contiennent des chromosomes constitués :
– d'**ADN** (acide désoxyribonucléique), une molécule en forme de double hélice ;
– de molécules sphériques (les histones).

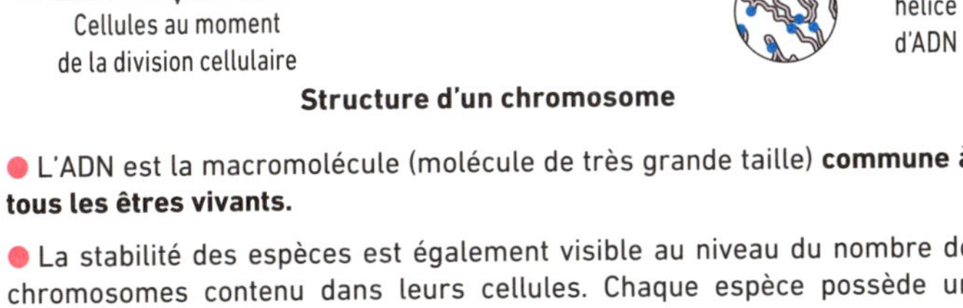

Structure d'un chromosome

● L'ADN est la macromolécule (molécule de très grande taille) **commune à tous les êtres vivants.**

● La stabilité des espèces est également visible au niveau du nombre de chromosomes contenu dans leurs cellules. Chaque espèce possède un **nombre de chromosomes spécifique et invariant**, appelé **nombre chromosomique de l'espèce**. Ainsi, tous les individus d'une même espèce ont le même nombre de chromosomes.

● Quelques exemples de nombre chromosomique : la levure possède 16 chromosomes, le chat 38, la pomme de terre 48, la carpe 104, l'homme 46.

● **Le caryotype** est un document qui présente l'ensemble des chromosomes d'une cellule, rangés par paires de chromosomes de même taille, et où les paires sont classées par ordre de taille décroissante.

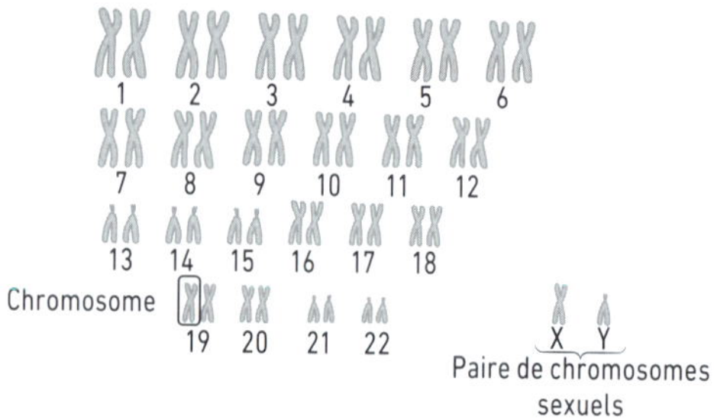

Caryotype d'un homme

3. Espèces gène et allèles

● Les chromosomes comportent de nombreux **gènes (portions d'ADN)** responsables des caractères spécifiques et individuels des individus. Ces gènes existent en deux exemplaires dans la cellule (un exemplaire sur chaque chromosome d'une paire).

● Tous les individus d'une même espèce possèdent les mêmes gènes (l'ensemble constitue le génome), tous placés au même endroit sur le chromosome : c'est ce qui est à l'origine de la stabilité de l'espèce.

● Les gènes présentent des variations appelées **allèles.**

● Mais les individus d'une même espèce possèdent des associations d'allèles responsables des variations des caractères et donc de la diversité des individus d'une même espèce.

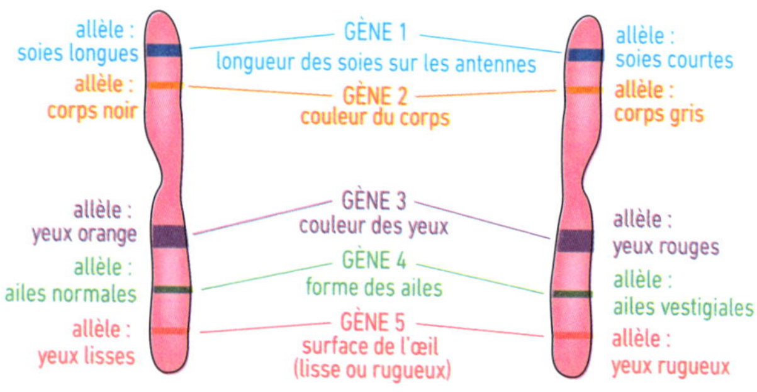

Schéma d'une paire de chromosomes de drosophile (petite mouche)

Les mécanismes à l'origine de la stabilité des espèces

1. Le maintien du nombre chromosomique de l'espèce au sein d'un individu

- Les êtres vivants pluricellulaires (composés de plusieurs cellules) qui proviennent de reproductions sexuées, c'est-à-dire faisant intervenir des éléments mâle et femelle, se sont tous développés à partir d'une cellule unique appelée cellule-œuf.
- La **cellule-œuf, qui contient le nombre de chromosomes spécifique de son espèce**, va se multiplier un grand nombre de fois, tous **en conservant** ce nombre dans l'ensemble des cellules de l'individu. Cette multiplication cellulaire qui conserve le patrimoine génétique de l'espèce est appelée la mitose.

2. La mitose : un mécanisme conservateur

- Avant la mitose, les chromosomes simples deviennent des chromosomes doubles à deux filaments ou brins totalement identiques et associés en un point.
- Lorsque la cellule se divise en deux, les **deux brins qui composent les chromosomes doubles se séparent et migrent à chaque extrémité de la cellule.** Puis, la cellule se scinde en deux nouvelles cellules.

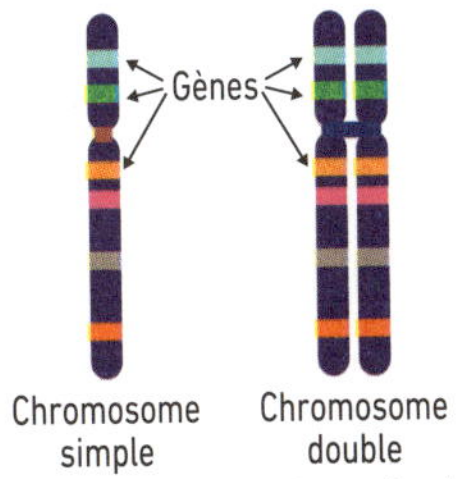

Chromosome simple et double

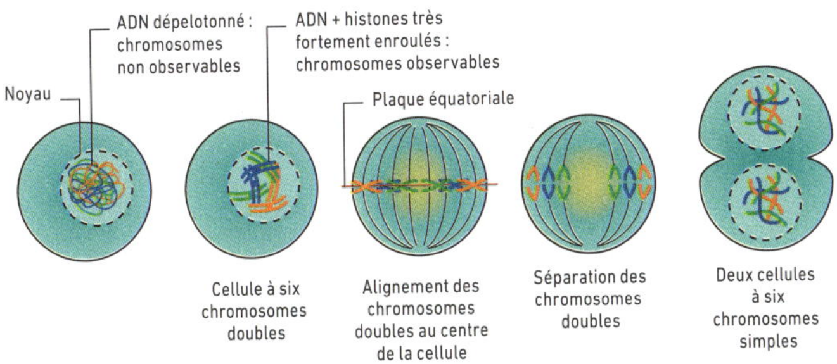

Conservation du nombre de chromosomes lors de la division cellulaire

● Ainsi, les deux cellules nouvellement formées possèdent le même nombre de chromosomes simples strictement identiques à ceux de la cellule initiale.

● Pendant la plus grande partie de la vie de la cellule, les chromosomes ne sont pas observables au microscope. En effet, l'ADN et les molécules sphériques (histones) associées qui constituent les chromosomes forment une sorte de « collier de perles » extrêmement fin. Au moment de la multiplication des cellules (mitose), le « collier de perles » s'enroule fortement sur lui-même, ce qui rend les chromosomes observables.

3. Le maintien du nombre chromosomique au sein de l'espèce

● Le nombre chromosomique d'une espèce est maintenu **constant au cours des générations successives** grâce à deux mécanismes :

– la production de gamètes ou cellules reproductrices, dont la **quantité de chromosomes est réduite de moitié** ;

– la fécondation, qui rétablit le nombre chromosomique de l'espèce en unissant les noyaux des gamètes dont le nombre de chromosomes est réduit de moitié par rapport aux autres cellules de l'organisme.

4. La méiose : mécanisme réduisant le nombre chromosomique de moitié

● **La méiose est la multiplication cellulaire à l'origine des gamètes.**

● Contrairement à la mitose, qui conserve le nombre de chromosomes, la méiose est une multiplication **cellulaire particulière qui divise le nombre de chromosomes par deux.**

● Avant la méiose les chromosomes simples deviennent des chromosomes doubles. Au cours de la méiose, dans un premier temps, les chromosomes de chaque paire se séparent, puis dans un deuxième temps, ce sont les brins de chaque chromosome qui se séparent.

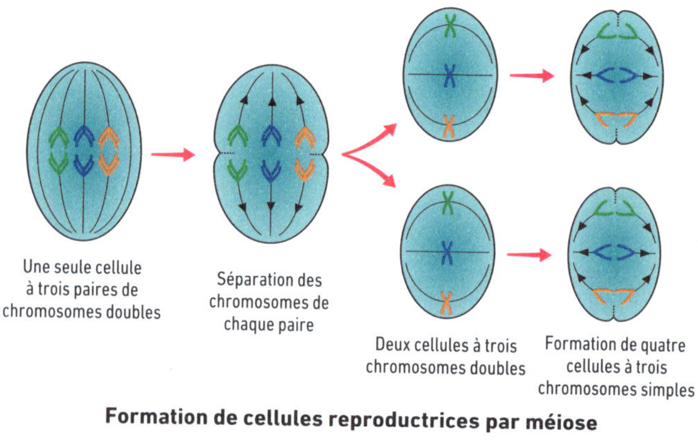

Formation de cellules reproductrices par méiose

Les mécanismes à l'origine de la diversité des espèces

1. Des mécanismes communs pour des effets opposés

- Si la méiose et la fécondation sont à l'origine de la stabilité des espèces, elles sont également à l'origine de leur diversité.

2. La grande diversité des cellules reproductrices

- Au cours de leur formation, les gamètes reçoivent **au hasard un seul chromosome pour chacune des paires**. Ils ne reçoivent **donc qu'un seul allèle de chaque gène**.

- De plus, lorsque les chromosomes de chaque paire s'alignent avant de se séparer en deux lots égaux, **chaque chromosome d'une paire possède deux possibilités de se positionner, ce qui est à l'origine de très nombreuses combinaisons différentes.**

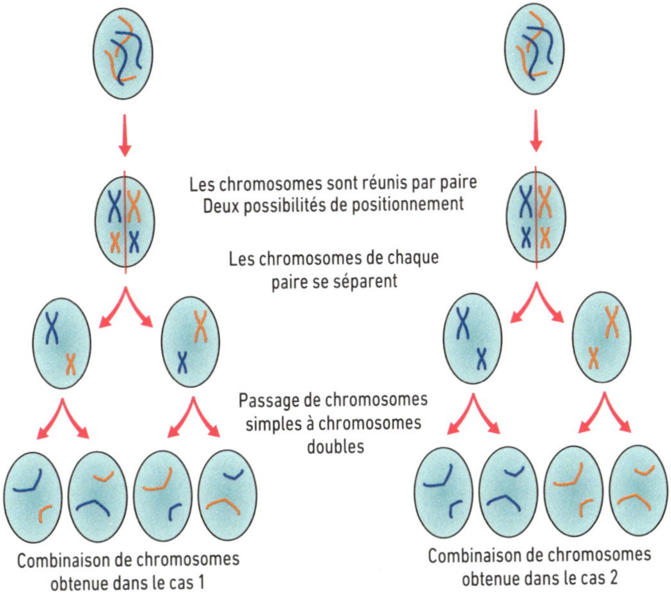

Production de gamètes différents selon le positionnement des chromosomes au cours de la méiose

3. La fécondation : un hasard à l'origine d'une diversité accrue

- Comme la rencontre des cellules reproductrices se fait au hasard et qu'il existe une grande diversité de cellules reproductrices, la fécondation est à l'origine d'un individu dont le patrimoine génétique est unique.

- L'établissement d'échiquiers de croisement permet à la fois d'illustrer la diversité créée par la production de gamètes et la fécondation, mais aussi de prévoir statistiquement la présence ou l'absence d'un caractère dans la descendance de deux individus.

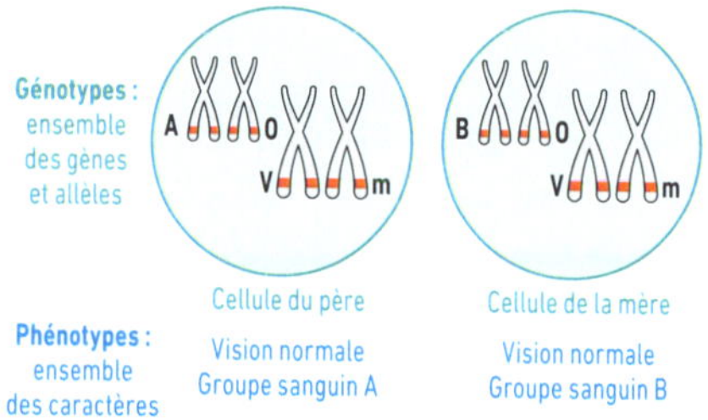

Informations sur les gènes

A, B, O : allèles du gène groupe sanguin
A et B sont dominants sur O
A et B sont co-dominants

V et m : allèles de la vision
V pour vision normale
m pour myopie
V est dominant sur m

Combinaison d'allèles possibles pour les spermatozoïdes / Combinaison d'allèles possibles pour les ovules	A V	A m	O V	O m
BV	A B V V	B A V m	B O V V	B O V m
Bm	B A m V	B A m m	B O m V	B O m m
OV	O A V V	O A V m	O O V V	O O V m
Om	O A m V	O A m m	O O m V	O O m m

Enfants de groupe AB — Enfants de groupe B — Enfants avec une bonne vision — Enfants avec une myopie

Enfants de groupe A — Enfants de groupe O

Exemple d'échiquier de croisement chez l'être humain

- Dans le cas de ces parents qui ont une vision normale, on constate qu'ils ont quatre possibilités sur six (soit deux possibilités sur trois) d'avoir un enfant myope. Et bien que l'un des parents soit A et l'autre O, il est possible que leurs enfants soit de n'importe quel groupe sanguin.

Génétique et évolution des espèces

1. L'espèce : définie par son patrimoine génétique

- L'espèce est définie comme un ensemble d'individus capables de produire des descendants fertiles.
- Sur le plan génétique, on peut définir les espèces comme un ensemble d'individus pouvant mélanger leur patrimoine génétique et le transmettre. On parle alors de flux génétique.

2. Les facteurs influençant l'évolution des espèces

- L'évolution des espèces dépend de :
  - la sélection naturelle (voir fiche précédente) ;
  - la diversité des allèles (voir fiche 12) ;
  - la fréquence de ces différents allèles.

3. L'importance des mutations dans l'évolution des espèces

- **Les mutations sont des modifications de la molécule d'ADN**.
- Elles sont à l'origine de la diversité au sein des espèces et de la création de nouvelles espèces.
- Ces modifications ont des effets divers :
  - certaines **n'influencent pas les caractères**, c'est-à-dire n'influencent pas le phénotype ;
  - d'autres entraînent des changements ayant des conséquences sur les caractères : caractère anormal (dysfonctionnement) ou modification du caractère (variation du gène = nouvel allèle) ;
  - d'autres **affectent le nombre ou la position de certains gènes**.
- **Toutes les mutations ne sont pas forcément héréditaires**. Pour qu'elles soient transmises, elles doivent être présentes dans les cellules reproductrices ou dans les cellules à l'origine de nouvelles cellules dans le cas des multiplications végétatives ou des organismes unicellulaires.
- La théorie synthétique de l'évolution considère les mutations comme le moteur de l'évolution des espèces, l'environnement intervenant ensuite comme élément de sélection.

4. La sélection des allèles à l'origine de l'évolution des espèces

● Le suivi de différents allèles au fil des générations montre qu'en dehors de toute sélection naturelle, au sein d'une population, certains allèles sont **voués à disparaître alors que d'autres sont conservés** de manière définitive : c'est le principe de dérive génétique.

● Les variations des différents caractères (issus des allèles) présents dans une population permettent à l'espèce de survivre en cas de changement dans le milieu, car celui-ci sélectionnera majoritairement les individus possédant une variation avantageuse. Ainsi certains allèles sont sélectionnés alors que d'autres sont perdus.

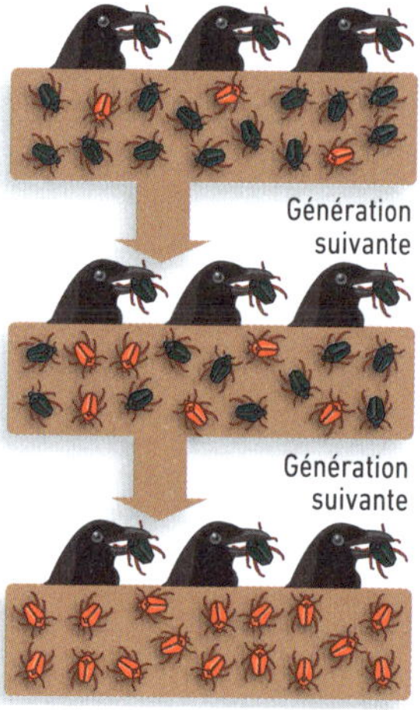

L'oiseau a une préférence pour les insectes verts : il y a sélection positive des scarabées orange et sélection négative des scarabées verts

5. La spéciation

● La **spéciation** est le phénomène par lequel apparaissent de nouvelles espèces. La spéciation nécessite qu'il y ait **isolement reproductif** au sein d'une population.

● Cet isolement reproductif peut être la conséquence d'un **isolement géographique**. Cet isolement se produit lorsqu'une espèce est séparée en plusieurs populations par un obstacle géographique. Les populations vont alors évoluer séparément et différemment, du fait de la dérive génétique et de la sélection naturelle de certains allèles. Si les populations deviennent assez différentes pour ne plus pouvoir se reproduire ensemble lors d'une nouvelle rencontre, elles sont devenues deux espèces différentes.

Remarque : L'isolement géographique peut être dû à des phénomènes géologiques comme la formation d'une chaîne de montagnes, l'ouverture d'un océan...

● L'isolement reproductif peut aussi se mettre en place au sein d'une population vivant dans une seule et même aire de répartition. Certains individus deviennent incapables de se reproduire avec les autres membres de la population (modification génétique importante, changement de chant chez les oiseaux...) et finissent par former une nouvelle espèce.

Le système nerveux

1. Organisation du système nerveux

- Le système nerveux se divise en deux parties :
  - le **système nerveux central (SNC)** comprenant le cerveau, le cervelet, le tronc cérébral et la moelle épinière ;
  - le **système nerveux périphérique (SNP)** comprenant les **récepteurs sensoriels**, **les nerfs** et **les ganglions.**
- Le système nerveux assure les rôles suivants : percevoir, traiter et informer l'organisme.

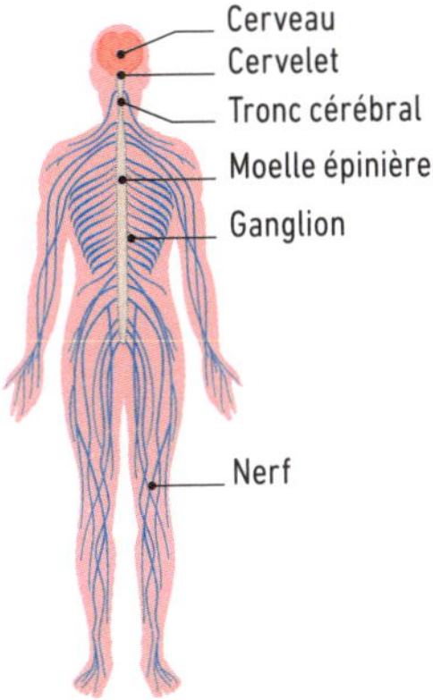

Schéma de l'organisation du système nerveux

2. Fonctionnement du système nerveux

La perception

- L'organisme perçoit son environnement et son fonctionnement interne (digestion, quantité de sucre dans le sang, etc.) grâce à des **récepteurs sensoriels** contenus dans les yeux, la peau et les organes. Toutes les informations reçues sont dirigées vers le système nerveux central par des « câbles » : **les nerfs afférents.**

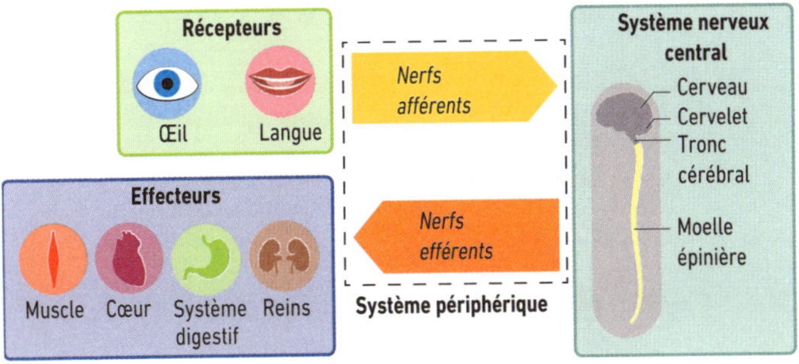

Schéma fonctionnel du système nerveux

Le traitement de l'information

- Toutes les informations transmises par le système nerveux périphérique sont **reçues, triées et analysées** par système nerveux central, qui élabore en retour un message à destination des organes. C'est le phénomène **d'intégration nerveuse.**

- Le **message** émis par système nerveux central est transmis aux **effecteurs** (receveurs de l'information) par des « câbles » : **les nerfs efférents.**

3. Importance du système nerveux dans le bon fonctionnement de l'organisme

- Le système nerveux est un des systèmes majeurs pour l'organisme :
  - il coordonne l'ensemble des systèmes de l'organisme ;
  - il adapte le fonctionnement de l'ensemble de l'organisme en fonction de son activité.

- Par exemple, lors d'un effort physique, le système nerveux modifie le fonctionnement du système cardiovasculaire et respiratoire permettant de répondre aux besoins plus élevés des muscles lors de l'effort physique.

4. Le système nerveux : un système fragile et sensible

- Les **récepteurs** du système nerveux peuvent être altérés par des **agressions extérieures** (forte intensité lumineuse, sons très forts ou répétés...).

- Les informations transmises et/ou les messages émis par le système nerveux central peuvent être modifiés par la fatigue, le stress, les médicaments, l'alcool et les drogues, ce qui peut **modifier le comportement** (perte de la notion de danger, vertiges...).

Pictogrammes visibles sur les boîtes de médicaments, indiquant leurs effets sur la vigilance.

Le message nerveux

1. Support du message nerveux

● Les **neurones** sont des cellules spécialisées dans la transmission et le traitement des messages nerveux.

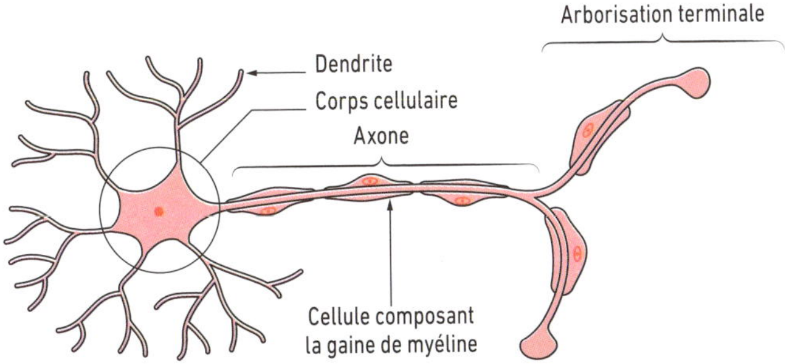

Schéma d'une cellule nerveuse

● Les axones des neurones sont regroupés dans des sortes de « câbles » : les nerfs.

2. Transmission du message nerveux

● Le message nerveux circule dans les neurones de manière unidirectionnelle (dans un seul sens). Il part des dendrites, puis passe par le corps cellulaire, l'axone et se termine au niveau de l'arborisation terminale, où le message est transmis au neurone suivant ou à un effecteur.

Message électrique

● Le long de l'axone, le message nerveux est transmis sous la forme d'un message électrique, que l'on peut mesurer en millivolts (mV) au niveau de la membrane du neurone.

Message chimique

● Arrivé à l'extrémité du neurone, le message électrique est transformé en message chimique. Ce sont alors des molécules qui codent le message nerveux. Selon le type de molécule et leur quantité, le message sera interprété de manière différente par la cellule réceptrice du message.

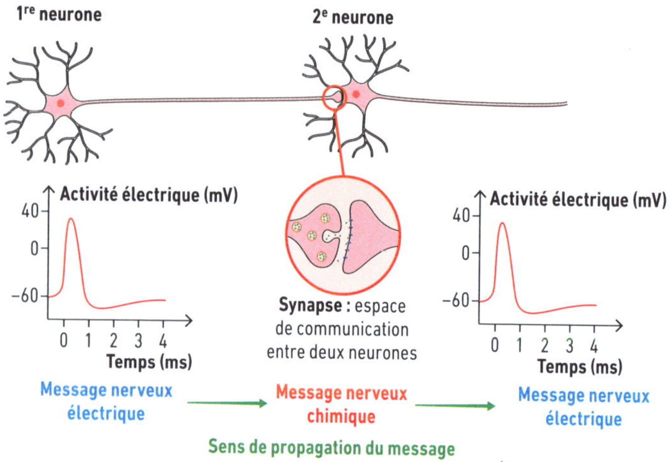

La transmission du message nerveux

3. Modification du message nerveux

Maladie du système nerveux

- Différentes maladies peuvent toucher le système nerveux :

– des maladies neurodégénératives, souvent liées à l'âge, comme la maladie d'Alzheimer ;

– des maladies liées à la présence de virus ou de bactéries, comme les syndromes méningés ;

– des maladies auto-immunes, qui surviennent lorsque le système immunitaire (système de défense de l'organisme) attaque le système nerveux de la personne : c'est le cas de la sclérose en plaque.

- Toutes ces maladies provoquent une altération du système nerveux et donc une altération de la transmission ou de l'intégration des messages nerveux, entraînant des pertes de motricité, des pertes importantes de mémoire, etc.

Action des drogues

- Les drogues sont des **substances qui agissent au niveau des synapses** et font **interférence avec les messages nerveux initiaux**. Chez une personne droguée, la perception du monde et/ou l'assimilation des informations sont erronées.

Les adaptations de l'organisme lors d'un effort physique

1. Les besoins des muscles

- Les muscles, comme tous nos organes, sont constitués de cellules, qui ont besoin d'énergie pour fonctionner.
- Pour produire de l'énergie, les cellules utilisent du glucose et du dioxygène (O_2). Cette production d'énergie s'accompagne d'une production de déchets, dont le dioxyde de carbone (CO_2).

2. Les modifications de l'organisme lors de l'effort

- Au cours d'une activité physique, nous remarquons que la température de notre corps, notre rythme cardiaque (pouls, nombre de battements du cœur par minute) et notre rythme respiratoire (nombre de mouvements respiratoires par minute) augmentent.

3. Les modifications permettant de répondre aux besoins des muscles

- Lors de l'effort physique, les muscles, en activité, consomment davantage d'O_2 et de glucose, qu'ils prélèvent dans le sang ; ils rejettent aussi davantage de CO_2.
- L'augmentation de l'activité cardiaque permet d'augmenter la circulation du sang dans le système cardiovasculaire. L'O_2 et les nutriments sont plus rapidement livrés aux cellules musculaires et les déchets sont plus rapidement évacués.
- L'augmentation de l'activité respiratoire permet au sang d'être davantage chargé en O_2 et déchargé en CO_2.
- Il existe des liens étroits entre le système cardiovasculaire et l'appareil respiratoire, les deux participant à l'adaptation de l'organisme à l'effort, en répondant aux besoins des muscles.
- L'**entraînement** régulier permet d'améliorer les capacités cardiaque, respiratoire et musculaire.

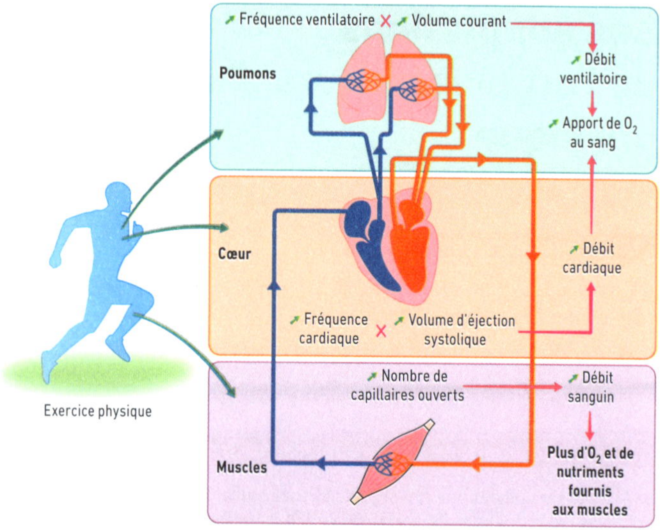

Adaptation du système cardiovasculaire lors de l'effort

4. Le système cardiovasculaire, un des acteurs de l'adaptation à l'effort

- Les organes qui constituent le système cardiovasculaire sont le **cœur** et les **vaisseaux sanguins** (artères, veines et capillaires).

- Le sang est mis en mouvement par le cœur, qui est un **muscle creux et cloisonné**. Il a quatre cavités : deux **oreillettes** et deux **ventricules**. À chaque battement, le muscle cardiaque se contracte et chaque ventricule propulse le sang dans les artères.

- Les **capillaires** sont de très petits vaisseaux sanguins qui pénètrent dans les organes pour les irriguer et permettre les échanges (par exemple, les échanges de dioxygène et de dioxyde de carbone entre l'air et le sang dans les poumons).

5. L'activité physique et la santé

- Pour ne pas se blesser, il faut impérativement s'**échauffer** quand on débute une activité physique.

- Une activité physique régulière diminue le risque de développer des **maladies cardiovasculaires**.

- Certains sportifs prennent des substances (médicaments, drogues, hormones) pour améliorer leurs performances. Cette pratique, appelée **dopage**, est illégale et peut être dangereuse pour la santé.

La digestion et l'absorption des nutriments

1. L'appareil digestif

- Au cours de la digestion, les **aliments** sont transformés en **nutriments**.

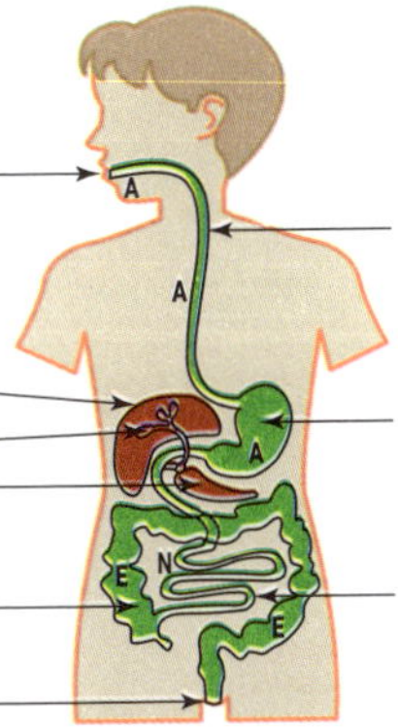

L'appareil digestif (A, aliments ; N, nutriments ; E, excréments).

- La partie non digérée des aliments, ne pouvant pas être utilisée par l'organisme, est rejetée sous forme d'**excréments**.
- Les molécules de la famille des glucides sont digérées dans la **bouche** puis dans l'**intestin grêle**. Les protéines sont digérées dans l'**estomac**. Les lipides (matières grasses) sont digérés dans l'intestin grêle.
- Le **foie** et le **pancréas** produisent des enzymes digestives. La bile, produite par la **vésicule biliaire**, facilite la digestion des lipides.

2. La digestion : phénomènes mécaniques

- **L'action mécanique des dents** facilite le découpage des aliments et leur imprégnation par la salive. Le mélange formé constitue le **bol alimentaire**.
- Les mouvements de contraction de l'œsophage et de l'intestin permettent la progression du **bol alimentaire** dans le tube digestif.
- Les **mouvements de contraction** de l'estomac et de l'intestin grêle favorisent le **brassage** du bol alimentaire et son imprégnation par les sucs digestifs.

3. La digestion : phénomènes chimiques

● La transformation des aliments dans la bouche, dans l'estomac et dans l'intestin grêle est due à l'**action chimique des sucs digestifs** (salive, suc gastrique, suc pancréatique, etc.) qui contiennent des **enzymes digestives**.

4. L'absorption intestinale

● Produits de la digestion, les nutriments sont des molécules suffisamment petites pour pouvoir franchir la paroi de l'intestin grêle et passer dans le sang.

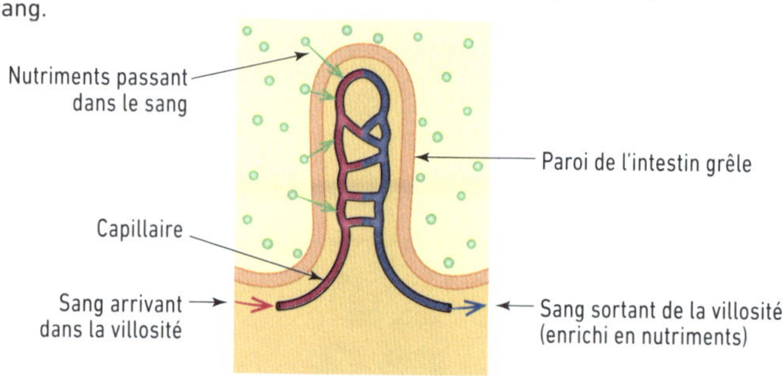

L'absorption intestinale

5. Le devenir des nutriments

● Certains nutriments permettent à nos cellules de fabriquer l'énergie dont elles ont besoin. Cette énergie est produite grâce à une réaction impliquant le dioxygène et un nutriment : le **glucose**. Celui-ci provient de la digestion de grosses molécules de glucides, telles que l'amidon (molécule présente dans la pomme de terre, le maïs, la banane).

● Les **acides aminés**, issus de la digestion des protéines, sont des nutriments qui vont permettre la fabrication d'autres protéines par les cellules.

● Les **acides gras**, issus de la digestion des lipides (« graisses »), sont des molécules qui vont participer à la constitution des membranes cellulaires, de réserves énergétiques...

● Il existe d'autres nutriments : l'**eau**, les **vitamines**, les sels **minéraux** (fer, iode, zinc). Ces molécules sont suffisamment petites pour pouvoir passer dans le sang sans être digérées.

● L'eau est un élément indispensable à la vie, elle entre dans la composition de la plupart des constituants des êtres vivants.

● Les vitamines sont indispensables au bon fonctionnement du système immunitaire, du système nerveux Le fer entre dans la composition de l'hémoglobine, molécule présente dans les globules rouges et impliquée dans le transport des gaz respiratoires.

Le monde microbien et les défenses non spécifiques de l'organisme

1. Les microbes

- Le mot microbe est un terme non scientifique qui désigne les **micro-organismes** (êtres vivants invisibles à l'œil nu, tels que les bactéries, les virus, les champignons microscopiques, etc.), qu'ils soient pathogènes (à l'origine d'une maladie) ou non. Certains microbes sont utilisés par l'Homme (bactéries permettant la fabrication du yaourt).

- Les microbes sont présents partout dans l'environnement ainsi que dans les êtres vivants (l'homme héberge des bactéries dans son intestin grêle, qui, en règle générale, ne sont pas pathogènes).

2. La transmission

- Le passage d'un microbe d'un individu à un autre individu est appelé **transmission**. Cette transmission peut être **directe** ou **indirecte** (l'intermédiaire est appelé vecteur).
Exemples : transmission directe du VIH lors d'une relation sexuelle non protégée ; transmission indirecte du VIH entre deux toxicomanes, le vecteur est la seringue.

- Diverses pratiques existent pour éviter la transmission des microbes. L'**asepsie**, par exemple, consiste à prendre des **mesures préventives** : se laver les mains, utiliser des gants, stériliser les instruments chirurgicaux, utiliser un préservatif.

3. La contamination

- Il y a **contamination** lorsque les microbes arrivent à franchir les barrières naturelles (peau, muqueuses) et à pénétrer dans l'organisme.

- La **peau** et les **muqueuses** (tissu qui tapisse les cavités de l'organisme communiquant avec l'extérieur) constituent la **première ligne de défense** de l'organisme. Cette ligne de défense est **non spécifique** (c'est-à-dire qu'elle fonctionne de la même manière, quel que soit le type de microbe).

- Il peut y avoir contamination par rupture accidentelle de cette ligne de défense. Les micro-organismes pénètrent dans l'organisme au niveau d'une lésion de la peau ou de la muqueuse. La lésion peut être due à une coupure, une morsure, une griffure, une piqûre

- Certains virus sont capables de tromper les cellules d'une muqueuse. Ils se présentent comme des protéines autorisées à entrer dans les cellules et franchissent ainsi naturellement la muqueuse.

4. L'infection

- Après la contamination, si les micro-organismes se multiplient au sein de l'organisme, c'est l'**infection**.
- S'ils sont utilisés rapidement, les **produits antiseptiques** détruisent les micro-organismes présents dans une plaie et stoppent ainsi l'infection (l'eau oxygénée, la bétadine sont des produits antiseptiques).
- En cas d'infection bactérienne, des **antibiotiques** permettent d'éliminer les bactéries. Les antibiotiques sont sans effet sur les virus.

5. Les défenses non spécifiques de l'organisme

- Dès qu'il y a contamination, la deuxième ligne de défense de l'organisme se met en place et suffit généralement à stopper l'infection. La **réaction inflammatoire** (dont les symptômes sont : rougeur, chaleur, douleur et gonflement) et la **phagocytose** sont deux des mécanismes de cette deuxième ligne de défense.

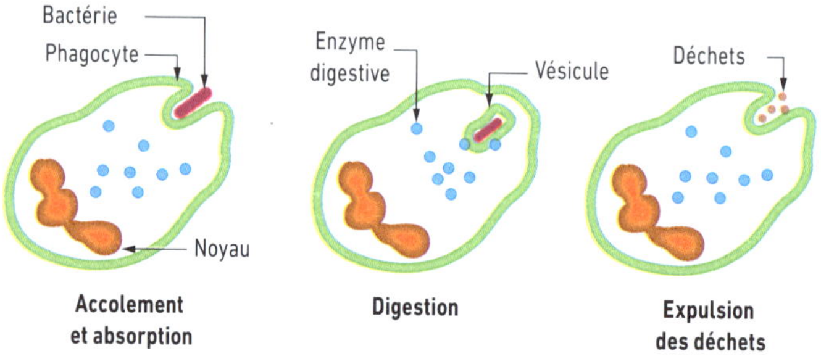

La phagocytose

- Certains globules blancs sont capables de phagocyter les microbes, on leur donne alors le nom de **phagocyte**. Un phagocyte s'accole au microbe, puis il l'englobe en l'entourant avec son cytoplasme et sa membrane. Le microbe se trouve donc prisonnier d'une vésicule au sein du phagocyte. Des enzymes digestives s'associent à cette vésicule et digèrent le microbe. Après digestion, les déchets sont expulsés du phagocyte.

Les défenses spécifiques de l'organisme

● Si la deuxième ligne de défense n'a pas suffi à stopper l'infection, des globules blancs spécialisés vont intervenir. Il s'agit des **lymphocytes B et T** : ils constituent la troisième ligne de défense.

● Cette dernière ligne de défense est plus lente à se mettre en place, mais son mode d'action est spécifique du microbe impliqué.

1. Les lymphocytes B

● Le lymphocyte B activé par la reconnaissance d'un antigène devient un **plasmocyte**. Les plasmocytes fabriquent des anticorps spécifiques de l'antigène qui a permis leur activation.

● Un **anticorps** est une molécule en forme de Y qui possède deux sites de fixation à un **antigène** (molécule présente à la surface du microbe).

● Les anticorps peuvent être fixés à la membrane des lymphocytes B ou libres, circulant dans le sang.

● Chaque anticorps est spécifique d'un antigène, car chaque anticorps à des sites de fixation dont la forme est complémentaire de celle d'un seul antigène.

● Quand un anticorps se fixe sur un antigène, l'ensemble forme un complexe antigène/anticorps, ce qui conduit à l'**agglutination** des microbes et facilite leur phagocytose.

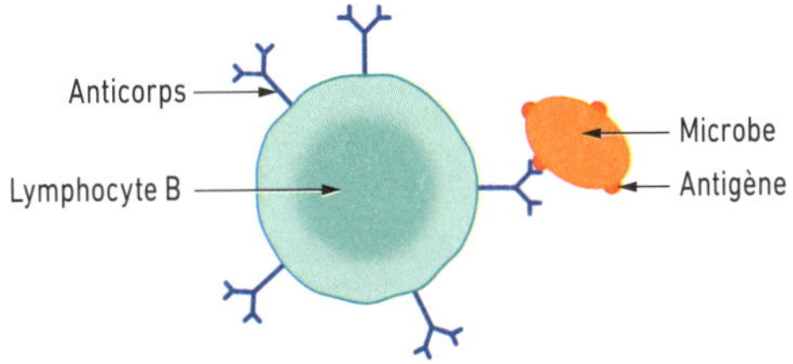

Complexe antigène/anticorps

● Lorsqu'on possède dans son sang des anticorps spécifiques d'un antigène, on est **séropositif** pour cet antigène.

2. Les lymphocytes T

● Une fois activés, les lymphocytes T deviennent des **lymphocytes cytotoxiques (LTc).**

- Les lymphocytes T détruisent les cellules occupées par des virus. Ils détruisent aussi la plupart des cellules anormales qui pourraient devenir cancéreuses.
- Pour détruire les cellules, les lymphocytes T s'accolent à la cellule et perforent sa membrane ou lui envoient un message pour qu'elle s'autodétruise.
- Les phagocytes font ensuite disparaître les fragments de cellule détruite.

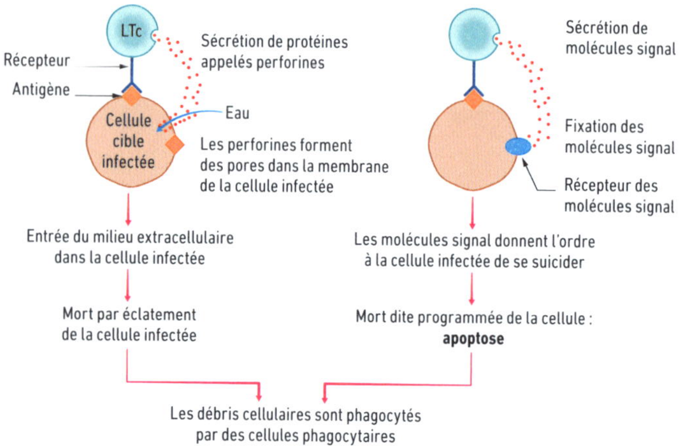

Modes d'action des lymphocytes T

- Le VIH est un virus qui se multiplie en détruisant certains lymphocytes T. Ce virus affaiblit ainsi le système immunitaire et permet à des maladies dites **opportunistes** de se développer.

3. La mémoire immunitaire

- Certains lymphocytes gardent en mémoire l'agent infectieux.
- Ces lymphocytes « mémoire » permettront une réponse immunitaire plus rapide et plus efficace dans le cas d'une nouvelle infection par le même microbe.
- Ce sont ces lymphocytes que la vaccination permet de créer.
- La mémoire immunitaire et les vaccins sont peu ou pas efficaces pour les microbes qui évoluent vite et dont les antigènes changent (exemple : la grippe, le VIH).

L'amélioration des défenses immunitaires

1. La vaccination

● La vaccination consiste à introduire dans l'organisme un agent (virus, bactérie ou molécule) qui va sensibiliser le système immunitaire sans être pathogène (sans provoquer une maladie).

Agents contenus dans les vaccins	Pathologies concernées
Microbes vivants mais rendus inoffensifs	Varicelle
Microbes morts	Choléra
Toxines (molécules produites par les bactéries) rendues inoffensives	Tétanos
Antigènes (fragments de microbes)	Grippe

Exemples de vaccins

● Le système immunitaire « apprend » à reconnaître les **antigènes** de l'agent vaccinal. La vaccination permet la mise en place d'une **mémoire immunitaire** (production de lymphocytes B et T mémoire).

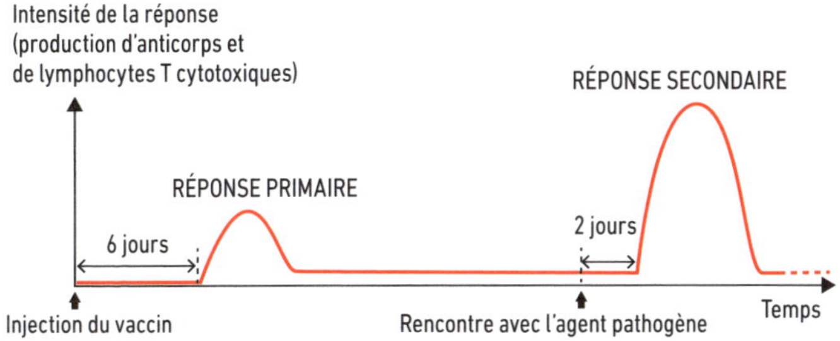

Effet de la vaccination en deux temps

● Lors d'une infection ultérieure par le même agent ou par un microbe très proche, la réponse immunitaire sera beaucoup plus rapide et plus intense que s'il s'agissait d'une première exposition. Grâce à la vaccination, notre système immunitaire lutte plus efficacement contre les infections en produisant plus vite et en plus grande quantité des anticorps et des lymphocytes.

● L'acquisition d'une protection suffisante nécessite plusieurs injections que l'on nomme « **rappels** ».

2. La sérothérapie

- Lors d'une morsure par un serpent, on injecte un **sérum** qui contient des **anticorps** dirigés contre les molécules qui constituent le venin (antigènes). Ces anticorps neutralisent le venin. Ils ont une action immédiate, la mise en place d'une défense par les lymphocytes prendrait trop de temps.
- La sérothérapie (**action curative**) fournit une protection immédiate mais à court terme, alors que la vaccinothérapie (**action préventive**) est une protection à long terme.

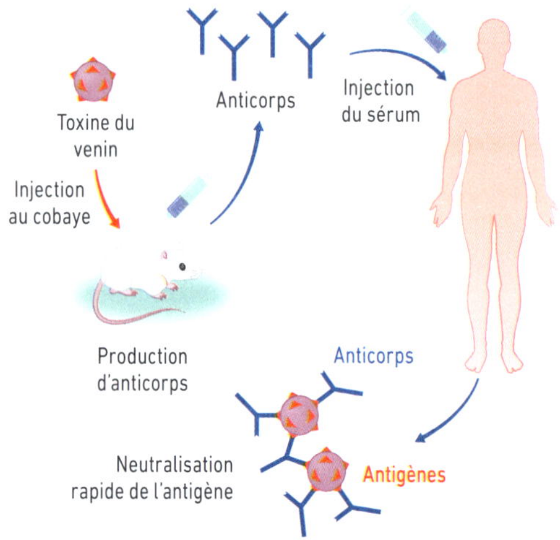

Principe de la sérothérapie

3. L'utilisation d'antibiotiques

- Les antibiotiques sont des molécules naturellement produites par des bactéries ou des champignons pour détruire des bactéries. Aujourd'hui, on sait fabriquer des antibiotiques artificiels, c'est-à-dire des molécules chimiques de synthèse.
- En cas **d'infection bactérienne**, les antibiotiques peuvent détruire ou limiter la multiplication des bactéries pathogènes et ainsi aider nos lymphocytes B à combattre l'infection.
- Il est important de ne prendre des antibiotiques qu'en cas d'infection bactérienne (ils n'ont aucun effet sur les virus), sur prescription médicale et de respecter les doses et la durée du traitement. Une mauvaise utilisation des antibiotiques peut conduire au développement de **bactéries résistantes**, c'est-à-dire qui ne sont plus détruites par les antibiotiques.
- Pour déterminer quel antibiotique prescrire, on réalise un **antibiogramme**.

Le fonctionnement des appareils reproducteurs

1. Les modifications liées à la puberté

● Les différences qui apparaissent à la puberté (**caractères sexuels secondaires**), qui distinguent un homme d'une femme et qui les rendent capables de se reproduire sont liées à :

– des **modifications morphologiques** (liées à la forme), avec le développement des caractères sexuels secondaires (pilosité, acné, développement des seins chez les filles, développement du pénis chez les garçons, etc.) ;

– des **modifications physiologiques** (liées au fonctionnement), avec l'apparition des règles chez les filles et les premières éjaculations chez les garçons.

● Les **caractères sexuels primaires**, eux, sont présents dès la naissance (vulve chez les filles, pénis chez les garçons).

2. L'appareil reproducteur mâle

● L'appareil reproducteur mâle est constitué de deux **testicules**, de conduits (**épididyme, urètre**), de glandes annexes (**vésicules séminales** et **prostate** qui fabriquent le liquide du **sperme**) et d'un organe d'accouplement : le **pénis**.

● De la puberté jusqu'à la mort, les testicules produisent de façon continue des **cellules reproductrices ou gamètes mâles : les spermatozoïdes**.

● Une fois libérés par les testicules, les spermatozoïdes vont emprunter les canaux déférents, ils vont s'associer avec le liquide fabriqué par la prostate et les vésicules séminales et cette association va donner le **sperme**.

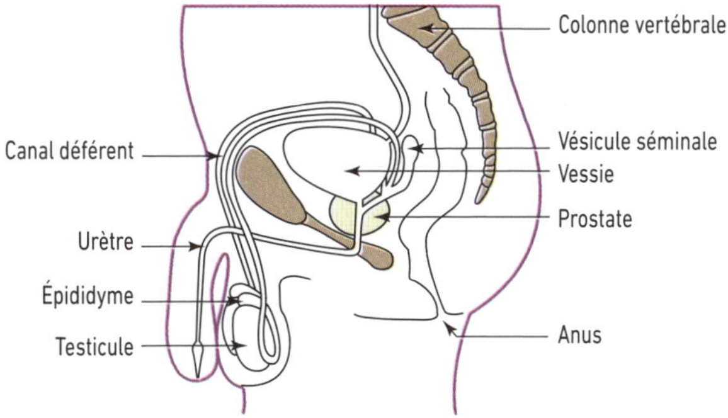

L'appareil reproducteur mâle

● Lorsque le sperme contient trop peu ou pas de spermatozoïdes ou lorsque les spermatozoïdes sont malformés et/ou peu mobiles, cela peut être à l'origine de la **stérilité masculine**.

● Pour déterminer les causes de cette **infertilité**, on peut réaliser un **spermogramme** : on récolte un échantillon de sperme et on analyse le nombre, la mobilité et la morphologie des spermatozoïdes. On peut ainsi détecter l'**azoospermie** (absence de spermatozoïdes dans le sperme) et l'**aspermie** (absence de production de sperme).

● Certaines maladies infectieuses peuvent être à l'origine de l'infertilité, de même qu'une exposition prolongée à la chaleur, des anomalies génétiques...

3. L'appareil reproducteur femelle

● L'appareil reproducteur femelle est constitué de deux **ovaires** et de conduits (les **trompes**, l'**utérus**, où se développent l'embryon, et le **vagin** qui est l'organe d'accouplement). Les ovaires, de la puberté à la ménopause, libèrent des **cellules reproductrices ou gamètes femelles : les ovules**. Les ovules ont été produits pendant la vie fœtale.

● À chaque cycle, un des ovaires (parfois les deux) libère un ovule et la paroi de l'utérus s'épaissit, puis est éliminée s'il n'y a pas eu fécondation : ce sont les **menstruations ou règles**.

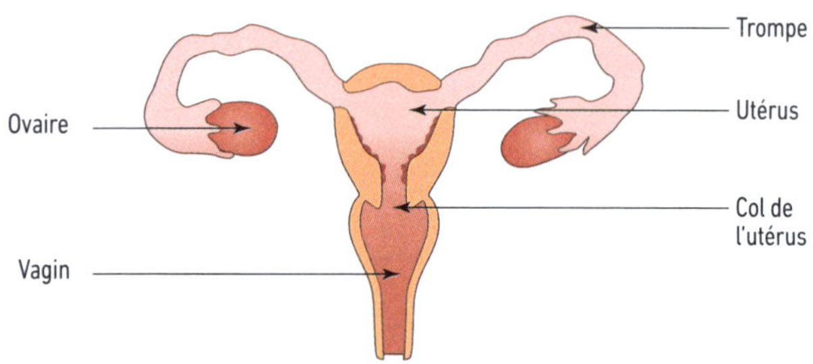

L'appareil reproducteur femelle

● Les causes les plus fréquentes de **stérilité féminine** sont des anomalies de l'ovulation ou une obstruction des trompes. Les anomalies de l'ovulation peuvent être dues à un déséquilibre hormonal, l'obstruction des trompes peut être provoquée par certaines IST (infections sexuellement transmissibles).

Exemple : La **salpingite** est une inflammation des trompes. Elle est le plus souvent liée à une infection bactérienne transmise lors d'un rapport sexuel non protégé.

La fécondation et la gestation

1. La conception d'un nouvel être humain

- Pour concevoir un enfant, il faut qu'un spermatozoïde rencontre un ovule.
- Au cours d'un rapport sexuel, l'homme dépose des **spermatozoïdes** dans le vagin de la femme par éjaculation. Les spermatozoïdes franchissent alors le col de l'utérus, traversent l'utérus et gagnent la trompe où se trouve l'ovule (flèches rouges sur le schéma).
- L'**ovule**, libéré par l'ovaire (ovulation) 14 jours avant l'arrivée des règles suivantes, a progressé dans la trompe. C'est le mouvement des cils qui tapissent la trompe qui font avancer l'ovule (flèches bleues sur le schéma).
- Tous les spermatozoïdes ne parviendront pas jusqu'à l'ovule. Sur la centaine de spermatozoïdes qui l'atteindront, un seul fusionnera avec l'ovule pour donner la **cellule-œuf** à l'origine d'un nouvel être humain : c'est la **fécondation**. Elle a lieu dans le premier tiers de la trompe.

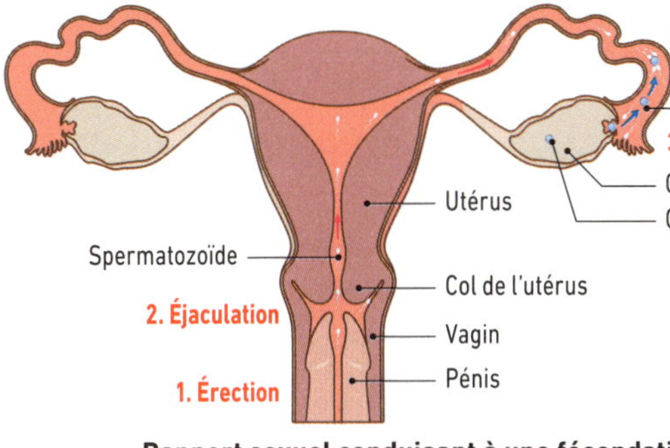

Rapport sexuel conduisant à une fécondation

2. Le devenir de la cellule-œuf

- Une fois formée, la cellule-œuf se multiplie. Les cellules formées à partir de la cellule-œuf constituent un ensemble ressemblant à une petite mûre, c'est l'**embryon**. Celui-ci avance lentement dans la trompe en direction de l'utérus.
- Une fois arrivé dans l'utérus, l'embryon se fixe dans la couche superficielle de la paroi de l'utérus : c'est l'**implantation** ou **nidation**.
- Pendant les trois premiers mois de grossesse, lorsque les organes se forment, le futur bébé est appelé **embryon** ; à partir du 3e mois, lorsque tous les organes sont en place, il est appelé **fœtus**.

● Le fœtus est contenu dans une poche remplie de **liquide amniotique** qui le protège des chocs et de tout contact avec l'extérieur.

● Grâce au **cordon ombilical** (contenant des vaisseaux sanguins), le fœtus est relié à l'utérus par l'intermédiaire d'un organe fœto-maternel : le **placenta**. Le placenta est l'organe qui permet les échanges entre la mère et le fœtus. Le fœtus reçoit des **nutriments** et le **dioxygène**, il rejette des **déchets, dont le dioxyde de carbone**.

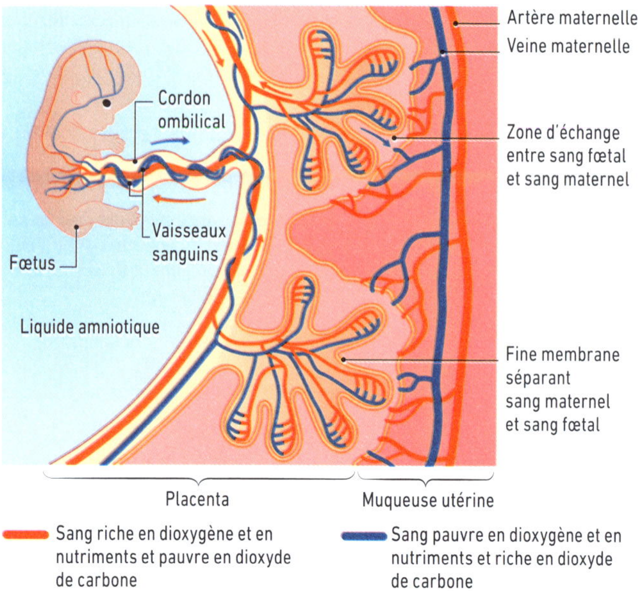

Les échanges entre la mère et le fœtus

3. Le bon développement du fœtus

● Des molécules dangereuses peuvent traverser le placenta et perturber le bon développement du fœtus. C'est pour cela que les femmes enceintes ne doivent pas consommer ces substances, dont notamment :
– l'**alcool**, qui peut provoquer des malformations ou des retards mentaux ;
– le **tabac**, qui induit des risques de naissance prématurée ;
– certains médicaments ;
– les drogues.

Certains microbes peuvent aussi franchir le placenta : **toxoplasme**, **virus de la varicelle**...).

La maîtrise de la reproduction et la protection contre les IST

1. La contraception

- La contraception est l'ensemble des **méthodes ayant pour but d'empêcher une grossesse non désirée**.
- Le mode d'action des **méthodes contraceptives** est différent d'une méthode à une autre. Voici quelques exemples :

– la **pilule** contraceptive, qui empêche l'ovulation ;

– le **préservatif** (féminin ou masculin), qui empêche le passage des spermatozoïdes dans le vagin ;

– le **stérilet ou DIU** (dispositif intra-utérin) au cuivre, qui rend les spermatozoïdes inactifs ; le stérilet hormonal empêche les spermatozoïdes de passer en épaississant les sécrétions utérines ; les deux types de stérilets empêchent l'embryon de s'implanter dans l'utérus.

- En plus des méthodes **préventives** citées ci-dessus, il existe une **contraception d'urgence**. Cette contraception doit être utilisée à titre exceptionnel, à la suite d'un rapport non ou mal protégé. La pilule d'urgence doit être prise le plus rapidement possible.

2. La protection contre les infections sexuellement transmissibles

- Le préservatif (féminin ou masculin) est le **seul moyen de contraception qui protège des infections sexuellement transmissibles** (**IST**).
- Les IST sont des maladies dues à des **microbes, transmis lors des relations sexuelles**. Cependant, certaines IST peuvent être transmises par d'autres voies. C'est le cas du **VIH** (**virus de l'immunodéficience humaine**, responsable du **Sida**).
- Le VIH peut être présent dans le sang, le sperme de l'homme, les sécrétions vaginales de la femme, le sang du placenta d'une femme enceinte et dans le lait maternel. Toutes les situations où il y a contact avec ces liquides peuvent être contaminantes : rapport sexuel non ou mal protégé, transfusion sanguine, réutilisation de seringues contaminées, accouchement (mélange des sangs de la mère et du fœtus, passage du fœtus dans le vagin) et allaitement par une mère contaminée.

3. Les hormones sexuelles

- Les modifications observées à la puberté sont déclenchées par des **hormones** (substances fabriquées par des glandes, libérées dans le sang et qui agissent sur un ou plusieurs **organes cibles**).

- L'**hypophyse** est une glande située dans le cerveau qui produit deux hormones : la **FSH** et la **LH**. La libération de ces hormones déclenche la puberté en agissant sur les testicules et les ovaires.

- Les testicules et les ovaires libèrent des hormones sexuelles. La **testostérone** est l'hormone masculine, les **œstrogènes** et la **progestérone** sont les hormones féminines.

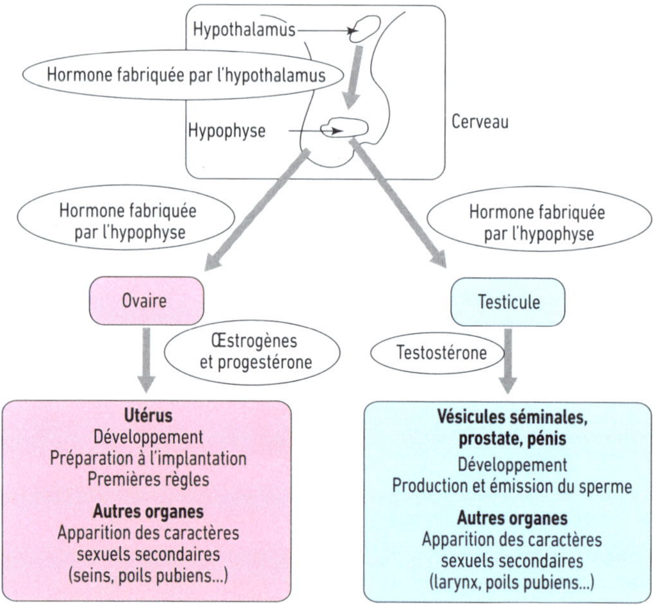

Production d'hormones sexuelles et leurs effets

- La compréhension des cycles hormonaux féminins a permis d'améliorer les méthodes pour remédier à la stérilité féminine et a aussi permis une régulation des naissances *via* la contraception. En effet, le cycle de l'utérus et celui de l'ovaire sont synchronisés grâce aux hormones produites par l'ovaire. Les pilules contraceptives contiennent des œstrogènes et/ou de la progestérone. La pilule d'urgence contient de la progestérone.

FSC MIXTE Papier issu de sources responsables FSC® C022030 www.fsc.org

N° projet : 10247566
Dépôt légal : mars 2018
Imprimé en France en juillet 2018
par Loire Offset Titoulet